21世纪全国高职高专财经管理类规划教材

# 审计基础与实务

常　红　主　编
倪金凤　穆　宁　陈立云　副主编

北京大学出版社
PEKING UNIVERSITY PRESS

## 内容简介

本书密切联系新审计准则体系的内容，重点介绍了注册会计师审计的基本理论、方法和操作技能要求。在系统介绍审计基本概念和基础知识的前提下，贯彻风险导向审计的基本思想，分业务循环介绍了审计的实务操作流程及会计报表审计的相关要求。

本书共分十四章，第一章至第六章介绍了审计的含义、审计执业规范、审计程序与方法、审计证据、审计重要性与审计风险、风险的评估与应对等审计的基本理论知识；第七章至第十一章按销售与收款循环、采购与付款循环、存货与仓储循环、投资与筹资循环及货币资金循环介绍了报表审计实务操作的程序、方法和要求；第十二章和第十三章介绍了结束审计前需完成工作及审计报告的书写要求；第十四章简单介绍审计的其他业务，如审阅业务及验资业务。本书可作为高职高专院校财经类专业的教材使用，也可作为会计、审计、管理等相关领域从业人员的自学参考用书。

**图书在版编目(CIP)数据**

审计基础与实务/常红主编．—北京：北京大学出版社，2009.7

(21世纪全国高职高专财经管理类规划教材)

ISBN 978-7-301-15327-7

Ⅰ.审… Ⅱ.常… Ⅲ.审计学—高等学校：技术学校—教材 Ⅳ.F239.0

中国版本图书馆CIP数据核字（2009）第091226号

**书　　名：审计基础与实务**
**著作责任者：**常　红　主编
**策 划 编 辑：**李　玥
**责 任 编 辑：**成　淼
**标 准 书 号：**ISBN 978-7-301-15327-7/F·2222
**出　版　者：**北京大学出版社
**地　　　址：**北京市海淀区成府路205号　100871
**网　　　址：**http://www.pup.cn
**电　　　话：**邮购部62752015　发行部62750672　编辑部62765126　出版部62754962
**电 子 信 箱：**xxjs@pup.pku.edu.cn
**印　刷　者：三河市博文印刷有限公司**
**发　行　者：**北京大学出版社
**经　销　者：**新华书店
787毫米×980毫米　16开本　22印张　478千字
2009年7月第1版　2015年1月第3次印刷
**定　　　价：**39.00元

# 前　言

审计是财经类专业的一门重要的专业课。随着社会主义市场经济的发展及我国与国际接轨的步伐进一步加快，社会对审计服务的需求越来越大，迫切需要培养一批懂审计、会审计的高素质应用型人才。我们根据当前社会的需求，结合我国高等职业教育的特点，组织编写了《审计基础与实务》教材。本教材以注册会计师审计为中心内容，根据最新颁布的《中国注册会计师执业准则》等内容，结合近年来我国注册会计师审计及会计改革的最新变化，全面、系统地阐述审计的基本理论与审计实务。在理论讲授方面，力求内容充实、重点突出、通俗易懂；在审计实务方面，以风险导向审计模式为主线，系统介绍审计的基本流程及方法，重视技能培养，力求实务与理论融会贯通。

本书是根据高职高专培养应用型人才目标的要求，针对我国目前高职高专教育的特点而编写，在内容编排上充分考虑到高职高专教学的要求。每一章开始均设置了学习要点，指导学生合理掌握每部分的重要内容；为使学生更好地理解教学内容，每章均安排了针对性的案例解析；章节后还安排了丰富的复习思考题，以便学生检验学习成果。除可作为高职高专财经类专业教材使用外，也可作为会计、审计、企业管理等相关从业人员进修、自学的参考用书。

本书由常红任主编，倪金凤、穆宁、陈立云任副主编。编写人员分工如下：济南职业学院财经系常红老师编写了第六章至第十一章，山东工业职业学院倪金凤老师编写了第一章至第三章，济南职业学院穆宁老师编写了第五章、第十二章和第十三章，枣庄学院财经系陈立云老师编写了第四章和第十四章。全书最后由常红老师负责审阅定稿。

在本书编写过程中，参考了大量同类教材和文献资料，在此向各位作者致以诚挚的谢意。

由于编写人员水平有限，书中难免有疏漏及不妥之处，恳请同行专家及读者批评指正。

编　者

2009 年 3 月

# 目　录

# 第一章 审计概论

## 本章学习要点

1. 了解审计的产生与发展以及审计产生与发展的客观基础。
2. 理解审计的分类；理解我国的审计监督体系。
3. 掌握审计的概念、特征、职能和作用。

在当今，审计担负着维护社会经济秩序的"经济警察"角色，在社会经济生活中发挥着越来越重要的作用。有人甚至断言，没有审计，社会经济秩序就会土崩瓦解。那么，什么是审计？审计有什么特点？审计是如何产生和发展起来的？审计有什么职能和作用？审计有哪些类别？审计的对象是什么？等等，这是我们学习审计首先要了解的问题。

## 第一节 审计的产生与发展

### 一、我国审计的产生与发展

我国审计经历了一个漫长的发展历程，大体上可以分为以下六个阶段：

（一）初步形成阶段——西周时期

西周时期是我国审计的萌芽阶段。西周初期的国家财计机构分为两个系统：一是地官大司徒系统，掌管财政收入；二是天官家宰系统，掌管财政支出。天官又下设两个分支机构：即小宰（掌管财物）与司会（掌管会计）。《周礼》记载："凡上之用财用，必考于司会。"即凡帝王所用的开支，也都要受司会的检查，可见"司会"的权力很大，这是西周内部审计的形成。我国政府审计的起源，基于西周的"宰夫"。《周礼》云："宰夫……岁终，则令群吏正岁会。月终，则令正月要。旬终，则令正日成，而以考其治。治不以时举者，以告而诛之。"即年终、月终、旬终的财计报告先由"宰夫"命令督促各部门官吏整理上报，"宰夫"就地稽核，发现违法乱纪者，可以越级向天官家宰或周王报告。可见，"宰夫"是独立于财计部门之外的官职，标志着我国政府审计的产生。

（二）确立阶段——秦汉时期

秦汉时期是我国审计的确立阶段。这一时期的审计具有以下三个方面的特征：

第一，初步形成了统一的审计模式。秦汉时期是我国封建社会建立和成长时期，封建社会经济的发展促进了全国审计机构与监察机构相结合、经济法制与审计监督制度相统一的审计模式的逐渐形成。秦朝在中央设“三公”、“九卿”政务。御史大夫为“三公”之一，执掌弹劾、纠察之权，专司监察全国民政、财政以及财务审计事项，并协助宰相处理政事。汉承秦制，西汉初期中央仍设“三公”、“九卿”，仍由御史大夫掌管监督审计大权。

第二，“上计”制度日趋完善。“上计”就是皇帝亲自听取和审核各级地方官吏的财政财务报表，以决定赏罚的制度。

第三，审计地位提高，职权扩大。御史大夫不仅行使政治、军事监察的权力，而且控制和监督财政收支活动，钩稽总考财政收入情况。

（三）日趋健全阶段——隋、唐、宋时期

隋、唐、宋时期，我国审计日趋健全。隋唐是我国封建社会的兴盛时期，宋代是社会经济持续发展时期。隋唐及宋代的中央集权逐步加强，封建官僚体系日臻完善，审计制度也随之健全。隋朝在刑部下设比部，掌管国家财计监督，行使审计职权。唐朝的比部仍然隶属于刑部，而且审计范围较广、项目较多，具有较强的独立性和较高的权威性，凡国家财计，无论军政均要审查。当时的法制比较健全，关于账簿设置、报表期限、国库出纳、贪污惩处等都有严格的规定，使审计工作有较为完善的法律依据。到了宋代，审计一度停滞，元丰改制后审计重现生机。宋代设有审计司，隶属于太府寺。北宋时改为审计院。从宋代起，“审计”一词便成为我国财政监督的专用名词。

（四）停滞阶段——元、明、清时期

元、明、清时期是审计的停滞阶段。元代取消比部，没有独立的审计机构，由户部兼管财务报表的审核。明初设立比部，不久便取消。明、清两代都设有都察院，其职权之一，是审查中央财计，在户部下按行政区分，省设清吏司，审查各省的财政收支。由于元、明、清三代取消了比部，没有独立的审计机构，使审计职能受到严重削弱。

（五）不断演进阶段——“中华民国”时期

“中华民国”时期是审计的不断演进阶段。1912 年，国民政府在国务院下设审计处。1914 年，北洋政府将其改为审计院，同年颁布了《审计法》。此后，国民政府根据五权分立的政体，设立司法、立法、行政、考试、监察五院，在监察院下设审计部。1918 年 9 月，北洋政府农商部颁布了我国第一部注册会计师法规——《会计师暂行章程》，并于同年批准会计学家谢霖为中国第一位注册会计师。1928 年，国民政府颁布了《审计法》和实施细则，次年还颁布了《审计组织法》，规定注册会计师审计、协审、稽查等职责。资本主义工商业的发展使注册会计师审计应运而生。20 世纪 30 年代以后，在一些大城市相继成立了会计师事务所。这一时期，我国审计机构和制度逐渐演进，有所发展，但由于政治不稳定，经济发展缓慢，并没有真正发挥审计监督作用。

（六）振兴阶段——新中国成立以来

新中国成立以来，我国审计进入振兴阶段。中华人民共和国建立初期，我国没有设置独立的审计机构，企业财税监督和货币管理通过不定期的会计检查进行。中国共产党第十一届三中全会以后，将工作重点转移到了经济建设方面，实施了一系列相关政策。1980 年 12 月，财政部发布了《关于成立会计顾问处的暂行规定》，标志着我国注册会计师行业开始复苏。1986 年 7 月，国务院颁发了《中华人民共和国注册会计师条例》，标志着我国注册会计师审计的发展进入了一个新阶段。1994 年 1 月 1 日，《中华人民共和国注册会计师法》的实施，使我国注册会计师审计步入了法制轨道，从此，我国审计得到了迅猛发展。1997 年 5 月 8 日，国际会计师联合会（IFAC）接纳中国注册会计师协会为正式会员。

1982 年修改的《中华人民共和国宪法》明确规定："在国务院和县级以上人民政府设立审计机构，依照法律规定独立行使审计监督权，不受其他行政机关、社会团体和个人的干涉。"这就从宪法高度确立了审计的特殊地位。1983 年中华人民共和国审计署成立。1988 年，国务院颁布了《中华人民共和国审计条例》，1993 年底颁布了《中华人民共和国审计法》，从法律上进一步确立了审计的地位。

为了全面开展审计工作，完善审计监督体系，我国从 1984 年起先后在有关部门、单位内部设立审计机构。20 多年来，我国审计在机构设置、法制建设、科学研究、人员培训和工作开展等方面都取得了可喜成就。

## 二、西方审计的起源与发展

在国外，审计也同样经历了一个漫长的历史发展过程。早在奴隶制下的古罗马、古埃及和古希腊时代，就出现了掌管国家财物和税负的官吏，进行具有审计性质的考核和监督工作。古埃及在公元前 30 多年，就设有监督官审查财政收支。古希腊是雅典城邦由公民选出审计官，对卸任官员的会计资料进行审计。如公元 5 年，罗马的奥古斯塔皇帝曾下令编制国家预算，并派官员到各地审查账目，以防止经管人员贪污和舞弊。

到了中世纪，为了适应奴隶主庄园和寺院等财产监督管理的需要，内部审计应运而生。这些庄园审计、寺院审计、城市审计、行会审计、银行审计等便是内部审计的雏形。公元 9 世纪后，由于商贸活动的迅速发展，地中海沿岸一些主要城市，如威尼斯、热那亚等一跃成为东西方集散贸易的中心。由于商品到岸后核对账单和货单的工作非常紧迫和繁重，因而造就了一批专门的查账员担任此事，这便是民间审计的萌芽。

然而，西方现代意义上的民间审计，一般认为是从英国产业革命后开始的。18世纪产业革命后，英国的资本主义经济迅猛发展，生产规模不断扩大。生产社会化程度加速提高，导致一种新的企业组织形式即股份公司的大量涌现。股份公司的最大特点是财产所有权与经营管理权的分离，这种分离蕴涵着经营管理人员损害所有者利益的风险，开始只有少数人认识到这种风险，并委托懂行的会计师对董事和经理使用托管财产酌情况进行不定期的检查。1720年爆发的南海公司案可以说是民间审计发展的催化剂。该公司以欺骗手段虚构经营业绩和发展前景，吸引了大量投资，最后公司经营失败，宣告破产，使成千上万的股东遭受损失。一位名叫查尔斯•斯内尔的会计教师受托对南海公司诈骗案进行了调查清算，他被认为是世界上第一名具有现代意义的民间审计师。此后，英国议会逐步认识到，有必要对公司进行经常性监督，以保护投资者的利益。1844年颁布的《公司法》规定，公司的资产负债表必须经过由股东选出的监事进行审计。1845年修订的《公司法》规定，公司账目的审查可以聘请有会计专业技能的注册会计师办理。1862年对所有有限责任公司进行年度审计成为法定要求。这些规定大大地推动了民间审计的发展，注册会计师队伍不断发展壮大。1853年，世界上第一个注册会计师专业团体——爱丁堡会计师协会成立。这个阶段的审计称为弊端审计，其主要特点是：审计的目的是查错防弊，审计的对象是公司的会计账目和财务报表，审计的方法采用逐项详细检查，审计报告的使用者是公司的股东。

进入20世纪后，美国经济迅速崛起，审计发展的中心也由英国转移到美国。由于公司规模越来越大，银行通过对工业资本的渗透、加强了对公司的控制，其他债权人、国家税收部门、潜在投资者，甚至整个社会公众都关心企业的情况。外在环境的不同，使得由英国传入的审计模式受到了严峻的挑战，美国在其审计发展过程中逐步形成了有别于英国审计的美国式审计。这一阶段的审计称为公正性审计，其主要特点是：审计目的由查错防弊发展到以审核财务报表的可靠性和公允性为主；审计的对象是以财务报表为中心、包括内部控制在内的各种资料；审计的方法由详细检查过渡到广泛采用抽样检查的方法；审计报告的使用者由股东扩大到所有与企业有利害关系的团体或个人。

第二次世界大战后，随着生产力的发展和社会化程度的提高，企业竞争更加激烈，企业要生存和发展，必须加强经营管理。为适应这一要求，注册会计师运用其特有的专业知识和技能，为企业经营管理提供咨询服务。这个阶段的审计称为经营管理审计阶段。向海外资本输出的扩大和跨国公司的涌现，带动了民间审计业务的国际化。20世纪70年代以来，随着电脑在会计和审计上的运用，又出现了电脑审计，许多大的会计师事务所都设有“电子数据处理部门”，专门从事电脑审计工作。

## 三、审计产生与发展的客观基础

不论是中国还是西方，审计都是在一定的受托经济责任关系出现时，基于经济监督的需要而产生，又因受托经济责任关系的发展而发展。审计产生与发展的动因在于：

（一）受托经济责任关系是审计产生与发展的客观基础

在奴隶社会和封建社会中，奴隶主和封建统治者为了巩固其统治地位，必须设置军队、法庭和监狱等国家权力机构，并通过征税来维持这些权力机构的生存。而征收税负的人员，都是由最高统治者的代理官员负责进行的，最高统治者是授权者，代理官员是受权者，两者之间便产生了一种受托经济责任关系。在民间，奴隶主或封建统治者将其剥削得来的财产也授权给代理人管理，奴隶主、封建统治者与代理人之间也产生了同样的受托经济关系，这时，无论奴隶主、封建统治者、皇室宫廷由代理官员所从事的会计行为和财政经济活动，或者个别奴隶主、封建统治者私有财产由代理人所作记录及其反映的收支活动，都有必要授权给独立于财税、会计活动以外的官员来进行审查，对代理人所经手的钱、粮、账、物予以钩稽核实，证明代理人是否诚实地承担了自己的受托经济责任。中外古代审计都是在这样的客观基础上应运而生的。

随着社会的发展和生产规模的日益扩大，资本主义社会出现了以股份公司为主要形式的生产经营组织形式。股东对公司的财产拥有所有权但并不直接参与企业生产经营管理而委托经理行使管理职能，财产的所有权与经营管理权日益分离。公司经理人员对股东的受托经济责任大大加强了，经理人员要以会计报表的形式定期向股东报告公司的经营情况和财务成果。这些会计报表是否真实、正确，能否证明管理人员尽忠尽职、切实地履行了他所承担的经济责任，更需要作为第三者的会计专业人士来进行审查，以保证股东和债权人的正当权益不受侵犯，这时民间审计便应运而生。

20 世纪 20 年代以来，经济贸易活动日趋国际化，跨国公司不断增加。这时，总公司的经理人员已不可能亲自搜集各种经营管理所需信息，不可能对各级管理层次和各个管理区域的管理者进行监督，为审查各级管理者在所有权统一的前提下总公司最高管理者和经理人员所承担的受托经济责任，内部审计便产生和发展起来。在社会主义市场经济体制下，国有企业的生产资料、生产成果虽然归全民所有，但是，同样实行生产资料所有权和经营管理权的分离。企业对国家担负着及时上缴足额利税、确保国有资产完好和增值等受托经济责任，国家为了保护全体人民利益，维护企业的合法权益，必须要由独立的权威机构审查企业的财务收支情况，以保证会计资料的准确可靠和经济活动的合法合理，确定和解除有关责任人的受托经济责任。社会主义国家的政府、人民团体和事业单位虽然不是生产经营组织，但它们负有节约财政开支、减少经费支出和提高工作效率的受托经济责任，因此，国家也要审查其财政财务开支的合法性、合理性和真实性。

总之，从审计行为的萌芽到政府审计、民间审计和内部审计机构的形成，从奴隶社会、封建社会到资本主义社会和社会主义社会，都同财产所有权和经营管理权相分离而产生的受托经济责任有关。没有这种受托经济责任关系，就不可能产生审计行为。

（二）加强经济管理与控制是审计发展的动力

审计经历了从财务审计到经济效益审计的发展过程。审计范围的扩大、审计职能的完善以及审计方法的演进，其发展动力均源于人们迫切要求强化经济管理，实行有效控制以谋求不断提高效益的强烈愿望。人们从事生产经营活动总是希望用有限的劳动消耗获取最大的劳动成果，达到不断提高生产效益的目的。而要实现这一目标，就必须对一切经济活动实施严格的管理与控制，对各种计划、方案进行审查，对计划执行情况及执行结果进行效益性评价与分析，以便有效地控制经济活动。审计作为一项具有独立性的经济监督活动，可以对经济活动过程及其各个管理环节作出客观、公正的评价，提出合理建议，可以为管理者提供有助于进一步改进工作、作出正确决策有用的资料及审计结论。由于审计人员处于独立的第三者的地位，其审计结论往往容易被社会所接受。

（三）现代科学技术发展为审计提供了方法和手段

科学技术的发展丰富了审计内容，扩展了审计领域，完善了审计职能，尤其是为审计发展提供了方法与手段。如现代管理理论与方法的发展，促进了审计方法体系的发展与完善。现代财务审计中经常使用的抽样审计方法，经济效益审计中广泛运用的有关预测、决策、控制、分析及评价的数量方法，审计工作规划与实施以及对审计事项进行的全面验证及综合分析中运用的系统论、信息论、控制论的理论与方法等，不但有助于简化审计工作，提高工作效率，降低审计风险，而且还有助于提高审计结论的精确性与科学性；现代电子信息技术在社会经济活动中的广泛运用，既为审计数据处理提供了快速、准确的技术手段，也使审计对象发生了重大变化。

## 第二节　审计的含义

### 一、审计的概念

“审计”这一社会活动，由于社会经济的发展及各国国情的不同，而显示出各自的特色。尤其是管理审计、社会审计的出现，使得审计实践的外延日益扩大，与此同时其内涵相对缩小。近几十年来，各国权威组织都试图对“审计”一词下定义，而且，这些定义不断变化，这也反映了这一动态。

中国审计学会于 1989 年将我国社会主义审计定义为："审计是由专职机构和人员，依法对被审计单位的财政、财务收支及其有关经济活动的真实性、合法性和效益性进行审查，评价经济责任，用以维护财经法纪、改善经营管理、提高经济效益、促进宏观调控的独立性经济监督活动。"

为了确定一个能够基本反映审计特征的简明、通俗的审计定义，中国审计学会于 1995 年青岛会议上将审计的定义概括为："审计是独立检查会计账目，监督财政、财务收支真实、合法、效益的行为。"

美国会计学会在 1972 年给审计下了一个广义的定义："审计是一个客观地获取并评价与各种经济活动及事项的申明有关的系统过程，以便查明这些申明与既定标准之间的符合程度，并将其结果传达给各有关利害关系人。"

美国注册会计师协会在《审计准则公告第 1 号》中，给审计下了一个较为狭义的定义："独立人员对财务报表加以检查，搜集必要证据。其目的是对这些报表是否按照公认会计原则公允地反映财务状况、经营成果和财务状况变化情况表示意见。"

由于美国《财务会计标准委员会第 95 号文告》规定：自 1988 年 7 月 15 日起，以新的现金流量表取代财务状况变动表。所以上述定义中"财务状况变化情况"已被改为"现金流量情况"。

《中国注册会计师审计准则第 1101 号——财务报表审计的目标和一般原则》对审计的概念论述为："财务报表审计的目标是注册会计师通过执行审计工作对财务报表的下列方面发表审计意见。

（一）财务报表是否按照适用的会计准则和相关会计制度的规定编制

（二）财务报表是否在所有重大方面公允反映被审计单位的财务状况、经营成果和现金流量

上述各项定义所包括的共同含义是：

（1）独立性是审计监督的本质特征；

（2）审核检查反映经济活动的信息是审计工作的核心；

（3）审计对象必须明确；

（4）审计工作过程是收集和整理证据，以确定实际情况；

（5）审计工作必须有对照的标准和依据，才能从中引出审计结论。

（6）审计结果向各有关利害关系人报告。

依据上述思想，我们对审计概念作如下表述：审计是指由独立的专职机构和专业人员接受委托或授权、对被审计单位特定时期的会计报表及其他有关资料的合法性、公允性和效益性进行审查、监督、评价和鉴证的活动，其目的在于确定或解除被审计单位的受托经济责任。

## 二、审计关系

受托经济责任关系产生审计的同时，也形成了审计关系。审计关系是指一项审计行为必然涉及的审计人、被审计人和审计授权人或委托人三方之间所形成的经济责任关系。所以，审计关系是由三方审计关系人所组成。

第一关系人，是承担审计工作的人，称为审计人。审计人受资源财产所有者、主管人员的授权或委托，并代表他们对经营管理者承担和履行的经济责任情况实施独立的审计监督。审计人不经管所有者的资源财产，也不参与被审计人的经济活动，必须处于独立的地位；同时．他与审计授权或委托人之间不存在资源财产的利害关系。

第二关系人，是接受审计监督的人，称为被审计人。被审计人接受所有者或主管人员的授权，经营管理其资源财产，应当完成对一个国家、一个地区、一个部门、一个单位管好用好资源财产的任务，履行受托经济责任；同时有接受审计人实施审计监督的责任。

第三关系人，是授权或委托审计、接受审计报告的人，称为审计授权人或委托人。是资源财产的所有者或主管人员。他向被审计人提出承担和履行经济责任的要求，而使两者之间存在着明确的受托经济责任关系，并接受审计人提出的审计报告。

审计关系存在于一切审计工作之中，也体现在全部审计理论之内。上述审计关系的具体内容如下图 1-1 所示。

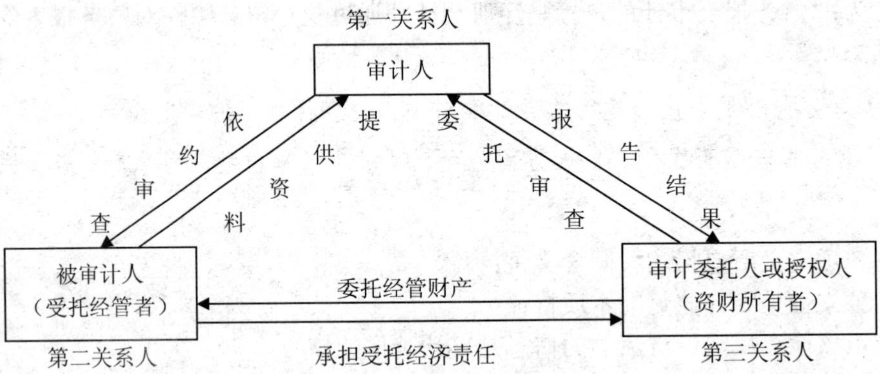


**图 1-1　审计关系图**

## 三、审计的特征

（一）独立性

审计的独立性是保证审计工作顺利进行的必要条件。审计原始的意义就是查账，即由会计人员以外的第三者，对会计账目和报表进行审查，借以验证其公允性、真实性和合法性。现代审计理论中的三种审计关系人就是据此而产生的。审计关系必须由委托审计者、审计者和被审计者三方面构成，缺少任何一方，独立的、客观公正的审计将不复存在。这是由于财产所有权与经营管理权相分离而决定的，财产所有者对企业拥有所有权但不亲自参加经营管理，为了保护自身的利益，财产所有者迫切希望了解与自己有经济联系的经济组织的财务收支和经济状况。这就需要对负有受托经济责任的经营管理者进行审查，而这种审查只有独立于他们之外的第三者进行，才能得到正确的、公允的、可靠的结果。这就是审计的独立性。

独立性，是指实质上的独立和形式上的独立。实质上的独立，是指注册会计师在发表意见时其专业判断不受影响，公正执业，保持客观和专业怀疑；形式上的独立，是指会计师事务所或鉴证小组避免出现这样重大的情形，使得拥有充分相关信息的理性第三方推断其公正性、客观性或专业怀疑受到损害。独立性是审计的重要特征，审计是具有独立性的经济监督活动。正因为审计具有独立性，才受到社会公众的信任，才能保证审计人员依法进行的经济监督活动客观公正，提出证实财务状况和经营成果的审计信息才更有价值，才能对被审计单位确定或解除受托经济责任，更好地发挥审计的监督作用。所以，独立性的经济监督活动是审计的属性。审计的属性，明确揭示了独立性是审计的特征，经济监督是审计的性质。为了充分体现审计的属性，在审计机构的设置和审计的工作过程中，必须遵循独立性原则，具体包括：

1. 机构独立

为确保审计机构独立地行使审计监督权，对审查的事项做出客观公正的评价和鉴证，充分发挥审计监督作用，审计机构应当独立于被审计单位之外，这样才能更有效地进行经济监督。

2. 经济独立

审计机构或组织从事审计业务活动，必须要有一定的经济收入和经费来源，以保证其生存和发展的需要。经济独立指审计机构或组织的经济来源应有一定的法律、法规作保证，不受被审计单位的制约。

3. 人员独立

审计人员执行审计业务，必须按照审计范围、审计内容、审计程序进行独立思考，坚持客观公正、实事求是的精神，做出公允、合理的评价和结论，不受任何部门、单位和个人的干涉。

《中华人民共和国审计法》第五条规定：“审计机关依照法律规定独立行使审计监督权，不受其他行政机关、社会团体和个人的干涉。”第十一条规定：“审计机关履行职责所必需的经费，应当列入财政预算，由本级人民政府予以保证。”第十五条规定：“审计人员依法执行职务，受法律保护。任何组织和个人不得拒绝、阻碍审计人员依法执行职务，不得打击报复审计人员。审计机关负责人依照法定程序任免。审计机关负责人没有违法失职或者其他不符合任职条件的情况，不得随意撤换。地方各级审计机关负责人的任免，应当事先征求上一级审计机关的意见。”由此可见，我国《审计法》从审计机关、经费来源及审计人员三方面的独立性作了明确规定。

从上述情况来看，独立性是审计的灵魂，没有独立性的经济监督活动，如财政、银行、税务、工商行政管理等部门所从事的经济监督活动，则不能称为审计。

（二）权威性

审计的权威性是与审计的独立性相关的。它是保证有效地行使审计监督权的必要条件。审计的独立性，决定了它的权威性。审计组织或人员以独立于企业所有者和经营者的“第三者”身份进行工作，他们对企业会计报表的经济鉴证，恪守独立、客观、公正的原则，按照有关法律、法规，根据一定的准则、原则、程序进行；加上取得审计人员资格必须通过国家统一规定的严格考试，因而他们具有较高的专业知识，这就保证了其所从事的审计工作具有准确性、科学性。正因为如此，审计人员的审计报告具有一定的社会权威性，并使经济利益不同的各方乐于接受。各国为保障审计这种权威性，分别通过《公司法》、《商法》、《证券交易法》、《破产法》等，从法律上赋予审计在整个市场经济中的经济监督、经济评价和经济鉴证职能。一些国际性的组织为了提高审计的权威性，也通过协调各国的审计制度、准则、标准，使审计成为一项世界性的专业服务，增强各国会计信息的一致性和可比性，以有利于加强国际间的经济贸易往来，促进国际经济的繁荣。

## 四、审计的对象

审计对象是指审计监督的客体，即审计监督的内容和范围的概括。正确认识审计的对象，有利于对审计概念的正确理解、审计方法的正确运用和审计监督职能的进一步发挥。

描述审计的对象，必须明确与审计对象有关的基本问题：一是审计的主体，审计的主体是指审计机构和审计人员，即审计监督的执行者；二是审计的范围，审计的范围是指审计监督客体的外延，它是审计对象的组成部分，具体地说就是被审计单位；三是审计的主要内容，审计的主要内容构成审计对象的内涵，即财务收支及其经营管理活动；四是审计所依据的信息来源，审计所依据的信息是指形成审计证据的各种文字、数据以及电子计算机的磁带、磁盘、磁鼓等。

根据以上所述，审计的对象可以概括为被审计单位的财务收支及其经营管理活动。具体说，包括下列两个方面的内容：

（一）被审计单位的财务收支及其有关的经营管理活动

不论是传统审计还是现代审计，不论是国家审计还是民间审计、内部审计，都要求以被审计单位客观存在的财务收支及其有关的经营管理活动为审计对象，对其是否公允、合法、合理进行审查和评价，以便对其所负受托经济责任是否认真履行进行确定、证明和监督。我国国家审计的对象，根据宪法规定，为国务院各部门和地方各级政府的财政收支、国家财政金融机构和企业、事业组织的财务收支。内部审计的对象为本部门、本单位的财务收支及其有关经营管理活动。

（二）被审计单位的各种作为提供财务收支及其有关经营管理活动信息载体的会计资料和其他有关资料

审计对象主要包括记载和反映被审计单位财务收支、提供会计信息载体的会计凭证、账簿、报表等会计资料以及有关计划、预算、经济合同等其他资料；提供被审计单位的经营管理活动信息的载体，除上述会计资料、计划统计资料等其他资料以外，还有经营目标、预测、决策方案、经济活动分析资料、技术资料等其他资料，电子计算机的磁带、磁盘、磁鼓等会计信息载体。以上这些，都是审计的具体对象。

综上所述，审计的对象是指被审计单位的财务收支及其有关的经营管理活动以及作为提供这些经济活动信息载体的会计报表和其他有关资料。会计报表和其他有关资料是审计对象的现象，其所反映的被审计单位的财务收支及其有关的经营管理活动才是审计对象的本质。

## 五、审计的职能

审计职能是指审计本身所固有的内在功能。审计有什么职能，有多少职能，这些都不是由人们的主观意愿来决定的，而是由社会经济条件和经济发展的客观需要来决定的。虽然关于审计职能的争论曾经观点林立，有单职能论，多职能论，也有主次职能论，但这些观点不是混淆审计职能与审计作用的关系，就是以偏概全，缺乏普遍代表性。我们的观点是，审计职能不是一成不变的，它是随着经济的发展而发展变化的。审计具有经济监督、经济评价和经济鉴证的职能。

（一）经济监督

监督是指监察和督促。经济监督是指监察和督促被审计单位的全部经济活动或其某一特定方面在规定的范围以内，在正常的轨道上进行。

综观审计产生和发展的历史，审计无不表现为经济监督的活动，履行着经济监督的职能。古代的官厅审计，为维护王朝的统治和利益，代理皇家专司财经监督的职责，对侵犯皇室利益者予以惩处。资本主义政府审计为维护资产阶级的整体利益，代表政府专司经济监督的职责，对损害资本主义利益的行为进行严格的审查和处罚。而作为资本主义国家的民间审计组织，也是代理审计委托者（如股东等）通过对被审计单位财务收支的公允性和合法性的审查来实施经济监督。内部审计同样要对本部门、本单位的经济活动进行检查，依照法规依据或标准加以评价和衡量，明辨是非，揭发违法违纪和不经济行为，追究受托经济责任，这些都是其执行经济监督职能的具体体现。我国的审计实践证明，越是搞活经济、搞活企业，越是需要加强审计监督。通过审计监督，可以严肃财经纪律、维护国家和人民的利益，可以加强宏观调控和管理，可以促进提高企事业单位的经济效益。可见，经济监督仍然是社会主义审计的基本职能。

需要指出的是，要使审计发挥监督职能，必须具备两个条件：一是监督必须由权力机关实施；二是要有严格的客观标准和明确的是非界限。

（二）经济评价

经济评价就是通过审核检查，评定被审计单位的计划、预算、决策、方案是否先进可行，经济活动是否按照既定的决策和目标进行，经济效益的高低优劣，以及内部控制制度是否健全、有效等，从而有针对性地提出意见和建议，以促使其改善经营管理，提高经济效益。

审核检查被审计单位的经济资料及其经济活动，是进行经济评价的前提，只有查明了被审计单位的客观事实真相，才能按照一定的标准，进行对比分析，才能形成各种经济评价意见。这样，经济评价才能建立在真实情况的基础之上，评价的结论才能客观、公正，才能被社会各界所接受。经济评价的过程，同时也是肯定成绩、发现问题的过程。所以，审计建议是紧接着经济评价而产生的，是经济评价职能的一部分。建议就是审计人员从经济评价出发，提出改进经济工作、提高效率的办法和途径。这是现代审计对传统审计在职能上的拓展。

（三）经济鉴证

鉴证是指鉴定和证明。经济鉴证是指通过对被审计单位的会计报表及有关经济资料所反映的财务收支和有关经济活动的公允性、合法性的审核检查，确定其可信赖程度，并做出书面证明，以取得审计委托人或其他有关方面的信任。

经济鉴证职能是随着现代审计的发展而出现的一项职能，它不断受到人们重视而日益强化，并显示其重要作用。西方国家非常重视审计的经济鉴证职能，不少国家的法律明文规定，企业的会计报表必须经过审计人员审查鉴证之后，才能获得社会上的承认。我国外商投资企业和股份制企业的会计报表必须经民间审计人员鉴证后，才具有法律效力。而且，随着《企业会计准则》的实施，国家要求对国有企业的会计报表进行经济鉴证，以保护国家利益和有关方面的正当权益。因此，审计的经济鉴证职能越来越发挥它在经济生活中的重要作用。

经济鉴证职能的发挥应当具备两个条件：一是审计组织的权威性；二是审计组织要有良好的信誉。权威和信誉是互为前提、相辅相成的。

应该说，不同的审计组织形式在审计职能的体现上侧重点有所不同，国家审计和内部审计侧重于经济监督和经济评价，民间审计则侧重于经济鉴证。

## 六、审计的作用

审计的作用是指履行审计职能、实现审计目标过程中所产生的社会效果。总结古今中外的审计实践，审计具有制约性、促进性和证明性三大作用。

### （一）制约性作用

审计的制约性作用主要表现在：通过对被审计单位的财务收支及其有关经营管理活动进行审核检查，对被审计单位的财务收支及经营管理活动进行监督和鉴证，揭发贪污舞弊、弄虚作假等违法乱纪、严重损失浪费及不经济的行为，依法追究责任，执行经济裁决或提请给予行政处分或刑事处罚，从而纠错揭弊，保证党和国家的法律、法规、方针、政策、计划和预算的贯彻执行，维护财经纪律和各项制度，保证会计资料及其他资料的正确、可靠，保护国家财产的安全和完整，维护社会主义经济秩序，巩固社会主义法制。可以概括为以下两个方面。

#### 1. 揭示差错和弊端

审计通过审查取证可以揭示差错和弊端，不仅可以纠正核算差错，提高会计工作质量，还可以保护财产的安全，堵塞漏洞，防止损失。

#### 2. 维护财经法纪

在审查取证、揭示各种违法行为的基础上，通过对过失人或犯罪者的查处，提交司法、监察部门进行处理，有助于纠正或防止违法行为，维护财经法纪。

### （二）促进性作用

审计通过审核检查，对于被审计单位的经营管理制度及经营管理活动进行评价，指出其不合理方面，并提出建议，以便纠正改进，促进其加强经营管理。对于经济活动所实现经济效益，进行评价，指出潜力所在，促进其进一步挖掘潜力，不断提高经济效益和社会效益。可以概括为：

1．改善经营管理

通过审查取证、评价揭示经济管理中的问题和管理制度上的薄弱环节，提出改进建议，促进改善经营管理。

2. 提高经济效益

通过对被审计单位财务收支及其有关经营管理活动效益性的审查，评价受托经济责任，总结经验，指出效益低下的环节，提出改进意见和建议，改进生产和经营管理工作，促进提高经济效益。

（三）证明性作用

审计的证明性作用是在完成经济鉴证职能所赋予的任务后发挥出来的。审计通过审核检查，对被审计单位经济活动的真相有所了解，然后以审计报告的形式将审计结果反映出来。审计报告能起到证明被审计单位某些经济情况、经济行为、经济事实真相的作用。审计的证明性作用可以概括为：

1．证明审计工作质量

通过审计报告，可以证明审计人员在审计过程中是否实施了必要的审计程序，是否以审计工作底稿为依据发表审计意见，发表的审计意见是否与被审计单位的实际情况相一致，审计工作质量是否符合要求。

2. 证明审计责任履行情况

通过审计报告，可以证明审计人员审计责任的履行情况。

## 第三节　审计的分类

审计分类是指将社会经济生活中的各种审计活动按照一定的特征、标志进行归类。对审计进行科学的分类，有助于人们加深对各种审计活动的认识，正确理解和完整地把握各种审计的特征、作用；也有助于审计人员科学地组织审计工作，根据审计目标选用相应的审计方式及审计方法，以此达到提高审计工作效率、充分发挥审计作用的目的。

### 一、审计的基本分类

（一）按审计主体分类

按审计主体可以将审计划分为国家审计、内部审计和社会审计。

1. 国家审计

国家审计（又称政府审计）是指由国家审计机关实施的审计。

国家审计的主要特点是法定性和强制性，拥有和管理国有资产的单位都必须依法接受国家审计的监督。审计机关做出的审计决定，被审计单位和有关人员必须执行。审计决定涉及其他有关单位的，有关单位应该协助执行。

2. 内部审计

内部审计是指由部门和单位内部设置的审计机构或专职审计人员对本部门、本单位及其下属单位进行的审计。内部审计包括部门内部审计和单位内部审计。部门内部审计是指由政府各部门或企业主管部门设置的审计机构或专职审计人员，对本部门及其下属单位的财务收支及有关经济活动进行的审计。单位内部审计是指由企业、事业单位设置的审计机构或专职审计人员，对本单位范围内的财务收支及有关经济活动进行的审计。

内部审计的特点表现为以下几个方面。

（1）内向性

内部审计根据本部门、本单位自身的需要而建立，处于部门或单位内部，在本部门、本单位主要负责人的直接领导下开展工作，为本部门、本单位服务。内部审计实际上是本部门、本单位管理机构的一部分。

（2）广泛性

内部审计不仅对财务收支进行审计监督，而且还对内部控制、生产经营等各个方面的经济活动进行检查、分析和评价，开展经济效益审计，其范围十分广泛。

（3）及时性、针对性和经常性

内部审计人员因常年在本部门、本单位进行审计监督活动，对本部门、本单位情况了如指掌，并可以随时了解企业的经济动态和信息，能随时针对本部门、本单位的实际需要和存在的问题，有针对性地开展审计工作，及时提出改进措施并督促执行。

由于内部审计的执行主体隶属于被审计单位，因而决定了其独立性不如外部审计，其审计报告主要供内部管理部门使用，对外不起公证作用，但为了确保内部审计机构和人员在组织上和行使职权上能够具有相对的独立性，它在机构设置上不应隶属于单位内部的其他职能部门，更不能隶属于财会部门。

3. 社会审计

社会审计又称民间审计或注册会计师审计或独立审计，是指由依法成立的社会组织接受委托人的委托而实施的审计。社会审计组织根据承办业务双方签订的审计业务约定书，对被审计单位的财务报表及其有关资料进行独立审查和鉴证，并出具审计报告，或者承办客户有关注册资金验证、代理企业纳税申报、提供会计及管理咨询服务等业务。

社会审计的特点表现为以下几个方面。

（1）独立性

社会审计组织完全独立于审计委托人和被审计人之外，注册会计师对审计对象不带任何偏见，对依靠审计结果的人保持客观态度。

（2）委托性

社会审计组织所要办理的每一个审计项目及其审计的内容和目的，均取决于委托人的要求。

（3）有偿性

社会审计组织实行企业化管理方式，根据“有偿服务、自收自支、独立核算、依法纳税”原则，对其接受委托承办的独立审计业务，要按规定的收费标准向委托人收费。

社会审计组织出具的审计报告具有法律效力，在社会上具有公证作用。

### （二）按照审计的内容分类

按审计的内容，可以将审计划分为财政财务审计、财经法纪审计和经济效益审计。

#### 1. 财政财务审计

财政财务审计是指对被审计单位的财政财务收支活动进行的审计。其目的在于检查财政财务收支的真实性、合法性，借以保护国有资产安全完整，维护各方的合法权益并促进加强财政和财务管理。

（1）财政审计

财政审计是指由国家审计机关对本级财政预算的执行情况和下级政府财政预算的执行情况和决算，以及预算外资金管理和使用情况的真实性、合法性进行的审计监督。财政审计的内容主要有：财政部门批复预算、预算执行调整、预算收支变化情况，财政、海关、税务等部门依法组织预算收入情况，财政部门拨付预算支出资金情况，财政部门拨付地方支出和办理结算情况，财政部门管理内外债还本付息情况，政府各部门执行年度预算情况，各级国库办理预算资金收纳和拨付情况，专项支出和总预备费使用和管理情况，其他财政收支（预算外资金和财政有偿使用资金）情况。

（2）财务审计

财务审计是指由国家审计机关、内部审计机构和社会审计组织对各级政府部门、金融机构、企业事业单位的财务收支及有关经济活动的真实性、合法性进行的审计监督。以企业财务审计为例，审计内容主要包括：企业执行的财务会计核算办法是否符合国家颁布的有关财务会计法规、制度的规定；被审查的会计资料是否真实公允地反映了企业在一定时期内的财务状况和经营成果。

2. 财经法纪审计

财经法纪审计是指由国家审计机关和内部审计机构对某单位严重违反财经法纪的行为进行的专案审计。对被审计单位一般的经济舞弊行为，通常可以在财政财务审计中进行审查和提出审计意见，但对金额较大、情节严重，致使国有资产遭受严重损失以及严重危害社会主义经济建设或对社会风气造成恶劣影响的违反财经法纪的行为，则必须专门立案进行审计。这种必须专门立案进行审计的项目属于财经法纪审计。与财政财务审计相比，财经法纪审计更加突出合法性目标。

3. 经济效益审计

经济效益审计是由审计人员对被审计单位或项目的经济活动进行综合、系统的审查分析，对照一定的标准客观评价单位的经济效益状况和潜力，确定其经济管理的效率性、效果性和经济性，并提出合理化建议以促使被审计单位改善管理，提高经济效益。

## 二、审计的其他分类

（一）按审计范围分类

按实施审计的范围，可以将审计划分为全面审计与局部审计。

1. 全面审计

全面审计是指对被审计单位审计期内的全部财务收支及有关经济活动的真实性、合法性和效益性进行审计。以制造业为例，全面审计审查的范围包括采购、生产、销售、货币资金、财产物资、结算、借款、资本金、税金和利润等各个项目增减变化情况，涉及计划、生产、供销、技术、财务等各个职能部门。

全面审计的特点是审查详细彻底，容易查出问题，有利于促进被审计单位改善经营管理，提高经济效益，但审计工作量大，费时费力，审计成本较高。一般仅适用于规模较小、业务量较少或内部控制制度极不健全、存在问题较多的单位。

2. 局部审计

局部审计是指对被审计单位审计期内的部分财务收支及有关经济活动的真实性、合法性和效益性进行审计。审计人员可以根据审计任务以及被审计单位的内部控制状况，有针对性地选择部分业务或项目进行审计。如审查企业现金收支业务、产品销售收入业务或进行货币资金审计、税金和利润审计等。

局部审计的特点是范围小、审查重点突出、针对性强、省时省力、审计成本较低，但审计覆盖面有限，较容易遗漏问题。

需要作出区别的是，全部审计不同于后面的详查法。详查法是指对被审计项目涉及的所有凭证、账册、报表等资料进行逐一审查，它属于一种审计方法，与抽查法相对应；而全部审计则是审计的一种类别。同样，局部审计也不同于抽查法。抽查法是指在被审计项目所涉及的凭证、账册、报表等资料中只抽取一部分进行审查，它属于一种审计方法，与详查法相对应；而局部审计则是审计的一种类别。无论进行全部审计还是局部审计，既可以运用详查法，也可以运用抽查法。

（二）按审计时间分类

按实施审计的时间，可以将审计划分为事前审计、事中审计及事后审计。

1. 事前审计

事前审计是指审计人员在被审计单位的财政财务收支和经济业务发生之前进行的审计。这种审计主要是对计划、预算和决策进行审查，包括对被审计单位的计划、方案和预算的编制、投资方案的选择、经营决策的制定及其可行性研究报告等进行审查。事前审计可以起到预防作用，有助于减少决策失误，实现决策的科学化。

2. 事中审计

事中审计是指审计人员在被审计单位的财政财务收支和经济业务执行过程中进行的审计。如在固定资产投资项目施工过程中，对施工进度、投资完成情况进行审计；对各级政府部门财政预算执行情况进行审计。事中审计实效性较强，可以及时查明经济目标和预算的实现程度，有助于被审计单位及时采取措施纠正偏差，改善管理，保证目标和预算的实现。

3. 事后审计

事后审计是指审计人员在被审计单位的财政财务收支和经济业务完成之后进行的审计，如对某建设工程项目竣工交付使用的审计、年度财务决算审计、领导干部任期经济责任审计等。事后审计的资料齐全，能对所有已经发生的财政财务收支和经济业务的真实性、合法性和效益性做出全面评价。由于事后审计能审查整个经济活动，因而其监督作用较强，对于研究问题、纠正错弊、挽回已经造成的损失和改进工作都具有重要意义。

（三）按审计地点分类

按执行审计的地点，可以将审计划分为就地审计与报送审计。

1. 就地审计

就地审计是指由审计机构派出审计人员到被审计单位所在地进行的审计。就地审计又可以分为专程审计、驻地审计和巡回审计三种。专程审计是指审计组织依据审计计划和审计方案要求，指派审计人员到被审计单位进行的审计。驻地审计是指审计组织根据审计工作的需要，派出审计机构或审计人员长期驻在被审计单位，进行定期的经常性的审计。巡回审计是指审计组织派审计人员到所属地区或单位巡回进行的审计。

2. 报送审计

报送审计又称送达审计，是指被审计单位按审计机关要求，将需要审查的资料按时送交审计机关进行的审计。报送的资料包括会计凭证、会计账簿、会计报表，以及其他与财政财务收支有关的资料。实行报送审计有助于审计机关对被审计单位进行经常性的审计监督，并有助于严肃财经纪律，提高审计机关权威性。目前，我国主要是对国家行政机关和部分事业单位的决算进行报送审计。

（四）按审计动机分类

按实施审计的动机，可以将审计划分为强制审计与任意审计。

1. 强制审计

强制审计是指根据国家法律规定，必须执行的带有强制性的审计。我国的政府审计即属于强制审计，这种审计按照审计机关制订的审计工作计划进行，而不问被审计单位是否愿意接受审核检查。再比如我国《外商投资企业法》、《公司法》等规定，三资企业或股票上市的股份公司每年必须接受中国注册会计师审计。

2. 任意审计

任意审计是指被审计单位出于某种自身的需要，自愿要求审计机构对其实施的审计。如企业为了取得银行贷款，自愿聘请社会审计组织对其财务报表进行审计鉴证。

## 第四节　我国审计监督体系的构成

### 一、国家审计机关

（一）国家审计机关的类型

国家审计机关是代表政府行使审计监督权的机构。当前，世界各国的国家审计机关按隶属关系不同，可分为下列几种类型：

1. 立法型

立法型的国家审计机关隶属立法部门，依照国家法律赋予的权力行使审计监督权。一般直接对议会负责，并向议会报告工作。目前世界上大多数国家的最高审计机关是属于立法型审计机构。例如，奥地利审计院直接隶属国民议会，每年向国民议会提交工作报告；加拿大审计长每年向众议院报告审计长公署工作中重要的应提请众议院注意的任何事项；美国审计总局（署）隶属国会，不受任何行政当局干涉，独立行使审计监督权。立法型审计机关地位高、独立性强，不受行政当局的控制和干预。

2. 司法型

司法型的国家审计机关隶属于司法部门，拥有很强的司法权。例如，意大利的审计法院对公共财务案件和法律规定的其他案件有裁判权，审计法院直接向两院报告审查的结果；西班牙审计法院拥有自己的司法院；法国审计法院也有一定的审判权。司法型审计机关可以直接行使司法权力，具有司法地位，具有很高的权威性。

3. 行政型

行政型的国家审计机关隶属于政府行政部门，它是政府行政部门中的一个职能部门，根据国家赋予的权限对政府所属各级、各部门、各单位的财政财务收支活动进行审计。它们对政府负责，保证政府财经政策、法令、计划、预算的正常实施。例如，沙特阿拉伯王国审计总局是对首相负责的独立机构，年度报告应呈递国王陛下；泰王国审计公署应向内阁总理呈报；瑞典审计局认为有必要报告有关情况，则应首先向负责部门或有关机构报告，如认为无此必要，可直接向政府报告；我国国家审计署在国务院总理领导下。行政型审计机关依据政府法规进行审计工作，其独立地位较低。

还有些国家的最高审计机关，介于立法、司法及行政部门之间，称为独立模式。例如日本会计检察院既不屈于议会，对内阁也具有独立的地位，而只向天皇负责。会计检察院认为其检查报告需要向国会申诉，可由检察官出席国会，或用书面说明。德国联邦审计院是联邦机构，是独立的财政监督机构，只受法律约束。联邦审计院的法定职能是协助联邦议院、联邦参议院和联邦政府做出决议。一般说来，这类审计机关只受法律约束，而不受国家机关的直接干预。

（二）我国国家审计机关的设置

国家审计机关是代表政府依法行使审计监督权的行政机关，它具有宪法赋予的独立性和权威性。现行《中华人民共和国宪法》第九十一条规定：“国务院设立审计机关，对国务院各部门和地方各级政府的财政收支，对国家的财政金融机构和企事业组织的财务收支，进行审计监督，审计机关在国务院总理领导下，依照法律规定独立行使审计监督权，不受其他行政机关、社会团体和个人的干涉。”

国家审计机关实行统一领导分级负责的原则。国务院设审计署，在总理领导下，负责组织领导全国的审计工作，对国务院负责并报告工作。审计署设审计长一人，副审计长若干人。审计长由国务院总理提名，全国人民代表大会决定，国家主席任命。副审计长由国务院任命。

县级以上各级人民政府设立审计机关。地方各级审计机关分别在省长、自治区主席、市长、州长、县长、区长和上一级审计机关的领导下，组织领导本行政区的审计工作，负责领导本级审计机关审计范围内的审计事项，对上一级审计机关和本级人民政府负责并报告工作。

审计机关根据工作需要，可以在重点地区、部门设立派出机构，进行审计监督。审计署向重点地区、城市和计划单列市派出的代表人员，在该地区和城市组成审计特派员办事处，代表审计署执行审计业务，解决某些地方审计局所难以解决的审计项目。例如，审计署派驻兰州市的机构称为“审计署驻兰州市特派员办事处”，其负责人称为“审计特派员”。

审计机关还可按工作内容和范围分设财政、金融、工业交通、商业粮食供销、外贸外资、农林水利、基本建设、科教卫生等职能审计部门，开展对行政机关、企业、事业、团体、军队等各种专业性审计工作。另外，审计机关还可设置审计科研培训机构，开展审计科学研究和培训审计人员。

审计署对地方各级审计机关（包括审计特派员办事处）实行业务上的领导。

### （三）我国国家审计机关的职权

国家审计机关是依照宪法规定建立的，实行的是法定审计，承担着繁重的审计任务。为此，在《中华人民共和国审计法》中，明确规定了其职责和权限。

#### 1. 国家审计机关的主要职责

国家审计机关应根据有关法律、法规规定的审计客体的范围，对各单位的下列事项进行审计监督。

（1）审计机关对本级各部门（含直属单位）和下级政府预算的执行情况和决算以及其他财政收支情况，进行审计监督。

（2）审计署在国务院总理领导下，对中央预算执行情况和其他财政收支情况进行审计监督，向国务院总理提出审计结果报告。

地方各级审计机关分别在省长、自治区主席、市长、州长、县长、区长和上一级审计机关的领导下，对本级预算执行情况和其他财政收支情况进行审计监督，向本级人民政府和上一级审计机关提出审计结果报告。

（3）审计署对中央银行的财务收支，进行审计监督。

（4）审计机关对国有金融机构的资产、负债、损益，进行审计监督。

（5）审计机关对国家的事业组织和使用财政资金的其他事业组织的财务收支监督。

（6）审计机关对国有企业的资产、负债、损益，进行审计监督。

（7）对国有资本占控股地位或者主导地位的企业、金融机构的审计监督，由国务院规定。

（8）审计机关对政府投资和以政府投资为主的建设项目的预算执行情况和决算，进行审计监督。

（9）审计机关对政府部门管理的和其他单位受政府委托管理的社会保障基金、社会捐赠资金以及其他有关基金、资金的财务收支，进行审计监督。

（10）审计机关对国际组织和外国政府援助、贷款项目的财务收支，进行审计监督。

（11）审计机关按照国家有关规定，对国家机关和依法属于审计机关审计监督对象的其他单位的主要负责人，在任职期间对本地区、本部门或者本单位的财政收支、财务收支以及有关经济活动应负经济责任的履行情况，进行审计监督。

（12）除本法规定的审计事项外，审计机关对其他法律、行政法规规定应当由审计机关进行审计的事项，依照本法和有关法律、行政法规的规定进行审计监督。

（13）审计机关有权对与国家财政收支有关的特定事项，向有关地方、部门、单位进行专项审计调查，并向本级人民政府和上一级审计机关报告审计调查结果。

（14）审计机关根据被审计单位的财政、财务隶属关系或者国有资产监督管理关系，确定审计管辖范围。

（15）依法属于审计机关审计监督对象的单位，应当按照国家有关规定建立健全内部审计制度；其内部审计工作应当接受审计机关的业务指导和监督。

（16）社会审计机构审计的单位依法属于审计机关审计监督对象的规定，有权对该社会审计机构出具的相关审计报告进行核查。

2. 国家审计机关的权限

（1）审计机关有权要求被审计单位按照审计机关的规定提供预算或者财务收支计划、预算执行情况、决算、财务会计报告，运用电子计算机储存、处理的财政收支、财务收支电子数据和必要的电子计算机技术文档，在金融机构开立账户的情况，社会审计机构出具的审计报告，以及其他与财政收支或者财务收支有关的资料，被审计单位不得拒绝、拖延、谎报。

被审计单位负责人对本单位提供的财务会计资料的真实性和完整性负责。

（2）审计机关进行审计时，有权检查被审计单位的会计凭证、会计账簿、财务会计报告和运用电子计算机管理财政收支、财务收支电子数据的系统，以及其他与财政收支、财务收支有关的资料和资产，被审计单位不得拒绝。

（3）审计机关进行审计时，有权就审计事项的有关问题向有关单位和个人进行调查，并取得有关证明材料。有关单位和个人应当支持、协助审计机关工作，如实向审计机关反映情况，提供有关证明材料。

审计机关经县级以上人民政府审计机关负责人批准，有权查询被审计单位在金融机构的账户。

审计机关有证据证明被审计单位以个人名义存储公款的，经县级以上人民政府审计机关主要负责人批准，有权查询被审计单位以个人名义在金融机构的存款。

（4）审计机关进行审计时，被审计单位不得转移、隐匿、篡改、丢弃会计凭证、会计账簿、财务会计报告以及其他与财政收支或者财务收支有关的资料，不得转移、隐匿所持有的违反国家规定取得的资产。

审计机关对被审计单位违反前款规定的行为，有权予以制止；必要时，经县级以上人民政府审计机关负责人批准，有权封存有关资料和违反国家规定取得的资产；对其中在金融机构的有关存款需要予以冻结的，应当向人民法院提出申请。

审计机关对被审计单位正在进行的违反国家规定的财政收支、财务收支行为，有权予以制止；制止无效的，经县级以上人民政府审计机关负责人批准，通知财政部门和有关主管部门暂停拨付与违反国家规定的财政收支、财务收支行为直接有关的款项，已经拨付的，暂停使用。

审计机关采取前两款规定的措施不得影响被审计单位合法的业务活动和生产经营活动。

（5）审计机关认为被审计单位所执行的上级主管部门有关财政收支、财务收支的规定与法律、行政法规相抵触的，应当建议有关主管部门纠正；有关主管部门不予纠正的，审计机关应当提请有权处理的机关依法处理。

（6）审计机关可以向政府有关部门通报或者向社会公布审计结果。

审计机关通报或者公布审计结果，应当依法保守国家秘密和被审计单位的商业秘密，遵守国务院的有关规定。

（7）审计机关执行审计监督职责，可以提请公安、监察、财政、税务、海关、价格、工商行政管理等机关予以协助。

## 二、内部审计机构

内部审计是指由部门或单位内部相对独立的审计机构和审计人员对本部门或本单位的财政财务收支、经营管理活动及其经济效益进行审核和评价，查明其真实性、正确性、合法性、合规性和有效性，提出意见和建议的一种专职经济监督活动。其主要目的是健全内部控制系统、严肃财经纪律、查错揭弊、改善经营管理，提高经济效益。

### （一）内部审计机构的类型

内部审计机构是指在部门、单位内部从事审计工作的机构。世界各国的内部审计机构按其隶属关系不同，可以分为主计负责制、首长负责制、董事会负责制。

#### 1. 主计负责制

主计负责制是指内部审计机构受本单位主计负责人的领导。由于受到主计负责人的局限，内部审计机构在进行全面审计或经济效益审计时，难于协调各职能部门之间的关系，不易取得各职能部门的配合与支持，审计难度较大。

#### 2. 首长负责制

首长负责制是指内部审计机构受本单位行政最高负责人直接领导。由于内部审计均不受各职能部门的制约，因而审计的独立性与权威性比主计负责制型更强。但由于其受到行政主要负责人的制约，内部审计机构的独立性与权威性难于充分体现。

#### 3. 董事会负责制

董事会负责制是指内部审计机构受本单位董事会或其下设的审计委员会领导。由于内部审计不受行政负责人的制约，因而其独立性与权威性都较强，能较好地发挥内部审计作用。

### （二）我国内部审计机构的设置

我国内部审计机构属于首长负责制型。各部门、各单位的内部审计机构在本部门、本单位主要负责人的直接领导下，对本部门、本单位及所属单位的财务收支及经济效益进行审计监督。内部审计机构独立于会计部门和其他部门，独立行使内部审计职权。在业务上应接受同级国家审计机构的指导和监督，要向本部门、本单位的行政领导和同级国家审计机构报告工作。

我国的内部审计机构，主要包括部门内部审计机构和单位内部审计机构。部门内部审计机构是县级以上各级政府的各部门设置的内部审计机构，它负责对本部门及所属单位的财务收支和经济效益进行审计，向本部门负责人和同级政府审计机关报告工作，审计业务受同级国家审计机关指导。单位内部审计机构是在大中型企业、事业单位设置的内部审计机构，它负责对本单位的财务收支及经济效益进行审计，向本单位负责人和上一级部门审计机构报告工作，审计业务受上一级部门审计机构指导。根据相关法规的规定，应当设置内部审计机构的部门和单位有：①审计机关未设派出机构，财政、财务收支金额较大或者所属单位较多的政府部门；②县级以上国有金融机构；③国有大中型企业；④国有资产占控股地位或主导地位的大中型企业；⑤财政、财务收支金额较大或者所属单位较多的国家事业单位；⑥其他需要设立内部审计机构的单位。非国有单位可以根据自己经营管理的需要设置内部审计机构。

审计署负责指导全国的内部审计工作，地方各级国家审计机构负责指导本地区的内部审计工作，国家审计派出机构负责指导直属单位和行业的内部审计工作，上级内部审计机构负责指导下属单位的内部审计工作。

（三）我国内部审计机构的职权

我国的部门和单位内部审计机构是依据审计法规和其他财经法规而建立的，为了便于其行使审计监督权，在法规中对其职责和权限也作了明确规定。

1. 内部审计机构的职责

内部审计机构或者审计工作人员对本单位及本单位下属单位的下列事项进行审计监督：

（1）财务计划或者单位预算的执行和决算；

（2）与财务收支有关的经济活动及其经济效益；

（3）国家和单位资产的管理情况；

（4）违反国家财经法规的行为；

（5）所在单位领导人交办的和审计机关委托的其他审计事项；

（6）其他有关审计事项。

2. 内部审计机构的权限

内部审计机构在审计过程中，有下列主要权限：

（1）检查会计凭证、账簿、报表、决算、资金、财产；查阅有关的文件、资料；

（2）参加有关的会议；

（3）对审计中发现的问题向有关单位和人员进行调查并索取证明材料；

（4）提出制止、纠正和处理违反财经法纪事项的意见，以及改进管理、提高效率的建议；

（5）对严重违反财经法纪和严重失职造成重大经济损失的人员，向领导提出追究其责任的建议；

（6）对阻挠、拒绝和破坏内部审计工作的，必要时，经领导批准，可采取封存账册和资财等临时措施，并提出追究有关人员责任的建议；

（7）对工作中的重大事项，单位的应向上级内部审计机构反映，部门的应向同级政府审计机关反映。

此外还规定：内部审计机构所在单位可以在管理权限范围内，授予内部审计机构经济处理、处罚的权限。

## 三、民间审计组织与人员

### （一）民间审计组织

在我国，民间审计组织主要指会计师事务所。

#### 1. 会计师事务所的类型

会计师事务所是注册会计师依法承办业务的机构。综观注册会计师行业在西方的发展，会计师事务所主要有独资、普通合伙制、有限公司制、有限责任合伙制等四种组织形式。

（1）独资会计师事务所，是由具有注册会计师执业资格的个人独立开业，承担无限责任。

优点：对执业人员的需求不多，容易设立，执业灵活，能够在代理记账、代理纳税等方面很好地满足小型企业对注册会计师服务的需求，虽承担无限责任，但实际发生风险的程度相对较低。

缺点：无力承担大型业务，缺乏发展后劲。

（2）普通合伙制会计师事务所，是由两位或两位以上注册会计师组成的合伙组织以各自的财产对事务所的债务承担无限连带责任。

优点：在风险的牵制和共同利益的驱动下，促使事务所强化专业发展，扩大规模，提高规避风险的能力。

缺点：建立一个跨地区、跨国界的大型会计师事务所要经过一个漫长的过程。同时，任何一个合伙人执业中的错误与舞弊行为，都可能给整个会计师事务所带来灭顶之灾，使其一夜之间土崩瓦解。

（3）有限公司制会计师事务所，是由注册会计师认购会计师事务所股份，并以其所认购股份对会计师事务所承担有限责任。会计师事务所以其全部资产对其债务承担有限责任。

优点：可以通过公司制形式迅速聚集一批注册会计师，建立规模型大所，承办大型业务。

缺点：降低了风险责任对执业行为的高度制约，弱化了注册会计师的个人责任。

（4）有限责任合伙制会计师事务所，是事务所以全部资产对其债务承担有限责任、各合伙人对个人执业行为承担无限责任。

它的最大特点在于，既融入了合伙制和股份有限公司制会计师事务所的优点，又摈弃了它们的不足。

这种组织形式，是为顺应经济发展对注册会计师行业的要求，于 20 世纪 90 年代初期兴起的。到 1995 年年底，原“六大”国际会计公司在美国的执业机构已完成了向有限责任合伙制的转型，在其他国家和地区的执业机构的转型已基本完成。同时，在它们的主导下，许多国家和地区的大中型会计师事务所也陆续开始转型。有限责任合伙制会计师事务所已成为当今注册会计师职业界组织形式发展的一大趋势。

2. 我国会计师事务所的设置

会计师事务所是指经国家批准、注册登记，依法独立承办审计业务、会计咨询业务的单位。

会计师事务所由注册会计师组成，是其承办法定业务的智力投资工作机构。它不是国家机关的职能部门，经济上也不依赖于国家或其他任何单位，会计师事务所实行自收自支，独立核算，依法纳税，具有法人资格。但合伙设立的会计师事务所，则不具有法人资格。注册会计师必须加入会计师事务所，才能承办业务。按规定，成立会计师事务所应报经财政部或省级财政厅（局）审查批准，并向当地工商行政管理机关办理登记，领取执照后，方能开业。

注册会计师和会计师事务所的管理机关，在全国为财政部，在各地区为省、自治区、直辖市财政厅（局）。为了掌握全国情况，财政厅（局）批准成立的会计师事务所应将其名称、章程、负责人等报财政部所属中国注册会计师协会备案。

我国现行《注册会计师法》中规定只能设立合伙制和有限责任制的事务所。近几年，我国一直在进行《注册会计师法》的修订工作。在《注册会计师法（修订草案）》（征求意见稿）中为事务所发展提供了多种选择，包括：个人事务所、合伙制事务所、有限责任合伙制事务所、有限责任制事务所。长远来看，会计师事务所的组织形式，应体现出我国注册会计师行业的发展方向和趋势，有利于对事务所加强管理。

3. 我国会计师事务所的职权

（1）注册会计师接受国家审计机关的委托办理业务，根据业务需要，有权查阅有关财务会计资料和文件，查看业务现场和设施，向有关单位和个人进行调查和核实情况。

（2）其他委托人委托注册会计师办理业务，需要查阅资料、文件和进行调查的，按照依法签订的委托书的约定办理。

（3）注册会计师对在执行业务中取得和了解到的资料、情况，应严格保守秘密。注册会计师在执行业务中，发现有弄虚作假、营私舞弊等违反国家法律、行政法规行为的，应在出具的报告书中明确提出，委托人示意作不实或者不当证明的，应予以拒绝。

（4）注册会计师在执行职权时必须遵守注册会计师工作规则。违反工作规则造成不良后果的，由主管机关分别视情况给予警告、罚款、暂停执行业务、吊销证书等处罚，触犯刑律构成犯罪的，由司法机关依法惩处。

## （二）民间审计人员

### 1. 注册会计师

民间审计人员主要是注册会计师。在我国，目前取得注册会计师资格主要通过考试途径。根据《中华人民共和国注册会计师法》及《注册会计师全国统一考试办法》的规定，具有下列条件之一的中国公民，可报名参加考试：（1）高等专科以上学历；（2）会计或者相关专业（指审计、统计、经济）中级以上专业技术职称。

注册会计师资格考试的科目，目前有：会计、审计、财务和成本管理、经济法和税法。每年度进行一次。部分科目合格者，取得由全国注册会计师考试委员会统一印制的单科合格证明，其合格成绩在取得单科成绩合格凭证后的连续四次考试中有效。考试全科合格者，取得由全国注册会计师考试委员会统一印制的合格证书。

自 2009 年起，注册会计师考试制度进行了改革。改革内容包括：将注册会计师考试划分为两个阶段，第一阶段，即专业阶段，主要测试考生是否具备注册会计师执业所需的专业知识，是否掌握基本技能和职业道德要求；设会计、审计、财务成本管理、公司战略与风险管理、经济法、税法等 6 科。第二阶段，即综合阶段，主要测试考生是否具备在注册会计师执业环境中运用专业知识，保持职业价值观、职业态度与职业道德，有效解决实务问题的能力；设综合 1 科，考生在通过第一阶段的全部考试科目后，才能参加第二阶段的考试。第一阶段的单科合格成绩 5 年有效。对在连续 5 年内取得第一阶段 6 个科目合格成绩的考生，发放专业阶段合格证。第二阶段考试科目应在取得专业阶段合格证后 5 年内完成。对取得第二阶段考试合格成绩的考生，发放全科合格证。

在我国，注册会计师考试合格者只取得成为注册会计师的资格，只有加入会计师事务所，从事审计业务工作两年以上的，并具备相应的业务能力，才能准予注册成为执业注册会计师。所以，经注册会计师考试合格的人员，应由其申请加入的会计师事务所报财政部或省级财政厅（局）批准注册。经批准注册的注册会计师，由财政部统一制发注册会计师证书。

### 2. 注册会计师的业务范围

根据我国《注册会计师法》规定，注册会计师依法承办审计业务和会计咨询、会计服务业务。此外，注册会计师还根据委托人的委托，从事审阅业务、其他鉴证业务和相关服务业务。

（1）审计业务

① 审查企业财务报表，出具审计报告；

② 验证企业资本，出具验资报告；

③ 办理企业合并、分立、清算事宜中的审计业务，出具有关报告；

④ 办理法律、行政法规规定的其他审计业务，出具相应的审计报告。

（2）审阅业务

即对财务报表的审阅业务。

（3）其他鉴证业务

如内部控制审核、预测性财务信息审核等。

（4）相关服务

相关服务包括对财务信息执行商定程序、代编财务信息、税务服务、管理咨询以及会计服务等。

① 对财务信息执行商定程序。对财务信息执行商定程序是注册会计师对特定财务数据、单一财务报表或整套财务报表等财务信息执行与特定主体商定的具有审计性质的程序，并就执行的商定程序及其结果出具报告。

② 代编财务信息。代编财务信息是注册会计师运用会计而非审计的专业知识和技能，代客户编制一套完整或非完整的财务报表或代为收集、分类和汇总其他信息。

③ 税务服务。税务服务包括税务代理和税务筹划。税务代理是注册会计师接受企业或个人委托，为其填制纳税申报表，办理纳税事项。税务筹划是由于纳税义务发生范围和时间不同，注册会计师从客户利益出发，代替纳税义务人设计可替代或不同结果的纳税方案。

④ 管理咨询。会计师事务所管理咨询服务范围很广，主要包括对公司的治理结构、信息系统、预算管理、人力资源管理、财务会计、经营效率、效果和效益等提供诊断及专业意见与建议。

⑤ 会计服务。注册会计师提供的会计咨询和会计服务业务，除了代编财务信息外，还包括对会计政策的选择和运用提供建议、担任常年会计顾问等。注册会计师执行的会计咨询、会计服务业务属于服务性质，是所有具备条件的中介机构甚至个人都能从事的非法定业务。

## 第五节　案例分析——英国南海股份公司审计案例

### 一、背景介绍

（一）英国南海股份公司审计案始末

在18世纪初，随着大英帝国殖民主义的扩张，海外贸易有了很大的发展。英国政府听取了一位银行家的建议，发行中奖债券，并将发行债券所募集到的资金，于1710年创立了南海股份公司，从事盈利前景诱人的殖民地贸易。南海公司经过近 10 年的惨淡经营，表现平平。1719 年，英国政府允许中奖债券总额的 70%，即约 1000 万英镑，与南海公司股票可进行转换。该年底，一方面，当时英国政府扫除了殖民地贸易的障碍，另一方面，公司的董事们开始对外散布各种所谓的公司利好消息，即南海公司在年底将有大量利润可实现，并预计在 1720 年的圣诞节，公司可能要按面值的 60%支付股利。这一消息的宣布，加上公众对股价上扬的预期，促进了债券转换，进而带动了股价上升。1719 年中，南海公司股价为 114 英镑。到了 1720 年 3 月，股价劲升至 300 英镑以上。而从 1720 年 4 月起，南海公司的股票更是节节攀高，到了 1720 年 7 月，股票价格已高达1050 英镑。此时，南海公司老板布伦特又想出了新主意：以数倍于面额的价格，发行可分期付款的新股。同时，南海公司将获取的现金，转贷给购买股票的公众。这样，随着南海股价的扶摇直上，一场投机浪潮席卷全国。由此，170 多家逐渐成立的股份公司股票以及原有的公司股票，都成了投机对象，股价暴涨 5～6 倍，各种职业的人，包括军人和家庭妇女都卷入了这场漩涡。据说，这些人中，不仅有普通民众，甚至有发现了宇宙运动规律的伟大物理学家牛顿。美国经济学家加尔布雷斯在其《大恐慌》一书中这样描绘当时人们购买股票的情形："政治家忘记了政治，律师忘记了法庭，贸易商放弃了买卖，医生丢弃了病人，店主关闭了铺子，教父离开了圣坛，甚至连高贵的夫人也忘了高傲和虚荣。"

当年 6 月，为了制止各类"泡沫公司"的膨胀，英国国会通过了《泡沫公司取缔法》。自此，许多公司被解散，公众开始清醒过来，对一些公司的怀疑，逐渐扩展到南海公司身上。从 7 月份开始，外国投资者首先抛出南海股票，撤回资金。军队下达了要求军人回到岗位的命令。随着投机热潮的冷却，南海股价一落千丈，从 1720 年 8 月 25 日到 9 月 28 日，南海公司的股票价格从 900 英镑下跌到 190 英镑。12 月份最终仅为 124 英镑。当年底，政府对南海公司资产进行清理，发现其实际资本已所剩无几。那些高价买进南海股票的投资者遭受了巨大损失，政府逮捕了布伦特等人，另有一些董事自杀。"南海泡沫"事件使许多地主、商人失去了资产。

此后较长一段时间，民众对参股新兴股份公司闻之色变，对股票交易心存疑虑。

（二）对英国南海股份公司审计案的查处

为了平息南海公司所引发的经济恐慌，1720 年 9 月，英国议会组织了一个由 13 人参加的特别委员会，对"南海泡沫"事件进行秘密查证。在调查过程中，由于牵涉到许多财务问题及会计记录，特别委员会特邀了一位精通会计实务的会计师，此人名叫查尔斯•斯内尔（Charles Snell）。他原在伦敦市的一所名为彻斯特•莱恩学校中工作，教书法及会计。查尔斯通过对南海公司账目的查询、审核，于 1721 年提交了一份名为《伦敦市彻斯特•莱恩学校的书法大师兼会计师对索布里奇商社的会计账簿进行检查的意见》。在该份报告中，查尔斯指出了公司存在舞弊行为、会计记录严重不实等问题。但没有对公司为何编制这种虚假的会计记录表明自己的看法。

议会根据这份查账报告，将南海公司董事之一的雅各希•布伦特以及他的合伙人的不动产全部予以没收。其中一位叫乔治•卡斯韦尔的爵士，被关进了著名的伦敦塔监狱。而且，在通过的《泡沫公司取缔法》中，对股份公司的成立进行了严格地限制，只有取得国王的御批，才能得到公司的营业执照。事实上，股份公司的形式基本上名存实亡。

直到1828年，英国政府在充分认识到股份有限公司利弊的基础上，通过设立民间审计的方式，将股份公司中因所有权与经营权分离所产生的不足，予以制约，才完善了这一现代化的企业制度。据此，英国政府撤销了《泡沫公司取缔法》，重新恢复了股份公司这一现代企业制度的形式。

## 二、审计分析与思考

英国南海公司的舞弊案例，对世界民间审计史具有里程碑式的影响。世界上绝大多数的审计理论工作者都认为，查尔斯•史内尔是世界上第一位民间审计人员，他所撰写的查账报告，是世界上第一份民间审计报告。而英国南海公司的舞弊案例，也被列为世界上第一起比较正式的民间审计案例。由此可见，该案例对注册会计师行业来说，是有举足轻重的影响。

英国南海公司审计案例的发生，进一步说明了：建立在所有权与经营权相分离基础上的股份有限公司，必须要有一个了解、熟悉会计语言的第三者，站在公正、客观的立场，对表达所有者与经营者利益的财务报表，进行独立地检查，通过提高会计信息的可靠性来协调、平衡所有者与经营者之间的经济责任关系。如果缺乏民间审计这一机制，就会像南海公司一样，使得经营者为所欲为，严重损害所有者利益，从而破坏了整个社会经济的稳定性。可见，注册会计师行业生来就是为稳定社会经济秩序而存在的，稳定社会经济秩序应该成为注册会计师行业的天职。

# 复习思考题

## 一、单项选择题

1. 审计产生和发生的基础是（　　）。

A. 经济管理和控制的加强　　B. 维系受托经济责任关系

C. 现代科学管理的方法和手段　　D. 社会的进步和发展

2.（　　）是指监察和督促被审计单位的经济活动在规定的范围内，在正常的轨道上进行。

A. 经济评价职能　　B. 经济鉴证职能
C. 经济监督职能　　D. 经济保证职能

3. 西方民间审计最早出现于（　　）。
A. 英国　　B. 意大利　　C. 德国　　D. 日本

4. 我国第一个独立的审计机构是（　　）。
A. 西周的“宰夫”　　B. 隋唐的“比部”
C. 宋朝的“审计院”　　D. 现在的“审计署”

5. 审计机构派出审计人员到达被审计单位进行现场审计称为（　　）。
A. 报送审计　　B. 局部审计　　C. 就地审计　　D. 财务审计

6. 注册会计师的民间审计一般采用（　　）的方式。
A. 巡回审计　　B. 驻在审计　　C. 专程审计　　D. 财经法纪审计

7. 下列职能中，不属于审计职能的是（　　）。
A. 经济监督　　B. 经济评价　　C. 经济鉴证　　D. 经济计算

8.（　　）的经济监督活动是审计的根本属性。
A. 权威性　　B. 独立性　　C. 客观性　　D. 合法性

9. 民间审计，又叫（　　）。
A. 验资　　B. 查账　　C. 社会审计　　D. 财务审计

10. 对领导干部的离任审计属于（　　）。
A.专项审计　　B. 事后审计　　C. 局部审计　　D. 事前审计

## 二、多项选择题

1. 独立性原则，具体包括（　　）。
A. 机构独立　　B. 人员独立　　C. 经济独立　　D. 行动独立

2. 审计的促进作用可以概括为（　　）。
A. 改善经营管理　　B. 维护财经法纪
C. 提高经济效益　　D. 加强宏观调控

3. 国家审计按审计的内容和目的可分为（　　）。
A. 财政财务审计　　B. 会计报表审计
C. 财经法纪审计　　D. 经济效益审计

4. 民间审计的业务范围包括（　　）。
A. 审计业务　　B. 审阅业务
C. 管理咨询　　D. 对特定信息执行商定程序

5. 按照审计的主体分类，审计可以分为（ ）。

A. 政府审计　　B. 内部审计　　C. 民间审计　　D. 经济效益审计

### 三、判断题

1. 在西方，民间审计的产生早于政府审计和内部审计的产生。（ ）

2. 抽样审计产生于英国，且在英国盛行，故也称为英国式审计。（ ）

3. 资产负债表审计是美国首先实施的，故又称美式审计。（ ）

4. 审计对象是指被审计单位的会计资料和其他有关资料。（ ）

5. 国家审计又称为政府审计，是指由各级政府审计机关依法对被审计单位的财政、财务收支状况和经济效益所实施的审计。国家审计最主要的特点是它的高度独立性。（ ）

6. 就地审计是我国审计监督中使用最为广泛的一种方式。（ ）

7. 国家审计属于强制审计，同时也属于受托审计。（ ）

8. 受托经济责任关系的确立，是审计产生与发展的客观前提。（ ）

9. 在我国，注册会计师只有加入会计师事务所才能执业，我国目前不允许独资会计师事务所的存在。（ ）

10. 审计的本质在于它的独立性和权威性。（ ）

### 四、简答题

1. 如何理解审计的含义？其特征有哪些？

2. 如何理解审计的对象？

3. 民间审计的业务范围有哪些？

4. 审计有哪些基本职能？

5. 如何理解审计的作用？

6. 审计的分类有哪些？

# 第二章　独立审计执业规范及法律责任

**本章学习要点**

1. 了解审计准则的意义和我国审计准则的构成。
2. 理解注册会计师执业准则体系的框架和注册会计师鉴证业务基本准则。
3. 掌握会计责任和审计责任。
4. 掌握注册会计师法律责任的原因和对策。
5. 理解我国职业道德规范内容。

## 第一节　审 计 准 则

审计准则是审计规范体系的重要组成部分，在审计理论与实务中都居于重要地位。早期的审计只凭审计人员的经验审查账目，怎样审计？审计工作应做到什么程度？并没有一定的规范。1938 年麦克森·罗宾斯公司破产案件的披露，给制定这样一套规范提供了契机。在 20 世纪 40 年代，审计准则开始在美国出现，并进而影响到世界各国。

### 一、审计准则的意义和作用

审计准则作为对审计人员及其专业行为的基本规范要求，制定、颁布审计准则，公开、明确基本规范要求，是充分、有效地发挥审计作用的必要条件和重要保证。

（一）审计准则是衡量审计质量的尺度

审计是一种特殊的专业服务，具有无形、同步、易逝等特点，服务质量的高低，取决于每一个被审计单位的感受。因而，很难对具体审计结果进行直接质量测定。对审计质量的统一社会评价，主要依靠对审计人员和审计过程中的专业行为评价，审计准则提供了这种评价的尺度。没有对审计质量的评价就不会有高质量的审计服务。

（二）审计准则是确定和解脱审计责任的依据

审计在某种意义上讲发挥着提供合理保证的作用，保证信息的可靠性，保护委托人的利益。相应的，审计对这种保证承担着责任，包括职业责任和法律责任。审计准则规定了审计职业责任的最低要求，审计人员若违背了审计准则，不仅说明未能切实履行应尽的职责，而且也应对其所造成的后果承担必要的法律责任。从积极意义上讲：审计准则又是保护审计人员的手段，避免滥用法律损害审计人员利益的行为。

（三）审计准则是审计组织与社会进行沟通的中介

审计行为是一种专业行为，十分复杂，普通的公众很难真正理解其中的技术细节。借助于审计准则，社会可以了解审计工作的基本内容和审计质量的基本水准；通过让公众参与审计准则的制定，审计职业界可以了解社会对审计的需求及其变化。审计组织与社会的这种沟通，可以促进审计更好地满足社会和服务对象的需要。

（四）审计准则是完善内部管理的基础

审计组织要不断加强、完善内部管理，改善审计的质量与效率，必须以科学、合理、明确的审计准则为基础。审计准则是审计人员行为的指南，是评价审计人员业绩的标准，是进行审计职业教育的根据。以审计准则为依据制定出各种内部管理制度，才能保证审计规范化的先进性和合理性。

另外，审计准则的颁布也为解决审计争议提供了仲裁标准；审计准则还为审计教育明确了方向，为审计专业教育和职业继续教育确定了努力目标。

综上所述，审计准则的作用已远远超出了审计业务工作的范围，客观上起到了促进整个审计事业发展的作用。审计准则在很大程度上反映了审计专业的水平，准则的建立和完善，成为审计事业发展的强大推动力。

## 二、我国审计准则构成

（一）国家审计准则

我国国家审计机关自组建以来，在维护国家财经法纪、促进提高经济效益、为宏观经济管理服务等方面发挥了积极作用。但是仍然存在着审计人员资格条件、审计作业、审计报告等一些主要环节不规范，审计质量难以保证等问题。为适应发展社会主义市场经济的需要，实现国家审计工作规范化，明确审计责任，保证审计质量，我国最高国家审计机关——审计署自 1989 年起就开始着手我国国家审计准则的制定工作。2000 年 1 月，审计署发布了《中华人民共和国国家审计基本准则》，它是对审计主体及其行为的基本规范，是承接《审计法》及其实施条例，统御各项具体审计业务规范和审计管理规范的重要审计规章，既是指导审计机关的审计人员开展审计工作的基本准则，又是衡量和评价审计质量的基本尺度。它共有六章五十条，基本采用了国际上通用的做法，也结合了我国国家审计的具体特点。现简要介绍如下：

1. 总则

（1）明确了制定国家审计基本准则的目的、内容和适用条件；

（2）审计机关办理审计事项必须由合格的审计人员承担，并应当按照规定的程序和要求实施审计；

（3）审计机关行使审计监督权时应保持自身的独立性。

2. 一般准则

（1）一般准则是审计机关及其审计人员应当具备的资格条件和职业要求；

（2）为保证审计机关和审计人员办理审计事项时保持客观公正的态度应遵循的一些具体规定，诸如不得参与被审计单位的行政或经营管理活动，回避制度，保密性要求，继续教育要求，专业技术资格考评制度，人员聘用制度等。

3. 作业准则

（1）作业准则是审计机关和审计人员在审计准备和实施阶段应当遵循的行为规范；

（2）明确了年度审计项目计划的确定、审计小组的成立、审计方案的编制方法与程序；

（3）明确了审计通知书的送达时间和主要内容；

（4）明确了审计人员进行控制测试和实质性程序的内容和程序；

（5）明确了审计人员收集审计证据的具体要求；

（6）明确了审计工作底稿的编制方法和内容，以及对工作底稿进行检查和复核的要求。

4. 报告准则

（1）报告准则是审计组织反映审计结果、提出审计报告以及审计机关审定审计报告时当遵循的行为规范；

（2）明确了审计机关提交审计报告的程序和时间；

（3）明确了审计报告的内容；

（4）明确了审计报告的复核和审定程序。

5. 处理、处罚准则

（1）处理、处罚准则是审计机关对审计事项做出评价，出具审计意见书，对违反国家规定的财政收支、财务收支行为以及违反《审计法》的行为，给予处理、处罚，做出审计决定时应当遵循的行为规范；

（2）明确了审计机关进行审计处理的主要程序；

（3）明确了审计意见书和审计决定的主要内容；

（4）明确了审计机关进行审计处理和处罚的具体形式；

（5）明确了被审计单位对审计机关做出的具体行政行为不服时申请复议的程序；

（6）明确了审计机关应当向本级人民政府、上一级审计机关和本级人民代表大会常务委员会提出对上一年度本级预算执行和其他财政收支的审计报告。

6. 附则

附则指出，基本准则是制定各项具体准则的依据；基本准则的解释权属审计署；基本准则从 2000 年 1 月 1 日起施行。

在国家审计基本准则的基础上，审计署还相继颁布了 38 个审计规范项目文本，这些审计规范的颁布对于实现审计工作法制化、制度化、规范化，保证审计工作质量，提高审计工作效率具有十分重要的意义。

（二）内部审计准则

我国内部审计准则的制订和实施是由中国内部审计协会具体负责进行的，自 2003 年 4 月至今，已正式发布实施了《内部审计基本准则》和十几个具体准则，以后还将陆续制定若干个内部审计具体准则，进一步完善我国内部审计准则体系。

1. 内部审计准则体系

内部审计准则是内部审计职业规范体系的重要组成部分，它的制定和发布实施能促进我国内部审计事业的全面发展，更好地为社会主义市场经济服务。内部审计基本准则是内部审计准则体系的总纲，具体准则是对基本准则的具体化，是规范内部审计工作的权威性标准，是衡量审计业务质量的重要尺度。建立健全内部审计准则体系，有利于内部审计人员依法行使职权，按照统一的规范开展审计工作。

2. 内部审计基本准则

内部审计基本准则是内部审计准则的总纲，对内部审计活动的原则要求、审计计划与实施的基本步骤、审计报告及后续审计的基本要求以及内部审计机构管理规范等进行了规定，对内部审计具体准则、内部审计实务指南发挥着提纲挈领的作用。

（1）总则主要说明基本准则的制定依据，内部审计的定义和基本准则的适用范围。

（2）一般准则主要是对内部审计机构和人员的基本要求。

（3）作业准则主要说明内部审计人员在内部审计全过程各个主要环节中应注意的事项和问题。

（4）报告准则主要是对审计报告的质量要求、内容、编制等进行规范。

（5）内部管理准则主要针对内部审计机构负责人提出了内部审计机构管理的基本要求。

（6）附则主要说明本准则的解释权及生效日期。

### （三）注册会计师执业准则

注册会计师执业准则作为规范注册会计师执行业务的权威性标准，对提高注册会计师执业质量，降低审计风险，维护社会公众利益具有重要的作用，其建设经历三个阶段：

#### 1. 制定执业规则阶段（1991—1993）

中国注册会计师协会成立后，非常重视执业规则的建设。从 1991 年到 1993 年，先后发布了《注册会计师检查验证会计报表规则（试行）》等 7 个执业规则。这些执业规则对我国注册会计师行业走向正规化、法制化和专业化起到了积极作用。

#### 2. 建立准则体系阶段（1994—2003）

1993 年 10 月 31 日，第八届全国人民代表大会常务委员会第四次会议通过《中华人民共和国注册会计师法》，规定中国注册会计师协会依法拟订执业准则、规则，报国务院财政部门批准后施行。经财政部批准同意，中注协自 1994 年 5 月开始起草独立审计准则。到 2003 年年中，中注协先后分 6 批制定了审计准则，共计 48 个项目。

#### 3. 完善与提高阶段（2004—至今）

随着审计准则体系的基本建立，制定工作转向完善审计准则体系与提高准则质量并重。自 2004 年以来，中国注册会计师协会在起草新准则的同时，根据变化的审计环境、国际审计准则的最新发展和注册会计师执业的需要，有计划、有步骤地修订已颁布的准则。2006 年财政部正式发布了 48 项注册会计师执业准则，自 2007 年 1 月 1 日起在境内会计师事务所施行。这次发布的中国注册会计师执业准则体系，体现了与国际审计准则的趋同要求，满足了新形势下注册会计师的执业需求，突出了维护公众利益的行业宗旨，增强了审计准则的易理解性和可操作性。

审计准则建设以及准则体系的基本建立，有效地适应了注册会计师执业的需要。审计准则已经成为注册会计师执业的必备指导，成为衡量注册会计师执业质量的依据，成为理论研究、教学教材建设的重要推动力量。审计准则还是有关部门执法、判断注册会计师执业对错的依据。从最近几年出台文件看，在涉及注册会计师审计商业银行、非银行金融机构、大型国有企业、上市公司等主体时，都强调要遵守审计准则，并在调查和处罚违规事件时将审计准则作为衡量的尺度。公安、检察、法院等部门在处理涉及会计师事务所和注册会计师审计业务的案件时，也将独立审计准则作为重要的法规依据。

### 三、注册会计师执业准则体系

（一）鉴证业务准则

鉴证业务准则由鉴证业务基本准则统领，按照鉴证业务提供的保证程度和鉴证对象的不同，分为中国注册会计师审计准则、中国注册会计师审阅准则和中国注册会计师其他鉴证业务准则。其中，审计准则是整个执业准则体系的核心。

审计准则用以规范注册会计师执行历史财务信息的审计业务。在提供审计服务时，注册会计师对所审计信息是否不存在重大错报提供合理保证，并以积极方式提出结论。

审阅准则用以规范注册会计师执行历史财务信息的审阅业务。在提供审阅服务时，注册会计师对所审阅信息是否不存在重大错报提供有限保证，并以消极方式提出结论。

其他鉴证业务准则用以规范注册会计师执行历史财务信息审计或审阅以外的其他鉴证业务。根据鉴证业务的性质和业务约定的要求，提供有限保证或合理保证。

（二）相关服务准则

相关服务准则用以规范注册会计师代编财务信息、执行商定程序、提供管理咨询等其他服务。在提供相关服务时，注册会计师不提供任何程度的保证。

（三）质量控制准则

质量控制准则用以规范会计师事务所在执行各类业务时应当遵守的质量控制政策和程序；是对会计师事务所质量控制提出的制度要求。

## 第二节　中国注册会计师鉴证业务基本准则

鉴证业务基本准则是鉴证业务准则概念框架，旨在规范注册会计师执行鉴证业务，明确鉴证业务的目标和要素，确定审计准则、审阅准则、其他鉴证业务准则适用的鉴证业务类型。

### 一、鉴证业务的定义

鉴证业务是指注册会计师对鉴证对象信息提出结论，以增强除责任方之外的预期使用者对鉴证对象信息信任程度的业务。鉴证对象信息是按照标准对鉴证对象进行评价和计量的结果。如责任方按照会计准则和相关会计制度（标准）对其财务状况、经营成果和现金流量（鉴证对象）进行确认、计量和列报而形成的财务报表（鉴证对象信息）。

鉴证业务包括历史财务信息审计业务、历史财务信息审阅业务和其他鉴证业务。

## 二、鉴证业务要素

鉴证业务要素，是指鉴证业务的三方关系、鉴证对象、标准、证据和鉴证报告。

### （一）三方关系

三方关系人分别是注册会计师、责任方和预期使用者。注册会计师对由责任方负责的鉴证对象或鉴证对象信息提出结论，以增强除责任方之外的预期使用者对鉴证对象信息的信任程度。

#### 1. 注册会计师

注册会计师，是指取得注册会计师证书并在会计师事务所执业的人员，有时也指其所在的会计师事务所。

如果鉴证业务涉及的特殊知识和技能超出了注册会计师的能力，注册会计师可以利用专家协助执行鉴证业务。在这种情况下，注册会计师应当确信包括专家在内的项目组整体已具备执行该项鉴证业务所需的知识和技能，并充分参与该项鉴证业务和了解专家所承担的工作。

#### 2. 责任方

对责任方的界定与所执行鉴证业务的类型有关。责任方是指下列组织或人员：

（1）在直接报告业务中，对鉴证对象负责的组织或人员。

例如，在系统鉴证业务中，鉴证对象是被鉴证单位系统的有效性，责任方是对该系统负责的组织或人员，即被鉴证单位的管理层。

（2）在基于责任方认定的业务中，对鉴证对象信息负责并可能同时对鉴证对象负责的组织或人员。

例如，企业聘请注册会计师对企业管理层编制的持续经营报告进行鉴证。在该业务中，鉴证对象信息为持续经营报告，由该企业的管理层负责，企业管理层为责任方。该业务的鉴证对象为企业的持续经营状况，它同样由企业的管理层负责。

责任方可能是鉴证业务的委托人，也可能不是委托人。

#### 3. 预期使用者

预期使用者是指预期使用鉴证报告的组织或人员。责任方可能是预期使用者，但不是唯一的预期使用者。

如果鉴证业务服务于特定的使用者或具有特殊目的，注册会计师可以很容易地识别预期期使用者。例如，企业向银行贷款，银行要求企业提供一份与贷款项目相关的预测性财务信息审核报告，那么，银行就是该鉴证报告的预期使用者。

注册会计师可能无法识别使用鉴证报告的所有组织和人员，尤其在各种可能的预期使用者对鉴证对象存在不同的利益需求时。此时，预期使用者主要是指那些与鉴证对象有重要和共同利益的主要利益相关者，例如，在上市公司财务报表审计中，预期使用者主要是指上市公司的股东。注册会计师应当根据法律法规的规定或与委托人签订的协议识别预期使用者。

在可行的情况下，鉴证报告的收件人应当明确为所有的预期使用者，但在实务中往往很难做到这一点。原因很简单，有时鉴证报告并不向某些特定组织或人员提供，但这些组织或人员也有可能使用鉴证报告。例如，注册会计师为上市公司提供财务报表审计服务，其审计报告的收件人为“××股份有限公司全体股东”，但除了股东之外，公司债权人、证券监管机构等显然也是预期使用者。

### （二）鉴证对象

鉴证对象具有多种不同的表现形式，如财务或非财务的业绩或状况、物理特征、系统与过程、行为等。

鉴证对象具有不同的特征，可能表现为定性或定量、客观或主观、历史或预测、时点或期间。这些特征将对下列方面产生影响。

1. 按照标准对鉴证对象进行评价或计量的准确性

2. 证据的说服力

通常，如果鉴证对象的特征表现为定量的、客观的、历史的或时点的、评价和计量的准确性相对较高，注册会计师获取证据的说服力相对较强，相应的，对鉴证对象信息提供的保证程度也较高。

### （三）标准

标准即用来对鉴证对象进行评价或计量的基准，当涉及列报时，还包括列报的基准。

标准是鉴证业务中不可或缺的一项要素。运用职业判断对鉴证对象作出评价或计量，离不开适当的标准。如果没有适当的标准提供指引，任何个人的解释甚至误解都可能对结论产生影响，这样一来，结论必然缺乏可信性。注册会计师在运用职业判断对鉴证对象作出合理一致的评价或计量时，需要有适当的标准。适当的标准应当具备下列所有特征。

1. 相关性——相关的标准有助于得出结论，便于预期使用者作出决策

2. 完整性——完整的标准不应忽略业务环境中可能影响得出结论的相关因素，当涉及

列报时，还包括列报的基准

3. 可靠性——可靠的标准能够使能力相近的注册会计师在相似的业务环境中，对鉴证对象作出合理一致的评价或计量

4. 中立性——中立的标准有助于得出无偏向的结论

5. 可理解性——可理解的标准有助于得出清晰、易于理解、不会产生重大歧义的结论

注册会计师基于自身的预期、判断和个人经验对鉴证对象进行的评价和计量，不构成适当的标准。

（四）证据

获取充分、适当的证据是注册会计师提出鉴证结论的基础。

注册会计师应当以职业怀疑态度计划和执行鉴证业务，获取有关鉴证对象信息是否不存在重大错报的充分、适当的证据。

注册会计师应当及时对制定的计划、实施的程序、获取的相关证据以及得出的结论作出记录。注册会计师在计划和执行鉴证业务，尤其在确定证据收集程序的性质、时间和范围时，应当考虑重要性、鉴证业务风险以及可获取证据的数量和质量。

（五）鉴证报告

注册会计师应当针对鉴证对象信息（或鉴证对象）在所有重大方面是否符合适当的标准，以书面报告的形式发表能够提供一定保证程度的结论。

## 三、基于责任方认定的业务和直接报告业务

鉴证业务分为基于责任方认定的业务和直接报告业务。在基于责任方认定的业务中，责任方对鉴证对象进行评价或计量，鉴证对象信息以责任方认定的形式为预期使用者获取。如在财务报表审计中，被审计单位管理层（责任方）对财务状况、经营成果和现金流量（鉴证对象）进行确认、计量和列报（评价或计量）而形成的财务报表（鉴证对象信息）即为责任方的认定，该财务报表可为预期使用者获取，注册会计师针对财务报表出具审计报告。这种业务属于基于责任方认定的业务。

在直接报告业务中，注册会计师直接对鉴证对象进行评价或计量，或者从责任方获取对鉴证对象评价或计量的认定，而该认定无法为预期使用者获取，预期使用者只能通过阅读鉴证报告获取鉴证对象信息。如在内部控制鉴证业务中，注册会计师可能无法从管理层（责任方）获取其对内部控制有效性的评价报告（责任方认定），或虽然注册会计师能够获取该报告，但预期使用者无法获取该报告，注册会计师直接对内部控制的有效性（鉴证对象）进行评价并出具鉴证报告，预期使用者只能通过阅读该鉴证报告获得内部控制有效性

的信息（鉴证对象信息）。这种业务属于直接报告业务。

## 四、鉴证业务的目标

鉴证业务的保证程度分为合理保证和有限保证。合理保证的保证水平要高于有限保证的保证水平。

合理保证的鉴证业务的目标是注册会计师将鉴证业务风险降至该业务环境下可接受的低水平，以此作为以积极方式提出结论的基础。如在历史财务信息审计中，要求注册会计师将审计风险降至该业务环境下可接受的低水平、对审计后的历史财务信息、提供高水平保证（合理保证），在审计报告中对历史财务信息采用积极方式提出结论。这种业务属于合理保证的鉴证业务。在合理保证的鉴证业务中，注册会计师应当以积极方式提出结论，如“我们认为，根据×标准，内部控制在所有重大方面是有效的”或“我们认为，责任方作出的‘根据×标准，内部控制在所有重大方面是有效的’这认定是公允的”。

有限保证的鉴证业务的目标是注册会计师将鉴证业务风险降至该业务环境下可接受的水平，以此作为以消极方式提出结论的基础。如在历史财务信息审阅中，要求注册会计师将审阅风险降至该业务环境下可接受的水平（高于历史财务信息审计中可接受的低水平），对审阅后的历史财务信息提供低于高水平的保证（有限保证），在审阅报告中对历史财务信息采用消极方式提出结论。这种业务属于有限保证的鉴证业务。在有限保证的鉴证业务中，注册会计师应当以消极方式提出结论，如“基于本报告所述的工作，我们没有注意到任何事项使我们相信，根据×标准，×系统在任何重大方面是无效的”或“基于本报告所述的工作，我们没有注意到任何事项使我们相信，责任方作出的‘根据×标准，×系统在所有重大方面是有效的’这一认定是不公允的”。

## 五、业务承接

在接受委托前，注册会计师应当初步了解业务环境。业务环境包括业务约定事项、鉴证对象特征、使用的标准、预期使用者的需求、责任方及其环境的相关特征，以及可能对鉴证业务产生重大影响的事项、交易、条件和惯例等其他事项。

在初步了解业务环境后，只有认为符合独立性和专业胜任能力等相关职业道德规范的要求、并且拟承接的业务具备下列所有特征，注册会计师才能将其作为鉴证业务予以承接：

（1）鉴证对象适当；

（2）使用的标准适当且预期使用者能够获取该标准；

（3）注册会计师能够获取充分、适当的证据以支持其结论；

（4）注册会计师的结论以书面报告形式表述，且表述形式与所提供的保证程度相适应；

（5）该业务具有合理的目的。如果鉴证业务的工作范围受到重大限制，或者委托人试图将注册会计师的名字和鉴证对象不适当地联系在一起，则该项业务可能不具有合理的目的。

当拟承接的业务不具备上述鉴证业务的所有特征，不能将其作为鉴证业务予以承接时，注册会计师可以提请委托人将其作为非鉴证业务（如商定程序、代编财务信息、管理咨询、税务咨询等相关服务业务），以满足预期使用者的需要。

## 第三节　注册会计师职业道德规范

### 一、注册会计师的职业道德概述

#### （一）职业道德规范的含义

道德，是一定社会为了调整人们之间以及个人和社会之间关系所提倡的行为规范的总和，它通过各种形式的教育和社会舆论的力量，使人们具有善和恶、荣誉和耻辱，正义和非正义等概念，并逐渐形成一定的习惯和传统，以指导或控制自己的行为。职业道德是某一职业组织以公约、守则等形式公布的，其会员自愿接受的职业行为标准。所谓注册会计师的职业道德，是指注册会计师的职业品德、职业纪律、执业能力及职业责任等的总称。

注册会计师的职业性质决定了其对社会公众应承担的责任。注册会计师行业之所以在现代社会中产生和发展，是因为注册会计师能够站在独立的立场对企业管理层编制的财务报表进行审计，并提出客观、公正的审计意见，作为财务报表使用人进行决策的依据。所谓财务报表使用人，包括现有和潜在的投资人、债权人以及政府有关部门等所有与企业有关并关心企业的人士，可泛指为社会公众。社会公众在很大程度上依赖企业管理层编制的财务报表和注册会计师发表的审计意见，并以此作为决策的基础。注册会计师尽管接受被审计单位的委托并向其收取费用，但从本质上讲，服务的对象却是社会公众，这就决定了注册会计师从诞生的那一天起就承担了对社会公众的责任。

为使注册会计师切实担负起神圣的职责，为社会公众提供高质量的、可信赖的专业服务，在社会公众中树立良好的职业形象和职业信誉，就必须大力加强对注册会计师的职业道德教育、强化道德意识、提高道德水准。注册会计师的道德水平如何是关系到整个行业能否生存和发展的大事，尤其在我国，注册会计师事业恢复与重建的历史只有20多年，注册会计师尚未普遍树立起强烈的风险意识、责任意识和道德意识。在推进社会主义市场经济建设中，强调注册会计师的职业道德，更有其深刻的现实意义和深远的历史意义。

#### （二）中国注册会计师职业道德规范

中国注册会计师协会自 1988 年成立以来，一直非常重视注册会计师职业道德规范建设。1992 年发布了《中国注册会计师职业道德守则（试行）》；1996 年 12 月 26 日，经财政部批准，发布了《中国注册会计师职业道德基本准则》；2002 年 6 月 25 日，为解决注册会计师职业中违反职业道德的现象，发布了《中国注册会计师职业道德规范指导意见》，于 2002 年 7 月 1 日起施行。

《中国注册会计师职业道德规范指导意见》分为两个层次：一是基本原则，二是具体要求。基本原则包括注册会计师履行社会责任，恪守独立、客观、公正的原则，保持应有的职业谨慎，保持和提高专业胜任能力，遵守审计准则等职业规范，履行对客户的责任以及对同行的责任等。具体要求包括独立性、专业胜任能力、保密、收费与佣金、与执行鉴证业务不相容的工作、接任前任注册会计师的审计业务，以及广告、业务招揽和宣传等。

## 二、注册会计师职业道德基本原则

注册会计师为实现执业目标，必须遵守一系列前提或基本原则。这些基本原则包括独立、客观、公正，专业胜任能力和应有的关注，保密，职业行为，技术准则。

### （一）独立、客观、公正

独立、客观、公正是注册会计师职业道德中的三个重要的概念，也是对注册会计师职业道德的最基本要求。

#### 1. 独立

独立性是注册会计师执行鉴证业务的灵魂，因为注册会计师要以自身的信誉向社会公众表明，被审计单位的财务报表是真实与公允的。在市场经济条件下，投资者主要依赖财务报表判断投资风险，在投资机会中做出选择。如果注册会计师与客户之间不能保持独立，存在经济利益、关联关系，或屈从外界压力，就很难取信于社会公众。那么，什么是独立性呢？较早给出权威解释的是美国注册会计师协会。美国注册会计师协会在 1947 年发布的《审计暂行标准》中指出：“独立性的含义相当于完全诚实、公正无私、无偏见、客观认识事实、不偏袒。”传统观点认为，注册会计师的独立性包括两个方面——实质上的独立和形式上的独立。美国注册会计师协会在职业行为守则中要求：“在公共业务领域中的会员（执业注册会计师），在提供审计和其他鉴证业务时应当保持实质上与形式上的独立。”国际会计师联合会职业道德守则也要求执行公共业务的职业会计师（执业注册会计师）保持实质上的独立和形式上的独立。根据国内外有关文献，我们给出独立性的定义：“独立性，是指实质上的独立和形式上的独立。实质上的独立，是指注册会计师在发表意见时其专业判断不受影响，公正执业，保持客观和专业怀疑；形式上的独立，是指会计师事务所或鉴证小组避免出现这样重大的情形，使得拥有充分相关信息的理性第三方推断其公正性、客观性或专业怀疑受到损害。”

2. 客观

注册会计师应当力求公正，不因成见或偏见、利益冲突和他人影响而损害其客观性。注册会计师在许多领域提供专业服务，在不同情况下均应表现出其客观性。在确定哪些情况和业务尤其需要遵循客观性的职业道德规范时，应当充分考虑以下因素。

（1）注册会计师可能被施加压力，这些压力可能损害其的客观性。

（2）在制定准则以识别实质上或形式上可能影响注册会计师客观性的关系时，应体现合理性。

（3）应避免那些导致偏见和受他人影响，从而损害客观性的关系。

（4）注册会计师有义务确保参与专业服务的人员遵守客观性原则。

（5）注册会计师既不得接受，也不得提供可被合理认为对其职业判断或对其业务交往对象产生重大不当影响的礼品和款待，尽量避免使自己专业声誉受损的情况。

3. 公正

注册会计师提供专业服务时，应当坦率、诚实，保证公正。公平不仅仅指诚实，还有公平交易和真实的含义。无论提供何种服务，担任何种职务，注册会计师都应维护其专业服务的公正性，并在判断中保持客观性。

（二）专业胜任能力和应有关注

1. 专业胜任能力

注册会计师应当具有专业知识、技能或经验，能够胜任承接的工作。“专业胜任能力”既要求注册会计师具有专业知识、技能或经验，又要求其经济、有效地完成客户委托的业务。为何要把专业胜任能力提高到道德层次？这是因为，注册会计师如果不能保持和提高专业胜任能力，就难以完成客户委托的业务。事实上，如果缺乏足够的知识、技能和经验，提供专业服务，就构成了一种欺诈。当然，注册会计师依法取得了执业证书，就表明在该领域具备了一定的知识，但能否保持专业胜任能力只有自己才清楚。这意味着，一个合格的注册会计师不仅要充分认识自己的能力，对自己充满信心，更重要的是，必须清醒认识到自己在专业胜任能力方面的不足，不承接自己不能胜任的业务。如果注册会计师不能认识到这一点，承接了难以胜任的业务，就可能给客户乃至社会公众带来危害。注册会计师作为专业人士，在许多方面都要履行相应的责任，保持和提高专业胜任能力就是其中之一。

2. 应有关注

注册会计师提供专业服务时，应当保持应有的职业关注、专业胜任能力和勤勉，并且随着业务、法规和技术的不断发展，应使自己的专业知识和技能保持在一定水平上，以确定客户能够享受到高水平的专业服务。应有的关注是指专业人士对其所提供服务承担的勤勉尽责的义务。具体到审计服务而言，注册会计师应当以勤勉尽责的态度执行审计业务。在审计过程中，注册会计师应当保持职业怀疑态度，运用其专业知识、技能和经验，获取和客观评价审计证据。

（三）保密

注册会计师能否与客户维持正常的关系，有赖于双方能否自愿而又充分进行沟通和交流，不掩盖任何重要的事实和情况。只有这样，注册会计师才能有效地完成工作。如果注册会计师受到客户的严重限制，不能充分了解情况，就无法发表审计意见。另外，注册会计师与客户的沟通，必须建立在为客户保密的基础上。因此，注册会计师在签订业务约定书时，应当书面承诺对在执行业务过程中获知的客户信息保密。这里所说的客户信息，通常是指商业秘密。一旦商业秘密被泄露或被利用，往往给客户造成损失。因此，许多国家规定，在公众领域执业的注册会计师，不能在没有取得客户同意的情况下，泄露任何客户的秘密信息。

（四）职业行为

注册会计师的行为应符合本职业的良好声誉，不得有任何损害职业形象的行为。这一义务要求注册会计师履行对社会公众、客户和同行的责任。

1. 对社会公众的责任

注册会计师应当遵守职业道德准则，履行相应的社会责任，维护社会公众利益。注册会计师行业的一个显著标志是对社会公众承担责任。社会公众利益是指注册会计师为之服务的人士和机构组成的整体的共同利益。注册会计师作为一个肩负重大社会责任的行业，应以维护社会公众利益为根本目标。

2. 对客户的责任

注册会计师对社会公众履行责任的同时，也对客户承担着特殊的责任，包括：

（1）注册会计师应当在维护社会公众利益的前提下，竭诚为客户服务；

（2）注册会计师应当按照业务约定履行对客户的责任；

（3）注册会计师应当对执行业务过程中知悉的商业秘密保密，并不得利用其为自己或他人谋取利益；

（4）除有关法规允许的情形外，会计师事务所不得以或有收费形式为客户提供鉴证服务。

3. 对同行的责任

对同行的责任是指会计师事务所、注册会计师在处理与其他会计师事务所、注册会计师相互关系中所应遵循的道德标准，包括：

（1）注册会计师应当与同行保持良好的工作关系，配合同行工作；

（2）注册会计师不得诋毁同行，不得损害同行利益；

（3）会计师事务所不得雇用正在其他会计师事务所执业的注册会计师。注册会计师不得以个人名义同时在两家或两家以上的会计师事务所执业；

（4）会计师事务所不得以不正当手段与同行争揽业务。

4. 其他责任

能否争取到业务、拥有较多的客户，关系到一家会计师事务所的生存和发展。因而在业务承接环节也最易发生败坏职业声誉的行为。因此，注册会计师应当维护职业形象，不得有损害职业形象的行为，包括：

（1）注册会计师应当维护职业形象，不得有可能损害职业形象的行为；

（2）注册会计师及其所在会计师事务所不得采用强迫、欺诈、利诱等方式招揽业务；

（3）注册会计师及其所在会计师事务所不得对其能力进行广告宣传以招揽业务；

（4）注册会计师及其所在会计师事务所不得以向他人支付佣金等不正当方式招揽业务，也不得向客户或通过客户获取服务费之外的任何利益；

（5）会计师事务所、注册会计师不得允许他人以本所或本人的名义承办业务。

（五）技术准则

注册会计师应当遵守相关的技术准则提供专业服务。注册会计师有责任在执业时保持应有的关注和专业胜任能力，并在遵守公正性、客观性要求的范围内提供优质服务；在执行审计时，还应当遵守独立性要求。注册会计师应当遵守以下技术准则：（1）中国注册会计师执业准则；（2）企业会计准则；（3）与执业相关的其他法律、法规和规章。

## 第四节　注册会计师的法律责任

随着社会主义市场经济体制在我国的建立和发展，注册会计师在社会经济生活中的地位越来越重要，发挥的作用越来越大。注册会计师如果工作失误或犯有欺诈行为，将会给委托人或依赖审定财务报表的第三者造成重大损失，严重的甚至导致经济秩序的紊乱。因此，强化注册会计师的责任意识、严格注册会计师的法律责任，以保证其职业道德和执业质量，其意义就显得愈加重大。近年来我国颁布的不少重要的法律、法规中，都有专门规定会计师事务所、注册会计师法律责任的条款，其中比较重要的有：《中华人民共和国注册会计师法》、《中华人民共和国公司法》、《中华人民共和国证券法》及《中华人民共和国刑法》等。此外，为了正确审理涉及会计师事务所在审计业务活动中民事侵权赔偿责任，维护社会公共利益和相关当事人的合法权益，根据《中华人民共和国民法通则》、《中华人民共和国注册会计师法》、《中华人民共和国公司法》、《中华人民共和国证券法》等法律，结合审判实践，最高人民法院相继出台了一系列相关司法解释。

## 一、会计责任与审计责任

在财务报表审计中，被审计单位管理层和注册会计师承担着不同的责任，不能相互混淆和替代。明确划分责任，不仅有助于被审计单位管理层和注册会计师认真履行各自的责任，为财务报表及其审计报告的使用者提供有用的经济决策信息，还有利于保护相关各方的正当权益。

### （一）会计责任

企业的所有权与经营权分离后，经营者负责企业的日常经营管理并承担受托责任。管理层通过编制财务报表反映受托责任的履行情况。为了借助公司内部之间的权力平衡和制约关系保证财务信息的质量，现代公司治理结构往往要求治理层对管理层编制财务报表的过程实施有效的监督。

在治理层的监督下，管理层作为会计工作的行为人，对编制财务报表负有直接责任。《会计法》第二十一条规定，财务会计报告应当由单位负责人和主管会计工作的负责人、会计机构负责人（会计主管人员）签名并盖章；设置总会计师的单位，还须由总会计师签名并盖章。单位负责人应当保证财务会计报告真实、完整。《公司法》第一百七十一条规定，公司应当向聘用的会计师事务所提供真实、完整的会计凭证、会计账簿、财务会计报告及其他会计资料，不得拒绝、隐匿、谎报。

因此，在被审计单位治理层的监督下，按照适用的会计准则和相关会计制度的规定编制财务报表是被审计单位管理层的责任。

管理层对编制财务报表的责任具体包括以下几项。

1. 选择适用的会计准则和相关会计制度。管理层应当根据会计主体的性质和财务报表的编制目的，选择适用的会计准则和相关会计制度。

2. 选择和运用恰当的会计政策，会计政策是指企业在会计确认、计量和报告中所采用的原则、基础和会计处理方法。管理层应当根据企业的具体情况，选择和运用恰当的会计政策。

3. 根据企业的具体情况，作出合理的会计估计。会计估计是指企业对其结果不确定的交易或事项以最近可利用的信息为基础所作的判断。财务报表中涉及大量的会计估计，如固定资产的预计使用年限和净残值、应收账款的可收回金额、存货的可变现净值以及预计负债的金额等。管理层有责任根据企业的实际情况、作出合理的会计估计。

为了履行编制财务报表的职责，管理层通常设计、实施和维护与财务报表编制相关的内部控制，以保证财务报表不存在由于舞弊或错误而导致的重大错报。

（二）审计责任

按照中国注册会计师审计准则的规定对财务报表发表审计意见是注册会计师的责任。

注册会计师作为独立的第三方，对财务报表发表审计意见，有利于提高财务报表的可信赖程度。为履行这一职责，注册会计师应当遵守职业道德规范，按照审计准则的规定计划和实施审计工作，获取充分、适当的审计证据，并根据获取的审计证据得出合理的审计结论、发表恰当的审计意见。注册会计师通过签署审计报告确认其责任。

需要强调的是，注册会计师的审计只能合理保证财务报表不存在重大错报。

财务报表编制和财务报表审计是财务信息生成链条上的不同环节，两者各司其职，不能相互替代。财务报表审计不能减轻被审计单位管理层和治理层的责任。

## 二、注册会计师法律责任的成因

（一）审计人员方面的原因

1. 违约

违约，是指审计人员未能达到合同条款的要求负违约责任。如，在时间和保密方面。

2. 过失

过失，是指审计人员在一定条件下，缺少应有的合理的谨慎。过失按其程度深浅分为普通过失和重大过失。

（1）普通过失。

指没有完全遵守审计准则造成的过失。通常是指没有保持职业上应有的合理的谨慎。比如，未按特定项目取得必要和充分的审计证据。

（2）重大过失。

指根本没有遵循审计准则造成的过失。通常是指连起码的职业谨慎都不保持，对业务或事务不加考虑，满不在乎。比如，没有采用实质性程序。

按过失主体分为单方过失和共同过失。所谓单方过失，是指审计人员或被审计单位某一方造成的过失。所谓共同过失，是指对他人的过失，受害方自己未能保持合理的谨慎，因而蒙受损失。比如，被审计单位未能向审计人员提供编制纳税申报表所必需的信息，后来又控告审计人员未能妥当地编制纳税申报表，这种情况可能使法院判定被审计单位有共同过失。

3. 欺诈

欺诈，是指以欺骗或坑害他人为目的的一种故意行为。因此又称审计人员的舞弊。如，明知委托单位的会计报表有重大错报，却加以虚伪的陈述，出具无保留意见的审计报告。

与欺诈相关的另一个概念是“推定欺诈”，又称“涉嫌欺诈”，是指虽无故意欺骗或坑害他人的动机，但却存在极端异常的过失。

（二）社会方面的原因

社会方面的原因主要表现为期望差距的存在。社会公众希望审计人员能够发现和揭露会计报表中存在的所有错误和舞弊，但由于受到时间、成本等因素的制约，使得审计人员的实际工作结果与社会公众的期望存在相当大的差距，这种差距往往容易招致法律责任。

（三）被审计单位方面的原因

被审计单位方面的原因主要包括以下两个方面。

1. 错误、舞弊和违法行为

只有当被审计单位存在重大的错误、舞弊和违反法规行为才可能承担法律责任。

（1）错误。

错误，是指会计报表中存在的非故意错报。错误主要包括：①原始记录和会计数据的计算、抄写错误；②对事实的疏忽和误解；③对会计政策的误用。如据以编制会计报表的数据收集或处理错误，由于疏忽或误解造成计价不正确。或在金额、分类、表达、披露方面用错了会计政策，等等。像算术计算和抄写错误，或盘点中的错漏，都是常见的例子。

（2）舞弊。

舞弊，是指会计报表中存在不实反映的故意行为。舞弊主要包括：①伪造、编造记录或凭证；②侵占资产；③隐瞒或删除交易或事项；④记录虚假的交易或事项；⑤蓄意使用不当的会计政策。

错误和舞弊的区别在于错误是无意识的，舞弊是故意的。如蓄意漏记重要业务；蓄意遗漏应披露的事项；篡改、伪造、虚构编制会计报表的数据；蓄意错用会计政策；极力掩盖错报事项等，都是舞弊。

2. 经营失败

经营失败是指客户在经营过程中，因不能有效地控制经营风险而导致预期经营目标不能实现。经济萧条、决策失误或同行之间的恶意竞争都可能导致经营失败。被审计单位发生经营失败时，可能会连累到审计人员。因为，发生经营失败时，审计失败可能存在，也可能不存在。

## 三、注册会计师承担法律责任的种类

注册会计师因违约、过失或欺诈给被审计单位或其他利害关系人造成损失的，按照有关法律和规定，可能被判负行政责任、民事责任或刑事责任。这三种责任可单处，也可并处。行政处罚对注册会计师个人来说，包括警告、暂停执业、吊销注册会计师证书；对会计师事务所而言，包括警告、没收违法所得、罚款、暂停执业、撤销等。民事责任主要是指赔偿受害人损失。刑事责任主要是指按有关法律程序判处一定的徒刑。一般来说，因违约和过失可能使注册会计师负行政责任和民事责任，因欺诈可能会使注册会计师负民事责任和刑事责任。

## 四、注册会计师避免法律诉讼的具体措施

近几年来，我国注册会计师行业发生了一系列震惊整个行业乃至全社会的案件。有关会计师事务所均因出具虚假报告造成严重后果而被撤销、没收财产或取消特许业务资格，有关注册会计师也被吊销资格，有的被追究刑事责任。除一些大案件外，涉及注册会计师的中小型诉讼案件更有日益上升的趋势。如何避免法律诉讼，已成为我国注册会计师行业非常关注的问题。

### （一）注册会计师减少过失和防止欺诈的措施

面对注册会计师法律责任的扩展和被控诉案件的急剧增加，整个注册会计师职业界都在积极研究如何避免法律诉讼。这对于提高注册会计师审计的鉴证水平，增强发现重大错报与舞弊的能力都有较大的帮助。

注册会计师要避免法律诉讼，就必须在执行审计业务时尽量减少过失行为，防止欺诈行为。而要尽可能不发生过失或防止欺诈，注册会计师就应当达到以下基本要求。

#### 1. 增强执业独立性

前面我们强调，独立性是注册会计师审计的生命。在实际工作中，绝大多数注册会计师能够始终如一地遵循独立原则；但也有少数注册会计师忽视独立性，甚至接受可能是错误的陈述，并帮助被审计单位掩饰舞弊。

#### 2. 保持执业谨慎

在所有注册会计师的审计过失中，最主要的由于缺乏认真而谨慎的职业态度引起的。在执行审计业务过程中，未严格遵守审计准则，不执行适当的审计程序，对有关被审计单

位的问题为保持应有的职业谨慎，或为节省时间而缩小审计范围和简化审计程序，都会导致财务报表中的重大错报不被发现。

3. 强化执业监督

许多审计中的差错是由于注册会计师失察或未能对助理人员或其他人员进行切实的监督而发生的。对于业务复杂且重大的委托单位来说，其审计是由多个注册会计师及许多助理人员共同配合来完成的。如果他们的分工存在重叠或间歇，又缺乏严密的执业监督，发生过失是不可避免的。

（二）注册会计师如何避免法律诉讼的具体措施

注册会计师避免法律诉讼的具体措施，可以概括为以下几点。

1. 严格遵循职业道德和专业标准的要求

正如前文所述，不能苛求注册会计师对于会计报表中的所有错报事项都要承担法律责任，注册会计师是否承担法律责任，关键在于注册会计师是否有过失或欺诈行为。而判别注册会计师是否具有过失的关键在于注册会计师是否遵照专业标准的要求执行。因此，保持良好的职业道德，严格遵循专业标准的要求执业、出具报告，对于避免法律诉讼或在提起的诉讼中保护注册会计师具有无比的重要性。

2. 建立、健全会计师事务所质量控制制度

会计师事务所不同于一般公司、企业，质量管理是会计师事务所各项管理工作的核心。如果一个会计师事务所质量管理不严，很有可能因为一个人或一个部门的原因导致整个会计师事务所遭受灭顶之灾。北京中诚会计师事务所就是其中一个例子，该所根本没有质量管理措施，各个分所都可以中诚会计师事务所的名义独立承揽业务、出具报告，致使二分所为长城公司出具虚假报告之事曝光之后，中诚会计师事务所尚不知本所曾为长城公司出过报告。因此，会计师事务所必须建立、健全一套严密、科学的内部质量控制制度，并把这套制度推行到每一个人、每一个部门和每一项业务，迫使注册会计师按照专业标准的要求执业，保证整个会计师事务所的质量。

3. 与委托人签订业务约定书

《注册会计师法》第十六条规定注册会计师承办业务，会计师事务所应与委托人签订委托合同（即业务约定书）。业务约定书有法律效力，它是确定注册会计师和委托人的责任的一个重要文件。会计师事务所无论承办何种业务，都要按照业务约定书准则的要求与委托人签订约定书，这样才能在发生法律诉讼时将一切争辩减少到最低限度。

4. 审慎选择被审计单位

中外注册会计师法律案例告诉我们，注册会计师如欲避免法律诉讼，必须审慎选择被审计单位。一是要选择正直的被审计单位。如果被审计单位对顾客、职工、政府部门或其他方面没有正直的品格，也必然会蒙骗注册会计师，使注册会计师落入它们的圈套。北京中诚会计师事务所就是在长城公司非法集资出现危机之时轻信长城公司谎言而被卷入的。这就要求会计师事务所接受委托之前，一定要采取必要的措施对被审计单位的历史情况有所了解。评价被审计单位的品格，弄清委托的真正目的。尤其是在执行特殊目的审计业务时更应如此。二是对陷入财务和法律困境的被审计单位要尤为注意。中外历史上绝大部分涉及注册会计师的诉讼案，都集中在宣告破产的被审计单位。周转不灵或面临破产的公司，其股东或债权人总想为他们的损失寻找替罪羊，因此对那些陷入财务困境的被审计单位要特别注意。

5. 深入了解被审计单位的业务

在很多案件中，注册会计师之所以未能发现错误，一个重要的原因就是他们不了解被审计单位所在行业的情况即被审计单位的业务。会计是经济活动的综合反映，不熟悉被审计单位的经济业务和生产经营实务，仅局限于有关的会计资料，就可能发现不了某些错误。

6. 提取风险基金或购买责任保险

在西方国家，投保充分的责任保险是会计师事务所一项极为重要的保护措施，尽管保险不能免除可能受到的法律诉讼，但能防止或减少诉讼失败是会计师事务所发生的财务损失。我国《注册会计师法》也规定了会计师事务所应当建立职业风险基金，办理职业保险。

7. 聘请熟悉注册会计师法律责任的律师

会计师事务所有条件的话，尽可能聘请熟悉相关法规及注册会计师法律责任的律师。在执业过程中，如遇到重大法律问题，注册会计师应与本所的律师或外聘律师详细讨论所有潜在的危险情况并仔细考虑律师的建议。一旦发生法律诉讼，也应请有经验的律师参加诉讼。

## 第五节　案例分析——“琼民源”审计案

### 一、背景介绍

海南民源现代农业发展股份有限公司(以下简称“琼民源”)于1997年1月22日、2月1日先后在证券时报上刊登的1996年度财务会计报告和补充公告，称本公司实现利润5.7亿元人民币、资本公积增加6.57亿元。后查明其中5.66亿元利润是通过欺骗手段虚列四笔

“其他业务收入”和“营业外收入”获得的；增加的6.57亿元资本公积则是通过资产重组的形式采用非法的手段确认的。该公司当时聘用的会计班文绍等人按照董事长马玉和的指示，将上述的5.66亿元虚假收入和6.57亿元的资本公积列入1996年度公司的合并资产负债表和合并损益表等财务报告中。不久，东窗事发，在股市中引起巨大震动。经过1997年2月28日罕见的、巨大的成交量之后，证券交易所突然宣布：“琼民源”于1997年3月1日起被停牌。股民损失惨重。一年多之后，中国证监会和北京市第一中级人民法院公布了对“琼民源”一案的处罚和判决结果。其中，中国证监会的处罚决定主要是：（1）将“琼民源”原董事长马玉和等人移交司法机关追究其刑事责任，并对“琼民源”处以警告。（2）建议有关主管部门撤销直接为“琼民源”进行审计的海南中华会计师事务所，吊销其主要负责人的注册会计师资格证书。对中华会计师事务所处以警告，暂停其从事证券业务资格6个月，对该事务所在“琼民源”审计报告上签字的注册会计师，暂停其从事证券业务资格3年。对海南大正会计师事务所罚款30万元，暂停其从事证券相关资产评估业务资格6个月，对负有直接责任的注册会计师，暂停其从事证券业务资格3年。北京市第一中级人民法院对“琼民源”一案作出一审判决，主要是：判处原董事长马玉和有期徒刑3年，原会计班文绍有期徒刑2年、缓刑2年。

## 二、审计分析与思考

“琼民源”事件是我国证券市场上发生较早的欺诈舞弊案，它的发生引起了政府和社会公众的高度重视。首先，人们认识到了会计准则建设的重要性，催生了我国第一部具体会计准则的诞生；其次，人们认识到了审计职业道德建设的重要性，注册会计师必须对他们的行为承担相应的法律责任；此外，人们还认识到审计市场需要净化，注册会计师制度需要进一步完善，注册会计师应该在维护经济秩序方面发挥积极作用，扮演好“经济警察”的角色。

# 复习思考题

## 一、单项选择题

1. 注册会计师的审计责任可以概括为对（　　）表示意见。
   A. 会计报表　　B. 财务状况　　C. 经营成果　　D. 现金流量
2. 及时发现和纠正被审计单位的错误和舞弊是（　　）的责任。
   A. 会计师事务所的审计人员　　B. 政府审计机关工作人员
   C. 税务机关的注册会计师　　D. 被审计单位管理当局

3. 下列属于舞弊的是（　　）。
A. 会计报表的计算、抄写错误　　B. 侵占资产
C. 对会计政策的误用　　D. 对事实的疏忽与误解
4. 完全没有遵循审计准则造成的过失属于（　　）。
A. 普通过失　　B. 重大过失　　C. 共同过失　　D. 其他
5. 下列不属于鉴证业务准则的是（　　）。
A. 审计准则　　B. 审阅准则
C. 其他鉴证业务　　D. 质量控制准则
6. 会计师事务所对无法胜任或不能按时完成的业务，应（　　）。
A. 聘请其他专业人员帮助　　B. 转包给其他会计师事务所
C. 减少业务收费　　D. 拒绝接受委托
7.（　　）是整个执业准则体系的核心。
A. 审计准则　　B. 审阅准则
C. 相关服务准则　　D. 质量控制准则
8. 审计业务要求注册会计师提供的保证属于（　　）。
A. 合理保证　　B. 有限保证
C. 合理保证和有限保证　　D 任何保证
9. 质量控制准则是用来约束（　　）的。
A. 注册会计师　　B. 会计师事务所
C. 被审计单位　　D. 注册会计师和会计师事务所

## 二、多项选择题

1. 注册会计师执业准则包括（　　）。
A. 鉴证业务准则　　B. 相关服务准则
C. 质量控制准则　　D. 独立审计准则
2. 注册会计师承担法律责任的原因中属于注册会计师自身过错的有（　　）。
A. 违约　　B. 过失　　C. 错误　　D. 欺诈
3. 注册会计师职业道德最基本的要求是（　　）。
A. 独立　　B. 客观　　C. 公正　　D. 保密
4. 鉴证业务的三方关系包括（　　）。
A. 注册会计师　　B. 被审计单位　　C. 责任方　　D. 预期使用者
5. 下列属于审计准则作用的是（　　）。
A. 审计准则是衡量审计质量的尺度

B. 审计准则是确定和解脱审计责任的依据

C. 审计准则是审计组织与社会进行沟通的中介

D. 审计准则是完善内部管理的基础

## 三、判断题

1. 注册会计师从事任何业务，必须遵照注册会计师审计准则。（　　）

2. 注册会计师的责任是对会计报表的合法性、公允性表示意见。（　　）

3. 注册会计师承担法律责任的种类包括行政责任和民事责任。（　　）

4. 注册会计师执业时只需要保持实质上的独立性。（　　）

5. 鉴证业务是指注册会计师对鉴证对象信息提出结论，以增强预期使用者对鉴证对象信息信任程度的业务。（　　）

6. 注册会计师事务所承揽业务时可以通过低价策略取得优势。（　　）

7. 注册会计师职业道德规范中提到注册会计师对同行和客户的责任。（　　）

8. 注册会计师执业时必须具有专业胜任能力，对于自己不能完成的业务应该拒绝接受委托。（　　）

9. 注册会计师承担法律责任的原因包括被审计单位的原因、注册会计师自身的原因以及社会原因等。（　　）

10. 注册会计师如果没有查出会计报表中的错误必须承担法律责任。（　　）

## 四、简答题

1. 如何理解审计准则的意义和作用？

2. 如何理解中国注册会计师执业准则的框架？

3. 中国注册会计师职业道德基本准则内容有哪些？

4. 如何理解会计责任和审计责任？

5. 如何理解注册会计师法律责任的原因和对策？

6. 注册会计师法律责任的种类有哪些？

# 第三章　审计的目标、程序与方法

**本章学习要点**

1. 掌握被审计单位管理当局的认定和审计的总目标。
2. 理解审计的程序和方法。
3. 掌握审计抽样的概念、方法和运用。

## 第一节　审 计 目 标

审计目标是在一定历史环境下，人们通过审计实践活动所期望达到的境地和最终结果，它包括财务报表审计的总目标以及各类交易、账户余额、列报相关的具体审计目标两个层次。注册会计师审计的发展主要经历了详细审计、资产负债表审计和财务报表审计三个阶段。审计总目标也随之有所变化。

在详细审计阶段，注册会计师审计通过对被审计单位一定时期内会计记录的逐一审查，判定有无错误和舞弊行为，查错防弊是此阶段的审计目标。

在资产负债表审计阶段，注册会计师审计通过对被审计单位一定时期内资产负债表所有项目余额的真实性、可靠性进行审查，判断其财务状况和偿债能力。在此阶段，审计目标是对历史财务信息进行鉴证，查错防弊这一目标依然存在，但已退居第二位，审计的功能从防护性发展为公证性。

在财务报表审计阶段，注册会计师判定被审计单位一定时期内的财务报表是否公允地反映其财务状况、经营成果和现金流量，并在出具审计报告的同时，提出改进经营管理的意见。在此阶段，审计目标不再限于查错防弊和历史财务信息公证，而是向管理领域有所深入和发展。此阶段审计工作已比较有规律，且形成了一套较完整的理论和方法。

尽管审计总目标发生了变化，注册会计师的重要职责之一却始终是对被审计单位财务报表进行审计。财务报表审计是与审计相关业务的基础，其他性质的业务从某种意义上讲都是财务报表审计的延伸和发展。

## 一、审计总目标

关于财务报表审计的总目标，各国的表述略有不同。比如，美国注册会计师协会颁发的《审计准则说明书第 1 号》指出："独立注册会计师对财务报表的审计目标，是对财务报表是否按照公认会计原则公允地反映财务状况、经营成果和现金流量发表意见。"英国《1985 年公司法》要求，审计目标是在审计报告中，对被审计单位的财务报表是否如实和公允反映实际情况和按照公司法的规定保有了恰当的账簿记录发表意见。国际审计与鉴证准则理事会在国际审计准则中指出，财务报表审计的目标是能够使注册会计师对财务报表在所有重大方面是否按照确定的财务报告框架编制发表意见，发表意见的用词即可以是"如实和公允反映实际情况"，也可以是"在所有重大方面，公允反映"，这两个术语等效。

《中国注册会计师审计准则第 1101 号——财务报表审计的目标和一般原则》规定，财务报表审计的目标是注册会计师通过执行审计工作，对财务报表的下列方面发表审计意见：（1）财务报表是否按照适用的会计准则和相关会计制度的规定编制；（2）财务报表是否在所有重大方面公允反映被审计单位的财务状况、经营成果和现金流量。

财务报表审计属于鉴证业务。注册会计师作为独立第三方，运用专业知识、技能和经验对财务报表进行审计并发表审计意见，旨在提高财务报表的可信赖程度。由于审计存在固有限制，审计工作不能对财务报表整体不存在重大错报提供绝对保证。虽然财务报表使用者可以根据财务报表和审计意见对被审计单位未来生存能力或管理层的经营效率、经营效果作出某种判断，但审计意见本身并不是对被审计单位未来生存能力或管理层经营效率、经营效果提供的保证。

财务报表审计的目标对注册会计师的审计工作发挥着导向作用，它界定了注册会计师的责任范围，直接影响注册会计师计划和实施审计程序的性质、时间和范围，决定了注册会计师如何发表审计意见。例如，既然财务报表审计目标是对财务报表整体发表审计意见，注册会计师就可以只关注与财务报表编制和审计有关的内部控制，而不对内部控制本身发表鉴证意见。同样，注册会计师关注被审计单位的违反法规行为，是因为这些行为影响到财务报表，而不是对被审计单位是否存在违反法规行为提供鉴证。

财务报表的使用者之所以希望注册会计师对财务报表的合法性和公允性发表意见，主要有以下四方面的原因。

（1）利益冲突

财务报表使用者往往有着各自的利益，且这种利益与被审计单位管理层的利益大不相同。出于对自身利益的关心，财务报表使用者常常担心管理层提供带有偏见、不公正甚至欺诈性的财务报表。为此，他们往往向外部注册会计师寻求鉴证服务。

（2）财务信息的重要性

财务报表是财务报表使用者进行经济决策的重要信息来源，在有些情况下，还是唯一的信息来源。在进行投资、贷款和其他决策时，财务报表使用者期望财务报表中的信息十分翔实、丰富，并且期望注册会计师确定被审计单位是否按照公认会计原则编制财务报表。

（3）复杂性

由于会计业务的处理及财务报表的编制日趋复杂，财务报表使用者因缺乏会计知识而难以对财务报表的质量做出评估，所以他们要求注册会计师对财务报表的质量进行鉴证。

（4）间接性

绝大多数财务报表使用者都远离客户，这种地域的限制导致财务报表使用者不可能接触到编制财务报表所依据的会计记录，即使财务报表使用者可以获得会计记录并对其进行审查，也往往由于时间和成本的限制，而无法对会计记录做有意义的审查。在这种情况下，使用者有两种选择，一是相信这些会计信息的质量；二是依赖第三者鉴证报表。显然，使用者喜欢选择第二种方式。

## 二、被审计单位管理当局的认定

要确定审计的具体目标必须考虑被审计单位管理当局的认定。

认定是指管理层对财务报表组成要素的确认、计量、列报作出的明确或隐含的表达。认定与审计目标密切相关，注册会计师的基本职责就是确定被审计单位管理层对其财务报表的认定是否恰当。

管理层在财务报表上的认定有些是明确表达的，有些则是隐含表达的。例如，管理层在资产负债表中列报存货及其金额，意味着作出了下列明确的认定：（1）记录的存货是存在的；（2）存货以恰当的金额包括在财务报表中，与之相关的计价或分摊调整已恰当记录。同时，管理层也作出下列隐含的认定：（1）所有应当记录的存货均已记录；（2）记录的存货都由被审计单位拥有。

管理层对财务报表各组成要素均作出了认定，注册会计师的审计工作就是要确定管理层的认定是否恰当。

### （一）与各类交易事项相关的认定

注册会计师对所审计期间的各类交易和事项运用的认定通常分为下列类别。

1. 发生——记录的交易和事项已发生且与被审计单位有关
2. 完整性——所有应当记录的交易和事项均已记录
3. 准确性——与交易和事项有关的金额及其他数据已恰当记录

4. 截止——交易和事项已记录于正确的会计期间

5. 分类——交易和事项已记录于恰当的账户

（二）与期末账户余额相关的认定

注册会计师对期末账户余额运用的认定通常分为下列类别。

1. 存在——记录的资产、负债和所有者权益是存在的

2. 权利和义务——记录的资产由被审计单位拥有或控制，记录的负债是被审计单位应当履行的偿还义务

3. 完整性——所有应当记录的资产、负债和所有者权益均已记录

4. 计价和分摊——资产、负债和所有者权益以恰当的金额包括在财务报表中，与之相关的计价或分摊调整已恰当记录

（三）与列报相关的认定

注册会计师对列报运用的认定通常分为下列类别。

1. 发生及权利和义务——披露的交易、事项和其他情况已发生，且与被审计单位有关

2. 完整性——所有应当包括在财务报表中的披露均已包括

3. 分类和可理解性——财务信息已被恰当地列报和描述，且披露内容表述清楚

4. 准确性和计价——财务信息和其他信息已公允披露，且金额恰当

## 三、审计的具体目标

注册会计师了解了管理当局的认定和审计的总目标，就很容易确定每个项目的具体审计目标，并以此作为评估重大错报风险以及设计和实施进一步审计程序的基础。

（一）与各类交易和事项相关的审计目标

1. 发生

由发生认定推导的审计目标是已记录的交易是真实的。例如，如果没有发生销售交易，但在销售日记账中记录了一笔销售，则违反了该目标。

发生认定所要解决的问题是管理层是否把那些不曾发生的项目记入财务报表，它主要与财务报表组成要素的高估有关。

2. 完整性

由完整性认定推导的审计目标是已发生的交易确实已经记录。例如，如果发生了销售交易，但没有在销售日记账和总账中记录，则违反了该目标。

发生和完整性两者强调的是相反的关注点。发生目标针对潜在的高估，而完整性目标

则针对漏记交易（低估）。

3. 准确性

由准确性认定推导出的审计目标是已记录的交易是按正确金额反映的。例如，如果在销售交易中，发出商品的数量与账单上的数量不符，或是开账单时使用了错误的销售价格，或是在销售日记账中记录了错误的金额，则违反了该目标。

准确性与发生、完整性之间存在区别。例如，若已记录的销售交易是不应当记录的（如发出的商品是寄销商品），则即使发票金额是准确计算的，仍违反了发生目标。再如，若已入账的销售交易是对正确发出商品的记录，但金额计算错误，则违反了准确性目标，但没有违反发生目标。在完整性与准确性之间也存在同样的关系。

4. 截止

由截止认定推导出的审计目标是接近于资产负债表日的交易记录于恰当的期间。例如，如果本期交易推到下期，或下期交易提到本期，均违反了截止目标。

5. 分类

由分类认定推导出的审计目标是被审计单位记录的交易经过适当分类。例如，如果将现销记录为赊销，将出售经营性固定资产所得的收入记录为营业收入，则导致交易分类的错误，违反了分类的目标。

（二）与期末账户余额相关的审计目标

1. 存在

由存在认定推导的审计目标是记录的金额确实存在。例如，如果不存在某顾客的应收账款，在应收账款试算平衡表中却列入了对该顾客的应收账款，则违反了存在性目标。

2. 权利和义务

由权利和义务认定推导的审计目标是资产属于被审计单位的权利，负债属于被审计单位的义务。例如，将他人寄售商品记入被审计单位的存货中，违反了权利的目标；将不属于被审计单位的债务记入账内，违反了义务目标。

3. 完整性

由完整性认定推导的审计目标是已存在的金额均已记录。例如，如果存在某顾客的应收账款，在应收账款试算平衡表中却没有列入对该顾客的应收账款，则违反了完整性目标。

4. 计价和分摊

资产、负债和所有者权益以恰当的金额包括在财务报表中，与之相关的计价或分摊调整已恰当记录。

（三）与列报相关的审计目标

各类交易和账户余额的认定正确只是为列报正确打下了必要的基础，财务报表还可能因被审计单位误解有关列报的规定或舞弊等而产生错报。另外，还可能因被审计单位没有遵守一些专门的披露要求而导致财务报表错报。因此，即使注册会计师审计了各类交易和账户余额的认定，实现了各类交易和账户余额的具体审计目标，也不意味着获取了足以对财务报表发表审计意见的充分、适当的审计证据。因此，注册会计师还应当对各类交易、账户余额及相关事项在财务报表中列报的正确性实施审计。

1. 发生及权利和义务

将没有发生的交易、事项，或与被审计单位无关的交易和事项包括在财务报表中，则违反该目标。例如，复核董事会会议记录中是否记载了固定资产抵押等事项，询问管理层固定资产是否被抵押，即是对列报的权利认定的运用。如果抵押固定资产则需要在财务报表中列报，说明其权利受到限制。

2. 完整性

如果应当披露的事项没有包括在财务报表中，则违反该目标。例如，检查关联方和关联交易，以验证其在财务报表中是否得到充分披露，即是对列报的完整性认定的运用。

3. 分类和可理解性

财务信息已被恰当地列报和描述，且披露内容表述清楚。例如，检查存货的主要类别是否已披露，是否将一年内到期的长期负债列为流动负债，即是对列报的分类和可理解性认定的运用。

4. 准确性和计价

财务信息和其他信息已公允披露，且金额恰当。例如，检查财务报表附注是否分别对原材料、在产品和产成品等存货成本核算方法作了恰当说明，即是对列报的准确性和计价认定的运用。

## 第二节　审计的程序

从审计的历史来看，审计方法已从早期的账项基础审计演变到今天的风险导向审计。风险导向审计模式要求注册会计师在审计过程中，以重大错报风险的识别、评估和应对作为工作主线。相应的，审计过程大致可分为以下几个阶段。

## 一、审计计划阶段

### （一）接受业务委托

会计师事务所应当按照执业准则的规定，谨慎决策是否接受或保持某客户关系和具体审计业务。在接受委托前，注册会计师应当初步了解审计业务环境，包括业务约定事项、审计对象特征、使用的标准、预期使用者的需求、责任方及其环境的相关特征，以及可能对审计业务产生重大影响的事项、交易、条件和惯例等其他事项。

只有在了解后认为符合专业胜任能力、独立性和应有的关注等职业道德要求、并且拟承接的业务具备审计业务特征时，注册会计师才能将其作为审计业务予以承接。如果审计业务的工作范围受到重大限制，或者委托人试图将注册会计师的名字和审计对象不适当地联系在一起，则该项业务可能不具有合理的目的。接受业务委托阶段的主要工作包括：了解和评价审计对象的可审性；决策是否考虑接受委托；商定业务约定条款；签订审计业务约定书等。

### （二）签订审计业务约定书

通过对客户和环境的了解，对确定要接受委托的客户，需要与其签订审计业务约定书，以明确和确认双方的权利与义务。

#### 1. 审计业务约定书的概念

审计业务约定书是指会计师事务所与被审计单位签订的，用以记录和确认审计业务的委托与受托关系、审计目标和范围、双方的责任以及报告的格式等事项的书面协议。

会计师事务所承接任何审计业务，都应与被审计单位签订审计业务约定书。《中国注册会计师审计准则第 1111 号——审计业务约定书》要求，注册会计师应当在审计业务开始前，与被审计单位就审计业务约定条款达成一致意见，并签订审计业务约定书，以避免双方对审计业务的理解产生分歧。如果被审计单位不是委托人，在签订审计业务约定书前，注册会计师应当与委托人、被审计单位就审计业务约定相关条款进行充分沟通，并达成一致意见。审计业务约定书具有经济合同的性质，一经有约定各方签字或盖章认可，即成为法律上生效的契约，对各方均具有法定约束力。

#### 2. 审计业务约定书的作用

签署审计业务约定书的目的是为了明确约定各方的权利和责任义务，促使各方遵守约定事项并加强合作，保护签约各方的正当利益。审计业务约定书主要有以下作用：

（1）可增进会计师事务所与被审计单位之间的相互了解，尤其使被审计单位了解注册会计师的审计责任及需要提供的协助和合作；

（2）可作为被审计单位评价审计业务完成情况，及会计师事务所检查被审计单位约定义务履行情况的依据；

（3）出现法律诉讼时，是确定签约各方应负责任的重要证据。

### 3. 审计业务约定书的内容

审计业务约定书的具体内容可能因被审计单位的不同而不同，但应当包括以下主要内容：

（1）财务报表审计的目标；

（2）管理层对财务报表的责任；

（3）管理层编制财务报表采用的会计准则和相关会计制度。

（4）审计范围，包括指明在执行财务报表审计业务时遵守的中国注册会计师审计准则；

（5）执行审计工作的安排，包括出具审计报告的时间要求；

（6）审计报告格式和对审计结果的其他沟通形式；

（7）由于测试的性质和审计的其他固有限制，以及内部控制的固有局限性，不可避免地存在着某些重大错报可能仍然未被发现的风险；

（8）管理层为注册会计师提供必要的工作条件和协助；

（9）注册会计师不受限制地接触任何与审计有关的记录、文件和所需要的其他信息；

（10）管理层对其作出的与审计有关的声明予以书面确认；

（11）注册会计师对执业过程中获知的信息保密；

（12）审计收费，包括收费的计算基础和收费安排；

（13）违约责任；

（14）解决争议的方法；

（15）签约双方法定代表人或其授权代表的签字盖章，以及签约双方加盖的公章。

## （三）计划审计工作

计划审计工作十分重要，计划不周不仅会导致盲目实施审计程序，无法获得充分、适当的审计证据以将审计风险降至可接受的低水平，影响审计目标的实现，而且还会浪费有限的审计资源，增加不必要的审计成本，影响审计工作的效率。因此，对于任何一项审计业务，注册会计师在执行具体审计程序之前，都必须根据具体情况指定科学、合理的计划，使审计业务以有效的方式得到执行。一般来说，计划审计工作主要包括：制订总体审计策略；制订具体审计计划等。计划审计工作不是审计业务的一个孤立阶段，而是一个持续的、不断修正的过程，贯穿于整个审计业务的始终。

## 二、审计实施阶段

（一）实施风险评估程序

审计准则规定，注册会计师必须实施风险评估程序，以此作为评估财务报表层次和认定层次重大错报风险的基础。所谓风险评估程序，是指注册会计师实施的了解被审计单位及其环境并识别和评估财务报表重大错报风险的程序。风险评估程序是必要程序，了解被审计单位及其环境特别是为注册会计师在许多关键环节做出职业判断提供了重要基础。了解被审计单位及其环境是一个连续和动态地收集、更新与分析信息的过程，贯穿于整个审计过程的始终。注册会计师应当运用职业判断确定需要了解被审计单位及其环境的程度。一般来说，实施风险评估程序的主要工作包括：了解被审计单位及其环境；识别和评估财务报表层次以及各类交易、账户余额、列报认定层次的重大错报风险，包括确定需要特别考虑的重大错报风险（即特别风险）以及仅通过实质性程序无法应对的重大错报风险等。

（二）实施控制测试和实质性程序

注册会计师实施风险评估程序本身并不足以为发表审计意见提供充分、适当的审计证据，注册会计师还应当实施进一步审计程序，包括实施控制测试（必要时或决定测试时）和实质性程序。控制测试指的是测试内部控制运行的有效性，控制测试的结果是注册会计师在确定实质性程序的范围时的重要考虑因素。实质性程序是指注册会计师针对评估的重大错报风险实施的直接用以发现认定层次重大错报的审计程序。实质性程序包括对各类交易、账户余额、列报的细节测试以及实质性分析程序。因此，注册会计师评估财务报表重大错报风险后，应当运用职业判断，针对评估的财务报表层次重大错报风险确定总体应对措施，并针对评估的认定层次重大错报风险设计和实施进一步审计程序，以将审计风险降至可接受的低水平。

## 三、审计终结阶段

这一阶段主要工作是完成审计工作和编制审计报告。

注册会计师在完成财务报表所有循环的进一步审计程序后，还应当按照有关审计准则的规定做好审计完成阶段的工作，并根据所获取的各种证据，合理运用专业判断，形成适当的审计意见。本阶段主要工作有：审计期初余额、比较数据、期后事项和或有事项；考虑持续经营问题和获取管理层声明；汇总审计差异，并提请被审计单位调整或披露；复核审计工作底稿和财务报表；与管理层和治理层沟通；评价审计证据，形成审计意见；编制审计报告等。

# 第三节 审 计 方 法

## 一、审计方法体系

审计方法是指审计人员检查和分析审计对象，收集审计证据，并对照审计依据，形成审计结论和意见的各种专门手段的总称。

审计方法是从长期审计实践中总结和积累起来的。审计人员在审计工作过程中，为了实现审计目标，完成审计任务，必须运用各种审计方法，对审计对象进行审查和评价，收集各种审计证据，以便据以发表审计意见和做出审计结论。

审计方法包括审计的一般方法和审计技术方法。

## 二、审计的一般方法

### （一）程序审计方法

按审查书面资料的顺序，审计方法可以分为顺查法与逆查法。

#### 1. 顺查法

顺查法又称正查法，是按会计记录处理顺序进行查阅核对的方法。即先审阅原始凭证，然后再按记账程序查阅记账凭证、会计账簿，最后查阅财务报表。对审查核对中发现的问题，再进一步分析原因，查明真相。

由于这种方法是按某一会计期间的原始凭证发生日期、会计记录顺序依次进行检查核对，所以其优点是系统、全面，可以避免遗漏。但缺点是面面俱到，不能突出重点，工作量较大，费时费力。因此，只在对那些业务十分简单或一些有严重问题的单位进行审计时使用。

#### 2. 逆查法

逆查法又称倒查法，是逆着会计记账程序进行查阅核对的方法。首先从审查分析财务报表入手，然后根据发现的问题，追踪审查会计账簿、记账凭证和原始凭证。

由于逆查法是从审查分析财务报表入手，在掌握了解被审计单位总的情况的基础上，根据审查出来的问题再重点深入地查证核实，所以，这种方法的优点是便于抓住问题实质，节省人力和时间。缺点是不能全面审查问题，容易遗漏一些问题。对于被审计单位审查中发现的一些突出问题，如经营亏损、财产损失和商品积压等，一般可以采用这种方法。

以上顺查法和巡查法各有优缺点，审计人员可以根据自己的经验和掌握被审计单位的情况进行选择，必要时，这两种方法可以结合使用以达到理想的审计效果。

### （二）范围审计方法

按照审计的范围，审计方法可以分为详查法和抽查法。

#### 1. 详查法

详查法，是指对被审项目或某类经济活动的所有凭证、账簿和报表等会计资料和全部内容进行全面详细的审计，并获得审计证据的一种方法。其特点是对全部会计资料和全部经济活动进行仔细的详查，能够有效地查出会计资料中的错弊。特别适合财经法纪审计，其优点是错弊不易疏漏，审计风险小，审计工作质量有可靠的保证。其缺点是审计工作量大，费时费力，审计成本高，难以普遍采用。它一般适用于规模较小的单位或特定情况。

#### 2. 抽查法

抽查法又称抽样法，是指从被审计单位审查期的全部会计资料中抽取一部分进行审查，根据审查结果推断总体有无错弊的一种方法。抽查法的特点是根据审计的目的和要求，在审查被审对象总体中，抽取具有代表性的样本，然后根据对样本审查的结果，推断总体正确性，或推断其余未抽取部分有无错误和舞弊。这种方法的优点是审计成本低，能明确审计重点，提高审计效率，收到事半功倍的效果。其缺点是审计结果过分依赖于抽查样本的合理性，如果抽查部分不合理或缺乏代表性，抽查结果往往不能发现问题，甚至以偏概全，做出错误的审计结论。因此，抽查法仅适用于规模较大、经济业务复杂，以及内部控制健全有效和会计基础较好的单位。

## 三、审计的技术方法

### （一）审查书面资料的方法

#### 1. 审阅法

审阅法是指通过对会计凭证、会计账簿、会计报表的形式和内容以及计划预算、各种原始记录等资料进行审查与研究的方法。其内容包括以下几个方面。

（1）会计凭证审阅

包括对原始凭证和记账凭证的审阅，其中以前者为重点。

原始凭证审查的要点包括：原始凭证项目（或要素），包括抬头名称、日期、数量、单价、金额、制证人、复核人签章等是否填写齐全，数字是否正确，字迹有无涂改；原始凭证反映的经济业务是否符合国家方针、政策，内容是否合法、合理；填发原始凭证的单位名称、地址、图章是否注明；凭证格式是否规范，各项手续是否符合要求。

记账凭证审查的要点包括：记账凭证项目是否填写齐全，填制手续是否完备；凭证上编制的会计分录，其运用的账户及其对应关系是否正确；凭证反映的经济业务是否与所附原始凭证的内容一致，相应金额是否相符。

（2）会计账簿审阅

包括总账、明细账、日记账和各种辅助账簿的审查，审查的重点是明细账和日记账。审查的要点主要是：记账方法是否符合规定，对应账户是否正确，有无涂改现象和造假账情况。

（3）财务报表审阅

主要查明报表中应填写的项目是否齐全，有无遗漏，表内对应关系和平衡关系是否正确无误。实际数与计划数或与上年同期数对比是否有不正常现象。报表编制手续是否完备，签字盖章是否齐全，小计、合计、总计计算是否正确，应填列的数据有无遗漏或伪造。报表附录和说明是否符合制度规定。

（4）其他书面资料审阅

对被审计单位的计划、合同、协议等其他有关资料，根据需要也要进行审阅，以便发现问题或作为追查线索。

2. 核对法

核对法是指通过两种或两种以上的书面资料相对照，以核实其内容是否一致，计算是否正确的方法。具体是指通过证证、证账、账账、账实、账表和表表之间相互核对，以证实双方记录是否相符。在核对中如有不对，应进一步采用其他方法查明原因。具体内容包括以下几个方面。

（1）证证核对

即原始凭证与记账凭证相核对。主要审查两者的日期、摘要、金额是否一致；原始凭证反映经济内容与记账凭证会计科目是否相适应；记账凭证上注明的所附原始凭证张数是否与实际张数相符；

（2）证账核对

即记账凭证与账簿核对。主要核对两者的日期、摘要、金额是否一致；是否按记账凭证上的会计科目记入相关账户，并应查明有无遗漏、重记和错记情况。

（3）账账核对

即明细账、日记账与总账核对。主要查明总账其所属的明细账或日记账期初、期末余额以及本期借、贷方发生额之和是否相符。

（4）账实核对

即明细账记录与实物核对。通过核对，查明账存数与实存数是否相符。如有不符，应查明原因并以实存数为准，调整账面记录，同时，追究有关人员责任。

（5）账表核对

即账簿与报表核对。通过有关账簿记录与报表有关项目核对，查明是否严格按账簿记录编制报表，有无虚构、篡改报表项目数字，混淆会计期间的情况，以确定财务报表的正确性和真实性。

（6）表表核对

即报表之间核对。通过核对，查明财务报表之间有钩稽关系的项目金额是否相符。如资产负债表上的利润指标应与损益表上的相应利润指标相符。

（7）其他书面资料核对

其他书面资料，如银行对账单与银行存款日记账核对，成本计算单与存货盘点表相核对等。其目的主要是核对书面资料的内容、口径是否一致，数字计算是否正确。

通过以上各项核对，可以发现会计资料中存在的差错和问题。经过更进一步的审查分析后，就能根据问题的性质及严重程度进行处理。

3. 查询法

查询法是指审计人员对审计过程中发现的疑点和问题，通过向被审计单位有关人员调查询问，弄清事实真相并取得审计证据的方法。查询法又可以分为面询与函询两种方法。

面询是指审计人员向被审计单位有关人员当面征询，核实情况。面询可以采用面谈或书面回答的做法。询问时应做好书面记录，并由查询人和被查询人共同签名盖章，以资证明。

函询是向有关单位发函，以了解情况，取得证据的一种方法。一般采用书面形式，这种方法一般用于往来款项查证。

为了保记查询法的实施效果，查询时，审计人员应注意方式和方法，以取得被查询人的合作，提供真实可靠的审计证据。

4. 分析法

分析法是将被审计单位被审计项目的书面资料同相关标准进行比较，确定它们之间的差异，经过分析从中发现问题取得审计证据的方法。分析法通常通过绝对数与相对数进行比较。

绝对数比较是通过同一经济指标的不同时期数或不同单位的对比差异。它一般分为四种：一是本年实际与本年计划指标相比较，可以检查本年各项经济指标计划完成情况及两者之间的差异；二是本年实际与上年同期实际的各项经济指标相比较，用以对比本年（本期）和上年同期各项指标的增减升降情况，观察企业业务活动的发展趋势和改善经营管理的途径；三是本年（本期）实际与本企业历史最高水平比较，以发现当年发生差距的原因；四是同行业之间比较及与本系统的先进单位比较，以找出本企业薄弱环节和差距，促使向先进企业学习。

相对数比较是将一些不能直接比较的指标换算为相对数（比率）进行比较。如考核评价规模不同的企业之间的利润水平时，可以通过资本金利润率等指标进行比较，借以评价被审计单位财务状况好坏和经济效益高低。

（二）证实客观事物的方法

证实客观事物的方法，是审计人员搜集书面资料以外的审计证据，证明和落实客观事物的形态、性质、所有权、存放地点、数量和价值等的方法。这类方法包括盘点法、调节法、观察法和鉴定法。

1. 盘点法

盘点法又称实物清查法，是指对被审计单位各项财产物资进行实地盘点，以确定其数量、品种、规格及其金额等实际状况，借以证实有关实物账户的余额是否真实、正确，从中收集实物证据的一种方法。

盘点法按其组织方式，分为直接盘点和监督盘点两种。

直接盘点是由审计人员亲自到现场盘点实物，证实书面资料同有关的财产物资是否相符的方法。在直接盘点方式下，对于容易出现舞弊行为的现金、银行存款和贵重的原材料，应采用突击性的盘点。突击性盘点是指事先不告知经管财产的人员在什么时间进行盘点，以防止经管人员在盘点前，将财产保管工作中的挪用、盗窃及其他弊端加以掩饰。对于大宗的原材料、产成品等，应采用抽查性的盘点。抽查性的盘点，是指不对所有的财产物资都进行盘点，而只是对一部分财产物资进行抽查核实，以便检查日常盘点工作质量的优劣，检验盘点记录是否真实正确，查明财产物资是否安全、完整，有无损坏或被挪用、贪污和盗窃等情况。

监督盘点是指为了明确责任，审计人员不亲自进行盘点，而是由经管财产人员及其他有关人员进行实物盘点清查，审计人员只是在一旁对实物盘点进行监督，如发现疑点可以要求复盘核实。在监督盘点方式下，也可以采取突击性盘点和抽查性盘点形式。监督盘点一般用于较大的实物，如存货、厂房、机器设备等。

2. 调节法

调节法是指在审查某个项目时，通过调整有关数据，从而求得需要证实的数据的方法。

在审计过程中，往往出现现成的数据和要证实的数据在表面上不一致，为了证实数据是否正确，可用调节法。如对银行存款实存数的审查，通常运用调节法编制银行存款余额调节表，对企业单位与开户银行双方所发生的“未达账项”进行增减调节，以便根据银行对账单的余额来验证银行存款账户的余额是否正确。

运用调节法还可以证实财产物资账实是否相符。当盘点日同书面资料结存日不同时，结合实物盘点，将盘点日期与结存日期之间新发生的出入数量用来对结存日期有关财产物资的结存数进行调节，以验证或推算结存日期有关财产物资的应结存数。其计算公式为：

结存日的数量= 盘点日结存数量+结存日至盘点日的发出数量-结存日至盘点日的收入数量

【例】某企业2007年12月31日账面结存A材料2 000公斤，通过审阅和核对并无错弊。2008年1月1日至15日期间收入35 000公斤，发出34 500公斤。1月1日期初余额及收发数额均经核对、审阅和复算无误。2008 年 1 月 15 日下班后监督盘点实存量为2 800公斤。调节计算如下：

结存日数量=2 800+34 500−35 000=2 300（公斤）

经过上述调节计算2007年12月31日的实存数为2 300公斤，与账面记录的A材料2 000公斤不一致。审计人员应要求有关人员说明原因，并进行查账核实；如有故意歪曲事实者，应进一步查明责任人员，并追究其责任。

### 3. 观察法

观察法是指审计人员进入被审计单位后，对于生产经营管理工作的进行、财产物资的保管、内部控制制度的执行等，亲临现场进行实地观察检查，借以查明被审计单位经济活动的事实真相，核实是否符合有关标准和书面资料的记载，以取得审计证据的方法。

进行财政财务审计和经济效益审计时，一般要运用观察法进行广泛实地观察，收集书面资料以外的审计证据。审计人员应深入到被审计单位的仓库、车间、科室、工地等现场，对其内部控制制度的执行情况、财产物资的保管和利用情况、工人的劳动效率和劳动态度等生产经营管理情况进行直接观察，从中发现薄弱环节和所存在的问题，以便收集审计证据，提出建议和意见，促进被审计单位改进经营管理，提高经济效益。

运用观察法时，要与查询法等其他审计方法结合起来，才能取得更好的效果。可视具体情况和要求，对现场进行摄影或拍照，作为审计证据。

### 4. 鉴定法

鉴定法是指对书面资料、实物和经济活动等的分析、鉴别，超过一般审计人员的能力和知识水平而邀请有关专门部门或人员运用专门技术进行确定和识别的方法。

鉴定法可应用于财务审计、财经法纪审计和经济效益审计。如对实物性能、质量、价值的鉴定，涉及书面资料真伪的鉴定，以及对经济活动的合理性和有效性的鉴定等；如当伪造凭证的人不承认其违法行为，可通过公安部门鉴定其笔迹，以确定其违法行为；又如对质次价高的商品材料的质量情况难于确定时，请商检部门，通过检查化验，确定商品质量和实际价值等；还可以邀请基建方面的专家，对基建工程进行质量检查等。这是通过观察法不能取证时，必须使用的一种方法。

鉴定法的鉴定结论必须是具体的、客观的和准确的，并作为一种独立的审计证据，详细地记入审计工作底稿。

## 第四节 审计抽样的应用

在设计审计程序时，注册会计师应当确定选取测试项目的适当方法。注册会计师可以使用的方法，包括选取全部项目、选取特定项目和审计抽样。注册会计师可以根据与所测试认定有关的重大错报风险和审计效率的要求，单独或综合使用选取测试项目的方法，以获取充分、适当的审计证据，实现审计程序的目标。在这里我们主要介绍一下审计抽样的方法。

### 一、审计抽样的概念

审计抽样是指注册会计师对某类交易或账户余额中低于百分之百的项目实施审计程序，使所有抽样单元都有被选取的机会。审计抽样使注册会计师能够获取和评价与被选取项目的某些特征有关的审计证据，以形成或帮助形成对从中抽取样本的总体结论。其中，抽样单元是指构成总体的个体项目；总体是指注册会计师从中选取样本并据此得出结论的整套数据。总体可分为多个层或子总体。每一层或子总体可予以分别检查。

审计抽样应当具备三个基本特征：（1）对某类交易或账户余额中低于百分之百的项目实施审计程序；（2）所有抽样单元都有被选取的机会；（3）审计测试的目的是为了评价该账户余额或交易类型的某一特征。

### 二、审计抽样的种类

#### （一）按照抽样决策的依据不同，审计抽样可以分为统计抽样和非统计抽样

在对某类交易或账户余额使用审计抽样时，注册会计师可以使用统计抽样方法，也可以使用非统计抽样方法。统计抽样是指同时具备下列特征的抽样方法：（1）随机选取样本。（2）运用概率论评价样本结果，包括计量抽样风险。

统计抽样的样本必须具有这两个特征，不同时具备上述两个特征的抽样方法为非统计抽样。一方面，即使注册会计师严格按照随机原则选取样本，如果没有对样本结果进行统计评估，就不能认为使用了统计抽样。另一方面，基于非随机选样的统计评估也是无效的。

注册会计师应当根据具体情况并运用职业判断，确定使用统计抽样或非统计抽样方法，以最有效率地获取审计证据。例如，在控制测试中，对偏差的性质和原因进行定性分析通常更为重要。在这种情况下，使用非统计抽样可能更为适当。

不管统计抽样还是非统计抽样，两种方法都要求注册会计师在设计、实施抽样和评价样本时运用职业判断。另外，使用的抽样方法通常也不影响对选取的样本项目实施的审计程序。

（二）按照其所了解的总体特征的不同，可以分为属性抽样和变量抽样

属性抽样是一种用来对总体中某一事件发生概率得出结论的统计抽样方法。属性抽样在审计中最常用的用途是测试某一控制的偏差率，以支持注册会计师评估的控制有效性。在属性抽样中，设定控制的每一次发生或偏离都被赋予同样的权重，而不管交易金额的大小。

变量抽样是一种用来对总体金额得出结论的统计抽样方法。变量抽样通常回答下列问题：金额是多少；账户是否存在错报？变量抽样在审计中的主要用途是进行实质性细节测试，以确定记录金额是否合理。

## 三、审计抽样的步骤

注册会计师在控制测试和实质性细节测试中使用审计抽样方法，要分为三个阶段进行：第一阶段是样本设计阶段，旨在根据测试的目标和抽样总体，制订选取样本的计划；第二阶段是选取样本阶段，旨在按照适当的方法从相应的抽样总体中选取所需的样本；第三阶段是评价样本结果阶段，旨在根据对误差的性质和原因的分析，将样本结果推至总体，形成对总体的结论。

（一）样本设计

在设计审计样本时，注册会计师应当考虑审计程序的目标和抽样总体的属性。换言之，注册会计师首先应考虑拟实现的具体目标，并根据目标和总体的特点确定能够最好地实现该目标的审计程序组合，以及如何在实施审计程序时运用审计抽样。审计抽样中样本设计阶段的工作主要包括以下步骤。

1. 确定测试目标

审计抽样必须紧紧围绕审计测试的目标展开，因此，确定测试目标是样本设计阶段的第一项工作，一般而言，控制测试是为了获取关于某项控制的设计或运行是否有效的证据，而细节测试的目的是确定某类交易或账户余额的金额是否正确，以提供与存在的错报有关的证据。

2. 定义总体与抽样单元

（1）总体

在实施抽样之前，注册会计师必须仔细定义总体，确定抽样总体的范围。总体可以包括构成某类交易或账户余额的所有项目，也可以只包括某类交易或账户余额中的部分项目。例如，如果应收账款中没有个别重大项目，注册会计师直接对应收账款账面余额进行抽样，

则总体包括构成应收账款期末余额的所有项目。如果注册会计师已使用选取特定项目的方法将应收账款中的个别重大项目挑选出来单独测试，只对剩余的应收账款余额进行抽样，则总体只包括构成应收账款期末余额的部分项目。

（2）定义抽样单元

在定义抽样单元时，注册会计师应当使其与审计测试的目标保持一致。注册会计师在定义总体时通常都指明了适当的抽样单元。在控制测试中，抽样单元通常是能够提供控制运行证据的资料；而在细节测试中，抽样单元可能是一个账户余额、一笔交易或交易中的一项记录，甚至为每个货币单位。

（3）分层

如果总体项目存在重大的变异性，注册会计师应当考虑分层。分层是指将一个总体划分为多个子总体的过程，每个子总体由一组具有相同特征（通常为货币金额）的抽样单元组成。分层可以降低每一层中项目的变异性，从而在抽样风险没有成比例增加的前提下减小样本规模。注册会计师可以考虑将总体分为若干个离散的具有识别特征的子总体（层），以提高审计效率。注册会计师应当仔细界定子总体，以使每一抽样单元只能属于一个层。

3. 定义误差构成条件

注册会计师必须事先准确定义构成误差的条件，否则，执行审计程序时就没有识别误差的标准。在控制测试中，误差是指控制偏差。注册会计师应仔细定义所要测试的控制及可能出现偏差的情况；在细节测试中，误差是指错报，注册会计师要确定什么构成错报。

注册会计师在定义误差构成条件时要考虑审计程序的目标。清楚地了解误差构成条件，对于确保在推断误差时仅将所有与审计目标相关的条件包括在内至关重要。例如，在对应收账款存在性的细节测试中（如函证），客户在函证日之前支付、被审计单位在函证日之后不久收到的款项不构成误差。而且，被审计单位在不同客户之间误登明细账并不影响应收账款账户的总额。因此，即使该情况可能对审计的其他方面（如对舞弊的可能性或坏账准备的适当性的评估）产生重要影响，在评价该程序的样本结果时将其判定为误差是不适当的。

（二）选取样本

1. 确定样本规模

样本规模是指从总体中选取样本项目的数量。在审计抽样中，如果样本规模过小，就不能反映出总体的特征，注册会计师就无法获取充分的审计证据，其审计结论的可靠性就会大打折扣，甚至可能得出错误的审计结论；相反，如果样本规模过大，则会增加审计工作量，造成不必要的时间和人力的浪费，降低审计效率，失去审计抽样的意义。在确定样本规模时，注册会计师应当考虑能否将抽样风险降至可接受的低水平。影响样本规模的因素包括以下几个方面。

（1）可接受的抽样风险

样本规模受注册会计师可接受的抽样风险水平的影响；可接受的风险水平越低，需要的样本规模越大。注册会计师愿意接受的信赖过度风险越高，样本规模越小。

（2）可容忍误差

可容忍误差是指注册会计师能够容忍的最大误差。在其他因素既定的条件下，可容忍误差越大，所需的样本规模越小。

（3）预计总体误差

预计总体误差即注册会计师预期在审计过程中发现的误差。在控制测试中，预计总体误差是指预计总体偏差率。预计总体误差越大，可容忍误差也应当越大。在既定的可容忍误差下，当预计总体误差增加时，所需的样本规模更大。

（4）总体变异性

总体变异性是指总体的某一特征（如金额）在各项目之间的差异程度。在控制测试中，注册会计师在确定样本规模时一般不考虑总体变异性。在细节测试中，注册会计师确定适当的样本规模时要考虑总体特征的变异性。总体项目的变异性越低，通常样本规模越小。注册会计师可以通过分层，将总体分为相对同质的组，以尽可能降低每一组中变异性的影响，从而减小样本规模。未分层总体具有高度变异性，其样本规模通常很大。最有效率的方法是根据预期会降低变异性的总体项目特征进行分层。在实质性程序中分层的依据通常包括项目的账面金额，与项目处理有关的控制的性质，或与特定项目（如更可能包含错报的那部分总体项目）有关的特殊考虑等。分组后的每一组总体被称为一层，每层分别独立选取样本。

（5）总体规模

除非总体非常小，一般而言总体规模对样本规模的影响几乎为零。注册会计师通常将抽样单元超过 5000 个的总体视为大规模总体。对大规模总体而言，总体的实际容量对样本规模几乎没有影响。对小规模总体而言，审计抽样比其他选择测试项目的方法的效率低。

表 3-1 列示了审计抽样中影响样本规模的因素，并分别说明了这些影响因素在控制测试和细节测试中的表现形式。

**表 3-1　影响样本规模的因素**

| 影 响 因 素 | 控 制 测 试 | 细 节 测 试 | 与样本规模的关系 |
|---|---|---|---|
| 可接受的抽样风险 | 可接受的信赖过度风险 | 可接受的误受风险 | 反向变动 |
| 可容忍误差 | 可容忍偏差率 | 可容忍错报 | 反向变动 |
| 预计总体误差 | 预计总体偏差率 | 预计总体错报 | 同向变动 |
| 总体变异性 | —— | 总体变异性 | 同向变动 |
| 总体规模 | 总体规模 | 总体规模 | 影响很小 |

使用统计抽样方法时，注册会计师必须对影响样本规模的因素进行量化，并利用根据统计公式开发的专门的计算机程序或专门的样本量表来确定样本规模。在非统计抽样中，注册会计师可以只对影响样本规模的因素进行定性的估计，并运用职业判断确定样本规模。

2. 选取样本

在选取样本项目时，注册会计师应当使总体中的所有抽样单元均有被选取的机会。使所有抽样单元都有被选取的机会是审计抽样的基本特征之一。因此，不管使用统计抽样或非统计抽样方法，所有的审计抽样均要求注册会计师选取的样本对总体来讲具有代表性。否则，就无法根据样本结果推断总体。

选取样本的基本方法，包括随机数表法、系统选样和随意选样。

（1）随机数表法

使用随机数表法又称随机数选样。使用随机数选样需以总体中的每一项目都有不同的编号为前提。注册会计师可以使用计算机生成的随机数，如电子表格程序、随机数码生成程序、通用审计软件程序等计算机程序产生的随机数，也可以使用随机数表获得所需的随机数。

随机数是一组从长期来看出现概率相同的数码，且不会产生可识别的模式。随机数表也称乱数表，它是由随机生成的从 0 到 9 十个数字所组成的数表，每个数字在表中出现的次数是大致相同的，它们出现在表上的顺序是随机的。表 3-2 就是五位随机数表的一部分。应用随机数表选样的步骤如下。

第一，对总体项目进行编号，建立总体中的项目与表中数字的一一对应关系。一般情况下，编号可利用总体项目中原有的某些编号，如凭证号、支票号、发票号等。所需使用的随机数的位数一般由总体项目数或编号位数决定。如题目中要求 4 位则可采用 4 位随机数表，也可以使用 5 位随机数表的前 4 位数字或后 4 位数字。

第二，确定连续选取随机数的方法。即从随机数表中选择一个随机起点和一个选号路线，随机起点和选号路线可以任意选择，但一经选定就不得改变。从随机数表中任选一行或任何一栏开始，按照一定的方向（上下左右均可）依次查找，符合总体项目编号要求的数字，即为选中的号码，与此号码相对应的总体项目即为选取的样本项目，一直到选足所需的样本量为止。

随机数选样不仅使总体中每个抽样单元被选取的概率相等，而且使相同数量的抽样单元组成的每种组合被选取的概率相等。这种方法在统计抽样和非统计抽样中均适用。由于统计抽样要求注册会计师能够计量实际样本被选取的概率，这种方法尤其适合于统计抽样。

表 3-2　随机数表

| 行＼列 | 1 | 2 | 3 | 4 | 5 | 6 | 7 | 8 | 9 |
|---|---|---|---|---|---|---|---|---|---|
| 1 | 32 044 | 69 037 | 29 655 | 92 114 | 81 034 | 40 582 | 01 584 | 77 184 | 85 762 |
| 2 | 23 821 | 96 070 | 82 592 | 81 642 | 08 971 | 07 411 | 09 037 | 81 530 | 56 195 |
| 3 | 82 383 | 94 987 | 66 441 | 28 677 | 95 961 | 78 346 | 37 916 | 09 416 | 42 438 |
| 4 | 68 310 | 21 792 | 71 635 | 86 089 | 38 157 | 95 620 | 96 718 | 79 554 | 50 209 |
| 5 | 94 856 | 76 940 | 22 165 | 01 414 | 01 413 | 37 231 | 05 509 | 37 489 | 56 459 |
| 6 | 95 000 | 61 958 | 83 430 | 98 250 | 70 030 | 05 436 | 74 814 | 45 978 | 09 277 |
| 7 | 20 764 | 64 638 | 11 359 | 32 556 | 89 822 | 02 713 | 81 293 | 52 970 | 25 080 |
| 8 | 71 401 | 17 964 | 50 940 | 95 753 | 34 905 | 93 566 | 36 318 | 79 530 | 51 105 |

（2）系统选样

系统选样也称等距选样，是指按照相同的间隔从审计对象总体中等距离地选取样本的一种选样方法。采用系统选样法，首先要计算选样间距，确定选样起点，然后再根据间距顺序地选取样本。选样间距的计算公式如下：

选样间距=总体规模÷样本规模

例如，如果销售发票的总体范围是 652～3 152，设定的样本量是 125，那么选样间距为 20[(3 152−652)÷125]。注册会计师必须从 0 到 19 中选取一个随机数作为抽样起点。如果随机选择的数码是 9，那么第一个样本项目是发票号码为 661(652+9)的那一张，其余的 124 个项目是 681(661+20)，701(681+20)……依此类推直至第 3141 号。

系统选样方法的主要优点是使用方便，比其他选样方法节省时间，并可用于无限总体。此外，使用这种方法时，对总体中的项目不需要编号，注册会计师只要简单数出每一个间距即可。但是，使用系统选样方法要求总体必须是随机排列的，否则容易发生较大的偏差，造成非随机的、不具代表性的样本。

系统选样可以在非统计抽样中使用，在总体随机分布时也可适用于统计抽样。

（3）随意选样

随意选样也叫任意选样，是指注册会计师不带任何偏见地选取样本，即注册会计师不考虑样本项目的性质、大小、外观、位置或其他特征而选取总体项目。随意选样的主要缺点在于很难完全无偏见地选取样本项目，即这种方法难以彻底排除注册会计师的个人偏好对选取样本的影响，因而很可能使样本失去代表性。由于文化背景和所受训练等的不同，每个注册会计师都可能无意识地带有某种偏好。例如，从发票柜中取发票时，某些注册会计师可能倾向于抽取柜子中间位置的发票，这样就会使柜子上面部分和下面部分的发票缺乏相等的选取机会。因此，在运用随意选样方法时，注册会计师要避免由于项目性质、大小、外观和位置等的不同所引起的偏见，尽量使所选取的样本具有代表性。

三种基本方法均可选出代表性样本。但随机数选样和系统选样属于随机基础选样方法，即对总体的所有项目按随机规则选取样本，因而可以在统计抽样中使用，当然也可以在非统计抽样中使用。而随意选样虽然也可以选出代表性样本，但它属于非随机基础选样方法，因而不能在统计抽样中使用，只能在非统计抽样中使用。

（三）评价样本结果

1. 分析样本误差

注册会计师应当考虑样本的结果、已识别的所有误差的性质和原因，及其对具体审计目标和审计的其他方面可能产生的影响。

无论是统计抽样还是非统计抽样，对样本结果的定性评估和定量评估一样重要。即使样本的统计评价结果在可以接受的范围内，注册会计师也应对样本中的所有误差（包括控制测试中的控制偏差和细节测试中的金额错报）进行定性分析。

2. 推断总体误差

在实施控制测试时，由于样本的误差率就是整个总体的推断误差率，注册会计师无需推断总体误差率。

在控制测试中，注册会计师将样本中发现的偏差数量除以样本规模，就计算出样本偏差率。无论使用统计抽样或非统计抽样方法，样本偏差率都是注册会计师对总体偏差率的最佳估计，但注册会计师必须考虑抽样风险。

当实施细节测试时，注册会计师应当根据样本中发现的误差金额推断总体误差金额，并考虑推断误差对特定审计目标及审计的其他方面的影响。

3. 形成审计结论

注册会计师应当评价样本结果，以确定对总体相关特征的评估是否得到证实或需要修正。

## 第五节　案例分析——麦克森·罗宾斯药材公司案例

### 一、背景介绍

20 世纪 30 年代，美国发生了一件对审计的发展产生重要影响的麦克森·罗宾斯药材公司案。该公司债权人米利安.汤济森在与公司的经济交往中，产生了两点疑虑：一是该公司的制药原料部门是最盈利的经营部门，但该部门却没有现金积累,并且需要依靠公司管理者却对其直接重新投资；二是该公司的董事会已决定减少存货金额，但到1938年末，该公司存货反而增加100万美元。他表示：如果公司管理者不能提供证明制药原料存货实情的证据，将拒绝承担其300万美元的债务。于是，证券交易委员会便开始立案调查。调查结果表明：麦克森•罗宾斯药材公司为骗取贷款，在1937年的合并资产负债表中虚构资产1907.5万美元，其中存货1000万美元，在当年的合并利润表中虚报利润180万美元。而当时负责对该公司审计的普赖斯•沃特豪斯会计师事务所却对该公司的财务状况和经营成果发表了"正确、适当"的审计意见。此案召开听证后，确认由于麦克森•罗宾斯药材公司经理部门合伙舞弊，造成了该公司的欺诈行为。而普赖斯•沃特豪斯会计师事务所由于在审计中遵守了注册会计师一般公认审计程序而不负主要责任，只是以退回50万美元的审计费用而了结此案。事后，审计人员在检讨审计程序时，发现缺少对该公司存货的实地盘查和评审内部控制系统的审查步骤。为了吸取教训，避免重蹈覆辙，美国证券交易委员会颁布了新的报告，强调应"对存货进行实地盘查"，"对内部控制系统进行详细评价"。

## 二、审计分析与思考

本案例暴露了当时审计程序的不足，只重视账册凭证而轻视实物的审核。对于存货来讲，进行监盘是必不可少的一个步骤。如果对内部控制进行详细的评价，结果可能也不会是这样。因此在实际的审计工作当中对存货监盘和对内部控制进行评价是审计过程中不可缺少的步骤。麦克森•罗宾斯药材公司案例也为建立起现代美国审计的基本模式——在评价内部控制基础上的抽样审计，奠定了基础。

# 复习思考题

## 一、单项选择题

1. 下列认定中，与利润表有关的是（　　）。

A. 存在　　B. 发生　　C. 权利和义务　　D. 计价与分摊

2. 下列认定中，仅与资产负债表有关的是（　　）。

A. 发生　　B. 权利与义务　　C. 准确性　　D. 截止

3. 甲公司将2005年度的主营业务收入列入了2004年度的会计报表，则2005年度会计报表中存在错误的认定是（　　）。

A. 截止　　B. 发生　　C. 完整性　　D. 计价与分摊

4. 我国财务报表审计的总目标是对会计报表的（ ）发表意见。

A. 合法性和公允性　　B. 准确性

C. 及时性　　D. 可靠性

5.（ ）在审计工作中可以选择使用也可以不选择使用。

A. 控制测试　　B. 实质性程序　　C. 细节测试　　D. 风险评估程序

6. 从900张销售发票中抽取60张进行审计，如果采取系统选样，其抽样间距为（ ）。

A. 15　　B. 30　　C. 40　　D. 60

7. “存在”和“完整性”认定分别与财务报表项目的（ ）和（ ）有关。

A. 高估和低估　　B. 高估和高估　　C. 低估和高估　　D. 低估和低估

8. 认定是指管理层对财务报表组成要素的确认、计量、列报作出的（ ）的表达。

A. 明确　　B. 隐含　　C. 明确和隐含　　D. 明确或隐含

9. 注册会计师为发现被审计单位的会计报表和其他会计资料中的重要比率及趋势的异常变动应采用（ ）收集审计证据。

A. 计算法　　B. 分析法　　C. 核对法　　D. 审阅法

10. 管理当局对会计报表的下列认定中，注册会计师通过分析存货周转率最有可能证实的是（ ）。

A. 存在或发生　　B.权利和义务　　C. 完整性　　D. 计价和分摊

## 二、多项选择题

1. 下列属于与交易和事项相关的认定的有（ ）。

A. 存在　　B. 权利和义务　　C. 完整性　　D. 准确性

2. 样本选取的方法有（ ）。

A. 随意选样　　B. 系统选样　　C. 随机数表法　　D. 审计抽样

3. 按照审计的范围，审计方法可以分为（ ）。

A. 详查法　　B. 抽查法　　C. 顺查法　　D. 逆查法

4. 审计的实施阶段包括（ ）。

A. 接受业务委托　　B. 风险评估程序　　C. 控制测试　　D. 实质性程序

5. 属于影响样本规模因素的有（ ）。

A. 可容忍误差　　B. 可接受的抽样风险

C. 预期总体误差　　D. 总体规模

## 三、判断题

1. 无论统计抽样还是非统计抽样，只要运用恰当，都能够获取充分、适当的审计证据。（ ）

2. 全部审计应采用详查法，局部审计应采用抽查法。（ ）

3. 统计抽样与非统计抽样的区别在于统计抽样无须审计人员的专业判断。（ ）

4. 审计具体目标要根据审计总目标和被审计单位管理当局的认定来确定。（ ）

5. 审计抽样是指注册会计师对某类交易或账户余额中小于等于百分之百的项目实施审计程序，使所有抽样单元都有被选取的机会。（ ）

6. 企业将2005年的收入记到2006年的收入账上，这一处理违反了截止认定。（ ）

7. 账簿的审阅，主要是审阅总账、明细账、日记账，其中以审阅总账为最重要。（ ）

8. 盘点法能够证明实物资产的所有权以及实物资产的数量和质量。（ ）

9. 无论被审计单位规模大小，风险评估程序是每次审计必须执行的程序。（ ）

10. 注册会计师事务所在接受业务委托阶段必须考虑自身的能力，并且必须考虑业务委托的特点，对于不能按时完成的业务，应该拒绝接受业务委托。（ ）

## 四、简答题

1. 简述被审计单位管理当局的认定。
2. 简述我国财务报表审计的总目标。
3. 简述审计的过程。
4. 常用的审计方法有哪些？
5. 什么是审计抽样？审计抽样的步骤有哪些？
6. 审计的具体目标有哪些？

# 第四章　审计证据和审计工作底稿

**本章学习要点**

1. 了解审计证据的特征和类型，以及审计工作底稿的形式、内容和保存。
2. 理解审计证据和审计工作底稿的含义和作用。
3. 掌握获取审计证据的审计程序和审计工作底稿的编制与复核。

## 第一节　审 计 证 据

### 一、审计证据的含义

审计证据，简单地说是指能证明被审计单位经济活动真相的一切凭据。具体言之，就是审计人员在审计过程中获取的能够证明被审计单位经济事项的合法性和公允性的一切凭据。取证，包括获取、鉴定和综合审计证据，是审计的核心工作，是决定审计工作质量的关键。为保证审计工作的质量，保证审计意见和结论的正确性，审计人员必须掌握充分的审计证据。

对于审计证据的确切含义，各个国家的会计师职业团体都有不同的解释。我国财政部颁发的《中国注册会计师审计准则第 1301 号——审计证据》第三条指出："审计证据是指注册会计师为了得出审计结论、形成审计意见而使用的所有信息，包括财务报表依据的会计记录中含有的信息和其他信息。"

审计准则对审计证据的这一定义，可以从两个方面进行理解，首先审计证据是指财务报表依据的会计记录中含有的信息。企业财务报表依据的会计记录种类非常广泛，包括支票、电子资金转账记录、发票、合同、总账、明细账、记账凭证和未在记账凭证中反映的对财务报表的其他调整，以及用作成本分配、计算、调节和披露的手工计算表和电子数据表等。这些会计记录是编制财务报表的基础，也是审计证据的重要部分。其次，仅靠会计记录中含有的信息不足以为财务报表审计提供充分的证据，注册会计师有时还需要其他信息。可用作审计证据的其他信息包括：被审计单位会议记录、内部控制手册、询证函的回函、分析师的报告、与竞争者的比较数据等。财务报表依据的会计记录中包含的信息和其他信息共同构成了审计证据。两者缺一不可。如果没有前者，审计工作将无法进行；如果没有后者可能无法识别重大错报风险。只有将两者结合在一起，才能将审计风险降至可接受的低水平，为注册会计师发表审计意见提供合理基础。

## 二、审计证据的特征

审计证据对保证审计质量，实现审计目标具有重要意义。注册会计师应当获取充分、适当的审计证据，以得出合理的审计结论，作为形成审计意见的基础。同时，注册会计师应当保持职业怀疑态度，运用职业判断，评价审计证据的充分性和适当性。因此，可以认为充分性和适当性是审计证据的基本特征。

### （一）审计证据的充分性

审计证据的充分性是对审计证据数量的衡量，主要与注册会计师确定的样本量有关，它是审计人员为得出审计结论所需要的审计证据的最低数量要求。客观公正的审计意见必须建立在足够数量的审计证据基础上，但这并不意味着审计证据越多越好。为使审计工作有效率、有效益，审计人员通常把所需要的审计证据数量降低到最低限度。在判断审计证据是否充分时，审计人员需要考虑以下主要因素：

1. 错报风险

错报风险，是指被审计单位财务报表中存在错报、漏报的可能性。一般来说，错报风险越大，需要的审计证据越多。

2. 审计证据质量

审计证据质量，是指审计证据证明力的大小，取决于审计证据的相关性与可靠性。一般而言，审计证据质量越高，需要的审计证据的数量越少。虽然审计证据数量与质量相关，但如果审计证据的质量存在缺陷，仅靠获取更多的审计证据可能无法弥补其质量上的缺陷。

### （二）审计证据的适当性

审计证据的适当性，是对审计证据质量的衡量，即审计证据在支持各类交易、账户余额、列报（包括披露）的相关认定，或发现其中存在错报方面具有相关性和可靠性。只有相关且可靠的审计证据才是高质量的。

1. 审计证据的相关性

审计证据的相关性要求审计证据应与具体的审计目标相关联。在确定相关性时，审计人员应当考虑以下几个方面。

（1）特定的审计程序可能只为某些认定提供相关的审计证据，而与其他认定无关。

例如，对被审计单位的财产物资进行监盘，对于确定财产的存在是相关的，但不能证明财产物资的所有权。

（2）针对同一项认定可以从不同来源获取审计证据或获取不同性质的审计证据。

例如为了确定应收账款的真实性，我们不仅可以查阅被审计单位的会计纪录，也可以向债务单位发函询证。

（3）只与特定认定相关的审计证据并不能替代与其他认定相关的审计证据。

例如上述证明财产物资真实存在的审计证据就不能代替证明其所有权的审计证据。

2. 审计证据的可靠性

审计证据的可靠性要求审计证据应能如实地反映客观事实。审计证据的可靠性受其来源和性质的影响，并取决于获取审计证据的具体环境。审计人员通常按照下列原则考虑审计证据的可靠性：

（1）从外部独立来源获取的审计证据比从其他来源获取的审计证据更可靠；

（2）内部控制有效时内部生成的审计证据比内部控制薄弱时内部生成的审计证据更可靠；

（3）直接获取的审计证据比间接获取或推论得出的审计证据更可靠；

（4）以文件记录形式（无论是纸质、电子或其他介质）存在的审计证据比口头形式的审计证据更可靠；

（5）从原件获取的审计证据比从传真或复印件获取的审计证据更可靠。

审计证据的充分性和适当性密切相关，审计证据的适当性会影响其充分性。一般而言，审计证据的相关与可靠程度越高，则所需审计证据的数量就可减少；反之，审计证据的数量就要相应增加。

## 三、审计证据的类型

对于审计证据可以有多种分类标准和分类方法，但一般来讲可以按照审计证据的表现形式将其分为以下几类。

### （一）实物证据

实物证据，是指通过实际观察或清点所取得的、用以确定某些实物资产是否确实存在的证据。例如，库存现金的数额可以通过盘点加以验证，各种存货和固定资产也可以通过盘点的方式证明其是否确实存在。实物证据通常是证明实物资产是否存在的非常有说服力的证据，但实物资产的存在并不能完全证实被审计单位对其拥有所有权。例如，年终盘点的存货可能包括其他企业寄售或委托加工的部分，或者已经销售而等待发运的商品。此外，实物证据也难以判断实物资产的质量，资产质量的好坏将影响到资产的价值。因此，对于取得实物证据的账面资产，还应就其所有权归属及其价值情况另行审计。

（二）书面证据

书面证据，是指审计人员获取的、能够证明被审计事项真相的以书面形式表现的审计证据。它包括与审计有关的各种原始凭证、记账凭证、会计账簿和各种明细表、各种会议记录和文件、各种合同、通知书、报告书及函件等。从数量上看，书面证据在审计证据中是最多的，是审计证据的主要组成部分，因此也可称为基本证据。书面证据按照来源又可分为外部证据和内部证据。

1. 外部证据

外部证据是指内被审计单位以外的单位或人员编制的书面证据。外部证据一般具有较强的证明力，可靠程度较高。外部证据又可以分为两类：一类是审计人员直接取得的书面证据，如应收账款函证信；另一类是由被审计单位取得并提交给审计人员的书面证据，如银行对账单、购货发票等。这类书面证据虽然由独立于被审计单位的第三者编制，但由于经过了被审外单位有关职员之手，存在被伪造或更改的可能性，因而其证明力会受到不同程度的影响。对这一类证据，审计人员应考虑其被更改或伪造的难易程度及其已被更改或伪造的可能性，视其重要程度采取相应的措施加以处理。

2. 内部证据

内部证据是指由被审计单位内部机构或人员编制并提供的书面证据。内部证据包括被审计单位的会计记录、被审计单位管理层的声明书等。由于内部证据是被审计单位内部的机构或人员编制并提供的，存在差错或被伪造的可能性较大。因此，一般而言，内部证据不如外部证据可靠。但是，如果内部证据在外部流转并获得其他单位或个人的认可(如销货发票、付款支票等)，则也具有较强的可靠性。

（三）口头证据

口头证据是指被审计单位职员或其他有关人员对审计人员的提问所作的口头答复而形成的一类证据。一般而言，口头证据本身并不足以证明事情的真相，但审计人员可以通过口头证据发掘出一些重要的线索，从而有利于对被审计事项作进一步的调查，获取更为可靠的证据。例如，审计人员对应收账款进行账龄分析后，可以询问应收账款负责人对收回逾期应收账款的可能性的意见。如果其意见与审计人员自行估计的坏账损失基本一致，则这一口头证据就可成为证实审计人员有关坏账损失判断的重要证据。在审计过程中，审计人员应把各种重要的口头证据尽快地做成记录，并注明是何人、何时、在何种情况下所作的口头陈述，必要时还应获得被询问者的签名确认。相对而言，不同人员对同一问题所作的口头陈述相同时，口头证据就具有较高的可靠性。但在一般情况下，口头证据往往需要得到其他相应证据的支持。

（四）环境证据

环境证据也称状况证据，是指对被审计单位产生影响的各种环境事实。如有关内部控制情况、被审计单位管理人员的素质、各种管理条件和管理水平等。环境证据能够帮助审计人员了解被审计单位及其经济活动所处的环境，是审计人员进行判断所必须掌握的资料。一般而言，被审计单位相关环境优良，其相关活动和记录的质量就较高；反之亦然。

## 四、获取审计证据的审计程序

在审计过程中，注册会计师可根据需要单独或综合运用审计程序，以获取充分、适当的审计证据。

（一）检查记录或文件

检查记录或文件是指注册会计师对被审计单位内部或外部生成的，以纸质、电子或其他介质形式存在的记录或文件进行审查。

检查记录或文件的目的是对财务报表所包含或应包含的信息进行验证。例如，被审计单位通常对每一笔销售交易都保留一份顾客订单、一张发货单和一份销售发票副本。这些凭证对于注册会计师验证被审计单位记录的销售交易的正确性是有用的证据。

检查记录或文件可提供可靠程度不同的审计证据，审计证据的可靠性取决于记录或文件的来源和性质。外部记录或文件通常被认为比内部记录或文件可靠，因为外部凭证经被审计单位的客户出具，又经被审计单位认可，表明交易双方对凭证上记录的信息和条款达成一致意见。另外，某些外部凭证编制过程非常谨慎，通常由律师或其他有资格的专家进行复核，因而具有较高的可靠性，如土地使用权证、保险单、契约和合同等文件。

（二）检查有形资产

检查有形资产是指注册会计师对资产实物进行审查。检查有形资产程序主要适用于存货和现金，也适用于有价证券、应收票据和固定资产等。

检查有形资产可为其存在性提供可靠的审计证据，在某些情况下，它还是评价资产状况和质量的一种有用的方法。但是要验证存在的资产确实为被审计单位所有，在财务报表中的列报金额估价准确，检查有形资产获取的证据本身并不充分，还需要通过其他的审计程序获得充分适当的证据。

（三）观察

观察是指注册会计师察看相关人员正在从事的活动或执行的程序。例如，对客户执行的存货盘点或控制活动进行观察。

观察提供的审计证据仅限于观察发生的时点，并且在相关人员已知被观察时，相关人员从事活动或执行程序可能与日常的做法不同，从而会影响注册会计师对真实情况的了解。因此，注册会计师有必要获取其他类型的佐证证据。

（四）询问

询问是指注册会计师以书面或口头方式，向被审计单位内部或外部的知情人员获取财务信息和非财务信息，并对答复进行评价的过程。

知情人员对询问的答复可能为注册会计师提供尚未获悉的信息或佐证证据，也可能提供与已获悉信息存在重大差异的信息，注册会计师应当根据询问结果考虑修改审计程序或实施追加的审计程序。询问本身不足以发现认定层次存在的重大错报，也不足以测试内部控制运行的有效性，注册会计师还应当实施其他审计程序以获取充分、适当的审计证据。

（五）函证

函证是指注册会计师为了获取影响财务报表或相关披露认定的项目的信息，通过直接来自第三方的对有关信息和现存状况的声明，获取和评价审计证据的过程。例如对应收账款余额或银行存款的函证。

通过函证获取的证据可靠性较高，因此，函证是受到高度重视并经常被使用的一种重要程序。

（六）重新计算

重新计算是指注册会计师以人工方式或使用计算机辅助审计技术，对记录或文件中的数据计算的准确性进行核对。重新计算通常包括计算销售发票和存货的总金额，加总日记账和明细账，检查折旧费用和预付费用的计算，检查应纳税额的计算等。

（七）重新执行

重新执行是指注册会计师以人工方式或使用计算机辅助审计技术，重新独立执行作为被审计单位内部控制组成部分的程序或控制。例如，注册会计师利用被审计单位的银行存款日记账和银行对账单，重新编制银行存款余额调节表，并与被审计单位编制的银行存款余额调节表进行比较。

（八）分析程序

分析程序是指注册会计师通过研究不同财务数据之间以及财务数据与非财务数据之间的内在关系，对财务信息做出评价。分析程序还包括调查识别出的、与其他相关信息不一致或与预期数据严重偏离的波动和关系。分析程序的具体方法又有比较分析法、比率分析法和趋势分析法三种。

1. 比较分析法

比较分析法是通过对某一财务报表项目与其既定标准之间的比较来获取审计证据的一种技术方法。这种比较包括，实际数与计划数之间的比较，本期实际数与上期实际数之间的比较，实际数与同比标准之间的比较以及被审计单位所提供的数据与审计人员的计算结果之间的比较等。

2. 比率分析法

比率分析法是通过对某一财务报表项目与其相关的另一财务报表项目之间的比率进行分析来获取审计数据的一种技术方法。比率分析法运用比较灵活，如审计人员可以对被审计单位的流动比率、速动比率、资产周转率、毛利或费用占销售收入的百分比等进行分析，来推测是否有异常数据或项目。

3. 趋势分析法

趋势分析法是通过计算某一财务报表项目连续若干期间的变动金额及其百分比，分析该项目增减变动方向和趋势来获取审计证据的一种技术方法。如，审计人员可以通过计算被审计单位近几年来主营业务收入增减金额和增减比率来分析主营业务收入的增减变动方向和幅度，以获取与评价主营业务收入有关的审计证据。

上述审计程序单独或组合起来，可用于风险评估程序、控制测试和实质性程序获取相应的审计证据。审计程序与审计证据的关系见图 4-1。

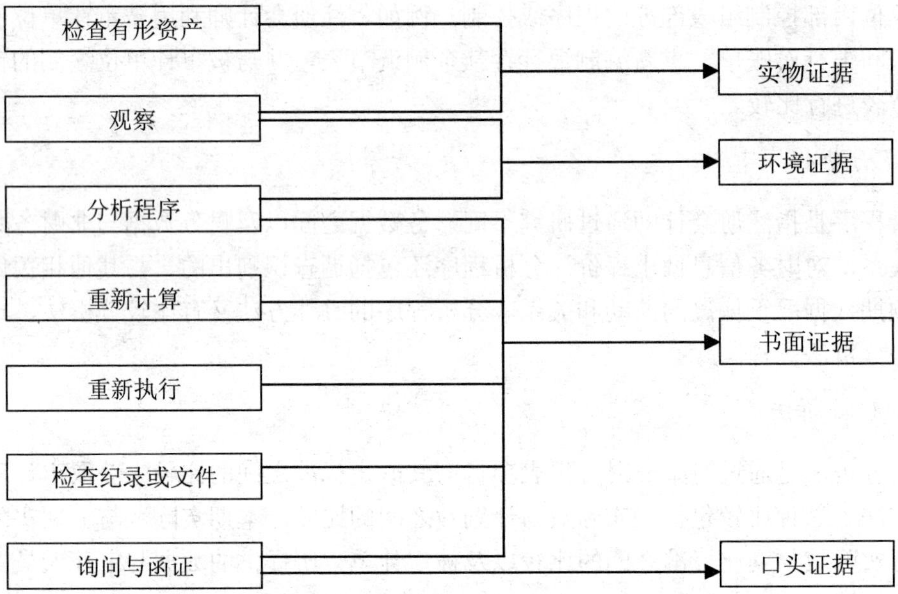


图 4-1 审计程序和审计证据类型的关系

# 第二节 审计工作底稿

## 一、审计工作底稿的含义和作用

审计工作底稿，是指注册会计师对制订的审计计划、实施的审计程序、获取的相关审计证据，以及得出的审计结论做出的记录。审计工作底稿是审计证据的载体，是注册会计师在审计过程中形成的审计工作记录和获取的资料。它形成于审计过程，也反映整个审计过程。审计工作底稿在审计工作中具有极为重要的作用，主要表现在以下几个方面。

### （一）审计工作底稿是形成审计结论、发表审计意见的直接依据

在工作底稿中汇集了各式各样的审计证据以及审计人员做出的职业判断。审计人员在审计过程中不仅要将收集到的所有审计证据完整地记录于审计工作底稿，而且还要将其根据这些审计证据形成的专业判断完整地记录在审计工作底稿中。审计人员在编制审计工作底稿的过程中事实上已经形成了初步审计意见。因此，审计工作底稿便成为形成审计结论、发表审计意见的直接依据。

（二）审计工作底稿是评价、考核审计人员专业胜任能力明确其审计责任的重要依据

审计人员在审计过程中是否执行了相关审计原则，所选择的审计程序是否恰当、做出的专业判断是否正确等都反映在审计上作底稿中。因此，审计机构及其负责人或有关方面要考核一个审计人员的胜任能力，可以通过审阅其编制的审计工作底稿来评价其专业判断能力和工作水平。一旦对某项审计业务有异议，还可以通过审核执行该项业务审计人员的审计工作底稿来明确其责任。一般而言，只要在审计工作底稿中显示出审计人员是按照相关审计准则并采用了合适的审计程序进行审计，就可以解脱审计人员的责任。

（三）审计工作底稿是审计质量控制与监督的主要依据

审计工作底稿可以清晰地反映出整个审计过程的轨迹。因此，审计质量的高低会体现在审计工作底稿中。审计机构和其他有关方面进行审计质量控制和监督，必须借助审计工作底稿。离开了审计工作底稿，审计质量控制与监督就无法落到实处。

（四）审计工作底稿对未来审计业务具有参考备查作用

同种类型的审计业务具有一定的共性，同一被审计单位的审计业务具有一定的连续性，当年度的审计工作底稿不仅对当年的审计业务有作用，而且对未来审计业务也具有参考备查作用。特别是当被审计单位可更换事务所或审计人员时，审计工作底稿的备查作用还可以解决审计工作的衔接问题。

## 二、审计工作底稿的形式和内容

（一）审计工作底稿的形式

审计工作底稿可以以纸质、电子或其他介质形式存在。在实务中，为便于复核，注册会计师可以将电子或其他介质形式存在的审计工作底稿通过打印等方式，转换成纸质的审计工作底稿，并与纸质形式存在的审计工作底稿一并归档，同时单独保存这些电子或其他介质形式存在的审计工作底稿。

（二）审计工作底稿的内容

审计工作底稿通常包括总体审计策略、具体审计计划、分析表、问题备忘录、重大事项概要、询证函回函、管理层声明书、核对表、有关重大事项的往来信件（包括电子邮件），以及对被审计单位文件记录的摘要或复印件等。此外，审计工作底稿通常还包括业务约定书、管理建议书、项目组内部或项目组与被审计单位举行的会议记录、与其他人士（如其他注册会计师、律师、专家等）的沟通文件及错报汇总表等。

1. 分析表

分析表主要是指对被审计单位财务信息执行分析程序的记录。例如，记录对被审计单位本年各月收入与上一年度的同期数据进行比较的情况，记录对差异的分析等。

2. 问题备忘录

问题备忘录一般是指对某一事项或问题的概要的汇总记录。在问题备忘录中，注册会计师通常记录该事项或问题的基本情况、执行的审计程序或具体审计步骤，以及得出的审计结论。如表 4-1 所示。

**表 4-1　审计工作底稿—审计工作事项表**

被审计单位　　　　页次：　　索引：

审计项目　　　　编制人：　　日期：

复核人：　　日期：

| 日　期 | 审查项目 | 账页或凭证号码 | 发现的问题或线索 | 查证核实的经过和情况 | 处理意见 |
|---|---|---|---|---|---|
| | | | | | |
| | | | | | |
| | | | | | |

3. 核对表

核对表一般是指会计师事务所内部使用的、为便于核对某些特定审计工作或程序的完成情况而编制的表格，例如，特定项目（如财务报表列报）审计程序核对表、审计工作完成情况核对表等。它通常以列举的方式列出审计过程中注册会计师应当进行的审计工作或程序以及特别需要提醒注意的问题，并在适当情况下索引至其他审计工作底稿，便于注册会计师核对是否已按照审计准则的规定进行审计。格式如表 4-2 所示。

**表 4-2　审计工作底稿—业务执行工作核对表**

项目负责经理复核

| 复核事项 | 是/否/不适用 | 备注 |
|---|---|---|
| 1. 是否已复核已完成的审计计划，以及导致对审计计划做出重大修改的事项？ | | |
| 2. 是否已复核重要的财务报表项目？ | | |
| 3. 是否已复核特殊交易或事项,包括债务重组、关联方交易、非货币性交易、或有事项、期后事项、持续经营能力等？ | | |

4. 是否已复核重要会计政策、会计估计的变更？
5. 是否已复核重大事项概要？
6. 是否已复核建议调整事项？
7. 是否已复核管理层声明书,股东大会、董事会相关会议纪要,与客户的沟通记录及重要会谈记录,律师询证函复函？
8. 是否已复核审计小结？
9. 是否已复核已审计财务报表和拟出具的审计报告？
10. 实施上述复核后，是否可以确定下列事项：
（1）审计工作底稿提供了充分、适当的记录，作为审计报告的基础？
（2）已按照中国 CPA 审计准则的规定执行了审计工作？
（3）对重大错报风险的评估及采取的应对措施是恰当的，针对存在特别风险的审计领域，设计并实施了针对性的审计程序，且得出了恰当的审计结论？
（4）做出的重大判断恰当合理？
（5）提出的建议调整事项恰当，相关调整分录正确？
（6）未更正错报无论是单独还是汇总起来对财务报表整体均不具有重大影响？
（7）已审计财务报表的编制符合企业会计准则的规定，在所有重大方面公允反映了被审单位的财务状况、经营成果和现金流量？
（8）拟出具的审计报告措辞恰当，已按照中国 CPA 审计准则的规定发表了恰当的审计意见？

签字：________________　日期：________________

## 三、审计工作底稿的编制与复核

### （一）审计工作底稿的内容

通常，审计工作底稿包括下列全部或部分要素。

1. 被审计单位名称

每一张审计工作底稿都应当注明被审计单位的名称以及具体所在的部门，如“红发股份有限公司—第一分公司”，以避免发生错误。

2. 审计项目名称

每一张审计工作底稿都应当将具体的审计项目名称写清楚，如是对收入的截止测试还是对应收账款的函证。

3. 审计项目时点或期间

审计工作底稿上应该记录审计工作的时间，对于资产负债表项目应该标明发生的时点，对于利润表项目应该注明发生的期间。

4. 审计过程记录

在审计工作底稿中需要记录审计证据的搜集和评价情况。包括对被审计单位内部控制的评价，对于具体审计事项的测试和确认，审计人员所做出的职业判断，以及最终审计结论形成的过程。

5. 审计结论

注册会计师恰当地记录审计结论非常重要，注册会计师需要根据所实施的审计程序及获取的审计证据得出结论，并以此作为对财务报表形成审计意见的基础。在记录审计结论时需注意，在审计工作底稿中记录的审计程序和审计证据是否足以支持所得出的审计结论。

6. 审计标识及其说明

审计工作底稿中可使用各种审计标识，但应说明其含义，并保持前后一致。以下是注册会计师在审计工作底稿中列明标识并说明其含义的例子，供参考。在实务中，注册会计师也可以依据实际情况运用更多的审计标识。

∧：纵加核对

<：横加核对

B：与上年结转数核对一致

T：与原始凭证核对一致

G：与总分类账核对一致

S：与明细账核对一致

T/B：与试算平衡表核对一致

C：已发询证函

C\：已收回询证函

7. 索引号及编号

通常，审计工作底稿需要注明索引号及顺序编号，相关审计工作底稿之间需要保持清晰的钩稽关系。在实务中，注册会计师可以按照所记录的审计工作的内容层次进行编号。例如，固定资产汇总表的编号为 Cl；按类别列示的固定资产明细表的编号为 C1-1；列示单个固定资产原值及累计折旧的明细表编号，包括房屋建筑物（编号为 C1-1-l）、机器设备（编号为 Cl-l-2）、运输工具（编号为 Cl-1-3）及其他设备（编号为 C1-1-4）。相互引用时，需要在审计工作底稿中交叉注明索引号。

8. 编制人员和复核人员及日期

在记录实施审计程序的性质、时间和范围时，注册会计师应当记录：（1）审计工作的执行人员及完成该项审计工作的日期；（2）审计工作的复核人员及复核的日期和范围。在需要项目质量控制复核的情况下，还需要注明项目质量控制复核人员及复核的日期。通常，需要在每一张审计工作底稿上注明执行审计工作的人员和复核人员、完成该项审计工作的日期以及完成复核的日期。

常见的通用审计工作底稿参考格式见表 4-3 所示。

**表 4-3　审计工作底稿**

索引号：

| | | | |
|---|---|---|---|
| 被审计单位名称 | | | |
| 审计事项 | | | |
| 会计期间或截止日期 | | | |
| 审计人员 | | 编制日期 | |
| 复核人员 | | 复核日期 | |
| 审计目标 | | | |
| 审计程序 | | | |
| 审计结论 | | | |

附：审计标识及其说明

（二）审计工作底稿的复核

为保证审计工作底稿的正确性与完整性，审计组织应对编制或获取的审计工作底稿进行认真复核。审计组织还需要结合实际制定出实用有效的复核制度。所谓审计工作底稿复核制度，是指审计组织对有关复核人员级别、复核程序与要点、复核人员职责等所做出的明确规定。

1. 审计工作底稿的复核内容与要求

审计工作底稿的复核内容通常包括：（1）所引用的材料是否真实可靠；（2）所获取的审计证据是否充分恰当；（3）所作的审计判断是否有理有据；（4）所形成的审计结论是否正确。复核人员在复核审计工作底稿时，应做好复核记录、书面表示复核意见，并签名和签署日期。对审计工作底稿中存在的问题和疑点，要明确指出，并以文字记录于审计工作底稿中。同时，还应督促编制人及时修改、完善审计工作底稿。

2. 审计工作底稿的三级复核制度

为了保障审计工作底稿的复核质量，各审计组织应当建立审计工作底稿的三级复核制制度，就是以项目经理、部门经理和主任会计师（或主任审计师）为复核人，对审计工底稿进行逐级复核。

项目经理的复核为第一级复核，是对审计工作底稿的详细复核，在审计外勤工作结束前（即在审计现场）完成，以及时发现和解决问题。在本级复核中项目经理应对下属审计人员所编制或获取的审计工作底稿进行逐一复核，发现问题应及时指出，并督促有关人员及时修改与完善。

部门经理的复核为第二级复核，是对审计工作底稿的一般性复核，在审计外勤工作结束时完成。本级复核是在项目经理完成详细复核程序后，再对审计工作底稿中重要会计账项的审计、重要审计程序的执行，以及重要事项的调整等进行复核。部门经理复核既是对项目经理复核的一种再监督，也是对重要审计事项的重点把关。

主任会计师的复核是最后一级复核，是对审计工作底稿的重点复核，在完成审计工作、签发审计报告前进行。本级复核是在部门经理复核的基础上，对审计过程中的重大会计与审计问题、重大审计调整事项及重要的审计工作底稿所进行的复核。主任会计师的复核既是对前述两级复核的再监督，也是对整个审计工作计划、进程和质量的重点控制。

## 四、审计工作底稿的归档

### （一）审计工作底稿的归档

在出具审计报告前，注册会计师应完成所有必要的审计程序，取得充分、适当的审计证据并得出适当的审计结论。由此，在审计报告日后将审计工作底稿归整为最终审计档案是一项事务性的工作、不涉及实施新的审计程序或得出新的结论。

如果在归档期间对审计工作底稿做出的变动属于事务性的，注册会计师可以做出变动，主要包括以下几点。

1. 删除或废弃被取代的审计工作底稿

2. 对审计工作底稿进行分类、整理和交叉索引

3. 对审计档案归整工作的完成核对表签字认可

4. 记录在审计报告日前获取的、与审计项目组相关成员进行讨论并取得一致意见的审计证据

审计工作底稿通常不包括已被取代的审计工作底稿的草稿或财务报表的草稿、对不全面或初步思考的记录、存在印刷错误或其他错误而作废的文本，以及重复的文件记录等。

由于这些草稿、错误的文本或重复的文件记录不直接构成审计结论和审计意见的支持性证据，因此，注册会计师通常无需保留这些记录，在审计工作底稿归档时予以清理。

归整审计档案时，有些会计师事务所将审计档案分为永久性档案和当期档案。这一分类主要是基于具体实务中对审计档案使用的时间。

1. 永久性档案。永久性档案是指那些记录内容相对稳定，具有长期使用价值，并对以后审计工作具有重要影响和直接作用的审计档案。例如，被审计单位的组织结构、批准证书、营业执照、章程、重要资产的所有权或使用权的证明文件复印件等。若永久性档案中的某些内容已发生变化，注册会计师应当及时予以更新。为保持资料的完整性以便满足日后查阅历史资料的需要，永久性档案中被替换下的资料一般也需保留。例如，被审计单位因增加注册资本而变更了营业执照等法律文件，被替换的旧营业执照等文件可以汇总在一起，与其他有效的资料分开，作为单独部分归整在永久性档案中。

2. 当期档案。当期档案是指那些记录内容经常变化，主要供当期和下期审计使用的审计档案。例如，总体审计策略和具体审计计划。

（二）审计工作底稿的保存

会计师事务所应当自审计报告日起，对审计工作底稿至少保存10年。如果注册会计师未能完成审计业务，会计师事务所应当自审计业务中止日起，对审计工作底稿至少保存10年。在完成最终审计档案的归整工作后，注册会计师不得在规定的保存期限届满前删除或废弃审计工作底稿。

## 第三节 案例分析

### 一、审计事项

2008年2月21日，助理人员小张经注册会计师王玲的安排，前去广生公司验证存货的账面余额。在盘点前，小张在过道上听几个工人在议论，得知存货中可能存在不少无法出售的变质产品。对此，小张对存货进行实地抽点，并比较库存量与最近销量。抽点结果表明，存货数量合理，收发亦较为有序。由于该产品技术含量较高，小张无法鉴别出存货中是否有变质产品，于是，他不得不询问该公司的存货部高级主管。高级主管的答复是，该产品无质量问题。

小张在盘点工作结束后，开始编制工作底稿。在备注中，小张将听说有变质产品的事填入其中，并建议在下阶段的存货审计程序中，应特别注意是否存在变质产品。王玲在复核工作底稿时，再次向小张详细了解存货盘点情况，特别是有关变质产品的情况。对此，还特别对当时议论此事的工人进行询问。但这些工人矢口否认了此事。于是。王玲与存货部高级主管商讨后，得出结论，认为“存货价值公允且均可出售”。底稿复核后，王玲在备注册栏后填写了“变质产品问题经审核尚无证据，但下次审计时应加以考虑”。由于广生公司总经理抱怨王玲前几次出具了有保留意见的审计报告，使得他们贷款遇到了不少麻烦。审计结束后，注册会计师王玲对该年的财务报表出具了无保留意见的审计报告。

两个月后，广生公司资金周转不灵，主要是存货中存在大量的变质产品无法出售，致使到期的银行贷款无法偿还。银行拟向会计师事务所索赔，认为注册会计师在审核存货时，具有重大过失。债权人在法庭上出示了王玲的工作底稿，认为注册会计师明知存货高估，但迫于总经理的压力，没有揭示财务报表中存在问题，因此，应该承担银行的贷款损失。

## 二、问题思考

（1）引述工人在过道上关于变质产品的议论是否应列入工作底稿？

（2）注册会计师王玲是否已尽到了责任？

（3）对于银行的指控，这些工作底稿能否支持或不利于注册会计师的抗辩立场？

（4）银行的指控是否具有充分证据？请说明理由。

## 三、审计分析

（1）工人议论并非是有效证据，但提供了审计线索与范围。注册会计师没有扩大审计程序而只是简单地询问公司主管，存在过失。如果注册会计师已对存货允当有明确结论，就不应再将上述不负责任的议论留在工作底稿之中，更不应该将“下次审计时应加以考虑”的字眼留在工作底稿之中。

（2）没有尽到责任，注册会计师没有利用专门的审计程序去追查审核存货中有否变质问题，又没有在工作底稿上删去那些不负责任的字眼，以致混淆了工作底稿与审计结论之间的关系。

（3）不利于注册会计师的抗辩立场。从工作底稿看，说明注册会计缺乏信心，且对证据的判断有误。已有的审计证据无法支持审计结论。

（4）审计程序虽然基本合理，但没有完全遵守公认审计准则。特别是在证据方面，缺乏专业判断能力。因此，尽管没有重大过失，但还是存在一般过失。如果注册会计师事先知道该报告将向银行贷款，按照规则应当承担责任。如果事先并不知道贷款，注册会计师可以适当抗辩，以不是预期第三者进行反驳。

# 复习思考题

## 一、单项选择题

1. 注册会计师执行财务报表审计业务获取的下列审计证据中，可靠性最强的是(　　)。

A. 会议的同步书面记录　　B. 应收账款函证回函

C. 发出商品的出库单　　D. 企业管理人员对内部控制设计的解释

2. 充分性和适当性是审计证据两个重要特征，下列关于审计证据的充分性和适当性表述中不正确的是（　　）。

A. 审计证据质量越高，需要审计证据的数量可能越少

B. 充分性和适当性两者缺一不可，只有充分且适当的审计证据才是有证明力的

C. 如果审计证据质量存在缺陷，仅靠获取更多的审计证据可能无法弥补其质量上的缺陷

D. 审计证据的充分性与适当性密切相关，审计证据的充分性一定会影响其适当性

3. 存货盘点明细表属于（　　）。

A. 书面证据　　B. 口头证据

C. 环境证据　　D. 实物证据

4. 会计师事务所的（　　），应对审计工作底稿进行详细复核。

A. 注册会计师　　B. 部门经理

C. 主任会计师　　D. 项目经理

5. 注册会计师审计工作底稿至少保存（　　）。

A. 10 年　　B. 8 年　　C. 5 年　　D. 3 年

6. 审计证据的适当性是指审计证据的相关性和可靠性，相关性是指证据应与（　　）相关。

A. 审计目标　　B. 审计范围

C. 被审计单位的会计报表　　D. 客观事实

7. 实物证据通常证明（　　）。

A. 实物资产的所有权　　B. 实物资产的计价准确性

C. 实物资产是否存在　　D. 有关会计记录是否正确

8. 下列有关审计证据可靠性的表述中，注册会计师认同的是（　　）。

A. 内部证据在外流转并获得其他单位承认，则具有较强的可靠性

B. 被审计单位管理当局声明书有助于审计结论的形成，具有较强的可靠性

C. 环境证据比口头证据重要，属于基本证据，可靠性较强

D. 书面证据与实物证据相比是种辅助证据，可靠性较弱

9. 注册会计师为发现被审计单位的会计报表和其他会计资料中的重要比率及趋势的异常变动应采用（　　）收集审计证据。

A. 计算　　B. 分析程序　　C. 估价　　D. 检查

10. 审计档案的所有权应属于（　　）。

A. 委托单位

B. 编制审计工作底稿的审计人员

C. 承接该项业务的会计师事务所

D. 注册会计师协会

## 二、多项选择题

1. 下列关于审计证据的充分性和适当性的说法中正确的有（　　）。

A. 审计证据的适当性是对审计证据质量的衡量

B. 审计证据的充分性是对审计证据数量的衡量

C. 注册会计师可以依靠获取更多的审计证据来弥补其质量上的缺陷

D. 错报风险越大，需要的审计证据可能越多；审计证据质量越高，需要的审计证据可能越少

2. 审计小组在讨论审计证据相关性时，提出以下观点，其中正确的有(　　)。

A. 一种审计程序只能取得针对某一项认定的审计证据

B. 针对同一项认定可以从不同来源获取审计证据或获取不同性质的审计证据

C. 只与特定认定相关的审计证据并不能替代与其他认定相关的审计证据

D. 特定的审计程序可能只为某些认定提供相关的审计证据，而与其他认定无关

3. 关于分析程序的下列说法，正确的有（　　）。

A. 分析程序的主要目的是确认是否有异常或意外的波动

B. 分析程序可以为实质性程序提供一定的方向性指导

C. 出现异常变动，表明被审计单位会计报表一定存在舞弊。

D. 对于异常变动的项目，注册会计师应考虑审计方法是否适当，是否应追加审计程序

4. 在对短期借款实施相关审计程序后，需对所取得的审计证据进行评价。以下有关短期借款审计证据可靠性的论述中，正确的有（　　）。

A. 从第三方获取的有关短期借款的证据比直接从甲公司获得的相关证据更可靠

B. 为了证明短期借款的真实存在，注册会计师可以向债权方进行函证。

C. 甲公司提供的短期借款合同尽管有借贷双方的签章，但如果没有其他证据佐证，也不可靠

D. 短期借款的重大错报风险为高水平时产生的会计数据比重大错报风险为低水平时产生的会计数据更为可靠

5. 审计工作底稿通常包括（　　）。

A. 审计策略和具体审计计划

B. 分析表、问题备忘录、重大事项概要

C. 询证函回函、管理层声明书、核对表

D. 有关重大事项的往来信件

## 三、判断题

1. 审计证据的适当性是对审计证据质量的衡量，即审计证据在支持各类交易、账户余额、列报的相关认定，或发现其中存在错报方面具有相关性和可靠性。（　　）

2. 询问通常不足以测试内部控制运行的有效性，注册会计师还应当实施其他审计程序以获取充分、适当的审计证据。（　　）

3. 如果注册会计师根据对被审计单位及其环境的了解，得知被审计单位本期的产销量与上期相当，本期在生产成本中占较大比重的原材料成本大幅下降，但通过分析程序发现本期的毛利率与上期相比变化不大，而且销售收入也没有较大的变化。注册会计师可能据此认为销售成本存在重大错报风险。（　　）

4. 对于审计档案，会计师事务所应当从已审计财务报表年末日起至少保存10年。（　　）

5. 资产只能通过实物证据来证明。（　　）

## 四、简答题

1. 我国会计师事务所实行的三级复核制度是指什么？

2. 审计证据包括哪几类？

3. 在审计过程中，注册会计师获取审计证据的程序有哪些？

4. 审计工作底稿的要素是什么？

# 第五章　审计计划、重要性与审计风险

## 本章学习要点

1. 了解审计计划的含义、内容和作用。
2. 理解审计重要性的概念及特征。
3. 理解审计风险的概念和审计风险的构成要素。
4. 掌握审计重要性和审计风险模型的应用。

## 第一节　审 计 计 划

### 一、审计计划及其作用

审计计划是指审计人员为了完成年度财务报表的审计业务，达到预期审计目标而对审计工作作出的安排。审计计划包括总体审计策略和具体审计计划两个层次。总体审计策略是审计人员对整个审计过程基本工作内容的综合规划。具体审计计划是依据总体审计策略对实施具体审计程序的性质、时间和范围所做出的详细规划和说明。

凡事预则立，不预则废，审计工作也是如此。高质量的审计计划有助于审计人员有效地组织审计工作，有利于合理地利用审计资源，提高审计效率和效果，保证顺利完成审计工作并与客户保持良好的工作关系。

### 二、审计计划的内容

（一）总体审计策略

总体审计策略用以确定审计范围、时间和方向，并指导制订具体审计计划，是整个审计工作的蓝图。在制定总体审计策略时，审计人员应注意考虑以下主要事项。

1. 审计范围

审计人员在确定审计范围时，需要考虑下列具体事项：

（1）编制财务报表适用的会计准则和相关会计制度；

（2）特定行业的报告要求，如某些行业的监管部门要求提交的报告；

（3）预期的审计工作涵盖范围，包括需要审计的集团内组成部分的数量及所在地点；

（4）内部审计工作的可利用性及对内部审计工作的拟依赖程度；

（5）拟利用在以前期间审计工作中获取的审计证据的程度，如获取的与风险评估程序和控制测试相关的审计证据；

（6）与为被审计单位提供其他服务的会计师事务所人员讨论可能影响审计的事项；

（7）其他注册会计师参与组成部分审计的范围。

2. 报告目标、时间安排和所需沟通

审计人员为计划报告目标、时间安排和所需沟通，需要考虑下列具体事项：

（1）被审计单位的财务报告时间表；

（2）与管理层和治理层就审计工作的性质、范围和时间所举行会议的组织工作；

（3）与管理层和治理层讨论预期签发报告和其他沟通文件的类型及提交时间，如审计报告、管理建议书和与治理层沟通函等；

（4）项目组成员之间预期沟通的性质和时间安排，包括项目组会议的性质和时间安排及复核工作的时间安排；

（5）是否需要跟第三方沟通，包括与审计相关的法律法规规定和业务约定书约定的报告责任；

（6）与管理层讨论预期在整个审计过程中通报审计工作进展及审计结果的方式。

3. 审计方向

总体审计策略的制定应当包括考虑影响审计业务的重要因素，以确定项目组工作方向。在确定审计方向时，审计人员需要考虑下列具体事项：

（1）确定适当的重要性水平；

（2）重大错报风险较高的审计领域；

（3）项目组成员的选择（在必要时包括项目质量控制复核人员）和工作分工，包括向重大错报风险较高的审计领域分派具备适当经验的人员；

（4）项目预算，包括考虑为重大错报风险可能较高的审计领域分配适当的工作时间；

（5）以往审计中对内部控制运行有效性评价的结果，包括所识别的控制缺陷的性质及应对措施；

（6）业务交易量规模，以基于审计效率的考虑确定是否信赖内部控制；

（7）管理层对内部控制重要性的重视程度；

（8）影响被审计单位经营的重大发展变化，包括信息技术和业务流程的变化，关键管理人员变化，以及收购、兼并和分立；

（9）重大的行业发展情况，如行业法规变化和新的报告规定；

（10）会计准则及会计制度的变化。

总体审计策略的详略程度应当随被审计单位的规模及该项审计业务的复杂程度的不同而变化。例如，在对小型单位进行审计中，总体审计策略可以相对简单一些。

### （二）具体审计计划

具体审计计划是依据总体审计策略制定的，比总体审计策略更加详细。值得注意的是，虽然编制总体审计策略的过程通常在具体审计计划之前，但是两项计划活动并不是孤立、不连续的过程，而是内在紧密联系的，对其中一项的决定可能会影响甚至改变对另外一项的决定。因此，审计人员应当根据实施风险评估程序的结果，对总体审计策略的内容予以调整。在实务中，审计人员将制定总体审计策略和具体审计计划相结合进行，可能会使计划审计工作更有效率及效果，并且也可采用将总体审计策略和具体审计计划合并为一份审计计划文件的方式，提高编制及复核工作的效率，增强其效果。具体审计计划的内容包括以下主要方面。

#### 1. 风险评估程序

为了足够识别和评估财务报表重大错报风险，审计人员计划实施的风险评估程序的性质、时间和范围。

#### 2. 计划实施的进一步审计程序

针对评估的认定层次的重大错报风险，审计人员计划实施的进一步审计程序的性质、时间和范围。

随着审计工作的推进，对审计程序的计划会一步步深入，并贯穿于整个审计过程。进一步审计程序可以分为进一步审计程序的总体方案和拟实施的具体审计程序两个层次。进一步审计程序的总体方案主要是针对各类交易、账户余额和列报决定采用的总体方案。具体审计程序则是对进一步审计程序的总体方案的延伸和细化，它通常包括控制测试和实质性程序的性质、时间和范围。在实务中，审计人员通常单独编制一套包括这些具体程序的“进一步审计程序表”来体现。

#### 3. 计划其他审计程序

计划的其他审计程序可以包括上述进一步程序的计划中没有涵盖的、根据其他审计准则的要求应当执行的既定程序。

# 第二节　审计重要性

## 一、重要性的含义

重要性是贯穿于审计全过程的一个非常重要的概念，是审计人员发表审计意见需要考虑的基本因素。正确理解并恰当运用重要性概念对于保证审计工作质量和实现审计目标有十分重要的意义。

审计重要性是指在具体环境下，被审计单位财务报表错报的严重程度，如果一项错报单独或连同其他错报可能影响财务报表使用者依据财务报表做出的经济决策，则该项错报是重大的。这里的错报包含漏报。重要性可视为财务报表中错报、漏报能否影响会计报表使用者决策的“临界点”，超过该“临界点”就会影响使用者的决策和判断，这种错报、漏报就应该被看做是“重要的”。

## 二、重要性的特征

重要性概念是基于成本效益原则的要求而产生的。由于现代企业经济活动日趋复杂，审计过程中所面对的会计信息量也日益庞大，审计人员既无必要也无可能去审查全部的会计资料，只能在对内部控制和风险评价基础上采用抽查的方法来确认财务报表的合法性和公允性。因此，审计过程中必须抓住财务报表的重要方面和重要事项加以审查，在不增加审计成本的前提下，恰当地收集审计证据，更好地达到审计目标。在理解和运用这一概念时，应当注意审计重要性的特征。

（一）重要性的确定离不开具体环境

由于不同的被审计单位面临不同的环境，不同的报表使用者有着不同的信息需求，因此注册会计师确定的重要性也不相同。某一金额的错报对某被审计单位的财务报表来说是重要的，而对另一个被审计单位的财务报表来说可能不重要。例如，错报10万元对一个小公司来说可能是重要的，而对另一个大公司来说则可能不重要。

（二）重要性概念是针对财务报表使用者决策的信息需求而言的

判断一项错报重要与否，应视其对财务报表使用者依据财务报表做出经济决策的影响程度而定。如果财务报表中的某项错报足以改变或影响财务报表使用者的相关决策，则该项错报就是重要的，否则就不重要。

（三）重要性包括对数量和性质两个方面的考虑

所谓数量方面，是指错报的金额大小，性质方面则是指错报的性质。一般而言，金额大的错报比金额小的错报更重要。需要注意的是，如果仅从数量角度考虑，重要性水平只是一个门槛或临界点。在该门槛或临界点之上的错报就是重要的；反之，该错报则不重要。在有些情况下，某些金额的错报从数量上看并不重要，但从性质上考虑，则可能是重要的，对于某些财务报表披露的错报，难以从数量上判断是否重要，应从性质上考虑其是否重要。

（四）对重要性的评估需要运用职业判断

重要性水平是一个经验值，审计人员只能通过职业判断确定重要性水平。影响重要性的因素很多，审计人员应当根据被审计单位面临的环境，并综合考虑其他因素，合理确定重要性水平。不同的审计人员在确定同一被审计单位财务报表层次和认定层次的重要性水平时，得出的结果可能不同。主要是因为对影响重要性的各因素的判断存在差异，因此需要运用职业判断来合理评估重要性。

## 三、重要性的运用

重要性水平的运用贯穿于整个审计过程。在审计计划阶段，审计人员在确定审计程序的性质、时间、范围时，需要考虑重要性水平。因为设计的审计程序应能查出重大错报，但不应浪费时间去查找不影响报表使用者决策的非重大错报。

（一）确定计划的重要性水平时应考虑的因素

审计人员应当运用职业判断确定重要性。在计划审计工作时，审计人员应当确定一个可接受的重要性水平，以发现在金额上重大的错报。此外，审计人员应当考虑较小金额错报的累计结果可能对财务报表产生重大影响。总体上说，在确定计划的重要性水平时需要考虑以下主要因素。

1. 对被审计单位及其环境的了解

被审计单位的行业状况、法律环境与监管环境等其他外部因素，以及被审计单位业务的性质，对会计政策的选择和应用，被审计单位的目标、战略及相关的经营风险，被审计单位的内部控制等因素，都将影响重要性水平的判断。

2. 审计的目标，包括特定报告要求

信息使用者的要求等因素影响审计人员对重要性水平的确定。例如，对特定财务报表项目进行审计的业务，其重要性水平可能需要以该项目金额，而不是以财务报表的一些汇总性财务数据为基础加以确定。

3. 财务报表各项目的性质及其相互关系

财务报表使用者对不同的报表项目的关心程度不同。一般而言，如果认为流动性较高的项目出现较小金额的错报就会影响报表使用者的决策，审计人员应当对此从严确定重要性水平。同时，由于财务报表各项目之间是相互联系的，在确定重要性水平时需要考虑这种相互联系。

4. 财务报表项目的金额及其波动幅度

财务报表项目的金额及其波动幅度可能促使财务报表使用者做出不同的反应。因此，在确定重要性水平时，应当深入研究这些项目的金额及其波动幅度。

总之，从报表使用者决策的角度来考虑，只要影响预期报表使用者决策的因素，都可能对重要性水平产生影响。在确定重要性水平时应当充分考虑这些因素并采用合理的方法。

（二）重要性的定量考虑和定性考虑

1. 从数量方面考虑重要性

重要性的数量即为重要性水平，是针对错报的金额大小而言。在审计过程中，审计人员应当考虑财务报表层次和各类交易、账户余额、列报认定层次的重要性水平。

（1）财务报表层次的重要性水平

确定财务报表层次重要性水平时，首先选择一个恰当的基准，然后选用适当的百分比乘以该基准，从而得出财务报表层次的重要性水平。

对基准的选择有赖于被审计单位的性质和环境。例如，对以盈利为目的的被审计单位，来自经常性业务的税前利润或税后净利润可能是一个适当的基准；而对收益不稳定的被审计单位或非盈利组织，选择税前利润或税后净利润作为判断重要性水平的基准就不合适。审计人员通常选择一个相对稳定、可预测且能够反映被审计单位正常规模的基准。在注册会计师进行财务报表审计时，由于销售收入和总资产具有相对稳定性，审计人员经常将其用作确定计划重要性水平的基准。

在确定恰当的基准后，审计人员通常运用职业判断选择合理百分比，据以确定重要性水平。以下是一些参考数值的举例：

① 对于以营利为目的的企业，来自经常性业务的税前利润或税后净利润的 5%，或总收入的 0.5%；

② 对于非营利组织，费用总额或总收入的 0.5%；

③ 对于共同基金公司，净资产的 0.5%。

在执行具体审计业务时，可以根据被审计单位的具体情况做出职业判断，对上述比率进行适当调整。例如，规模较大的单位这个比率可能要求越小。此外，在确定重要性时，还应考虑以前期间的经营成果和财务状况、本期的经营成果和财务状况、本期的预算和预测结果、被审计单位情况的重大变化（例如，重大的企业合并）以及宏观经济环境和所在行业环境发生的相关变化。

（2）各类交易、账户余额、列报认定层次的重要性水平

各类交易、账户余额、列报认定层次的重要性水平称为“可容忍错报”。可容忍错报的确定以对财务报表层次重要性水平的初步评估为基础。它是在不导致财务报表存在重大错报的情况下，审计人员对各类交易、账户余额、列报确定的可接受的最大错报。

在确定各类交易、账户余额、列报认定层次的重要性水平时，审计人员应当考虑以下主要因素：第一，各类交易、账户余额、列报的性质及错报的可能性；第二，各类交易、账户余额、列报的重要性水平与财务报表层次重要性水平的关系；第三，各类交易、账户余额、列报受关注的程度；第四，各类交易、账户余额、列报审计成本的高低。

通常情况下，审计人员在确定各类交易、账户余额、列报认定层次的重要性水平时，采用的方法是将财务报表层次的重要性水平分配至各账户或各类交易，一般是以资产负债表为对象。此外，也可根据各账户或各类交易的特点运用职业判断单独确定各账户或各类交易的重要性水平。

2. 从性质方面考虑重要性

对重要性的确定，除了考虑错报的数额外，还应考虑错报的性质。特别是在某些情况下，金额不重要的错报从性质上看有可能是重要的。审计人员在判断错报的性质是否重要时一般应考虑以下方面的情况。

（1）错报对遵守法律法规要求的影响程度。

（2）错报对遵守债务契约或其他合同要求的影响程度。

（3）错报掩盖收益或其他趋势变化的程度（尤其在联系宏观经济背景和行业状况进行考虑时）。

（4）错报对于评价被审计单位财务状况、经营成果或现金流量的有关比率的影响程度。

（5）错报对财务报表中列报的分部信息的影响程度。

例如，错报事项对分部或被审计单位其他经营部分的重要程度，而这些分部或经营部分对被审计单位的经营或盈利有重大影响。

（6）错报对增加管理层报酬的影响程度。

例如，管理层通过错报来达到有关奖金或其他激励政策规定的要求，从而增加其报酬。

（7）错报对某些账户余额之间错误分类的影响程度，这些错误分类影响到财务报表中

应单独披露的项目。

例如，经营收益和非经营收益之间的错误分类，非盈利单位的受到限制资源和非限制资源的错误分类。

（8）相对于审计人员所了解的以前向报表使用者传达的信息（例如，盈利预测）而言错报的重大程度。

（9）错报是否与涉及特定方的项目相关。

例如，与被审计单位发生交易的外部单位是否与被审计单位管理层的成员有关联。

（10）错报对信息漏报的影响程度。

在有些情况下，适用的会计准则和相关会计制度并未对该信息做出具体要求，但是审计人员运用职业判断，认为该信息对财务报表使用者了解被审计单位的财务状况、经营成果或现金流量很重要。

（11）错报对与已审计财务报表一同披露的其他信息的影响程度，该影响程度能被合理预期将对财务报表使用者做出经济决策产生影响。

此外，在审计执行阶段，随着审计过程的推进，审计人员应及时评价计划阶段确定的重要性水平是否合理，并根据具体环境的变化修正计划的重要性水平，进一步修改审计程序的性质、时间和范围。在评价审计程序结果时，审计人员需要重新评估重要性和审计风险是否已发生变化，并考虑实施的审计程序是否恰当、搜集的审计证据是否充分。在评价错报的影响时，审计人员应考虑重要性，并据以确定审计意见的类型。因此，审计人员应综合考虑各方面因素，在整个审计程序中合理确定重要性。

## 第三节 审 计 风 险

### 一、审计风险的含义

审计风险是指财务报表存在重大错报而审计人员发表不恰当审计意见的可能性。审计风险并不包含下面这种情况，即财务报表不含有重大错报，而审计人员错误地发表了财务报表含有重大错报的审计意见的风险。但必须注意，审计业务是一种保证程度高的鉴证业务，如果审计人员将审计风险降至可接受的低水平，则对财务报表不存在重大错报获取了合理保证。可见，合理保证与审计风险互为补数，即合理保证与审计风险之和等于100%。审计风险取决于重大错报风险和检查风险。

### 二、重大错报风险

重大错报风险是指财务报表在审计前存在重大错报的可能性。在设计审计程序以确定财务报表整体是否存在重大错报时，审计人员应当从财务报表层次和各类交易、账户余额、列报认定层次方面考虑重大错报风险。

（一）财务报表层次的重大错报风险

财务报表层次重大错报风险与财务报表整体存在广泛联系，可能影响多项认定。此类风险通常与控制环境有关，如管理层缺乏诚信、治理层形同虚设而不能对管理层进行有效监督等；但也可能与其他因素有关，如经济萧条、企业所处行业处于衰退期。此类风险难以界定于某类交易、账户余额、列报的具体认定，相反，此类风险增大了一个或多个不同认定发生重大错报的可能性。此类风险对考虑由舞弊引起的风险特别相关。

（二）认定层次的重大错报风险

各类交易、账户余额、列报认定层次重大错报风险，与特定的某类交易、账户余额、列报的认定相关。例如，技术进步可能导致某项产品陈旧，进而导致存货易于发生高估错报（计价认定）；对高价值的、易转移的存货缺乏实物安全控制，可能导致存货的存在性认定出错。审计人员应当考虑各类交易、账户余额、列报认定层次的重大错报风险，以便于针对认定层次计划和实施进一步审计程序。

## 三、检查风险

检查风险是指某一认定存在错报，该错报单独或连同其他错报是重大的，但审计人员未能发现这种错报的可能性。检查风险取决于审计程序设计的合理性和执行的有效性。通常检查风险不能降低为零，主要因为：第一，审计人员并不对所有的交易、账户余额和列报进行检查；第二，审计人员可能选择了不恰当的审计程序，或者审计过程执行不当，或者错误解读了审计结论。其中，第二方面的问题可以通过适当计划、在项目组成员之间进行恰当的职责分配、保持职业怀疑态度以及监督、指导和复核助理人员所执行的审计工作得以解决。

## 四、审计风险模型的应用

（一）审计风险模型的建立

审计风险模型是根据审计风险的各构成要素之间的相互关系建立的。认定层次的重大错报风险或检查风险水平越高，审计风险水平也越高。审计风险模型如下：

审计风险=重大错报风险×检查风险

**【例 5-1】** 审计人员评估应收账款存在的重大错报风险水平为 50%，估计检查风险水平为 10%，则审计风险水平为 50%×10%＝5%。即审计人员对应收账款得出不恰当审计结论的可能性为 5%。

（二）审计风险模型的运用

在计划阶段，审计人员必须对每个审计项目确定合适的可接受的审计风险水平。由于审计业务是一种保证程度高的鉴证业务，可接受的审计风险应当足够低，以能够合理保证所审计财务报表不含有重大错报。可接受的审计风险水平的确定，需要考虑会计师事务所对审计风险的态度、审计失败对会计师事务所可能造成损失的大小等因素。

在既定的可接受审计风险水平下，运用审计风险模型确定可接受的检查风险水平。在此，审计风险模型可以变形为：

$$可接受的检查风险水平=\frac{可接受的审计风险}{重大错误风险}$$

一般情况下，审计人员应当实施适当的审计程序，了解被审计单位及其环境（包括内部控制），以评估重大错报风险。然后根据上述审计风险模型来确定可接受的检查风险水平，并据以设计和实施进一步审计程序，确定审计证据的数量，以将检查风险控制在可接受的水平。

**【例 5-2】** 审计人员确定存货存在重大错报的可接受的审计风险水平为 3%，确定存货余额存在重大错报的风险水平为 30%，计算可接受的检查风险水平为：

$$\frac{3\%}{30\%}\times100\%=10\%$$

即审计人员将实施足够的审计程序，获取充分适当的审计证据，以达到 10%以下的检查风险水平，直到可接受审计风险水平控制在 3%以下。

应当注意，在审计实务中，审计风险难以精确量化，通常采用高、中、低定性评估风险。重大错报风险是客观存在的，在评估时不能偏离实际水平。重大错报风险估计水平过高或过低都是不利的，偏高会导致审计成本加大，偏低则会导致审计风险加大。此外，审计人员也无法将检查风险降低为零。

（三）审计风险各要素的关系

从审计风险模型中可以看出：

1. 在既定的重大错报风险水平下，审计风险与检查风险水平成正向关系

（1）可接受的审计风险越高，可接受的检查风险水平越高；可接受的审计风险越低，可接受的检查风险水平越低。

（2）实际的检查风险水平越高，实际的审计风险水平越高；实际的检查风险水平越低，

实际的审计风险水平越低。

2. 在既定的审计风险水平下，可接受的检查风险水平与认定层次重大错报风险的评估结果成反向关系

评估的重大错报风险水平越高，可接受的检查风险水平越低；评估的重大错报风险水平越低，可接受的检查风险水平越高。

## 五、审计抽样与审计风险

在获取审计证据时，审计人员应当运用职业判断，评估重大错报风险，并设计进一步审计程序，以确保将审计风险降至可接受的低水平。使用审计抽样时，审计风险可能受抽样风险和非抽样风险的影响。

### （一）抽样风险

抽样风险是指注册会计师根据样本得出的结论，与对总体全部项目实施与样本同样的审计程序得出的结论存在差异的可能性。

只要使用了审计抽样，抽样风险就总会存在。在使用统计抽样时，注册会计师可以准确地计量和控制抽样风险。在使用非统计抽样时，注册会计师无法量化抽样风险，只能根据职业判断对其进行定性的评价和控制。对特定样本而言，抽样风险与样本规模反方向变动：样本规模越小，抽样风险越大；样本规模越大，抽样风险越小。既然抽样风险只与被检查项目的数量有关，那么控制抽样风险的唯一途径就是控制样本规模。无论是控制测试还是细节测试，注册会计师都可以通过扩大样本规模降低抽样风险。如果对总体中的所有项目都实施检查，就不存在抽样风险，此时审计风险完全由非抽样风险产生。

### （二）非抽样风险

非抽样风险是指由于某些与样本规模无关的因素而导致注册会计师得出错误结论的可能性。非抽样风险包括审计风险中不是由抽样所导致的所有风险。注册会计师即使对某类交易或账户余额的所有项目实施某种审计程序，也可能仍未能发现重大错报或控制失效。

在审计过程中，可能导致非抽样风险的原因包括下列情况。

1. 注册会计师选择的总体不适合于测试目标

2. 注册会计师未能适当地定义控制偏差或错报，导致注册会计师未能发现样本中存在的偏差或错报

3. 注册会计师选择了不适于实现特定目标的审计程序

例如，注册会计师依赖应收账款函证来揭露未入账的应收账款。

4. 注册会计师未能适当地评价审计发现的情况

例如，注册会计师错误解读审计证据导致没有发现误差；对所发现误差的重要性的判断有误，从而忽略了性质十分重要的误差，也可能导致得出不恰当的结论。

5. 其他原因

非抽样风险是由人为错误造成的，因而可以降低、消除或防范。虽然在任何一种抽样方法中注册会计师都不能量化非抽样风险，但通过采取适当的质量控制政策和程序，对审计工作进行适当的指导、监督与复核，以及对注册会计师实务的适当改进，可以将非抽样风险降至可以接受的水平。注册会计师也可以通过仔细设计审计程序尽量降低非抽样风险。如果可以从两种审计程序中加以选择，且两种程序均以大致相同的成本提供相同程度的保证，注册会计师应选择非抽样风险水平较低的程序。

### 六、重要性与审计风险和审计证据之间的关系

重要性与审计风险之间存在反向变动关系。在审计证据量不变的情况下，重要性水平越高，审计风险越低；重要性水平越低，审计风险越高。这里所说的重要性水平高低指的是金额的大小。

审计风险与审计证据之间存在反向变动关系。在一定的重要性水平下，一方面可接受的审计风险水平越低，要求审计人员必须收集更多更有效的审计证据，以将审计风险降至可接受的低水平。另一方面实际收集的审计证据越多越有效，审计风险实际水平就越低。

重要性与审计证据之间也是反向变动关系。在一定的审计风险水平下，重要性水平越高，需要的审计证据量就越少。

## 第四节 案 例 分 析

### 一、背景介绍

某会计师事务所的注册会计师对 ABC 公司审计后发表了如下审计意见：“我们认为，ABC 公司财务报表已经按照企业会计准则和《会计制度》的规定编制，在所有重大方面公允的反映了 ABC 公司 2007 年 12 月 31 日的财务状况以及 2007 年度的经营成果和现金流量。”

半年后，ABC 公司因无法按时偿还巨额债务而宣告破产。股东与债权人状告为 ABC 公司审计的会计师事务所。其诉讼理由是 ABC 公司 2007 年度的财务报表中存在严重错误，而注册会计师发表了无保留意见，从而误导了报表使用人。会计师事务所对此提出了抗辩，认为审计中发现的被审计单位 ABC 公司财务报表中存在的重大错报都已经要求 ABC 公司

调整，并且ABC公司也接受了调整建议，未调整的错报是不重要的，且在审计报告中发表意见时使用了“在所有重大方面公允的反映了ABC公司2007年12月31日的财务状况以及2007年度的经营成果和现金流量”这一表述。

法院经过审理最终认定：ABC公司错误报表中存在将2008年的销售收入提前计入2007年的财务报表中，造成2007年虚增收入9.8万元与高估资产11.466万元，以及漏计与少计负债18.1万元的错报。对于销售额近千万元、资产近千万元的ABC公司来说，这些错报虽然从金额上来看并不重要，却导致ABC公司的盈利能力保持持续增长的状态，偿债能力的指标恰巧达到了银行贷款门槛。因此，这些错报对于报表使用人来说是重大的，无疑会误导报表使用人，会计师事务所理应承担赔偿责任。

## 二、审计分析与思考

是不是注册会计师发表无保留意见就意味着被审计单位的财务报表没有错报了？答案显然是否定的。那么为什么被审计单位的财务报表有错报而注册会计师还要出具无保留意见的审计报告呢？这就是注册会计师在审计中运用了重要性概念。错报是否重要不仅取决于错报的金额，还要考虑错报的性质。在审计ABC公司财务报表时，注册会计师仅考虑到虚增收入9.8万元与高估资产11.466万元以及漏计与少计负债18.1万元的错报金额相对较小，但这些错报却性质重要，会误导报表使用者的判断。错报是否重要的判断对于注册会计师得出恰当的审计结论是非常关键的。注册会计师发表不恰当的审计意见就可能承担赔偿责任，即注册会计师审计面临着巨大的风险。

# 复习思考题

## 一、单项选择题

1. 审计计划包括（　　）两个层次。
   A. 资产负债表审计计划和利润表审计计划
   B. 总体审计策略和具体审计计划
   C. 项目审计计划和总体审计计划
   D. 报表审计计划和账户审计计划

2.（　　）用以确定审计范围、时间和方向。
   A. 总体审计策略　　B. 具体审计计划
   C. 审计业务约定书　　D. 审计依据

3. 不同的审计人员在确定同一被审计单位财务报表层次和认定层次的重要性水平时，得出的结果可能不同，这体现了审计人员在确定重要性水平时需要运用（　　）。

A. 分析程序　　B. 重要性水平的两个层次

C. 独立性　　D. 职业判断

4. 在审计风险要素中，（　　）是客观存在的，审计人员无法改变。

A. 审计风险　　B. 检查风险

C. 重大错报风险　　D. 被审计单位的经营风险

5. 重要性与审计风险之间（　　）

A. 呈同向变动　　B. 呈反向变动

C. 呈比例关系　　D. 不存在关系

6. 理解和应用重要性概念应站在（　　）的角度去判断。

A. 被审计单位管理层　　B. 注册会计师

C. 财务报表使用者　　D. 被审计单位全体员工

7. 在特定的审计风险水平下，检查风险与重大错报风险之间的关系是（　　）。

A. 呈同向变动　　B. 呈反向变动

C. 呈比例关系　　D. 不存在关系

8. 在计划某项审计工作时，审计人员应分别评价（　　）两个层次的重要性。

A. 资产负债表层次和利润表层次

B. 总账层次和明细账层次

C. 财务报表层次和认定层次

D. 记账凭证层次和原始凭证层次

9.（　　）是指注册会计师根据样本得出的结论，与对总体全部项目实施与样本同样的审计程序得出的结论存在差异的可能性。

A. 审计风险　　B. 检查风险　　C. 非抽样风险　　D. 抽样风险

10.（　　）是指某一认定存在错报，该错报单独或连同其他错报是重大的，但审计人员未能发现这种错报的可能性。

A. 重大错报风险　　B. 检查风险

C. 非抽样风险　　D. 抽样风险

## 二、多项选择题

1. 在制定总体审计策略时，审计人员应注意考虑以下哪几种主要事项？（　　）

A. 审计工作范围

B. 报告目标、时间安排和所需沟通

C. 审计工作方向

D. 风险评估程序

2. 审计人员在运用重要性原则时，应从错报的（　　）两个方面去考虑。

A. 行业状况　　B. 内部控制情况

C. 数量　　D. 性质

3. 在注册会计师进行财务报表审计时，由于（　　）相对稳定、可预测且能够反映被审计单位正常规模，审计人员经常将其用作确定计划重要性水平的基准。

A. 销售收入　　B. 营业外收入　　C. 总资产　　D. 存货

4. 对于特定被审计单位而言，审计风险和审计证据之间的关系表述正确的有（　　）

A. 要求的审计风险越低，所需的审计证据量就越多

B. 要求的检查风险越高，所需的审计证据量就越少

C. 评估的重大错报风险越低，所需的审计证据量就越少

D. 评估的重大错报风险越低，所需的审计证据量就越多

5. 审计风险构成要素包括（　　）。

A. 审计风险　　B. 检查风险　　C. 重大错报风险　　D. 抽样风险

### 三、判断题

1. 所谓审计重要性是指重要的账户余额。（　　）

2. 如果财务报表中的某项错误足以改变或影响财务报表使用者依据财务报表做出的经济决策，则该项错报就是重要的。（　　）

3. 审计风险与合理保证之和等于 100%，如果审计人员将审计风险降到可接受的低水平，则对财务报表保存在重大错报获取了合理保证。（　　）

4. 小额错报即使经常发生，其对财务报表的累计影响也不可能重大。（　　）

5. 收集的审计证据数量与实际审计风险水平是同向变动的。（　　）

### 四、简答题

1. 理解与运用重要性时应注意哪些问题？

2. 什么是审计风险？其构成要素有哪些？

3. 试分析审计重要性、审计风险与审计证据之间的关系。

### 五、业务分析题

1. 假设某企业的总资产构成如下表所示。审计人员初步判断财务报表层次的重要性水平为 160 000 元，现将这一重要性水平分配至各资产账户，如表 5-1 所示。

表 5-1 重要性水平的分配

单位：元

| 资产项目 | 金 额 | 方案 1 | 方案 2 |
|---|---|---|---|
| 现金 | 1 000 000 | 40 000 | 8 000 |
| 应收账款 | 3 000 000 | 40 000 | 40 000 |
| 存货 | 4 000 000 | 40 000 | 52 000 |
| 固定资产 | 8 000 000 | 40 000 | 60 000 |
| 合计 | 16 000 000 | 160 000 | 160 000 |

试分析上述分配方案 1 和方案 2 哪个更合理？为什么？

2. 某注册会计师在评估被审计单位的审计风险时，分别设计了以下四种情况，以帮助决定可接受的检查风险水平。如表 5-2 所示。

表 5-2

| 风险类别 | 情况一 | 情况二 | 情况三 | 情况四 |
|---|---|---|---|---|
| 可接受的审计风险 | 4% | 4% | 2% | 2% |
| 重大错报风险 | 40% | 100% | 40% | 100% |

（1）上述四种情况下可接受的检查风险水平分别是多少？

（2）哪种情况需要审计人员获取最多的审计证据？为什么？

# 第六章　风险评估与应对

**本章学习要点**

1. 了解审计风险评估及应对的基本流程。
2. 理解内部控制的内涵。
3. 掌握内部控制的了解及描述。
4. 掌握控制测试的含义及基本程序。
5. 掌握实质性程序的含义。

历史地看，审计方法演进经历了账项基础审计、制度基础审计、风险导向审计三个阶段。早期审计中获取证据的方法比较简单，审计人员将大部分精力投向会计凭证和账簿的详细检查，这种详细审计又称账项基础审计。由于企业规模的日益扩大，经济活动和交易事项内容不断丰富、复杂，审计人员的工作量迅速增大；而需要的审计技术日益复杂，使得详细审计难以实施。为了进一步提高审计效率，审计人员将审计的视角转向企业的管理制度，发现设计合理并且执行有效的内部控制可以保证财务报表的可靠性，防止重大错误和舞弊的发生。因此审计人员将内部控制与抽样审计结合起来，产生了制度基础审计。制度基础审计的缺点是没有与审计风险联系起来，无法为降低审计风险提供指南和帮助。在当今审计风险日益增加的情况下，风险导向审计逐渐成为审计方法的主流。风险导向审计要求审计人员以重大错报风险的识别、评估和应对为审计工作的主线，以提高审计效率和效果。2006 年财政部发布的中国注册会计师执业准则体系全面贯彻了风险导向审计思想和方法的要求。本章我们将结合风险导向审计介绍如何对重大错报风险进行识别、评估和应对，并最终将审计风险降至可接受的低水平。

# 第一节　风险评估

## 一、风险评估概述

### （一）审计风险准则

随着经济的快速发展，以及企业经营环境的急速变化，依赖经济信息的人越来越多，审计人员的工作日益受到公众的重视。由于审计工作大多采用抽查的方式获取证据，因此必然存在意见偏差的可能性。一旦不当的审计意见对财务报表使用者造成损失，审计人员就有可能承担赔偿等审计责任，审计风险也就由此产生了。近些年，世界各地控告审计人员的诉讼案件急剧增加，审计风险对审计职业界已产生了重大的影响。因此，世界各国纷纷出台了相关的审计风险准则，以提高审计质量，降低行业风险。

我国 2006 年发布的中国注册会计师执业准则体系中也包含了审计风险准则的内容：《中国注册会计师审计准则第 1101 号——财务报表审计的目标和一般原则》要求注册会计师在审计过程中贯彻风险导向审计的理念，围绕重大错报风险的识别、评估和应对，计划和实施审计工作。《中国注册会计师审计准则第 1211——了解被审计单位及其环境并评估重大错报风险》规范了注册会计师通过实施风险评估程序，识别和评估财务报表层次以及各类交易、账户余额、列报认定层次的重大错报风险。《中国注册会计师审计准则第 1231 号——针对评估的重大错报风险实施的程序》规定了注册会计师针对已评估的重大错报风险确定总体应对措施，设计和实施进一步审计程序。

审计风险准则的出台，有利于降低审计失败发生的概率，增强社会公众对行业的信心；有利于严格审计程序，识别、评估和应对重大错报风险；有利于明确审计责任，实施有效的质量控制；有利于促使注册会计师掌握新知识和新技能，提高整个行业的专业水平。同时，审计风险准则对注册会计师风险评估程序，以及依据风险评估结果实施进一步审计程序的影响很大，因此，也影响到审计工作的各个方面。

### （二）对风险评估的总体要求

审计风险准则规定注册会计师应当了解被审计单位及其环境，以足够识别和评估财务报表重大错报风险，设计和实施进一步审计程序。

了解被审计单位及其环境是必要程序，特别是为注册会计师在下列关键环节做出职业判断提供重要基础：（1）确定重要性水平，并随着审计工作的进程评估对重要性水平的判断是否仍然适当；（2）考虑会计政策的选择和运用是否恰当，以及财务报表的列报（包括披露，下同）是否适当；（3）识别需要特别考虑的领域，包括关联方交易、管理层运用持续经营假设的合理性，或交易是否具有合理的商业目的等；（4）确定在实施分析程序时所使用的预期值；（5）设计和实施进一步审计程序，以将审计风险降至可接受的低水平；（6）评价所获取审计证据的充分性和适当性。

了解被审计单位及其环境是一个连续和动态地收集、更新与分析信息的过程，贯穿于整个审计过程的始终。注册会计师应当运用职业判断确定需要了解被审计单位及其环境的程度。评价对被审计单位及其环境了解的程度是否恰当，关键是看注册会计师对被审计单位及其环境的了解是否足以识别和评估财务报表重大错报风险。如果了解被审计单位及其环境获得的信息足以识别和评估财务报表重大错报风险、设计和实施进一步审计程序，那么了解的程度就是恰当的。

## 二、风险评估程序

注册会计师了解被审计单位及其环境，目的是为了识别和评估财务报表重大错报风险。为了解被审计单位及其环境而实施的程序称为“风险评估程序”。注册会计师应当依据实施这些程序所获取的信息，评估重大错报风险。

注册会计师应当实施下列风险评估程序，以了解被审计单位及其环境：（1）询问被审计单位管理层和内部其他相关人员；（2）分析程序；（3）观察和检查。

### （一）询问被审计单位管理层和内部其他相关人员

询问被审计单位管理层和内部其他相关人员是注册会计师了解被审计单位及其环境的一个重要信息来源。注册会计师可以考虑向管理层和财务负责人询问下列事项。

1. 管理层所关注的主要问题

如新的竞争对手、主要客户和供应商的流失、新的税收法规的实施以及经营目标或战略的变化等。

2. 被审计单位最近的财务状况、经营成果和现金流量

3. 可能影响财务报告的交易和事项，或者目前发生的重大会计处理问题

如重大的购并事宜等。

4. 被审计单位发生的其他重要变化

如所有权结构、组织结构的变化，以及内部控制的变化等。

尽管注册会计师通过询问管理层和财务负责人可获取大部分信息，但是询问被审计单位内部的其他人士可能为注册会计师提供不同的信息，有助于识别重大错报风险。因此，注册会计师除了询问管理层和对财务报告负有责任的人员外，还应当考虑询问内部审计人

员、采购人员、生产人员、销售人员等其他人员，并考虑询问不同级别的员工，以获取对识别重大错报风险有用的信息。

（二）实施分析程序

分析程序是指注册会计师通过研究不同财务数据之间以及财务数据与非财务数据之间的内在关系，对财务信息做出评价。分析程序还包括调查识别出的、与其他相关信息不一致或与预期数据严重偏离的波动和关系。

分析程序既可用作风险评估程序和实质性程序，也可用于对财务报表的总体复核。注册会计师实施分析程序有助于识别异常的交易或事项，以及对财务报表和审计产生影响的金额、比率和趋势。

（三）观察和检查

观察和检查程序可以印证对管理层和其他相关人员的询问结果，并可提供有关被审计单位及其环境的信息，注册会计师应当实施下列观察和检查程序。

1. 观察被审计单位的生产经营活动

例如，观察被审计单位人员正在从事的生产活动和内部控制活动，可以增加注册会计师对被审计单位人员如何进行生产经营活动及实施内部控制的了解。

2. 检查文件、记录和内部控制手册

例如，检查被审计单位的章程，与其他单位签订的合同、协议，各业务流程操作指引和内部控制手册等，了解被审计单位组织结构和内部控制制度的建立健全情况。

3. 阅读由管理层和治理层编制的报告

例如，阅读被审计单位年度和中期财务报告，股东大会、董事会会议、高级管理层会议的会议记录或纪要，管理层的讨论和分析资料，经营计划和战略，对重要经营环节和外部因素的评价，被审计单位内部管理报告以及其他特殊目的报告（如新投资项目的可行性分析报告）等，了解自上一审计结束至本期审计期间被审计单位发生的重大事项。

4. 实地察看被审计单位的生产经营场所和设备

通过现场访问和实地察看被审计单位的生产经营场所和设备，可以帮助注册会计师了解被审计单位的性质及其经营活动。在实地察看被审计单位的厂房和办公场所的过程中，注册会计师有机会与被审计单位的管理层和担任不同职责的员工进行交流，可以增强注册会计师对被审计单位的经营活动及其重大影响因素的了解。

5. 追踪交易在财务报告信息系统中的处理过程（穿行测试）

这是注册会计师了解被审计单位业务流程及其相关控制时经常使用的审计程序。通过追踪某笔或某几笔交易在业务流程中如何生成、记录、处理和报告，以及相关内部控制如何执行，注册会计师可以确定被审计单位的交易流程和相关控制是否与之前通过其他程序所获得的了解一致，并确定相关控制是否得到执行。

（四）其他审计程序

除了采用上述程序从被审计单位内部获取信息以外，如果根据职业判断认为从被审计单位外部获取的信息有助于识别重大错报风险，注册会计师应当实施其他审计程序以获取这些信息。例如，询问被审计单位聘请的外部法律顾问、专业评估师、投资顾问和财务顾问等。

阅读外部信息也可能有助于注册会计师了解被审计单位及其环境。外部信息包括证券分析师、银行、评级机构出具的有关被审计单位及其所处行业的经济或市场环境等状况的报告，贸易与经济方面的期刊，法规或金融出版物，以及政府部门或民间组织发布的行业报告和统计数据等。

需要说明的是，注册会计师了解被审计单位及其环境时，无需在每个方面都实施以上所有的风险评估程序。例如，在了解内部控制时通常不用分析程序。但是，在按照审计准则的要求对被审计单位及其环境获取了解的整个过程中，注册会计师通常会实施上述所有的风险评估程序。

## 三、了解被审计单位及其环境

注册会计师应当从下列方面了解被审计单位及其环境：（1）行业状况、法律环境与监管环境以及其他外部因素；（2）被审计单位的性质；（3）被审计单位对会计政策的选择和运用；（4）被审计单位的目标、战略以及相关经营风险；（5）被审计单位财务业绩的衡量和评价；（6）被审计单位的内部控制。

上述第（1）项是被审计单位的外部环境，第（2）项至第（4）项以及第（6）项是被审计单位的内部因素，第（5）项则既有外部因素也有内部因素。值得注意的是，被审计单位及其环境的各个方面可能会互相影响。例如，被审计单位的行业状况、法律环境与监管环境以及其他外部因素可能影响到被审计单位的目标、战略以及相关经营风险，而被审计单位的性质、目标、战略以及相关经营风险可能影响到被审计单位对会计政策的选择和运用，以及内部控制的设计和执行。因此，注册会计师在对被审计单位及其环境的各个方面进行了解和评估时，应当考虑各因素之间的相互关系。

注册会计师针对上述六个方面实施的风险评估程序的性质、时间和范围取决于审计业务的具体情况，如被审计单位的规模和复杂程度，以及注册会计师的相关审计经验，包括以前对被审计单位提供审计和相关服务的经验和对类似行业、类似企业的审计经验。此外，识别被审计单位及其环境在上述各方面与以前期间相比发生的重大变化，对于充分了解被审计单位及其环境、识别和评估重大错报风险尤为重要。

## 四、了解被审计单位的内部控制

在了解被审计单位及其环境时，对被审计单位内部控制的了解非常重要。内部控制与会计信息质量及审计工作的关系非常密切，直接影响对重大错报风险的评估。

注册会计师在了解内部控制时，应当评价控制的设计，并确定其是否得到执行。评价控制的设计是指考虑一项控制单独或连同其他控制是否能够有效防止或发现并纠正重大错报。控制得到执行是指某项控制存在且被审计单位正在使用。设计不当的控制可能表明内部控制存在重大缺陷，注册会计师在确定是否考虑控制得到执行时，应当首先考虑控制的设计。如果控制设计不当，不需要再考虑控制是否得到执行。

### （一）内部控制的含义

内部控制是被审计单位为了合理保证财务报告的可靠性、经营的效率和效果以及对法律法规的遵守，由治理层、管理层和其他人员设计与执行的政策及程序。

可以从以下几方面理解内部控制：

1. 内部控制的目标是合理保证

（1）财务报告的可靠性，这一目标与管理层履行财务报告编制责任密切相关；

（2）经营的效率和效果，即经济有效地使用企业资源，以最优方式实现企业的目标；

（3）在所有经营活动中遵守法律法规的要求，即在法律法规的框架下从事经营活动。

2. 设计和实施内部控制的责任主体是治理层、管理层和其他人员，组织中的每一个人都对内部控制负有责任

3. 实现内部控制目标的手段是设计和执行控制政策和程序

### （二）内部控制的分类

1. 内部控制系统按工作范围分类

内部控制系统按工作范围可分为内部管理控制和内部会计控制。

（1）内部管理控制是指以提高经营效率、工作效率为目的，用于行政和业务管理方面的方法、措施和程序。如，劳动组织、人事内部控制，质量检验内部控制，技术设计内部控制，电子计算机操作内部控制，材料供应、产品生产、产品销售内部控制等。

（2）内部会计控制是指以保护财产物资和确保会计资料可靠性为目的，用于会计业务和与之相关的其他业务管理方面的方法、措施和程序。如现金、银行存款内部控制，成本、费用管理内部控制，资产管理内部控制，利润及其分配管理内部控制，记账程序内部控制，会计电算化系统内部控制等。

2. 内部控制系统按建立目的分类

内部控制系统按建立目的可分为保护财产物资的内部控制、保证会计资料可靠性和正确性的内部控制、保证经济活动合法性和效益性的内部控制三种。

（1）保护财产物资的内部控制是指以流动资产、固定资产和其他资产为对象，规定购入、验收、入库、保管、使用、维修、计量等职责和权限、手续和程序。如材料入库、出库控制，产品盘点控制，现金管理控制、机器设备维修、保养控制。

（2）保证会计资料可靠性和正确性的内部控制是以会计凭证、会计账簿和会计报表为对象，规定了会计核算的组织形式、方法和程序，保证会计资料及其他信息资料的可靠性和正确性的内部控制。如财产计价控制，成本计算控制，账证、账账、账表和账实核对控制，会计岗位责任控制等。

（3）保证经济活动合法性和效益性的内部控制是指以经济活动为对象，规定了经济活动必须遵守的规范和程序以及控制经济活动的方法、措施。这类控制范围较广，如材料采购控制和现金控制，成本、费用控制，产品销售控制，目标利润控制，财务成果分配控制等。

3. 内部控制系统按控制方式分类

内部控制系统按控制方式可分为预防性控制和察觉性控制。

（1）预防性控制是指那些目的在于防止差错和舞弊行为的发生而设置的措施和程序。如出纳与会计必须由两个人担任，开具支票必须与掌管签章的分离，销售开票必须与收款分离等。

（2）察觉性控制是指当行为发生后，能立即自动发出信号，并及时采取纠正或补救的方法、措施和程序。如定期进行结账、对账，定期进行财产清查，定期轮换人员岗位等。

需要注意的是，尽管要求注册会计师在财务报表审计中考虑与财务报表编制相关的内部控制，但目的并非对被审计单位内部控制的有效性发表意见。注册会计师需要了解和评价的内部控制只是与财务报表审计相关的内部控制，并非被审计单位所有的内部控制。

（三）内部控制要素

内部控制包括下列要素：控制环境；风险评估过程；信息系统与沟通；控制活动；对控制的监督。控制包括上述的一项或多项要素，或要素表现出的各个方面。

### 1. 控制环境包括治理职能和管理职能，以及治理层和管理层对内部控制及其重要性的态度、认识和措施

控制环境设定了被审计单位的内部控制基调，影响员工对内部控制的认识和态度。良好的控制环境是实施有效内部控制的基础。

### 2. 风险评估过程包括被审计单位管理层识别与财务报告相关的经营风险，以及针对这些风险所采取的措施

注册会计师应当了解被审计单位的风险评估过程和结果。

### 3. 与财务报告相关的信息系统，包括用以生成、记录、处理和报告交易、事项和情况，对相关资产、负债和所有者权益履行经营管理责任的程序和记录

与财务报告相关的信息系统应当与业务流程相适应。与财务报告相关的沟通包括使员工了解各自在与财务报告有关的内部控制方面的角色和职责，员工之间的工作联系，以及向适当级别的管理层报告例外事项的方式。

### 4. 控制活动是指有助于确保管理层的指令得以执行的政策和程序

包括与授权、业绩评价、信息处理、实物控制和职责分离等相关的活动。

（1）授权

授权的目的在于保证交易在管理层授权范围内进行。一般授权是指管理层制定的要求组织内部遵守的普遍适用于某类交易或活动的政策。特别授权是指管理层针对特定类别的交易或活动逐一设置的授权，如重大资本支出和股票发行等。特别授权也可能用于超过一般授权限制的常规交易。

（2）业绩评价

与业绩评价有关的控制活动，主要包括被审计单位分析评价实际业绩与预算（或预测、前期业绩）的差异，综合分析财务数据与经营数据的内在关系，将内部数据与外部信息来源相比较，评价职能部门、分支机构或项目活动的业绩，以及对发现的异常差异或关系采取必要的调查与纠正措施。

（3）信息处理

与信息处理有关的控制活动，包括信息技术的一般控制和应用控制。信息技术一般控制是指与多个应用系统有关的政策和程序，通常包括数据中心和网络运行控制，系统软件的购置、修改及维护控制，接触或访问权限控制，应用系统的购置、开发及维护控制。信息技术应用控制是指主要在业务流程层次运行的人工或自动化程序，与用于生成、记录、处理、报告交易或其他财务数据的程序相关，通常包括检查数据计算的准确性，审核账户

和试算平衡表，设置对输入数据和数字序号的自动检查，以及对例外报告进行人工干预。

（4）实物控制

实物控制，主要包括对资产和记录采取适当的安全保护措施，对访问计算机程序和数据文件设置授权，以及定期盘点并将盘点记录与会计记录相核对。

（5）职责分离

职责分离，主要包括被审计单位如何将交易授权、交易记录以及资产保管等职责分配给不同员工，以防范同一员工由于兼任不相容职务而可能发生的舞弊或错误。所谓不相容职务，是指由同一人办理会增加发生错误和舞弊的可能性，或者增加了发生错误舞弊以后进行掩饰的可能性的那些职务。

通常情况下，以下不相容职务应实行职责分离：

① 某项经济业务授权批准的职责与该项经济业务执行的职责应分离；

② 执行某项经济业务的职责和审查该项经济业务的职责应分离；

③ 执行某项经济业务的职责与该项经济业务的记录职责应分离；

④ 保管某项财产物资的职责与该项财产物资的记录职责应分离；

⑤ 保管某项财产物资的职责与对该项财产物资进行清查的职责应分离；

⑥ 登记总账的职责与登记明细账、日记账的职责应分离。

5. 对控制的监督是指被审计单位评价内部控制在一段时间内运行有效性的过程，该过程包括及时评价控制的设计和运行，以及根据情况的变化采取必要的纠正措施

### （四）了解内部控制的程序

注册会计师通常实施下列风险评估程序，以获取有关控制设计和执行的审计证据：（1）询问被审计单位的人员；（2）观察特定控制的运用；（3）检查文件和报告；（4）追踪交易在财务报告信息系统中的处理过程（穿行测试）。这些程序是风险评估程序在了解被审计单位内部控制方面的具体运用。需要注意的是，询问本身并不足以评价控制的设计以及确定其是否得到执行，注册会计师应当将询问与其他风险评估程序结合使用。

### （五）记录对内部控制的了解

注册会计师可以采用文字表述、调查问卷、流程图等方法记录对被审计单位内部控制的了解和评价，并形成审计工作底稿。

#### 1. 文字表述法

文字表述法是指注册会计师通过询问有关人员、查阅有关内控文件，将被审计单位的内部控制健全与否和执行情况以简洁的文字表达出来的一种方法。文字表述法一般按业务循环（销售与收款、采购与付款、投资与筹资等），分别写明各个职务所完成的各种工作、

办理业务时所经历的各种手续等。以下是文字表述法描述采购业务的简单例子。

【例】 恒峰股份有限公司采购业务的处理程序是：生产部门先填制请购单，报分管领导批准。经批准的请购单，交由采购部门统一采购。采购部门收到请购单后，编制订货单一式三份。其中，一份交购货单位，作为签订供货合同的依据；一份交财会部门，以便与供货单位的发票核对；一份采购部门自留备查，并与请购单一起按凭证号码归档。

供货单位根据合同发货，货物到达时由仓库验收，并填制收料单一式三份。其中一份交采购部门，据以与请购单、订货单核对后一并按供货单位归档，一份送交财会部门；仓库自留一份据以计入材料卡片。与此同时，采购部门将供货单位寄来的发票与收料单、订货单核对后，递交给财会部门。财会部门收到采购发票，与订货单核对无误后填制付款凭证交由出纳部门付款。月末，根据付款凭证编制购料汇总表，并登记入材料总分类账。

用文字表述法描述内部控制制度具有灵活性的特点，可以描述内部控制中的任何特殊情况，适用于各种类型和规模的企业。该方法的缺点是描述内容不够直观，特别是较为复杂的业务，有时不易说明清楚，因而有时使用文字表述显得比较冗赘。文字表述法一般适用于内部控制程序比较简单，比较容易描述的小企业。

### 2. 调查表法

调查表法是指注册会计师将与确保会计记录的准确性和可靠性，确保资产的安全、完整有关的主要事项作为调查对象，设计成标准化的调查表，交由企业有关人员或由审计人员根据调查结果填写，来了解内部控制的强弱程度。调查表法示例见表 6-1 所示。

**表 6-1　采购交易内部控制调查表**

被审计单位名称：　　　　　　　　　　　　　　　　　　　20××年×月×日

| 问　　题 | 回　答 | | | 备注 |
|---|---|---|---|---|
| | 是 | 否 | 不适用 | |
| 一、请购商品和劳务 | | | | |
| 1. 是否已建立请购的一般和特殊授权批准程序 | | | | |
| 1. 是否对所有请购的商品和劳务编制请购单 | | | | |
| 二、订购商品或劳务 | | | | |
| 1. 每笔采购业务是否都具有经过批准的订购单 | | | | |
| 2. 是否使用预先编号的订购单并加以控制 | | | | |
| 三、验收商品 | | | | |
| 1. 验收部门接受货物之前是否必须取得订购单 | | | | |
| 2. 是否清点、检验货物，并与订购单相核对 | | | | |
| 3. 验收单是否预先编号，并附有验收人员的签字 | | | | |

（续表）

| 问　题 | 回　答 | | | 备注 |
|---|---|---|---|---|
| | 是 | 否 | 不适用 | |
| 4. 验收部门将商品送交仓库或其他订购部门，是否取得对方签章的收据 | | | | |
| 5. 送交验收部门的订购单副联是否已涂改采购数量 | | | | |
| 四、存储已验收的商品 | | | | |
| 1. 商品是否存放在安全地点，并限制接近 | | | | |
| 2. 是否设有保安人员守卫仓库 | | | | |
| 五、编制付款凭单 | | | | |
| 1. 编制付款凭单时，是否将凭单同订购单、验收单和供应商发票相配合 | | | | |
| 2. 是否独立检查供应商发票和凭单计算的正确性 | | | | |
| 3. 凭单是否经过授权人员的批准 | | | | |
| 六、记录负债 | | | | |
| 1. 是否编制每日凭单汇总表并将其与有关记账凭证的记录金额比较 | | | | |
| 2. 是否对有关记账凭证的会计记录进行独立检查，以确定账户分类的恰当性和入账的及时性 | | | | |
| 3. 是否定期独立检查未付凭单档案内凭单总和与应付账款总账的一致性 | | | | |

审计人员：　　　　　　　审计日期：

复核人员：　　　　　　　复核日期：

调查表法的优点是调查范围明确，问题突出；简便易行，节省审计工作量。该方法的缺点是调查表格式固定，缺乏弹性，反映问题不全面，对于不同行业、不同规模的企业，可能出现不适用的情形。

3. 流程图法

流程图法是指注册会计师采用一定符号和图形，以业务流程线加以联结，将内部控制中的各种业务处理手续，及各种文件或凭证的传递流程，用图解的形式直观地表现的描述方法。对于企业发生的各种业务，特别是经常发生和重复发生的业务可以采用流程图来描述。流程图示例见图 6-1 所示。

流程图法的优点是能够比较形象直观地表达内部控制的运行情况，能清晰地表达各项经济业务的处理程序和内控情况，而且便于根据控制程序的变化随时进行修改。该方法的缺点是编制流程图需要比较娴熟的技术和较丰富的工作经验，耗时较多，而且有时很难将内部控制系统中的某些弱点明显反映出来。

描述内部控制的三种方法并不相互排斥，而是相互依赖和相互补充的。在描述某一单位内部控制时，可对不同业务环节使用不同的方法，也可同时使用两种或三种方法，三者结合使用，往往比采用某一种方法效果更好。

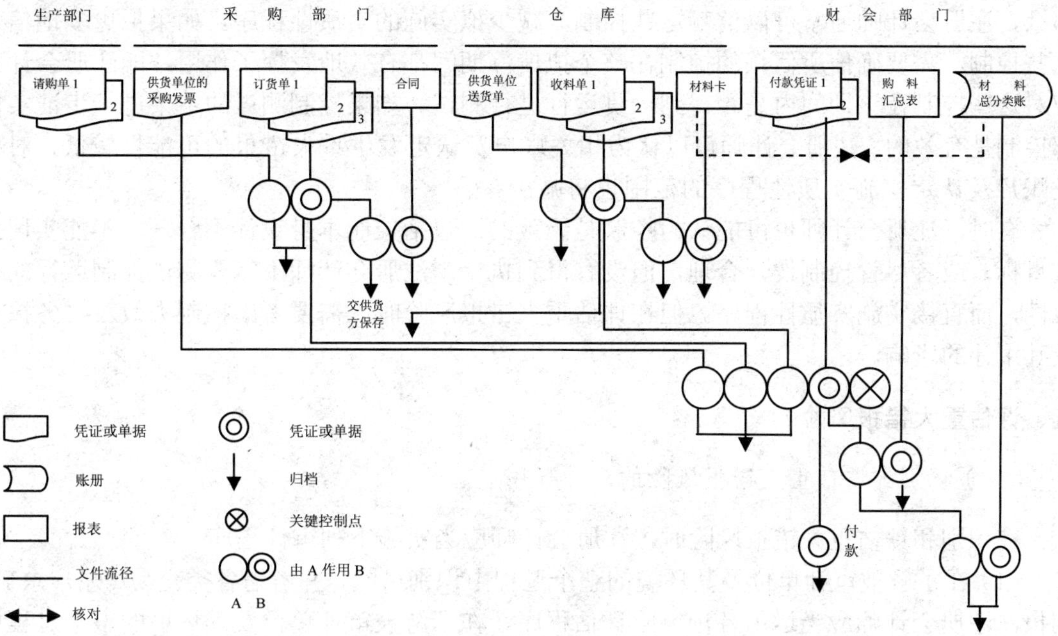


图 6-1 采购业务内部控制流程图

（六）控制的评价

在识别和了解控制后，根据执行上述程序和获取的审计证据，注册会计师需要评价控制设计的合理性并确定其是否得到执行。

注册会计师需要利用实施上述程序获得的信息，回答以下问题。

1. 控制本身的设计是否合理

注册会计师需要根据上述的考虑因素判断，如果识别的控制设计合理，该控制在重要业务流程中单独或连同其他控制能否有效地实现特定控制目标。

2. 控制是否得到执行

如果设计合理的控制没有得到执行，该控制也不会发挥应有的作用。因此，注册会计师需要获取审计证据，评价这类控制是否确实存在，且正在被使用。

3. 是否更多地信赖控制并拟实施控制测试

如果认为被审计单位控制设计合理并得到执行，能够有效防止或发现并纠正重大错报，那么，注册会计师通常可以信赖这些控制，减少拟实施的实质性程序。如果拟更多地信赖这些控制，需要确信所信赖的控制在整个拟信赖期间都有效地发挥了作用，即注册会计师应对这些控制在该期间内是否得到一贯运行进行测试。如果控制测试的结果进一步证实内部控制是有效的，注册会计师可以认为相关账户及认定发生重大错报的可能性较低，对相关账户及认定实施实质性程序的范围也将减少。

有时，注册会计师也可能认为控制是无效的，包括控制本身设计不合理，不能实现控制目标，或者尽管控制设计合理，但没有得到执行。注册会计师不需要测试控制运行的有效性，而直接实施实质性程序。但在评估重大错报风险时，需要考虑控制失效对财务报表及其审计的影响。

## 五、评估重大错报风险

（一）识别和评估重大错报风险的审计程序

在识别和评估重大错报风险时，注册会计师应当实施下列审计程序：

（1）在了解被审计单位及其环境的整个过程中识别风险，并考虑各类交易、账户余额、列报。注册会计师应当运用各项风险评估程序，在了解被审计单位及其环境的整个过程中识别风险，并将识别的风险与各类交易、账户余额和列报相联系。

（2）将识别的风险与认定层次可能发生错报的领域相联系。注册会计师应当将识别的风险与认定层次可能发生错报的领域相联系。例如，销售困难使产品的市场价格下降，可能导致年末存货成本高于其可变现净值而需要计提存货跌价准备，这显示存货的计价认定可能发生错报。

（3）考虑识别的风险是否重大。风险是否重大是指风险造成后果的严重程度。上例中，假如产品市场价格大幅下降，导致产品销售收入不能补偿成本，毛利率为负，那么年末存货跌价问题严重，存货计价认定发生错报的风险重大；假如价格下降的产品在被审计单位销售收入中所占比例很小，被审计单位其他产品销售毛利率很高，尽管该产品的毛利率为负，但可能不会使年末存货发生重大跌价问题。

（4）考虑识别的风险导致财务报表发生重大错报的可能性。注册会计师还需要考虑上述识别的风险是否会导致财务报表发生重大错报。

（二）识别两个层次的重大错报风险

在对重大错报风险进行识别和评估后，注册会计师应当确定，识别的重大错报风险是与特定的某类交易、账户余额、列报的认定相关，还是与财务报表整体广泛相关，进而影响多项认定。

某些重大错报风险可能与特定的各类交易、账户余额、列报的认定相关。例如，被审计单位存在复杂的联营或合资，这一事项表明长期股权投资账户的认定可能存在重大错报风险。某些重大错报风险可能与财务报表整体广泛相关，进而影响多项认定。例如，管理层缺乏诚信或承受异常的压力可能引发舞弊风险，这些风险与财务报表整体相关。

注册会计师应当利用实施风险评估程序获取的信息，包括在评价控制设计和确定其是否得到执行时获取的审计证据，作为支持风险评估结果的审计证据。注册会计师应当根据风险评估结果，确定实施进一步审计程序的性质、时间和范围。

评估重大错报风险与了解被审计单位及其环境一样，也是一个连续和动态地收集、更新与分析信息的过程，贯穿于整个审计过程的始终。

## 第二节 风险应对

### 一、风险应对概述

注册会计师通过实施风险评估程序，识别和评估财务报表层次以及各类交易、账户余额、列报认定层次的重大错报风险。针对已评估的重大错报风险，注册会计师还应确定总体应对措施，设计和实施进一步审计程序。

注册会计师应对重大错报风险，应当遵循以下规定：（1）注册会计师针对财务报表层次的重大错报风险制定总体应对措施，包括向审计项目组强调在获取审计证据过程中保持职业怀疑态度的必要性、分派更有经验或具有特殊技能的审计人员或利用专家，向审计项目组提供更多的督导等；（2）注册会计师应当针对认定层次的重大错报风险设计和实施进一步审计程序，包括测试控制的执行有效性以及实施实质性程序；（3）注册会计师应当评价风险评估的结果是否适当，并确定是否已经获取充分、适当的审计证据；（4）注册会计师应当将实施关键的程序形成审计工作记录。

### 二、针对风险的总体应对措施

注册会计师应当针对评估的财务报表层次重大错报风险确定下列总体应对措施。

#### （一）向项目组强调在收集和评价审计证据过程中保持职业怀疑态度的必要性

#### （二）分派更有经验或具有特殊技能的审计人员，或利用专家的工作

由于各行业在经营业务、经营风险、财务报告、法规要求等方面具有特殊性，审计人

员的专业分工细化成为一种趋势。审计项目组成员中应有一定比例的人员曾经参与过被审计单位以前年度的审计，或具有被审单位所处特定行业的相关审计经验。必要时，要考虑利用信息技术、税务、评估、精算师等方面的专家的工作。

（三）提供更多的督导

对于财务报表层次重大错报风险较高的审计项目，项目组的高级别成员，如项目负责人、项目经理等经验较丰富的人员，要对其他成员提供更详细、更经常、更及时的指导和监督并加强项目质量复核。

（四）在选择进一步审计程序时，应当注意使某些程序不被管理层预见或事先了解

在设计拟实施审计程序的性质、时间和范围时，为了避免既定思维对审计方案的限制，避免对审计效果的人为干涉，从而使得针对重大错报风险的进一步审计程序更加有效，注册会计师要考虑使某些程序不被审计单位管理层预见或事先了解。比如可以调整实施审计程序的时间、采取不同的审计抽样方法、选取不同的地点实施审计程序等方式提高审计程序的不可预见性。

（五）对拟实施审计程序的性质、时间和范围做出总体修改

财务报表层次的重大错报风险很可能源于薄弱的控制环境。注册会计师对控制环境的了解影响其对财务报表层次重大错报风险的评估。有效的控制环境可以使注册会计师增强对内部控制和被审计单位内部产生的证据的信赖程度。如果控制环境存在缺陷，注册会计师在对拟实施审计程序的性质、时间和范围做出总体修改时应当考虑：

1. 在期末而非期中实施更多的审计程序

控制环境的缺陷通常会削弱期中获得的审计证据的可信赖程度。

2. 主要依赖实质性程序获取审计证据

良好的控制环境是其他控制要素发挥作用的基础。控制环境存在缺陷通常会削弱其他控制要素的作用，导致注册会计师可能无法信赖内部控制，而主要依赖实施实质性程序获取审计证据。

3. 修改审计程序的性质，获取更具说服力的审计证据

修改审计程序的性质主要是指调整拟实施审计程序的类别及组合，比如原先可能主要限于检查某项资产的账面记录或相关文件，而调整审计程序的性质后可能意味着更加重视实地检查该项资产。

4. 扩大审计程序的范围

例如，扩大样本规模，或采用更详细的数据实施分析程序。

财务报表层次重大错报风险难以限于某类交易、账户余额、列报的特点，意味着此类风险可能对财务报表的多项认定产生广泛影响，并相应增加注册会计师对认定层次重大错报风险的评估难度。因此，注册会计师评估的财务报表层次重大错报风险以及采取的总体应对措施，对拟实施进一步审计程序的总体方案具有重大影响。

拟实施进一步审计程序的总体方案包括实质性方案和综合性方案。其中，实质性方案是指注册会计师实施的进一步审计程序以实质性程序为主；综合性方案是指注册会计师在实施进一步审计程序时，将控制测试与实质性程序结合使用。当评估的财务报表层次重大错报风险属于高风险水平时，拟实施进一步审计程序的总体方案往往更倾向于实质性方案。

## 三、针对认定层次重大错报风险的进一步审计程序

进一步审计程序相对风险评估程序而言，是指注册会计师针对评估的各类交易、账户余额、列报认定层次重大错报风险实施的审计程序，包括控制测试和实质性程序。

注册会计师应当针对所评估的认定层次重大错报风险来设计和实施进一步审计程序，包括审计程序的性质、时间和范围。注册会计师设计和实施的进一步审计程序的性质、时间和范围，应当与评估的认定层次重大错报风险具备明确的对应关系。

### （一）进一步审计程序的性质

进一步审计程序的性质是指进一步审计程序的目的和类型。其中：进一步审计程序的目的包括通过实施控制测试以确定内部控制运行的有效性，通过实施实质性程序以发现认定层次的重大错报；进一步审计程序的类型包括检查、观察、询问、函证、重新计算、重新执行和分析程序。

### （二）进一步审计程序的时间

进一步审计程序的时间是指注册会计师何时实施进一步审计程序，或审计证据适用的期间或时点。有关进一步审计程序的时间的选择问题，第一个层面是注册会计师选择在何时实施进一步审计程序的问题，第二个层面是选择获取什么期间或时点的审计证据的问题。第一个层面的选择问题主要集中在如何权衡期中与期末实施审计程序的关系；第二个层面的选择问题分别集中在如何权衡期中审计证据与期末审计证据的关系、如何权衡以前审计获取的审计证据和本期审计获取的审计证据的关系。这两个层面的最终落脚点都是如何确保获取审计证据的效率和效果。

注册会计师可以在期中或期末实施控制测试或实质性程序。当评估的重大错报风险较

高时，注册会计师应当考虑在期末或接近期末实施实质性程序；或采用不通知的方式，在管理层不能预见的时间实施审计程序。

需要说明的是，虽然注册会计师在很多情况下可以根据具体情况选择实施进一步审计程序的时间，但也存在着一些限制选择的情况。某些审计程序只能在期末或期末以后实施，包括将财务报表与会计记录相核对，检查财务报表编制过程中所作的会计调整等。如果被审计单位在期末或接近期末发生了重大交易，或重大交易在期末尚未完成，注册会计师应当考虑交易的发生或截止等认定可能存在的重大错报风险，并在期末或期末以后检查此类交易。

（三）进一步审计程序的范围

进一步审计程序的范围是指实施进一步审计程序的数量，包括抽取的样本量，对某项控制活动的观察次数等。

在确定审计程序的范围时，注册会计师应当考虑下列因素。

1. 确定的重要性水平

确定的重要性水平越低，注册会计师实施进一步审计程序的范围越广。

2. 评估的重大错报风险

评估的重大错报风险越高，对拟获取审计证据的相关性、可靠性的要求越高，因此注册会计师实施的进一步审计程序的范围也越广。

3. 计划获取的保证程度

计划获取的保证程度，是指注册会计师计划通过所实施的审计程序对测试结果可靠性所获取的信心。计划获取的保证程度越高，对测试结果的可靠性要求越高，注册会计师实施的进一步审计程序的范围越广。

此外，注册会计师在综合运用不同审计程序时，除了面临各类审计程序的性质选择问题外，还面临如何权衡各类程序的范围问题。因此，注册会计师在综合运用不同审计程序时，不仅应当考虑各类审计程序的性质，还应当考虑测试的范围是否适当。

## 四、控制测试

（一）控制测试的含义

控制测试指的是测试控制运行的有效性，这一概念需要与“了解内部控制”进行区分。“了解内部控制”包含两层含义：一是评价控制的设计；二是确定控制是否得到执行。测试控制运行的有效性与确定控制是否得到执行所需获取的审计证据是不同的。

在实施风险评估程序以获取控制是否得到执行的审计证据时，注册会计师应当确定某项控制是否存在，被审计单位是否正在使用。

在测试控制运行的有效性时，注册会计师应当从下列方面获取关于控制是否有效运行的审计证据：(1）控制在所审计期间的不同时点是如何运行的；(2）控制是否得到一贯执行；(3）控制由谁执行；(4）控制以何种方式运行（如人工控制或自动化控制）。从这四个方面来看，控制运行有效性强调的是控制能够在各个不同时点按照既定设计得以一贯执行。因此，在了解控制是否得到执行时，注册会计师只需抽取少量的交易进行检查或观察某几个时点。但在测试控制运行的有效性时，注册会计师需要抽取足够数量的交易进行检查或对多个不同时点进行观察。

测试控制运行的有效性与确定控制是否得到执行所需获取的审计证据虽然存在差异，但两者也有联系。为评价控制设计和确定控制是否得到执行而实施的程序也可以提供有关控制运行有效性的审计证据。因此注册会计师可以考虑在评价控制设计和获取其得到执行的审计证据的同时测试控制运行有效性，以提高审计效率。

### （二）控制测试的要求

作为进一步审计程序的类型之一，控制测试并非在任何情况下都需要实施。当存在下列情形之一时，注册会计师应当实施控制测试：(1）在评估认定层次重大错报风险时，预期控制的运行是有效的；(2）仅实施实质性程序不足以提供认定层次充分、适当的审计证据。

注册会计师通过实施风险评估程序，可能发现某项控制的设计是存在的，也是合理的，同时得到了执行。如果再通过控制测试证明相关控制在不同时点都得到了一贯执行，在这种情况下，与该项控制有关的财务报表认定发生重大错报的可能性就不会很大，也就不需要实施很多的实质性程序。出于成本效益的考虑，注册会计师会认为值得对相关控制实施控制测试。因此，只有认为控制设计合理、能够防止或发现和纠正认定层次的重大错报，注册会计师才有必要对控制运行的有效性实施测试。

有时，对有些重大错报风险，注册会计师仅通过实质性程序无法予以应对。在认为仅通过实施实质性程序不能获取充分、适当的审计证据的情况下，注册会计师必须实施控制测试，且这种测试已经不再是单纯出于成本效益的考虑，而是必须获取的一类审计证据。

### （三）控制测试的审计程序

注册会计师应当选择适当类型的审计程序以获取有关控制运行有效性的保证。虽然控制测试与了解内部控制的目的不同，但两者采用审计程序的类型通常相同，包括询问、观察、检查和穿行测试。此外，控制测试的程序还包括重新执行。

1. 询问

注册会计师可以向被审计单位适当员工询问，获取与内部控制运行情况相关的信息。例如，向负责复核银行存款余额调节表的人员询问如何进行复核，包括复核的要点是什么、发现不符事项如何处理等。虽然询问是一种有用的手段，它必须和其他测试手段结合使用才能发挥作用，注册会计师通常需要印证被询问者的答复。在询问过程中，注册会计师应当保持职业怀疑态度。

2. 观察

观察是测试不留下书面记录的控制（如职责分离）的运行情况的有效方法。例如，观察存货盘点控制的执行情况。观察也可运用于实物控制，如查看仓库门是否锁好，或空白支票是否妥善保管。通常情况下，注册会计师通过观察直接获取的证据比间接获取的证据更可靠。

3. 检查

对运行情况留有书面证据的控制，检查非常适用。书面说明、复核时留下的记号，都可以被当做控制运行情况的证据。

4. 重新执行

通常只有当询问、观察和检查程序结合在一起仍无法获得充分的证据时，注册会计师才考虑通过重新执行来证实控制是否有效运行。例如，被审计单位的一项控制要求复核人员核对销售发票上的价格与统一价格单上的价格是否一致。要检查复核人员有没有认真执行核对，仅仅检查复核人员是否在相关文件上签字是不够的，注册会计师还需要自己选取一部分销售发票进行核对，这就是重新执行程序。

5. 穿行测试

除了上述四类控制测试常用的审计程序以外，实施穿行测试也是一种重要的审计程序。值得注意的是，穿行测试不是单独的一种程序，而是将多种程序按特定审计需要进行结合运用的方法。穿行测试是通过追踪交易在财务报告信息系统中的处理过程，来证实注册会计师对控制的了解、评价控制设计的有效性以及确定控制是否得到执行。可见，穿行测试更多地在了解内部控制时运用。但在执行穿行测试时，注册会计师可能获取部分控制运行有效性的审计证据。

以上的审计的程序结合使用会有更好地效果。询问本身并不足以测试控制运行的有效性，注册会计师应将询问与其他审计程序结合使用，以获取有关控制运行有效性的审计证据。观察提供的证据仅限于观察发生的时点，本身也不足以测试控制运行的有效性；将询问与检查或重新执行结合使用，通常能够比仅实施询问和观察获取更高的保证。

## 五、实质性程序

### （一）实质性程序的含义

实质性程序是指注册会计师针对评估的重大错报风险实施的直接用以发现认定层次重大错报的审计程序。注册会计师应当针对评估的重大错报风险设计和实施实质性程序，以发现认定层次的重大错报。实质性程序包括对各类交易、账户余额、列报的细节测试以及实质性分析程序。

注册会计师实施的实质性程序应当包括下列与财务报表编制完成阶段相关的审计程序：将财务报表与其所依据的会计记录相核对；检查财务报表编制过程中做出的重大会计分录和其他会计调整。注册会计师对会计分录和其他会计调整检查的性质和范围，取决于被审计单位财务报告过程的性质和复杂程度以及由此产生的重大错报风险。

由于注册会计师对重大错报风险的评估是一种判断，可能无法充分识别所有的重大错报风险，并且由于内部控制存在固有局限性，无论评估的重大错报风险结果如何，注册会计师都应当针对所有重大的各类交易、账户余额、列报实施实质性程序。

### （二）实质性程序的类型

实质性程序的两种基本类型包括细节测试和实质性分析程序。

#### 1. 细节测试

细节测试是对各类交易、账户余额、列报的具体细节进行测试，目的在于直接识别财务报表认定是否存在错报。

#### 2. 实质性分析程序

实质性分析程序从技术特征上仍然是分析程序，主要是通过研究数据间关系评价信息，只是将该技术方法用作实质性程序，即用以识别各类交易、账户余额、列报及相关认定是否存在错报。

由于细节测试和实质性分析程序的目的、技术手段存在一定差异，因此各自有不同的适用领域。注册会计师应当根据各类交易、账户余额、列报的性质选择实质性程序的类型。细节测试适用于对各类交易、账户余额、列报认定的测试，尤其是对存在或发生、计价认定的测试；对在一段时期内存在可预期关系的大量交易，注册会计师可以考虑实施实质性分析程序。

### （三）实质性程序的范围

评估的认定层次重大错报风险和实施控制测试的结果是注册会计师在确定实质性程序

的范围时的重要考虑因素。因此，在确定实质性程序的范围时，注册会计师应当考虑评估的认定层次重大错报风险和实施控制测试的结果。注册会计师评估的认定层次的重大错报风险越高，需要实施实质性程序的范围越广。如果对控制测试结果不满意，注册会计师应当考虑扩大实质性程序的范围。

## 第三节　案例分析——审计程序举例

### 一、被审计单位背景资料简介

某公司是一家生产和销售清洁用品的单位，其产品主要用于星级酒店宾馆和大型饭店。除了在北京、上海直接向终端客户销售外，在全国其他地区均向省级或市级经销商销售。

该公司提供的财务报表显示：2005 年度销售收入为 112 655 260 元，比上一年增长 21%（董事会制定的当年预算目标是增长 20%）。2005 年 12 月 31 日应收账款余额为 39 560 810 元，共有 226 个客户；2005 年 12 月 31 日坏账准备余额为 1 879 830 元。该公司采用账龄分析法和个别认定法相结合的方式计提坏账准备，其中账龄分析法下计提比例为：账龄六个月以上一年以下：10%；一年以上两年以下：50%；两年以上：100%。如表 6-2 所示。

表 6-2　该公司财务报表

| | 2005 年 | 2004 年 |
|---|---|---|
| 应收账款 | 39 560 810.00 | 27 765 338.00 |
| 坏账准备 | (1 879 830.00) | (1 707 400.00) |
| 销售收入 | 112 655 260.00 | 93 103 520.00 |
| 应收账款周转天数（天） | 108 | 92 |

### 二、注册会计师对销售业务流程的风险评估和进一步审计程序的方案

由于销售业务的重要性及其固有风险，注册会计师认为销售收入和应收账款层次的“发生或存在”和“准确性”认定存在重大错报风险。

被审计单位在 2005 年应收账款余额大幅上升，但坏账准备余额与去年基本持平。注册会计师认为应收账款的计价认定存在特别风险，即年末坏账准备的计提很可能不够。

基于以前年度对该公司的了解，以及本年度对该公司环境、经营状况、内部控制等的了解和评估，注册会计师决定对应收账款采用综合性审计方案。

该公司在各主要业务流程及财务报告编制中采用了计算机信息系统，注册会计师在本

年度审计中测试了信息系统一般控制并认为信息系统一般控制是有效的。注册会计师对销售收入、应收账款余额和坏账准备余额实施了以下的进一步审计程序：（1）控制测试；（2）评估针对特别风险的控制；（3）实质性程序。

## 三、控制测试

### （一）设计和实施控制测试

注册会计师从销售流程中选取了一些关键的控制进行测试。

#### 1. 业绩评价控制测试

所测试的控制：销售主管每月审核按客户分列的销售收入（包括与上月销售额和本月预算额的比较）和应收账款（包括当月货款回收金额和月末余额）汇总表，对其中的重大差异和异常情况进行跟进分析，编制分析报告并呈报销售经理和总经理。总经理与销售经理审阅后讨论解决措施。

相关的财务报表认定：销售收入的发生、准确性、完整性以及应收账款的存在、准确性。

测试程序：该控制是月度控制，注册会计师决定选取 2 月、6 月、10 月、11 月这四个月份测试该控制。注册会计师分别与总经理和销售经理就上述四个月份的分析报告进行讨论，证实他们确实审阅了该报告并对重大差异和异常情况进行了调查和跟进。事后注册会计师还通过询问销售经理和相关销售人员印证了当时所采取的跟进措施。销售收入和应收账款汇总表由财务系统自动生成并与当月财务报表的销售收入总额和应收账款余额一致，注册会计师核对了上述四个月份的财务报表，证实无误。

测试结果：该控制有效运行，注册会计师对该控制可以信赖。

#### 2. 人工控制测试

所测试的控制：对每一笔销售收入，销售部专职秘书将客户订单、客户已签收的送货单（所有货物由物流公司运送）以及发票（计算机发票由销售部开具）上的客户名称、货物品种、数量、价格进行核对，并在发票记账联盖“核对确认无误”章，交给财务部作为确认销售收入的凭证。对于数据不符的交易则进行调查并调整。

相关的财务报表认定：销售收入的发生、准确性以及应收账款的存在、准确性。

测试程序：该控制为人工控制，每天发生数次，注册会计师为了获取较高程度的保证，决定抽取每月 5 个共 60 个样本。注册会计师询问了执行该控制的销售部专职秘书和负责记录销售收入的会计人员，确认该控制确实得到执行。注册会计师从销售收入明细账中抽取 60 笔交易，核对客户订单、客户已签收的送货单以及发票，以检查有关信息是否一致，发票记账联上是否有“核对确认无误”章，以及入账金额是否准确。

测试结果：没有发现例外情况。该控制有效运行。注册会计师对该控制可以信赖。

3. 自动化应用控制测试

所测试的控制：订单分为“待批准”，“已批准”和“已执行”状态。订单一经批准就会自动生成相应的送货单；已发货的订单在系统中被设置为“已执行”状态，每月末系统会自动配比当月的“已执行”订单、送货单和当月入账的销售收入（均有订单号索引），对未确认收入的订单生成“已执行订单未入账报告”。财务人员对该报告进行跟踪调查，补记漏记的销售收入。

相关的财务报表认定：销售收入的完整性。

测试程序：注册会计师在上年度审计中已经测试了该控制并证明该控制的运行是有效的。本年度注册会计师了解到该控制没有发生变化；注册会计师本年度已经测试了信息技术一般控制的运行有效性，因而不必再测试该自动化控制。（该控制还包括人工控制的成分，即财务人员的跟进程序，注册会计师对该人工控制进行测试，结果显示控制有效。）

（二）控制测试结果及其对实质性程序的影响

综合以上控制测试的结果显示，针对销售收入的发生、准确性和完整性认定和应收账款的存在和准确性认定的控制是有效运行的，注册会计师对控制有较高程度的信赖，只需要从实质性程序中获取较低程度的保证。

## 四、评价针对特别风险的控制

注册会计师了解到管理层为了应对应收账款账龄变长及由此带来的坏账增加的风险，采取了与账款逾期一年以上的客户签订还款协议的方式，要求客户对归还旧账的时间和金额作出书面承诺。如果客户未按照协议执行，则暂停供货。该控制每月执行。注册会计师认为该控制的设计是适当的并证实该控制确实得以执行。考虑到审计程序的效率，决定不测试该控制而直接对年末应收账款坏账准备余额实施细节测试。

## 五、实质性程序

（一）对销售收入及应收账款实施实质性分析程序（略）

（二）对应收账款和坏账准备实施细节测试

1. 应收账款函证

由于从控制测试中获得了较高程度的信赖，注册会计师只需要从细节测试中获取较低程度的保证。因此，注册会计师决定采用选取特定项目进行测试的方法选取少量样本函证。

2. 对上述没有回函的应收账款实施替代程序，查看期后收款

3. 对于没有函证的应收账款

由于相关控制是有效运行的，实施实质性分析程序未发现误差，注册会计师判断重大错报风险水平较低，因而可接受一个较高的检查风险水平。注册会计师采用审计抽样（一个相对较小的样本即可）的方法予以函证，结果是推断的错报未超过应收账款可容忍错报。

4. 验证应收账款账龄分析报告的准确性

注册会计师采取审计抽样的方法，选取40笔交易检查销售发票并验证是否归入正确的账龄期间。测试结果没有发现错误，可以证实账龄分析报告的准确性。

5. 向总经理和销售经理询问他们对应收账款可回收性的评估；重新计算坏账准备的计提；对账龄较长而未计提坏账准备的应收账款余额，查看还款协议和实际付款记录

6. 对销售收入及应收账款实施其他实质性程序

对于控制测试和实质性程序的实施情况，我们将在以后章节中结合业务循环作具体介绍。

## 复习思考题

### 一、单项选择题

1. 下列属于预防性控制是（　　）。
   A. 每月末给债务单位寄发对账单
   B. 仓库发货所采用的出库凭证连续编号
   C. 复核毛利率的合理性
   D. 如果没有付款，办理发货业务时，计算机系统会提示并记录，终止业务

2. 在下列选项所描述的内部控制中，最适宜于被审计单位防止出现漏记购货现象的是（　　）。
   A. 生成收货报告的计算机程序，同时也更新采购档案
   B. 在更新采购档案之前必须先有收货报告
   C. 销货发票上的价格根据价格清单上的信息确定
   D. 计算机将各凭证上的账户号码与会计科目表对比，然后进行一系列的逻辑测试

3. 下列职务中，不属于不相容职务的是（　　）。

A. 授权业务与执行业务　　B. 记录业务与审核业务

C. 记录资产与保管资产　　D. 授权业务与审核业务

4. 对经常发生和重复发生的经济业务的内部控制，普遍采用的描述方法是（　　）。

A. 文字描述法　　B. 调查表法

C. 核对表法　　D. 流程图法

5. 在编制审计计划时，应当了解被审计单位的内部控制。了解重要内部控制时，不应实施的程序是（　　）。

A. 询问被审计单位的有关人员，并查阅相关内部控制文件

B. 检查内部控制生成的文件和记录

C. 选择若干具有代表性的交易和事项进行穿行测试

D. 重新执行被审计单位的重要内部控制

6. 以下说法中不正确的是（　　）。

A. 注册会计师对内部控制的了解，只关注内部控制的设计

B. 注册会计师对内部控制的了解不能代替其对内部控制运行有效性的测试程序

C. 内部控制只能对财务报告的可靠性提供合理的保证，而非绝对的保证

D. 在某些情况下，仅通过实质性程序不能获取充分、适当的审计证据

7. 注册会计师通过实施分析程序发现，两个会计期间的毛利率相当。但是，注册会计师通过对被审计单位的了解，获知在生产成本中占较大比例的原材料成本在相关期间内上升，注册会计师预期销售成本也应相应上升，而毛利率应相应下降。上述分析可能使注册会计师得出结论（　　）。

A. 销售成本可能存在重大检查风险

B. 销售成本可能存在重大经营风险

C. 销售成本可能存在重大错报风险

D. 销售成本可能存在重大审计风险

8. 关于控制环境的说法不正确的是（　　）。

A. 控制环境包括治理职能和管理职能，以及治理层和管理层对内部控制及其重要性的态度、认识和措施

B. 控制环境设定了被审计单位的内部控制基调，影响员工对内部控制的认识和态度

C. 良好的控制环境是实施有效内部控制的基础

D. 在审计业务承接阶段，注册会计师就需要对控制环境做出最终评价

9. 提高审计程序的不可预见性是注册会计师应对财务报表层次重大错报风险的重要

措施。但在实务中，注册会计师不可以通过（　　）方式提高审计程序的不可预见性。

A. 调整实施审计程序的时间，使被审计单位不可预期

B. 调整实施审计程序的人员，由助理人员担任关键项目的审计工作

C. 采取不同的审计抽样方法，使当期抽取的测试样本与以前有所不同

D. 选取不同的地点实施审计程序，或预先不告知被审计单位所选定的测试地点

10. 以下关于进一步审计程序的说法中，不正确的是（　　）。

A. 注册会计师设计和实施的进一步审计程序的性质、时间和范围，应当与评估的认定层次重大错报风险具备明确的对应关系

B. 重大错报发生的可能性越大，同样越需要注册会计师精心设计进一步审计程序

C. 风险的后果越严重，就越需要注册会计师关注和重视，越需要精心设计有针对性的进一步审计程序

D. 当评估的财务报表层次重大错报风险属于高风险水平时，拟实施进一步审计程序的总体方案往往更倾向于综合性方案

## 二、多项选择题

1. 在识别和评估重大错报风险时，注册会计师应当实施下列审计程序（　　）。

A. 在了解被审计单位及其环境的整个过程中识别风险

B. 将识别的风险与认定层次可能发生错报的领域相联系

C. 考虑识别的风险是否重大

D. 考虑识别的风险导致财务报表发生重大错报的可能性

2. 下面有关了解被审计单位内部控制的提法正确的是（　　）。

A. 注册会计师通过了解确定控制设计不当，就不需要再考虑控制是否得到执行

B. 注册会计师可使用询问程序来获得其设计的证据以及确定其是否得到执行

C. 注册会计师需要了解和评价的内部控制只是与财务报表审计相关的内部控制，并非被审计单位所有的内部控制

D. 穿行测试即可获得其设计的证据也可确定其是否得到执行

3. 注册会计师通过了解被审计单位及其环境，可以为下列（　　）关键环节的职业判断提供重要基础。

A. 确定重要性水平，并随着审计工作的进程评估重要性水平

B. 评价被审计单位内部控制设计的合理性和执行的有效性

C. 确定在实施分析程序时所使用的预期值，评价审计证据的充分性和适当性

D. 确定财务报表中各重要项目的审计结论和最终发表的意见类型

4. 下列关于审计程序的说法中正确的是（　　）。

A. 在评估认定层次重大错报风险时，预期控制的运行是有效的，注册会计师应当实施控制测试以支持评估结果

B. 在某些情况下，仅通过控制测试就可提供认定层次充分、适当的审计证据

C. 注册会计师可以通过实施风险评估程序获取充分、适当的审计证据，作为发表审计意见的基础

D. 无论评估的重大错报风险结果如何，注册会计师均应当针对所有重大的各类交易、账户余额、列报实施实质性程序，以获取充分、适当的审计证据

5. 进一步审计程序是指注册会计师针对评估的各类交易、账户余额、列报认定层次重大错报风险实施的审计程序，包括（　　）。

A. 控制测试程序　　B. 实质性程序

C. 分析程序　　D. 综合性程序

三、判断题

1. 注册会计师对内部控制的了解可以代替对控制运行有效性的测试。（　　）

2. 如果不拟信赖内部控制，注册会计师就无须对内部控制进行了解、测试和评价。（　　）

3. 注册会计师无需了解被审计单位的所有内部控制，而只需了解与审计相关的内部控制。（　　）

4. 若评估的重大错报风险比较低，注册会计师可以不用针对被审计单位所有重大的各类交易、账户余额、列报实施实质性程序。（　　）

5. 风险评估时要考虑控制环境与其他控制要素的综合作用。（　　）

6. 注册会计师设计和实施控制测试和实质性程序的性质、时间和范围，应当与评估的认定层次重大错报风险具有明确的对应关系。（　　）

7. 只有当询问、观察和检查程序结合在一起仍无法获得充分的证据时，注册会计师才考虑通过重新执行来证实控制是否有效运行。（　　）

8. 在有效的控制环境可以使注册会计师增强对内部控制和被审计单位内部产生的证据的信赖程度。如果控制环境存在缺陷，注册会计师在应对财务报表层次的重大错报风险时，应当考虑在期中而非期末实施更多的审计程序。（　　）

9. 财务报表层次的重大错报风险很可能源于薄弱的控制环境，薄弱的控制环境带来的风险可能对财务报表产生广泛影响，难以限于某类交易、账户余额、列报，注册会计师应当采取总体应对措施。（　　）

10. 控制测试进一步审计程序的类型包括检查、观察、监盘、询问、函证、重新计算、重新执行和分析程序。（　　）

## 四、简答题

1. 什么是风险评估？风险评估有哪些基本程序？
2. 应从哪几方面了解被审计单位及其环境？
3. 如何对被审计单位的内部控制进行风险评估？
4. 对内部控制进行描述的方法有哪些？各有什么优缺点？
5. 财务报表层次重大错报风险的总体应对措施有哪些？
6. 什么是对评估的认定层次重大错报风险进行的进一步审计程序？如何理解其性质？
7. 什么是控制测试？实施控制测试时有哪些要求？
8. 什么是实质性程序？实质性程序有哪些基本类型？

# 第七章　销售与收款循环审计

## 本章学习要点

1. 了解销售与收款循环的主要业务活动和审计目标。
2. 理解销售与收款循环的内部控制测试。
3. 掌握主营业务收入、应收账款等主要账户的实质性程序。

自本章开始，我们将重点介绍财务报表各项目如何进行具体的审计测试。审计测试包括控制测试和对交易、账户余额实施的实质性程序。在审计过程中，内部控制测试通常按照业务循环采用抽样的方法进行，而交易和账户余额的实质性程序既可以按财务报表项目进行，也可以按业务循环组织实施。按财务报表项目组织实施的称为分项审计，按业务循环组织实施的称为业务循环审计。

一般而言，分项审计与多数被审计单位账户设置体系和财务报表格式相吻合，因此具有操作方便的优点，但它与按业务循环进行的内部控制测试严重脱节，导致控制测试与实质性程序相背离，从而影响审计效率和效果。业务循环审计不仅可与按业务循环进行的控制测试直接联系，加深审计人员对被审计单位经济业务的理解，而且便于审计人员的合理分工，将特定业务循环所涉及的财务报表项目分配给一个或数个审计人员，从而提高审计工作效率。从目前情况看，分项审计逐渐被业务循环审计所替代。

业务循环是指处理某一类经济业务的工作程序和先后顺序。一般来说，可将企业的交易和账户余额划分为销售与收款循环、采购与付款循环、存货与仓储循环、筹资与投资循环；另外，由于货币资金与上述多个业务循环均密切相关，所以货币资金既是业务循环的有机组成部分，又是独立的一个重要环节。本书将以执行企业会计准则的公司财务报表审计为例，分这五个业务循环介绍业务循环审计的具体内容。

## 第一节　销售与收款循环概述

销售与收款循环涉及可供销售商品和劳务所有权转让的各项业务和过程。它由客户提出订货要求开始，将商品或劳务转化为应收账款，并以最终收回现金为结束。销售与收款循环的审计，通常可以相对独立于其他业务循环单独进行。但审计人员在最终判断被审计单位财务报表是否公允反映时，必须综合考虑审计发现的各业务循环的错误对财务报表产生的影响。因此，即使在单独执行销售与收款循环审计时，审计人员仍要经常地将该循环与其他循环的审计情况结合起来加以考虑。

根据财务报表项目与业务循环的相关程度，销售与收款循环涉及的资产负债表项目主要包括应收票据、应收账款、长期应收款、预收款项、应交税费；所涉及的利润表项目主要包括营业收入、营业税金及附加、销售费用等。

## 一、销售与收款循环的主要业务流程

了解企业在销售与收款循环中的主要业务活动，对该业务循环的审计非常重要。销售与收款业务循环一般包括以下主要业务过程。

### （一）接受顾客订单

顾客向企业寄送订单，提出订货要求是整个销售与收款循环的起点。接受顾客订单后，应对顾客订单内容是否符合企业的销售政策（比如是否符合该产品的销售单价、运费支付方式、交货地点、三包承诺等）进行审批。订单管理部门应区分现购和赊购，赊购订单只有在符合企业管理当局授权批准的情况下，才能接受。企业管理当局一般都列出了已准予赊销的顾客名单，订单管理部门的职员在决定是否同意接受某顾客的订单之前，应追查该顾客是否已被列在该名单中。如果顾客未被列入该名单，则通常需要订单管理部门的主管来决定是否接受该订单。企业在批准了顾客订单之后，通常应编制一式多联的销售单。销售单是证明销售交易发生的有效凭据。

### （二）信用管理部门进行信用批准

赊销批准是由信用管理部门根据企业管理当局的赊销政策以及对每个顾客已授权的信用额度进行的。信用管理部门的职员在收到订单管理部门的销售单后，应将销售单的金额与该顾客已取得的赊销信用额度扣除其迄今尚欠应收账款余额后的差额进行比较，以决定是否继续给予赊销。信用管理部门与销售部门不能是同一个部门，要实施职责分离。批准或不批准赊销，都要求被授权的信用管理部门人员在销售单上签署意见，其后再将签署意见后的销售单返回订单管理部门。

### （三）仓库部门按批准的销售单供货

通常情况下，仓库只有在收到经过批准的销售单时，才能供货。设计这项控制程序的目的是防止仓库在未经授权的情况下擅自发货。因此，已批准销售单的副联通常应送达仓库，作为仓库按销售单供货和发货给装运部门的授权依据。

（四）装运部门按销售单装运货物

装运部门职员应在经授权的情况下装运产品，装运部门应与仓库分离，使企业按销售单装运与按销售单供货的职责相分离。装运部门职员在装运之前，还必须进行独立验证，以确定从仓库收到的商品都附有已批准的销售单，并且所装运商品与销售单相符。装运凭证是一式多联的、连续编号的提货单，按序归档的装运凭证通常由装运部门保管。装运凭证提供了商品确实已装运的证据，是证明销售交易是否发生的另一有效凭据。

（五）财务部门开具账单

开具账单包括编制和向顾客寄送事先连续编号的销售发票。为防止出现遗漏、重复、错误计价或其他差错，开具账单时应注意：编制每张销售发票前，应独立检查是否存在装运凭证和相应的经批准的销售单；依据已授权批准的商品价目表编制销售发票；独立检查销售发票计价和计算的正确性；将装运凭证上的商品总数与相对应的销售发票上的商品总数进行比较。

（六）记录销售

在手工会计系统中，记录销售的过程包括区分赊销、现销，按销售发票编制转账凭证或现金、银行存款收款凭证，再据以登记销售明细账和应收账款明细账或现金、银行存款日记账。

（七）办理和记录现金、银行存款收入

这项流程涉及有关货款收回，现金、银行存款的记录以及应收账款减少的活动。处理货币资金收入时最重要的是要保证全部货币资金及时记入现金、银行存款日记账或应收账款明细账，并及时将现金存入银行。在这方面汇款通知单起着很重要的作用。

（八）办理和记录销货退回、销货折扣与折让

顾客如果对商品不满意，销货企业一般都会同意接受退货，或给予一定的销货折让；顾客如果提前支付货款，销货企业则可能会给予一定的销货折扣。发生此类事项时，必须经授权批准，并应确保与办理此事有关的部门和职务各司其职，分别控制实务流和会计处理。在此环节，严格使用贷项通知单起到重要作用。

（九）注销坏账

不管赊销部门的工作如何主动，顾客因宣告破产、死亡等原因而不支付货款的事仍时有发生。销货企业若认为某项货款再也无法收回，就必须注销这笔货款。对这些坏账，正

确的处理方法应该是获取货款无法收回的确凿证据，经适当审批后及时进行会计调整。

（十）提取坏账准备

坏账准备的提取数必须能抵补企业以后无法收回的本期销货款。

赊销业务的主要流程如图 7-1 所示。

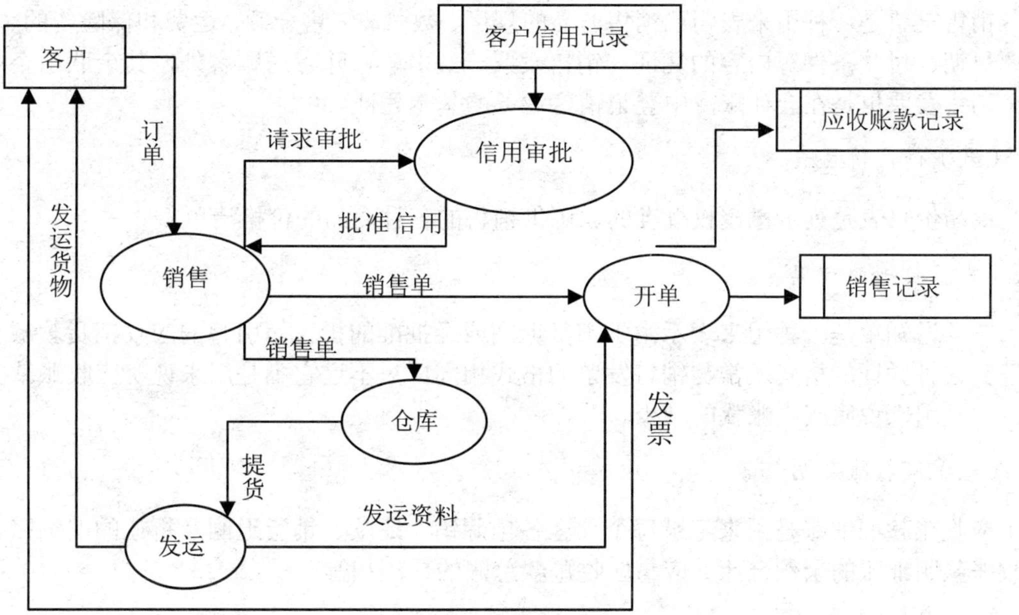


图 7-1 赊销业务流程图

## 二、主要凭证和会计记录

在内部控制系统比较健全的企业，在销售与收款业务流程中需要使用很多凭证和会计记录。典型的销售与收款循环所涉及的主要凭证和会计记录有以下几种：

（一）顾客订货单

顾客订货单是顾客提出的书面购货要求。企业可以通过销售人员或其他途径，取得顾客订货单。

（二）销售单

销售单是列示顾客所订商品的名称、规格、数量以及其他与顾客订货单有关信息的凭证，作为销售方内部处理顾客订货单的依据。

（三）发运凭证

发运凭证是发运货物时编制的，用以反映发出商品的规格、数量和其他有关内容的凭据。发运凭证一联寄送顾客，其余联由企业保留。这种凭证可用作向顾客开票收款的依据。

（四）销售发票

销售发票是一种用来表明已销售商品的规格、数量、销售金额、运费和保险费的金额、开票日期、付款条件等内容的凭证。销售发票一式多联，除寄送顾客外，其余联由企业保留。销售发票也是在会计账簿中登记销售业务的基本凭证。

（五）商品价目表

商品价目表是列示已授权批准的、可供销售的各种商品的价格清单。

（六）贷项通知单

贷项通知单是一种用来表示由于销货退回或经批准的折让而引起的应收销货款减少的凭证。这种凭证的格式通常与销售发票的格式相同，只不过它不是用来说明应收账款的增加，而是用来说明应收账款的减少。

（七）应收账款明细账

应收账款明细账是用来记录每个顾客各项赊销、还款、销货退回及折让的明细账。各应收账款明细账的余额合计数应与应收账款总账的余额相等。

（八）主营业务收入明细账

主营业务收入明细账是一种用来记录销货业务的明细账。它通常记载和反映不同类别的销货总额。

（九）折扣与折让明细账

折扣与折让明细账是一种用来核算企业销售商品时，按销售合同的规定为了及早收回货款而给予顾客的销货折扣和因商品品种、质量等原因而给予顾客的销货折让情况的明细账。企业也可以不设折扣与折让明细账，而将该类业务记录于主营业务收入明细账。

（十）汇款通知单

汇款通知单是一种与销货发票一起寄给顾客，由顾客在付款时再寄回销货单位的凭证。这种凭证注明顾客的姓名、销售发票的号码、销货单位开户行账号以及金额等内容。如果顾客没有将汇款通知书随货款一并寄回，一般应由收受邮件的人员在拆邮件时再代编一份汇款通知书。采用汇款通知书能使现金立即存入银行，可以改善对资产保管的控制。

（十一）现金日记账和银行存款日记账

现金日记账和银行存款日记账是用来记录应收账款的收回或现销收入以及其他各种现金、银行存款收入和支出的日记账。

（十二）坏账审批表

坏账审批表是一种用来批准将某些应收款项注销为坏账的，仅在企业内部使用的凭证。

（十三）顾客月末对账单

顾客月末对账单是一种定期寄送给顾客用于购销双方定期核对账目的凭证。

（十四）转账凭证

（十五）收款凭证

我们可以用表 7-1 来说明在销售与收款循环中各经济业务和相关凭证记录之间的关系。

表 7-1　销售与收款循环的主要凭证与记录

| 业务内容 | 原始凭证与记录 | 记账凭证与账簿 | 会计分录 |
|---|---|---|---|
| 销售业务：（赊销） | | | |
| 订单处理 | 顾客订单（外部凭证）<br>销售单（内部凭证） | | |
| 核准赊销 | 销售单（有关人员签字）；核准赊销的顾客名单（内部记录） | | |
| 发货 | 发运凭证 | | |
| 开票 | 销售发票（内部凭证）<br>价目表 | | |
| 会计记录 | | 记账凭证、应收账款明细账与总账、主营业务收入明细账与总账、应交税费明细账与总账、库存商品明细账与总账、主营业务成本明细账与总账 | 借：应收账款<br>贷：主营业务收入<br>应交税费<br>借：主营业务成本<br>贷：库存商品 |

（续表）

| 业务内容 | 原始凭证与记录 | 记账凭证与账簿 | 会计分录 |
|---|---|---|---|
| 收款业务： | | | |
| 收款 | 支票、银行本票、银行汇票等（外部凭证）<br>汇款通知单（内部凭证） | 记账凭证、银行存款日记账与总账、应收账款明细账与总账 | 借：银行存款<br>贷：应收账款 |
| 销售调整业务： | | | |
| 销售退回 | 入库单（内部凭证）、贷项通知单（内部凭证） | 记账凭证、应收账款明细账或银行存款日记账与总账、主营业务收入、主营业务成本明细账与总账、应交税费明细账与总账、库存商品明细账与总账 | 借：主营业务收入<br>应交税费<br>贷：银行存款<br>（应收账款）<br>借：库存商品<br>贷：主营业务成本 |
| 现金折扣 | 现金折扣审批表（内部凭证） | 记账凭证、应收账款明细账与总账或银行存款日记账与总账 | 借：财务费用<br>贷：应收账款<br>（银行存款） |
| 销售折让 | 销售折让审批表、贷项通知单（内部凭证） | 记账凭证、应收账款明细账与总账或银行存款日记账与总账、应交税费明细账与总账 | 借：主营业务收入<br>应交税费<br>贷：应收账款<br>（银行存款） |
| 坏账处理： | | | |
| 坏账准备的计提 | 账龄分析表（内部凭证） | 记账凭证、坏账准备及资产减值损失明细账与总账 | 借：资产减值损失<br>贷：坏账准备 |
| 坏账冲销 | 坏账审批表（内部凭证） | 记账凭证、坏账准备明细账与总账、应收账款明细账与总账 | 借：坏账准备<br>贷：应收账款 |

## 第二节　销售与收款循环的内部控制及其测试

内部控制不仅是报表审计的重要内容，也是抽样审计的基础。由于业务循环的内部控制能起到相互牵制、防止发生错误、舞弊或大大减少错弊发生概率的作用，因此，内部控制在业务循环中是必不可少的组成部分。为了保证审计的效率和效果，在了解被审计单位销售与收款基本业务情况的基础上，审计人员一般先要对被审计单位的内部控制进行控制测试。

## 一、销售与收款循环的内部控制制度

首先，我们来了解一下销售与收款循环中的关键控制环节。

（一）建立明确的职责分工制度

职责分工是内部控制中的一项重要控制措施，适当的职责分工有助于防止各种有意或无意的错误。为了保证销售与收款业务控制的有效性，应按各业务环节进行明确分工，处理顾客订单、填制销售单、批准赊销、发运货物、结算开票、收取货款、办理销售退回与折让、会计记录及账目核对等，必须由不同的职能部门或人员负责办理，从而实现相互制约，避免发生舞弊行为。

财政部于 2002 年发布的《内部会计控制规范——销售与收款（试行）》中规定，单位应当将办理销售、发货、收款三项业务的部门（或岗位）分别设立；单位在销售合同订立前，应当指定专门人员就销售价格、信用政策、发货及收款方式等具体事项与客户进行谈判。谈判人员至少应有两人以上，并与订立合同人员相分离；编制销售发票通知单的人员与开具销售发票的人员应相互分离；销售人员应避免接触销货现款；单位应收票据的取得和贴现必须经由保管票据以外的主管人员的书面批准。这些都是对单位提出的、有关销售与收款业务相关职责适当分离的基本要求，以确保办理销售与收款业务的不相容岗位相互分离、制约和监督。

（二）合理的授权审批制度

销售与收款业务各环节都要经过适当的授权批准：顾客的赊销要经过授权审批；商品的发出要经过批准；销售价格、付款条件、运费和销售退回、折让与折扣等的确定要经过适当的授权批准；对确实无法收回的应收账款按规定程序批准后方可转为坏账处理；还要注意审批人应授权范围内进行审批，不得超越审批权限。对于超过单位既定销售政策和信用政策规定范围的特殊销售交易，单位应当进行集体决策。合理的授权审批是保证销售业务正常进行的重要控制环节。赊销和发货的审批可以防止企业向虚构的或无力支付货款的顾客发货而蒙受损失；价格审批控制可以保证销售交易按照企业定价政策规定的价格开票收款；对授权审批范围设定权限可以防止审批人决策失误而造成严重损失。

（三）充分的凭证和记录制度

对内部控制来说，只有具备完善的记账手续、充分的凭证和记录才有可能实现其各项控制目标。例如，有的企业在收到顾客订货单后，就立即编制一份预先编号的一式多联的销售单，并分别用于批准除销、审批发货、记录发货数量以及向顾客开具账单等。在这种制度下，只要定期清点销售发票，漏开账单的情形几乎就不会发生。相反，有的企业只在发货后才开具账单，如果没有其他控制措施，在这种情况下漏开账单的情况就很可能发生。

另外，凭证应预先编号，目的在于防止销货以后忘记向顾客开具账单或登记入账，也可以防止重复开具账单或重复记账。当然，如果对凭证的编号不作清点，预先编号就会失去控制意义。例如由收款员对每笔销货开具账单后将发运凭证按顺序归档，而由另一位职员定期检查全部凭证的编号并调查凭证缺号的原因，就是实施这项控制的一种方法。

（四）定期核对制度

应收账款总账、明细账、主营业务收入的总账、明细账等应定期进行核对。应收账款要有核对催收制度，每月由不负责现金、销货及应收账款记账的人员按月向顾客寄发对账单，促使顾客在发现应付账款余额不正确后及时做出说明，对账户余额中出现的核对不符的账项，指定一位不掌管货币资金、也不记载主营业务收入和应收账款的主管人员处理。另外定期检查确定账龄较长的欠款，在必要的情况下，调整这类客户的信用限额。

（五）内部核查制度

由内部审计人员或其他独立人员核查销货业务的处理和记录，是实现内部控制目标不可缺少的一项控制措施。财政部发布的《内部会计控制规范——销售与收款（试行）》中，不仅明确了单位应当建立对销售与收款内部控制的监督检查制度，而且明确了销售与收款内部控制监督检查的主要内容，包括：

1. 销售与收款业务相关岗位及人员的设置情况

重点检查是否存在销售与收款业务不相容职务混岗的现象。

2. 销售与收款业务授权批准制度的执行情况

重点检查授权批准手续是否健全，是否存在越权审批行为。

3. 销售的管理情况

重点检查信用政策、销售政策的执行是否符合规定。

4．收款的管理情况

重点检查单位销售收入是否及时入账，应收账款的催收是否有效，坏账核销和应收票据的管理是否符合规定。

5. 销售退回的管理情况

重点检查销售退回手续是否齐全，退回货物是否及时入库。

## 二、销售与收款循环的控制测试

在初步了解被审计单位内部控制制度情况，确定了被审计单位的内部控制中可能存在的薄弱环节，并且对其控制风险做出评价后，注册会计师应当判断继续实施控制测试的成本是否会低于因此而减少对交易、账户余额的实质性程序所需的成本。控制测试并非在任何情况下都需要实施。出于成本效益的考虑，只有认为控制设计合理、能够防止或发现和纠正认定层次的重大错报，注册会计师才有必要对控制运行的有效性实施测试。

销售与收款循环的控制测试主要包括以下程序：

### （一）了解并描述被审计单位该循环的内部控制制度

审计人员可以通过询问、观察和检查凭证来了解被审计单位销售与收款循环的控制政策和程序。之后将所了解的情况，采用适当的方法，包括调查表法、流程图法、文字表述法加以描述，并纳入审计工作底稿。表 7-2 列举了在销售与收款循环内部控制中可能包括的问题。

**表 7-2 销售交易内部控制调查表**

20××年××月××日

| 主要业务活动 | 提 出 问 题 | 是 | 否 | 不适用 | 备 注 |
|---|---|---|---|---|---|
| 1. 接受顾客订单 | （1）是否将顾客订单与批准顾客清单核对<br>（2）新顾客是否由主管批准<br>（3）对每张已接受的顾客订单是否都编制销售单 | | | | |
| 2. 批准信用 | （1）是否对所有新顾客都执行信用检查<br>（2）是否在每次销售前都检查顾客的信用额度 | | | | |
| 3. 按销售单供货与装货 | （1）供货前是否要求有已批准的销售单<br>（2）是否独立检查从仓库收到的商品同已批准销售单的一致性<br>（3）每次装运货物是否都编制了装运凭证 | | | | |
| 4. 开账单给顾客 | （1）每次开单是否都有相应的装运凭证和已批准的销售单<br>（2）每张装运凭证是否有相应的销售发票<br>（3）独立检查销售发票计价和计算的正确性 | | | | |

续表

| 主要业务活动 | 提出问题 | 是 | 否 | 不适用 | 备注 |
|---|---|---|---|---|---|
| 5. 记录销售 | （1）销售发票计算合计数，该合计数是否与销售账和应收账款记录的金额一致<br>（2）是否每月给顾客寄出对账单 | | | | |
| 6. 销售退回与折让 | （1）销售退回是否取得对方税务局开具的有关证明<br>（2）销售退回和折让是否附有经主管人员核准的红字发票<br>（3）退回商品是否有仓库签发的退货验收报告，并与红字发票内容、金额一致 | | | | |

（二）测试被审计单位内部控制制度

1. 抽取一定数量的销售发票，作如下检查

（1）检查发票是否连续编号，作废发票的处理是否正确。

（2）核对销售发票与销售订单、销售通知单、出库单（或提货单）所载明的品名、规格、数量、价格是否一致。

（3）检查销售通知单上是否有信用部门有关人员核准赊销的签字。

（4）销售发票中所列的数量、单价和金额是否正确。包括：将销售发票中所列商品的单价与商品价目表的价格进行核对；验算发票金额的正确性。

（5）从销售发票追查至有关的记账凭证、应收账款明细账及主营业务收入明细账，确定被审计单位是否正确、及时地登记有关凭证、账簿。

2. 抽取一定数量的出库单或提货单，并与相关的销售发票进行核对，检查已发出的商品是否均已向顾客开出发票

3. 从主营业务收入明细账中抽取一定数量的会计记录，并与有关的记账凭证、销售发票进行核对，以确定是否存在收入高估或低估的情况

4. 抽取一定数量的销售调整业务的会计凭证，检查销售退回、折让、折扣的核准与会计核算。主要包括以下几个方面

（1）确定销售退回与折让的批准与贷项通知单的签发职责是否分离。

（2）确定现金折扣是否经过适当授权，授权人与收款人的职责是否分离。

（3）检查销售退回和折让是否附有按顺序编号并经主管人员核准的贷项通知单。

（4）检查退回的商品是否具有仓库签发的退货验收报告（或入库单），并将验收报告

的数量、金额与贷项通知单等进行核对。

（5）确定退货、折扣、折让的会计记录是否正确。

5. 抽取一定数量的记账凭证、应收账款明细账，作如下检查

（1）从应收账款明细账中抽取一定的记录并与相应的记账凭证进行核对，比较二者登记的时间、金额是否一致。

（2）从应收账款明细账中抽查一定数量的坏账注销的业务，并与相应的记账凭证、原始凭证进行核对，确定坏账的注销是否符合有关法规的规定、企业主管人员是否核准等。

（3）确定被审计单位是否定期与顾客对账，在可能的情况下，将被审计单位一定期间的对账单与相应的应收账款明细账的余款进行核对，如有差异，则应进行追查。

6. 观察职员获得或接触资产、凭证和记录（包括存货、销售通知单、出库单、销售发票、凭证与账簿、现金及支票）的途径，并观察职员在执行授权、发货、开票等职责时的表现，确定被审计单位是否存在必要的职务分离、内部控制的执行过程中是否存在弊端

（三）评价被审计单位该循环的内部控制制度

在对被审计单位的内部控制系统进行了必要的了解与测试之后，审计人员应当对其内部控制的健全性、有效性做出评价，确定对其的信赖程度，明确实质性程序的范围与重点，必要时对实质性程序的内容做出相应的调整。同时，对测试过程中发现的内部控制的薄弱环节与失控点，应当在工作底稿中进行记录，并以适当的形式告知被审计单位的管理当局。

如果被审计单位销售与收款循环的内部控制不存在，或尽管存在但未得到遵守，或控制测试的工作量不能减少实质性程序的工作量，则审计人员不应再继续实施控制测试，而直接进行实质性程序。

**【例 7-1】** 审计人员审查某机器制造厂，对有关销售与收款的内部控制进行了调查。了解该厂销售与收款内部控制情况如下：

（1）业务部门收到订货单后，首先进行登记，然后审核订货单的内容和数量，确定能够如期供货后，编制一式两联的销售单，自留一联，另一联传给信用部门。

（2）信用部门根据销售单进行资信调查，并批准赊销。在销售单上签字并传送给运输部门。

（3）仓库部门根据运输部门持有的经信用部门批准的销售单核发货物。填制出库单一式三联，自留一联并登记有关存货账簿，传给会计部门和业务部门各一联。

（4）运输部门办理托运，取得运单并交给开票部门。

（5）会计部门根据出库单和运单开具销货发票，并根据销货发票及出库单和运单编制记账凭证、登记应收账款明细账，并进行总分类核算。

（6）出纳人员收到货款应登记银行存款日记账，收到商业汇票时，应登记应收票据登记簿，然后交会计人员制单、记账。

（7）会计部门及时催收尚未付清的应收账款。对确已无法收回的，经批准后可作为坏账处理。对已冲销的坏账，进行登记并加以控制，以免已冲销坏账日后收回时被有关人员贪污。

**【要求】** 根据上述内容，指出该企业在销售与收款内部控制方面的缺陷，并提出改进建议。

**【解答】** 甲公司销售与收款内部控制的缺陷有：

（1）销货时缺少会计控制，会计部门不能及时掌握货物销售的情况，不能发现和防止销货是否符合本厂规定的政策，尤其是价格的合理性问题；

（2）仓库核发货物没有会计控制，不利于控制客户应收账款的数额；

（3）没有制定销货退回的处理方法；

（4）没有制定内部审计制度，没有及时与客户进行核对的制度。

改进建议：

（1）销售单应采用一式四联；除业务部门自留及交通运输部门外，一联传给会计部门，会计部门据此开具销货发票；一联交仓库作为发货依据；

（2）制定销货退回的处理办法；

（3）制定内部审计制度，及时与客户核对应收款的余额。

## 第三节　营业收入审计

### 一、营业收入的审计目标

营业收入项目核算企业在销售商品、提供劳务等主营业务活动中所产生的收入，及企业确认的除主营业务活动以外的其他经营活动实现的收入，包括出租固定资产、出租无形资产、出租包装物的商品、销售材料、用材料进行非货币性交换或债务重组等实现的收入。

其审计目标一般包括：确定记录的营业收入是否已发生；确定营业收入的记录是否完整；确定与营业收入有关的金额及其他数据是否已恰当记录，对销货退回、销售折扣与折让的处理是否适当；确定营业收入是否已记录于正确的会计期间；确定营业收入已按照企业会计准则的规定在财务报表中做出恰当的列报。

## 二、营业收入的实质性程序

### （一）主营业务收入的实质性程序

1. 取得或编制主营业务收入项目明细表（如表 7-3），复核加计正确，并与报表数、总账数和明细账合计数核对相符

表 7-3 主营业务收入明细表

被审计单位名称：×××× 审计人员：×××× 审计日期：2009-2-11
所属期间：2008 年 复核人员：×××× 复核日期：2009-2-13 单位：万元

| 月 份 | 产品 1 | 产品 2 | 产品 3 | 产品 4 | 产品 5 | …… | 合 计 |
|---|---|---|---|---|---|---|---|
| 1 | 120 | 90 | 80 | …… | …… | …… | 1 000 |
| 2 | 200 | 110 | 90 | …… | …… | …… | 1 200 |
| 3 | 100 | 120 | 100 | …… | …… | …… | 900 |
| 4 | 120 | 80 | 110 | …… | …… | …… | 1 000 |
| 5 | 200 | 130 | 100 | …… | …… | …… | 950 |
| 6 | 100 | 110 | 120 | …… | …… | …… | 900 |
| 7 | 120 | 100 | 110 | …… | …… | …… | 1 000 |
| 8 | 200 | 150 | 90 | …… | …… | …… | 1 200 |
| 9 | 100 | 120 | 130 | …… | …… | …… | 900 |
| 10 | 120 | 110 | 120 | …… | …… | …… | 1 000 |
| 11 | 200 | 100 | 130 | …… | …… | …… | 1 200 |
| 12 | 100 | 150 | 110 | …… | …… | …… | 1 000 |
| 合计 | 1 680 | 1 370 | 1 290 | …… | …… | …… | 12 250 |

2. 查明主营业务收入的确认原则、方法，注意是否符合会计准则和会计制度规定的收入实现条件，前后期是否一致

按照《企业会计准则第 14 号——收入》的要求，企业商品销售收入，应在下列条件均能满足时确认：第一，企业已将商品所有权上的主要风险和报酬转移给购货方；第二，企业既没有保留通常与所有权相联系的继续管理权，也没有对已售出的商品实施有效控制；第三，收入的金额能够可靠地计量；第四，相关的经济利益很可能流入企业；第五，相关的已发生或将发生的成本能够可靠地计量。对主营业务收入的实质性程序，主要应测试企业是否依据上述五个条件确认产品销售收入。具体来说，有如下几点。

（1）采用交款提货方式销售，以货款已经收到或取得收取货款的权利，同时发票账单

和提货单已交给购货方时确认收入实现。

审计人员应审查被审计单位是否收到货款或取得收取货款的权利，并已将发票账单和提货单交付购货单位，特别注意有无扣压结算凭证，将当期收入转入下期入账，或者开假发票，将虚列的收入记账，在下期予以冲销的情况。

（2）采用预收账款方式销售，在商品已经发出时确认收入实现。

审计人员应审查被审计单位是否收到了货款，是否在货物发出之后确认收入，是否存在开具虚假出库凭证，提前确认收入；或已发出商品的交易不入账，转为下期收入的情况。

（3）采用托收承付方式销售，在商品已经发出，并办妥托收手续时确认收入实现。

审计人员应审查被审计单位是否发货，托收手续是否办妥，发运凭证是否真实，托收承付结算回单是否正确。

（4）采用委托其他单位代销方式销售。

如果代销单位采用视同买断方式，应在代销商品已经销售，并收到代销清单时按企业与代销单位确定的协议价确认收入实现；审计人员应查明有无编制虚假代销清单、虚增本期收入的情况。如果代销单位采用收取手续费方式，应在代销商品已经销售，企业收到代销单位代销清单时确认收入实现。

（5）销售合同或协议明确销售价款的收取采用递延方式，实质上具有融资性质的，应按照应收的合同或协议价款的公允价值确定销售商品收入金额。

应收的合同或协议价款与其公允价值之间的差额，应当在合同或协议期间内采用实际利率法进行摊销，计入当期损益。

（6）对长期工程合同收入，应根据完工百分比法合理确认收入。

审计人员应审查收入的计算、确认方法是否符合规定，并核对应计收入与实计收入是否一致，查明有无随意确认收入、虚增或虚减本期收入的情况。

（7）委托外贸代理出口方式的，应在收到外贸企业代办的发运凭证和银行交款凭证时确认收入实现。

审计人员应审查代办发运凭证和银行交款单是否真实，注意查明有无内外勾结，出具虚假发运凭证或虚假银行交款单的情况。

（8）对外转让土地使用权和销售商品房的，在土地使用权和商品房已经移交，并将发票结算账单提交对方时，确认收入的实现。

审计人员应审查已办理的移交手续是否符合规定要求，发票账单是否已交对方，查明被审计单位有无编造虚假移交手续、开具虚假发票的行为，防止其高价出售、低价入账，从中贪污货款。

**【例 7-2】** 审计人员在审查某工业企业 2008 年 8 月“银行存款“日记账时，发现 8 月 24 日摘要中注明预收某产品货款，但对方科目为“主营业务收入”，金额计 26 万元。经查阅相应的记账凭证，所附的原始凭证仅是一张信汇收账通知，无发票记账联。

**【要求】** 指出该企业存在的问题，并提出处理意见。

**【解答】** 审计人员认为，该企业违反了会计制度中关于采用预收货款方式销售产品时入账时间的规定，使当期收入虚列，影响了有关资料的真实性。

如果该问题在年末结账前即查清，被审计单位应编制调整分录如下：

借：主营业务收入　　　　260 000

　　贷：预收款项　　　　　　260 000

### 3. 实施分析程序

审计人员应实施分析程序，检查主营业务收入是否有异常变动和重大波动，从而在总体上对主营业务收入的真实性做出初步判断。审计人员通常在以下几方面进行比较分析：

（1）将本期与上期的主营业务收入进行比较，分析产品销售的结构和价格的变动是否正常，并分析异常变动的原因。

（2）比较本期各月各种主营业务收入的波动情况，分析其变动趋势是否正常，并查明异常现象和重大波动的原因。

（3）计算本期重要产品的毛利率，分析比较本期与上期同类产品毛利率变化情况，注意收入与成本是否配比，并查清重大波动和异常情况的原因。

（4）计算重要客户的销售额及其产品毛利率，分析比较本期与上期有无异常变化。

（5）将上述分析结果与同行业企业本期相关资料进行对比分析，检查是否存在异常。

### 4. 相关凭证记录的审查

（1）审计人员应当获取产品价格目录，抽查售价是否符合价格政策，并注意销售给关联方或关系密切的重要客户的产品价格是否合理，有无低价或高价结算以转移收入的现象。

（2）根据增值税发票或普通发票申报表，推算全年收入与实际入账收入金额核对，检查是否存在虚开发票或已销售但未开发票的情况。

（3）抽取一定数量的销售发票，检查开票、记账、发货日期是否相符，品名、数量、单价、金额等是否与发运凭证、销售合同或协议、记账凭证等一致。

（4）抽取一定数量的记账凭证，检查入账日期、品名、数量、单价、金额等是否与销售发票、发运凭证、销售合同或协议相一致。

### 5. 实施销售的截止测试

截止测试是实质性程序中常用的一种具体审计技术，被广泛运用于货币资金、往来款项、存货、主营业务收入和期间费用等项目的审计中，尤以在主营业务收入审计中的运用更为典型。对主营业务收入实施截止测试，其目的主要在于确定被审计单位主营业务收入的会计记录归属期是否正确；应记入本期或下期的主营业务收入是否被推延至下期或提前至本期。

根据收入确认的基本原则，审计人员在审计中应该注意把握与主营业务收入确认有着密切关系的三个日期：一是发票开具日期或者收款日期；二是记账日期；三是发货日期（或是提供劳务的日期）。这里的发票开具日期是指开具增值税专用发票或普通发票的日期；记账日期是指被审计单位确认收入实现并将该笔经济业务记入主营业务收入账户的日期；发货日期是指仓库开具出库单并发出库存商品的日期。检查三者是否归属于同一适当的会计期间是营业收入截止测试的关键所在。

围绕上述三个重要日期，在审计实务中，审计人员可以考虑选择三条审计路线实施截止测试，具体内容见表 7-4。

表 7-4　收入截止测试的三条审计路线对比

| 起　点 | 路　线 | 目　的 | 优　点 | 缺　点 |
| --- | --- | --- | --- | --- |
| 账簿记录 | 从报表日前后若干天的账簿记录查至记账凭证，检查发票存根与发货凭证 | 证实已入账收入是否在同一期间已开具发票发货，有无多记收入，防止高估营业收入 | 比较直观，容易追查至相关凭证记录 | 缺乏全面性和连贯性，只能查多记，无法查漏记 |
| 销售发票 | 从报表日前后若干天的发票存根查至发货凭证与账簿记录 | 确认已开具发票的货物是否已发货并于同一会计期间确认收入，防止低估收入 | 较全面、连贯，容易发现漏记收入 | 较费时、费力，尤其难以查找相应的发货及账簿记录，不易发现多记收入 |
| 发运凭证 | 从报表日前后若干天的发货凭证查至发票开具情况与账簿记录 | 确认收入是否已计入适当的会计期间，防止低估收入 | 较全面、连贯，容易发现漏记收入 | 较费时、费力，尤其难以查找相应的发货及账簿记录，不易发现多记收入 |

上述三条审计路线在实务中均被广泛采用，但它们并不是孤立的，审计人员可以在同一被审计单位财务报表审计中并用这三条路线。实际上，由于被审计具体情况不同，管理层意图不同，多记收入或少记收入的情况均有可能发生。因此，审计人员应当凭借专业经验和所掌握的信息做出正确判断，选择其中一条或两条审计线路实施有效的收入截止测试。

6. 查找未经认可的大额销售

审计人员应结合对资产负债表日应收账款的函询程序，查明有无未经认可的大额销售。若有，应做出记录并提请被审计单位做出相应调整。

7. 检查销售折扣、销售退回与折让业务是否真实，内容是否完整，相关手续是否符合规定，折扣与折让的计算和会计处理是否正确

企业在销售业务中，往往会因产品品种不符、质量不符合要求以及结算方面的原因发生销售折扣、销售退回与折让业务。尽管引起销售折扣、退回与折让的原因不尽相同，其表现形式也不尽一致，但都是对收入的抵减，直接影响收入的确认和计量。因此，审计人员应重视折扣与折让的审计。重点检查以下内容：

（1）获取或编制折扣与折让明细表，复核加计正确，并与明细账合计数核对相符；

（2）取得被审计单位有关折扣与折让的具体规定和其他文件资料，并抽查较大的折扣与折让发生额的授权批准情况，与实际执行情况进行核对，检查其是否经授权批准，是否合法、真实；

（3）将销售退回、折让或折扣的账面金额与贷项通知单的记录进行核对；

（4）销售折让与折扣是否及时足额提交对方，有无虚设中介、转移收入、私设账外“小金库”等情况；

（5）确定退回、折让、折扣的会计记录是否合理；

（6）检查销售退回的商品是否已验收入库并登记入账。

8. 检查外币收入折算汇率是否正确

9. 检查有无特殊的销售行为

对于特殊的销售行为，如附有销售退回条件的商品销售、委托代销、售后回购、以旧换新、商品需要安装和检验的销售、分期收款销售、出口销售、售后租回等，确定恰当的审计程序进行审核。

10. 确定主营业务收入是否在利润表上恰当披露

**【例 7-3】** 某注册会计师于 12 月份对某企业的销售业务进行审查，在对全年销售收入进行分析性程序时发现 12 月的销售收入增长幅度大，超出平时月份的计划收入很多。为了查明这一异常情况，该注册会计师审阅并核对了主营业务收入、主营业务成本、应收账款、库存商品等明细账和有关凭证。发现一张 12 月 20 日编制的收款凭证未附原始凭证，会计分录为：借记“应收账款”58.5 万元，贷记“主营业务收入”50 万元，贷记“应交税费—应交增值税（销项税额）”8.5 万元。但库存商品明细账上没有相应记录，经询问仓库管理员得知，当时并未发货。

**【要求】** 指出该企业销售业务中存在的问题。

**【解答】** 该企业 12 月 20 日编制的记账凭证未附原始凭证，库存商品明细账上没有发出记录，产品库也未实际发货，显然是在虚构收入，以达到虚增销售利润和利润总额的目

的。对于这一虚构收入的情况，注册会计师应明确向该企业提出调账，冲减该笔收入，并检查该企业调账情况。

**【例 7-4】** 审计人员对某企业 2008 年度利润表进行审计时，抽查了 12 月份的有关账簿，发现下列情况：

（1）企业销售甲产品，采用预收款项方式，12 月 5 日收到货款 58 500 元，货物尚未发出。企业收到货款时的账务处理是：借记“银行存款”58 500 元，贷记“主营业务收入”50 000 元，贷记“应交税费—应交增值税（销项税额）”8 500 元。

（2）12 月 11 日企业采用托收承付结算方式销售甲产品 60 台，已到银行办妥结算手续，货物已发出，但企业未作账务处理。

（3）12 月 20 日采用交款提货方式销售给某单位乙产品 100 台，但仅在主营业务收入明细账中作了记录，主营业务成本明细账未记录。

（4）12 月 25 日，上月售出的乙产品 50 台，由于质量原因全部退回。产品已入库，但企业未作账务处理。

甲产品单位售价 1 000 元，单位成本 500 元。乙产品单位售价 1 200 元，单位成本 800 元。

**【要求】** 指出该厂在销售业务中存在的问题。

**【解答】**（1）预收款项销售应在商品发出时确认收入实现，该企业收到货款即确认收入，造成当期收入虚增。

（2）托收承付结算方式应在货物已发出，到银行办妥结算手续时确认收入实现；该企业未作记录，造成收入低估。

（3）销售实现，仅确认收入，未记录成本，造成主营业务利润的虚增。

（4）退回商品应冲减主营业务收入及成本，该企业未作处理，造成主营业务收入及利润虚增。

处理意见：建议该企业对相应收入、成本及利润进行调整。

### （二）其他业务收入的实质性程序

其他业务收入的实质性程序一般包括以下内容：

（1）获取或编制其他业务收支明细表，复核加计正确，与总账数和明细账合计数核对相符，并注意其他业务收入是否有相应的业务支出数；

（2）与上期其他业务收入比较，了解重大波动的原因，分析其合理性；

（3）计算本期其他业务收入与其他业务成本的比率，并与上期该比率比较，检查是否有重大波动，如有，应查明原因；

（4）抽查大额其他业务收支项目，检查原始凭证是否齐全，有无授权批准，会计期间划分是否恰当，会计处理是否正确；

（5）检查异常的其他业务收支项目，追查其入账依据及有关法律性文件是否充分；

（6）在其他业务收支业务量较大时，要实施截止测试，对决算日前后的销售发票、收据等进行审查，确定截止期划分的适当性；

（7）检查其他业务收入是否已在利润表上恰当披露。

## 第四节 应收账款与坏账准备审计

应收账款指企业因销售商品、提供劳务而形成的债权，即由于企业销售商品、提供劳务等原因，应向购货客户或接受劳务的客户收取的款项或代垫的运杂费等，是企业在信用活动中所形成的各种债权性资产。

企业的应收账款是在销货业务中产生的。企业在销售实现时若没有立即收取现款，而是获得了要求客户在一定条件下和一定时间内支付货款的权力，就产生了应收账款。因此，应收账款的审计应结合销货业务来进行。

### 一、应收账款的审计目标

应收账款的审计目标一般包括：（1）确定应收账款是否存在；（2）确定应收账款是否归被审计单位所有；（3）确定应收账款增减变动的记录是否完整；（4）确定应收账款是否可收回；（5）确定应收账款期末余额是否正确；（6）确定应收账款和坏账准备在财务报表上的披露是否恰当。

### 二、应收账款的实质性程序

#### （一）获取或编制应收账款明细表

审计人员首先应获取或编制应收账款明细表，复核加计是否正确，并与总账数和明细账合计数核对相符。应收账款明细表可由审计人员自己编制，也可由被审计单位提供。如果由被审计单位提供，审计人员应对该表进行独立的审查，对明细表中所列的应收账款进行抽查，追查至明细账，并对明细账中的借、贷合计加以验算。

#### （二）实施分析性程序

对应收账款实施分析性程序，主要考虑以下一些方面。

（1）将本期应收账款余额与本企业历史数据及同行业的平均水平进行比较。

（2）进行比率分析，计算本期应收账款周转率、应收账款与流动资产总额之比、坏账费用与赊销净额之比等比率，并与企业的历史数据及同行业的平均水平进行比较。

通过分析性程序，审计人员可以分析企业应收账款的构成及变化是否正常，并发现潜在的错报于漏报。

（三）分析应收账款账龄

审计人员可以通过编制或获取应收账款账龄分析表来分析应收账款的账龄，以便了解应收账款的可收回性。应收账款的账龄是指资产负债表中的应收账款从销售实现，产生应收账款之日起，至资产负债表日止所经历的时间。

应收账款账龄分析表是资产负债表日应收账款余额的清单，它包括被审计单位全部未收回的应收账款，并将各个明细账的余额按销售日与资产负债表日之间所经历时间的长短，拆散编列。编制应收账款账龄分析表时，可以选择重要的顾客及其余额列示，不重要的或余额较小的，可以汇总列示。应收账款账龄分析表详见表 7-5。

表 7-5　应收账款账龄分析表

年　　月　　日

| 顾客名称 | 期末余额 | 账龄 | | | |
|---|---|---|---|---|---|
| | | 一年以内 | 1-2 年 | 2-3 年 | 3 年以上 |
| | | | | | |
| 合计 | | | | | |

（四）向债务人函证应收账款

应收账款函证就是直接发函给被审计单位的债务人，要求核实被审计单位应收账款的记录是否正确的一种审计方法。通过函证应收账款，可以有效地证明被询证者的存在和被审计单位记录的可靠性。除非有充分证据表明应收账款对被审计单位财务报表而言是不重要的，或者函证很可能是无效的，否则，审计人员应当对应收账款进行函证。询证函由审计人员利用被审计单位提供的应收账款明细账户名称及地址编制，询证函的寄发一定要由审计人员亲自进行。

1. 函证的范围的选择

审计人员不需要对被审计单位所有的应收账款进行函证。函证数量的大小、范围是由以下诸多因素决定的。

（1）应收账款在全部资产中的比重。

如果应收账款在全部资产中所占的比重较大，则函证的范围应相应大一些。

（2）被审计单位内部控制的强弱。

如果内部控制系统较健全，则可以相应减少函证量；反之，则应相应扩大函证范围。

（3）以前期间的函证结果。

若以前期间函证中发现过重大差异，或欠款纠纷较多，则函证范围应相应扩大。

（4）函证的方式。

若采用肯定式函证，则可以相应减少函证量；若采用否定式函证，则要相应增加函证量。

### 2. 函证对象的选择

一般情况下，审计人员应选择以下项目作为函证对象：

（1）大额或账龄较长的项目；

（2）与债务人发生纠纷的项目；

（3）关联方项目；

（4）主要客户（包括关系密切的客户）；

（5）交易频繁但期末余额较小甚至为零的项目；

（6）可能产生重大错报或舞弊的非正常的项目。

### 3. 函证方式的选择

函证方式分为肯定式函证和否定式函证两种。

（1）肯定式函证。

又称正面式、积极式函证，就是向债务人发出询证函，要求其证实所函证的欠款是否正确，无论对错都要求复函。

在采用积极的函证方式时，只有审计人员收到回函，才能为财务报表认定提供审计证据。审计人员没有收到回函，可能是由于被函证者根本不存在，或是由于被函证者没有收到询证函，也可能是由于询证者没有理会询证函，因此，无法证明所函证信息是否正确。此时必须执行替代程序验证应收账款的真实性。

当债务人符合下列情况时，采用肯定式函证较好：①个别账户的欠款金额较大；②有理由相信欠款可能存在争议、差错等问题。

以下系常用积极式询证函的格式，供参考。

**积极式询证函**

××（公司）: 编号:

本公司聘请的××会计师事务所正在对本公司××年度财务报表进行审计，按照中国注册会计师审计准则的要求，应当询证本公司与贵公司的往来账项等事项。下列数据出自本公司账簿记录，如与贵公司记录相符，请在本函下端“信息证明无误”处签章证明；如有不符，请在“信息不符”处列明不符金领。回函请直接寄至××会计师事务所。

回函地址： 邮编： 电话： 传真： 联系人：

1. 本公司与贵公司的往来账项列示如下：

单位：元

| 截止日期 | 贵公司欠 | 欠贵公司 | 备 注 |
| --- | --- | --- | --- |
| | | | |
| | | | |

2. 其他事项。

本函仅为复核账目之用，并非催款结算。若款项在上述日期之后已经付清，仍请及时函复为盼。

（公司盖章）

年 月 日

结论：1. 信息证明无误。

（公司盖章）

年 月 日

经办人：

2. 信息不符，请列明不符的详细情况：

（公司盖章）

年 月 日

经办人：

（2）否定式函证。

又称反面式、消极式函证，它也是向债务人发出询证函，但所函证的款项相符时不必复函，只有在所函证的款项不符时才要求债务人向审计人员复函。

在采用消极的函证方式时，如果收到回函，能够为财务报表认定提供说服力强的审计证据。未收到回函可能是因为被函证者已收到询证函且核对无误，也可能是因为被询证者根本就没有收到询证函。消极的函证方式通常比积极的函证方式提供的审计证据可靠性要差。因此通常采用消极的方式函证时，审计人员还需辅之以其他审计程序。

当债务人符合以下条件时，可以采用否定式函证：①相关的内部控制是有效的，固有风险和控制风险评估为低水平；②预计差错率较低；③欠款余额小的债务人数量很多；④审计人员有理由确信大多数被函证者能认真对待询证函，并对不正确的情况予以反馈。

以下系常用消极式询证函的格式，供参考。

**企业询证函**

××（公司）：　　　　　　　　　　　　　　　　　　　　　　　　编号：

本公司聘请的××会计师事务所正在对本公司××年度财务报表进行审计，按照中国注册会计师审计准则的要求，应当询证本公司与贵公司的往来账项等事项。下列数据出自本公司账簿记录，如与贵公司记录相符，则无需回复；如有不符，请直接通知会计师事务所，并请在空白出列明贵公司认为是正确的信息。回函请直接寄至××会计师事务所。

回函地址：　　　　邮编：　　　　电话：　　　　传真：　　　　联系人：

1. 本公司与贵公司的往来账项列示如下：

单位：元

| 截止日期 | 贵公司欠 | 欠贵公司 | 备　注 |
|---|---|---|---|
| | | | |
| | | | |

2. 其他事项。

本函仅为复核账目之用，并非催款结算。若款项在上述日期之后已经付清，仍请及时核对为盼。

（公司盖章）

年　　月　　日

×× 会计师事务所：

上面的信息不正确，差异如下：

（公司盖章）

年　　月　　日

经办人：

在审计实务中，审计人员也可以将两种函证方式结合起来使用：对于大金额账项采用肯定式函证，对于小金额账项则采用否定式函证。

4. 函证时间的选择

为了充分发挥函证的作用，应恰当选择函证的实施时间。审计人员通常以资产负债表日为截止日，在资产负债表日后适当时间内实施函证。如果重大错报风险评估为低水平，审计人员可选择资产负债表日前适当日期为截止日实施函证，并对所函证项目自该截止日起至资产负债表日止发生的变动实施实质性程序。

5. 函证的控制

审计人员应直接控制询证函的发送和回收。对于因无法投递而退回的信函要进行分析，查明是由于被函证者地址迁移、差错而致使信函无法投递，还是这笔应收账款本来就是一笔假账。对于采用肯定式函证方式未回函的，可再次复询，由审计人员发出第二封甚至第三封询证函。如果仍然得不到答复，审计人员应考虑采用必要的替代程序。例如检查与销售有关的文件，包括销售合同、销售订单、销售发票副本及发运凭证等，以验证这些应收账款的真实性。审计人员可通过函证结果汇总表的方式对询证函的收回情况加以控制。函证结果汇总表如表 7-6 所示。

**表 7-6　应收账款函证结果汇总表**

被审计单位名称:　　　　　制表:　　　　　日期:

结账日:　　年　　月　　日　　　复核:　　　　　日期:

| 询证函编号 | 债务人名称 | 债务人地址及联系方式 | 账面金额 | 函证方式 | 函证日期 | | 回函日期 | 替代程序 | 确认余额 | 差异金额及说明 | 备注 |
|---|---|---|---|---|---|---|---|---|---|---|---|
| | | | | | 第一次 | 第二次 | | | | | |
| | | | | | | | | | | | |
| | | | | | | | | | | | |
| | | | | | | | | | | | |
| | | | | | | | | | | | |

6. 函证结果差异的分析

收回的询证函中如有差异，审计人员应查明原因并进行进一步的分析与核实。产生差异的原因可能是由于双方登记入账的时间不同，或是由于一方或双方记账错误，也可能是被审计单位的舞弊行为。登记入账的时间不同产生的不符事项主要表现在:

（1）债务人已经付款，而被审计单位尚未收到款项;

（2）被审计单位已经发出货物，并登记了应收账款，债务人尚未收到货物，因此也未确认应付款项;

（3）债务人由于种种原因已将货物退回，并冲减了应付款项，而被审计单位尚未收到货物，也未对应收账款做出调整;

（4）债务人对收到的货物数量、规格等不满意而全部或部分拒付。

如果不符事项构成错报，审计人员应当重新考虑所实施审计程序的性质、时间和范围。

7. 审计人员应将函证的过程和情况记录在审计工作底稿中，并据以总结和评价应收账款情况

审计人员对函证结果可进行如下评价。

（1）审计人员应重新考虑过去对内部控制的评价是否适当；控制测试的结果是否适当；分析程序的结果是否适当；相关的风险评价是否适当等。

（2）如果函证结果表明没有审计差异，则审计人员可以合理地推论：全部应收账款总体是正确的。

（3）如果函证结果表明存在审计差异，则审计人员应当估算应收账款总额中可能出现的累计差错是多少，估算未被选中进行函证的应收账款的累计差错是多少。为取得对应收账款累计差错更加准确的估计，也可以扩大函证范围。

需要指出的是，应收账款尽管得到了债务人的确认，但这并不意味着债务人就一定会付款。另外，函证也不可能发现所有存在的问题。因而函证不能取代或免除应收账款审计的其他程序和方法。有时将函证和其他审计程序结合起来会更加有效。

（五）确定已收回的应收账款金额

请被审计单位协助，在应收账款明细表上标出至审计时已收回的应收账款金额。对已收回金额较大的款项进行常规检查，如核对收款凭证、银行对账单、销售发票等，并注意凭证发生日期的合理性。

（六）检查未函证应收账款

由于审计人员不可能对所有应收账款进行函证，因此，对于未函证的应收账款，审计人员应抽查有关原始凭据，如销售合同、销售订单、销售发票副本及发运凭证等，以验证与其相关的这些应收账款的真实性。

（七）检查坏账的确认和处理

首先，审计人员应检查有无债务人破产或者死亡的，以及破产或以遗产清偿后仍无法收回的，或者债务人长期未履行清偿义务的应收账款；其次，应检查被审计单位的坏账处理是否经授权批准，有关会计处理是否正确。

（八）抽查有无不属于结算业务的债权

不属于结算业务的债权，不应在应收账款中进行核算。因此，审计人员应抽查应收账款明细账，并追查有关原始凭证，查证被审计单位应收账款中有无不属于结算业务的债权。如有，应做出记录或建议被审计单位进行适当调整。

(九)检查外币应收账款的折算

对于用非记账本位币(通常为外币)结算的应收账款,审计人员应检查被审计单位外币应收账款的增减变动是否按业务发生时的市场汇率或期初市场汇率折合为记账本位币金额,所选折合汇率前后各期是否一致;期末外币应收账款余额是否按期末市场汇率折合为记账本位币金额;折算差额的会计处理是否正确。

(十)分析应收账款明细账余额

应收账款明细账的余额一般在借方。在分析应收账款明细账余额时,审计人员如果发现应收账款出现贷方明细余额的情形,就应查明原因,必要时建议作重分类调整。

(十一)检查应收账款在资产负债表上是否已恰当披露

会计准则规定:应收账款项目应根据“应收账款”和“预收款项”科目所属各明细科目的期末借方余额合计数,减去“坏账准备”科目中有关应收账款计提的坏账准备期末余额后的金额填列。如“应收账款”科目所属明细科目期末有贷方余额的,应在资产负债表“预收款项”项目中列示。

**【例 7-5】** 某审计人员 2009 年 1 月对某电子元件厂的应收账款及坏账准备进行审计,取得如下资料。

**表 7-7 应收账款明细表**

单位:元

| 债务单位 | 账面余额 | |
|---|---|---|
| | 年初数 | 年末数 |
| 电脑开发公司 | 65 000 | 31 000 |
| 食品公司 | 35 400 | 21 000 |
| 物资公司 | 27 000 | 17 000 |
| 商场 | 90 900 | 36 000 |
| 商业中心 | 21 000 | 45 000 |
| 合计 | 239 300 | 150 000 |

审计人员于 2009 年 1 月对该公司应收账款进行了全部函证,截止到 1 月 25 日除物资公司外,审计人员收到了全部回函,除下列存在异议外,其他均与应收账款明细账相符。

(1)电脑开发公司回函,仅欠款 11 000 元,其余已于 2009 年 1 月 15 日支付,经审计人员追查,该笔款项已于 2009 年 1 月 18 日收到,并已入账。

(2)商业中心回函称 2008 年 9 月所欠 18 000 元因商品质量问题,只能支付 70%,财务部经理已同意。

**【要求】** 根据以上资料，对应收账款进行必要调整；并分析物资公司欠款可能存在问题，提出处理意见。

**【解答】** 调整电脑开发公司的应收账款：

借：银行存款　　20 000

　贷：应收账款—电脑开发公司　　20 000

调整商业中心的应收账款：

借：主营业务收入　　4 615.38

　应交税费—应交增值税（销项税额）　　784.62

　贷：应收账款—商业中心　　5 400（18 000×30%）

物资公司可能存在的问题有：此项货款是该厂为虚增收入而虚构的；也可能是记账错误；或者该款项已收回，但未销账。

针对上述情况，审计人员应派人到物资公司了解真正原因，如果对方早已付款，应及时调账；如果是记账错误，应及时更正；如是虚构的货款，要严肃处理，并及时调整有关账目。

## 三、坏账准备的审计

坏账是指企业无法收回或收回的可能性极小的应收款项，企业会计准则规定，企业应在期末对应收款项进行检查，并预计可能产生的坏账损失。应收款项包括应收票据、应收账款、预付款项、其他应收款和长期应收款等。

在市场经济的社会信用制度尚未完善时期，应收款项部分或全部无法收回的情形司空见惯。因此，企业应当定期或者至少于每年年度终了对应收款项进行全面检查，预计各项应收款项可能发生的坏账，对于没有把握能够收回的应收款项，应当计提坏账准备。正因为如此，坏账准备通常是审计的重点领域。

坏账准备的审计目标一般包括：坏账准备的计提方法和比例是否恰当；坏账准备的计提是否充分；确定坏账准备增减变动的记录是否完整；确定坏账准备期末余额是否正确；确定坏账准备的披露是否恰当。

坏账准备的实质性程序一般包括以下几个方面。

### （一）取得或编制坏账准备明细表，复核加计正确，与坏账准备总账数、明细账合计数核对相符

### （二）执行分析程序

通过计算坏账准备余额占应收款项余额的比例，并和以前期间的相关比例核对，检查

分析其重大差异，以发现有重要问题的审计领域。

（三）将应收账款坏账准备本期计提数与资产减值损失相应明细账目的发生数核对相符

（四）审查坏账准备的计提

审计人员主要应查明坏账准备的计提方法和比例是否符合会计准则规定，计提的数额是否恰当，会计处理是否正确，前后期是否一致。

企业通常应采用备抵法按期估计坏账损失，计提坏账损失的具体方法由企业自行确定。企业应当列出目录，具体注明计提坏账准备的范围、提取方法、账龄的划分和提取比例，按照管理权限，经股东大会或董事会，或经理会议或类似机构批准，并按照法律、行政法规的规定报有关各方备案。坏账准备提取方法一经确定，不得随意变更；如需变更，应按上述程序经批准后报经有关各方备案，并在财务报表附注中说明变更的内容和理由、变更的影响数等。

估计坏账损失的方法主要有账龄分析法、余额百分比法等，如果某项应收账款的可回收性与其他各项应收账款存在明显差别，可对其采用个别认定法计提坏账准备。企业应根据所持应收款项的实际可回收情况，合理计提坏账准备，不得多提或少提。

在确定坏账准备的计提比例时，企业应当根据以往的经验、债务单位的实际财务状况和现金流量的情况，以及其他的相关信息合理的估计。除有确凿证据表明该项应收账款不能收回，或收回的可能性不大时（如债务单位撤销、破产、资不抵债、现金流量严重不足、发生严重的自然灾害等导致停产而在短时间内无法偿付债务等，以及应收款项逾期 3 年以上），下列情况一般不能全额计提坏账准备：

（1）当年发生的应收账款，以及未到期的应收账款；

（2）计划对应收账款进行重组；

（3）与关联方发生的应收账款；

（4）其他已逾期，但无确凿证据证明不能收回的应收账款。

（五）审查坏账损失的确认和转销

对有确凿证据表明确实无法收回的应收账款，如债务单位已撤销、破产、资不抵债、现金流量严重不足等，企业应根据管理权限，经股东（大）会或董事会，或经理（厂长）办公会或类似机构批准作为坏账损失，冲销提取的坏账准备。对于被审计期间内发生的坏账损失，审计人员应检查其原因是否清楚，是否符合有关规定，有无授权批准，有无已作坏账损失处理后又重新收回的应收款项，相应的会计处理是否正确。必要时还可向债务人函证查明引起核销的应收账款在最初入账时是否真实存在。

（六）审查长期挂账应收账款

审计人员应审查应收账款明细账及相关原始凭证，查找有无报表日后仍未收回的长期挂账应收账款，如有，应提请被审计单位作适当处理。

（七）检查函证结果

对债务人回函中反映的例外事项及存在争议的余额，审计人员应查明原因并进行记录，必要时应建议被审计单位作相应的调整。

（八）确定坏账准备的披露是否恰当

企业应当在财务报表附注中清晰地说明坏账的确认标准、坏账准备的计提方法和计提比例，并应区分应收账款和其他应收款项目，按账龄披露坏账准备的期末余额。

**【例 7-6】** 甲公司 2008 年 12 月 31 日应收账款总账余额为 20 000 万元，其所属明细账中借方余额的合计数为 21 000 万元，贷方余额的合计数为 1 000 万元；其他应收款总账余额为 3 000 万元，该公司采用余额百分比法计提坏账准备，计提比例为 1%，计提金额为 230 万元。坏账准备的账户记录详见表 7-8。

表 7-8　坏账准备明细账　　单位：万元

| 日　期 | 凭证字号 | 摘　　要 | 借　方 | 贷　方 | 余　额 |
|---|---|---|---|---|---|
| 1/1 | | 上年结转 | | | 100（贷方） |
| 5/6 | 转字 37 | 核销坏账 | 50 | | 50（贷方） |
| 8/11 | 转字 87 | 核销坏账 | 60 | | -10（借方） |
| 31/12 | 转字 98 | 计提本年的坏账准备 | | 230 | 220（贷方） |

**【要求】** 根据上述资料，指出坏账准备计提中存在的问题并进行纠正。

**【解答】** 该公司坏账准备的计提金额有误。首先，对于应收账款明细账中有贷方余额的不应计提坏账准备，因其相当于预收款项，应该对其进行重新分类，归入负债方。年末计提坏账准备的基数为：

21 000+3 000=24 000（万元）

当年应提取坏账准备：24000×1%-(-10)=250（万元）

该公司少提 20 万元坏账准备（250 万元-230 万元），建议做出调整，调整分录为：

借：资产减值损失　　200 000

　　贷：坏账准备　　　　200 000

## 第五节　其他相关账户审计

在销售与收款循环中，除以上介绍的财务报表项目或会计科目之外，还有应收票据、预收款项、应交税费、营业税金及附加、销售费用等项目。以下我们将简单介绍这些项目审计的实质性程序。

### 一、应收票据审计

如果企业销售实现时没有收到现款，而是收到了客户的商业汇票，包括商业承兑汇票和银行承兑汇票，便产生了应收票据。应收票据是以书面形式表现的债权资产，其款项具有一定的保证，经持有人背书后可以提交银行贴现，具有较大的灵活性。由于应收票据是在企业赊销业务中产生的，因此对应收票据的审计也必须结合赊销业务一起进行。

应收票据的实质性程序主要有以下几个方面。

（一）获取或编制应收票据明细表

审计人员获取或编制应收票据明细表，复核加计正确，并核对其期末余额合计数与报表数、总账数和明细账合计数是否相符。

（二）监盘库存票据

审计人员监盘库存票据时，应注意票据的种类、号数、签收的日期、到期日、票面金额、合同交易号、付款人、承兑人、背书人姓名或单位名称，以及利率、贴现率、收款日期、收回金额等是否与应收票据登记簿的记录相符，是否存在已作抵押的票据和银行退回的票据。

（三）函证应收票据

必要时，抽取部分票据向出票人函证，以证实应收票据的存在性和可收回性，并编制函证结果汇总表。

（四）审查应收票据的利息收入

复核利息计算的正确性，注意逾期应收票据是否已按规定停止计提利息，并检查其会计处理是否正确。

（五）审查已贴现应收票据

对于已贴现的应收票据，审计人员应审查其贴现额与贴现息的计算是否正确，会计处理方法是否适当。

（六）对于非记账本位币结算的应收票据，检查其采用的折算汇率是否正确

（七）对于应收票据相关的坏账准备进行审计

（八）确定应收票据在财务报表上的披露是否恰当

审计人员应检查被审计单位资产负债表中应收票据项目的数额是否与审定数相符，是否剔除了有关风险和报酬已转移的已贴现票据；在财务报表附注中应披露的内容是否充分。

**【例 7-7】** 审计人员 2008 年 1 月审查甲股份有限公司应收票据时，发现 2007 年 12 月 20 日贴现一张票面面额为 50000 元，利率为 10%, 90 天到期的带息应收票据，该公司已持有 60 天，按 12%的贴现率进行贴现，该公司账户资料记载所得贴现款为 49487.5 元，无银行出具的有关凭证，账务处理为：

借：银行存款　　　　49 487.5
　　财务费用　　　　　512.5
　　贷：应收票据　　　　　　50 000

**【要求】** 根据上述资料，审查该笔贴现业务的公允性，指出存在的问题，并作调整分录。

**【解答】** 根据资料，该公司这笔应收票据贴现应得的贴现额计算如下：

| | |
|---|---|
| 本金 | 50 000 元 |
| 到期值（50 000+50 000×10%×90/360） | 51 250 元 |
| 减：贴现息（51 250×12%×30/360） | 512.5 元 |
| 贴现额 | 50 737.5 元 |

因此，该公司的应收票据贴现款 49487.5 元是不正确的，实际为 50 737.5 元。

该公司将贴现票据收入 50 737.5 元记为 49 487.5 元，并且无银行的有关原始凭证，这少记的 1 250 元很可能是经手人贪污利息，应进一步收集审计证据，确定问题的性质，追究经手人的责任。

该公司上年度应做的正确分录为：

借：银行存款　　　　50 737.5
　　贷：应收票据　　　　50 000
　　　　财务费用　　　　　737.5

因此，该公司上年度财务费用多记 1250 元, 要求在 2008 年 1 月份进行调整。上年度的财务费用作为期间费用已在上年利润总额中扣除，所以不能调整“财务费用”账户，只能调整“以前年度损益调整”账户，同时向经手人追回短缺款项。分录为：

借：其他应收款——X X　　　　1 250

贷：以前年度损益调整　　　　　　　　1 250

同时应补交增加利润所缴的所得税，并进行利润结转。假定所得税税率为 25%，则应补交的所得税为 312.5 元（1 250×25%）。分录为：

借：以前年度损益调整　　　　　　　　312.50

　　贷：应交税费——应交所得税　　　　　312.50

借：以前年度损益调整　　　　　　　　937.50

　　贷：利润分配——未分配利润　　　　　937.50

另外，还应调整盈余公积账户的余额：

借：利润分配——未分配利润　　　　　93.75

　　贷：盈余公积　　　　　　　　　　　93.75

## 二、预收款项审计

预收款项是在企业销售业务成立以前，预先收取的部分货款，由于预收款项是随着企业销货业务的发生而发生的，审计人员应结合企业销货业务对预收款项进行审计。预收款项的实质性测试程序一般包括以下几个方面。

（一）获取或编制预收款项款明细表，复核加计是否正确，并核对其期末余额合计数与报表数、总账数和明细账合计数是否相符

（二）请被审计单位协助，在预收款项明细表上标出截至审计日已转销的预收款项，对已转销金额较大的预收款项进行检查，核对记账凭证、仓库发运凭证、销售发票等，并注意这些凭证发生日期的合理性

（三）抽查与预收款项有关的销售合同、仓库发运凭证、收款凭证，检查已实现销售的商品是否及时转销预收款项，确保预收款项期末余额的正确性和合理性

（四）选择预收款项的若干重大项目函证，根据回函情况编制函证结果汇总表

函证测试样本通常应考虑选择大额或账龄较长的项目、关联方项目以及主要客户项目。对于回函金额不符的，应查明原因并做出记录或建议作适当调整；对于未回函的，应再次函证或通过检查资产负债表日后已转销的预收款项是否与仓库发运凭证、销售发票相一致等替代程序，确定其是否真实、正确。

（五）检查预收款项是否存在借方余额，决定是否建议作重分类调整

（六）检查预收款项长期挂账的原因，并做出记录，必要时提请被审计单位予以调整

（七）对于预收款项中按税法规定应预缴税费的预收销售款，结合应交税费项目，检查是否及时、足额缴纳有关税费

（八）检查预收款项是否已在资产负债表上作恰当披露

## 三、营业税金及附加审计

营业税金及附加是指企业由于销售产品、提供工业性劳务等负担的税金及附加，包括营业税、消费税、城市维护建设税、资源税、土地增值税和教育费附加等。对营业税金及附加的实质性程序，应在查明被审计单位应交纳的税种基础上结合“营业税金及附加”总账、明细账与有关原始凭证，以及与该账户对应的“应交税费”等账户进行检查，必要时，应向有关部门、单位和人员进行查询。营业税金及附加的实质性程序主要包括以下几个方面。

（一）取得或编制主营业务税金及附加明细表，复核加计正确，并与报表数、总账数和明细账合计数核对相符

（二）确定被审计单位的纳税范围与税种是否符合国家规定

（三）根据审定的当期应纳营业税的主营业务收入，按规定的税率分项计算、复核本期应纳营业税税额

（四）根据审定的应税消费品销售额（或数量），按规定适用的税率，分项计算、复核本期应纳消费税税额

（五）根据审定的应税资源税产品的课税数量，按规定适用的单位税额，计算、复核本期应纳资源税税额

（六）检查城市维护建设税、教育费附加等项目的计算依据是否与本期应纳增值税、营业税、消费税合计数一致，并按规定适用的税率或费率计算、复核本期应纳城建税、教育费附加等

（七）复核各项税费与应交税费等项目的钩稽关系

（八）确定被审计单位减免税的项目是否真实，理由是否充分，手续是否完备

（九）确定主营业务税金及附加是否已在利润表上作恰当披露

## 四、销售费用审计

销售费用是指企业在销售商品过程中发生的费用。销售费用的实质性程序主要包括：

（一）获取或编制销售费用明细表，复核加计正确，与报表数、总账数及明细账合计数核对相符

（二）检查销售费用的项目设置和开支标准是否符合有关规定，查明其项目设置是否划清了销售费用与其他费用的界限，有关费用支出是否按规定标准列支

（三）将本期销售费用与上期销售费用进行比较，并将本期各月的销售费用进行比较，如有重大波动和异常情况应查明原因，并作适当处理

（四）选择重要或异常的销售费用，检查其原始凭证是否合法，会计处理是否正确，必

要时，对销售费用实施截止测试，检查有无跨期入账的现象，对于重大跨期项目应建议作必要调整

（五）核对有关费用项目与累计折旧、应付职工薪酬等项目的钩稽关系，作交叉索引

（六）检查销售费用的结转是否正确、合规，查明有无多转、少转或不转销销售费用，以及人为调节利润的情况

（七）检查销售费用是否已在利润表上恰当披露

## 复习思考题

### 一、单项选择题

1. 销售与收款循环的业务一般以（　　）为起点。

A. 处理顾客订货　　B. 向顾客提供商品或劳务

C. 商品或劳务转化为应收账款　　D. 收入货币资金

2. 下列各项中，预防员工贪污、挪用销货款的最有效的方法是（　　）。

A. 记录应收账款明细账的人员不得兼任出纳

B. 收取顾客支票与收取顾客现金由不同的人员担任

C. 请顾客将货款直接汇入公司所指定的银行账户

D. 公司收到顾客支票后立即寄送收据给顾客

3. （　　）是证实销售与收款循环中有关存在或发生认定的最有力证明。

A. 顾客订货单　　B. 销售单　　C. 发运凭证　　D. 销售发票

4. 审计应收账款的目的不应包括（　　）。

A. 确定应收账款的存在性

B. 确定应收账款记录的完整性

C. 确定应收账款的回收期

D. 确定应收账款在会计报表上披露的恰当性

5. 审计人员对被审计单位实施销货业务截止测试，主要目的是为了检查（　　）。

A. 年底应收账款的真实性　　B. 是否存在过多的销货折扣

C. 销货业务的入账时间是否正确　　D. 销货退回是否已经核准

6. 分析应收款项账龄仅有助于判断（　　）。

A. 应收账款的完整性　　B. 赊销业务的审批情况

C. 应收账款的可收回性　　D. 应收账款的估价

7. 对通过函证无法证实的应收账款，审计人员应当执行的最有效的审计程序是（　　）。

A. 重新测试相关的内部控制　　B. 审查与应收账款相关的销货凭证

C. 进行分析性复核　　D. 审查资产负债表日后的收款情况

8. 为了提高函证应收账款所得证据的可靠性，函证的时间最好安排在被审计年度的（　　）。

A. 被审计年度的年中　　B. 资产负债表日附近

C. 被审计年度的年初　　D. 外勤工作结束日

9. 采用（　　）结算方式，在正式向购货方发出商品时作为收入的实现。

A. 托收承付　　B. 预收款项　　C. 分期收款　　D. 直接收款

10. 审查基本业务收入时，（　　）不通过“主营业务收入”科目核算。

A. 自制半成品销售　　B. 产成品销售

C. 外购半成品直接销售收入　　D. 代制品销售收入

## 二、多项选择题

1. 在对收入及其结算情况审计时，一般要结合（　　）进行。

A. 应收账款　　B. 应付账款　　C. 预付账款　　D. 预收款项

2. 确定主营业务收入归属期是否正确，应重点审查的日期是（　　）。

A. 发票开具日期　　B. 收款日期　　C. 发货日期　　D. 记账日期

3. 审计人员确定应收账款函证数量的大小、范围时，应考虑的主要因素有（　　）。

A. 应收账款在全部资产中的重要性　　B. 被审计单位内部控制的强弱

C. 以前年度函证结果　　D. 函证方式的选择

4. 销售与收款循环业务包括的利润表项目主要有（　　）。

A. 主营业务收入　　B. 销售费用

C. 管理费用　　D. 所得税费用

5. 审计人员采用肯定式函证较好的情形是债务人符合（　　）。

A. 欠款可能存在差错　　B. 预计的差错率低

C. 相关的内部控制有效　　D. 个别账户的欠款金额较大

## 三、判断题

1. 在销售与收款循环审计中，审计人员应当将销售业务的完整性作为重要目标进行实质性测试。（　）

2. 在销售的截止测试中，审计人员可以考虑采用以账簿记录为起点的审计路线，以防止少计收入。（　）

3. 应收账款的账龄分析将有助于了解坏账准备的计提是否充分。（　）

4. 对于大额应收账款余额，审计人员必须采用肯定式函证予以证实。（　）

5. 应收账款询证函的编制和寄发均由审计人员亲自进行。（　）

6. 采用委托其他单位代销产品的被审计单位，审计人员应提请其在代销产品销售时确认收入的实现。（　）

7. 批准赊销应与销售独立，以防止信用风险。（　）

8. 由出纳定期向客户寄出对账单，促使客户履行合约。（　）

9. 审查坏账准备提取是否正确，仅关系到资产负债表的正确性。（　）

10. 肯定式函证方式没有得到复函的，应采用追查程序，一般说来应第二次乃至第三次发函，如果仍得不到答复，应考虑采用必要的替代审计程序。（　）

## 四、简答题

1. 销售与收款循环的主要业务活动有哪些？

2. 销货业务的关键内部控制有哪些？如何对其进行控制测试？

3. 对主营业务收入实施截止测试的目的是什么？

4. 审计人员在确定应收账款函证范围时应主要考虑哪些因素？

5. 审计人员在哪些情况下应采用肯定式函证？哪些情况下应采用否定式函证？

6. 某公司应收账款明细账户及余额如下表 7-9 所示。

表 7-9　应收账款明细账余额　　单位：元

| 对 方 单 位 | 应收账款年末余额 | 全年的销货总额 |
|---|---|---|
| A 公司 | 0 | 1800 000 |
| B 公司 | 20 500 | 50 000 |
| C 公司 | 60 000 | 80 000 |
| D 公司 | 300 000 | 2 300 000 |
| E 公司 | 12 000 | 88 000 |

要求：选择三个账户进行函证，应选择哪三个账户？说明原因。

## 五、业务分析题

1. 审计人员于 2008 年 2 月 18 日审查某公司 2007 年度产品销售业务时发现，该公司于 2007 年 12 月 28 日售给外地某企业甲产品 500 件，每件售价 1 000 元，总计 500 000 元，已向银行办理了托收手续，尚未作为产品销售收入和应收账款入账。该产品单位成品 800 元，该产品适用增值税率为 17%，所得税率 25%，法定盈余公积提取比例为 10%。

**【要求】**指出该厂在销售业务中存在的问题，并做出调整分录。

2. 某企业 2008 年末应收账款总账余额为借方余额 200 万元，其中所属明细账借方余额合计为 300 万元，贷方余额合计为 100 万元。该企业年末“预收款项”总账余额为贷方 100 万元，其中所属明细账贷方余额合计为 150 万元，借方余额合计为 50 万元。采用余额百分比法计提坏账准备，坏账计提比例为 3%。年末计提坏账准备前，“坏账准备”账户有借方余额 1 万元。该企业年末计提坏账准备 6 万元。

**【要求】** 计算核实该企业坏账准备计提的正确性；若存在问题，做出相应调整。

# 第八章　采购与付款循环的审计

**本章学习要点**

1. 了解采购与付款循环的主要业务活动和审计目标。
2. 理解采购与付款循环的内部控制测试。
3. 掌握应付账款、固定资产等主要账户的实质性程序。

## 第一节　采购与付款循环概述

采购与付款循环是企业从外部购置商品和劳务等并支付款项的经营业务活动，该业务循环涉及的业务范围广泛，通常会涉及会计报表中的应付账款、应付票据、预付款项、固定资产、累计折旧、在建工程、工程物资、固定资产清理、固定资产减值准备、无形资产、长期待摊费用、长期应付款、管理费用等，在企业的总资产和负债中占有相当的比重，因此，该业务循环在审计工作中应是我们重点审查的领域之一。

首先，我们来了解该循环中的主要业务活动及本循环所涉及的主要凭证和会计记录。

### 一、采购与付款循环中的主要业务活动

采购与付款循环从处理请购单开始，经过请购、订货、验收、付款等一系列业务环节。企业应将各项职能活动指派给不同的部门或职员来完成。这样，每个部门或职员都可以独立检查其他部门和职员工作的正确性。下面以采购商品为例，分别阐述采购与付款循环中的主要环节。

（一）请购商品

仓库负责对需要购买的已列入存货清单的项目填写请购单，其他部门也可以对所需要购买的未列入存货的项目编制请购单。大多数企业对正常经营所需物资的购买均作一般授权，但对资本支出和租赁合同，企业政策则通常要求作特别授权，只允许指定人员提出请

购。请购单可由手工或计算机编制，由于企业内许多部门都可以填列请购单，不便事先编号，为加强控制，每张请购单必须经过对这类支出负预算责任的主管人员签字批准。

（二）编制订购单

采购部门在收到请购单后，对经过批准的请购单发出订购单。对每张订购单，采购部门应确定最佳的供应来源。对一些大额、重要的采购项目，应采取竞价方式来确定供应商，以保证供货的质量、及时性和成本的低廉。订购单一式多联，并连续编号，分送供应商、企业内部验收部门、请购部门和应付凭单部门。

（三）验收商品

货物的验收是会计核算中确认资产、费用和负债是否存在和发生的重要依据，是购进交易中的重要环节。验收部门首先应比较所收商品与订购单上的要求是否相符，然后再盘点商品并检查商品有无损坏。验收后，验收部门应对已收货的每张订购单编制一式多联、预先编号的验收单，作为验收和检验商品的依据。验收单一联交仓库或其他请购部门作为入账凭证，另一联送应付凭单部门作为确认债务的依据。

（四）储存已验收的商品存货

将已验收商品的保管与采购的其他职责分离，可减少未经授权的采购风险。存放商品的仓储区应相对独立，限制无关人员接近。

（五）编制付款凭单

货物验收后，应付凭单部门应核对订货单、验收单和供货发票的一致性，确认负债，编制付款凭单。这项功能的控制包括：

（1）确定供应商发票的内容与相关的验收单、订购单的一致性。

（2）确定供应商发票计算的正确性。

（3）编制有预先编号的付款凭单，并附上支持性凭证（如，订购单、验收单和供应商发票等）。这些支持性凭证的种类，因交易对象的不同而不同。

（4）独立检查付款凭单计算的正确性。

（5）在付款凭单上填入应借记的资产或费用账户名称。

（6）由被授权人员在凭单上签字，以示批准照此凭单要求付款。所有未付凭单的副联应保存在未付凭单档案中，以待日后付款。经适当批准并预先编号的凭单为记录采购交易提供了依据。经审核的付款凭单，连同每日的凭单汇总表应一起送到会计部门。

（六）确认与记录负债

会计部门在收到已批准的付款凭单后，应对有关资料内容进行核对，确定无误后据以编制有关记账凭证和登记有关明细账和总账账簿。

（七）付款

公司在准备付款前，应核对付款条件，并检查资金是否充足。在签发支票的同时登记支票簿和日记账，以便登记每一笔付款。已签发的支票连同有关发票、合同凭证应送交有关负责人审核签字，并将支票送交供应商。这一环节是付款活动的关键环节，应采用邮寄或其他方式安全地送到供应商手中。

（八）记录现金、银行存款支出

根据付款凭单、支票登记簿和有关记账凭证登记有关现金和银行存款的日记账和总账账簿。

采购与付款循环的主要业务流程如图 8-1 所示。

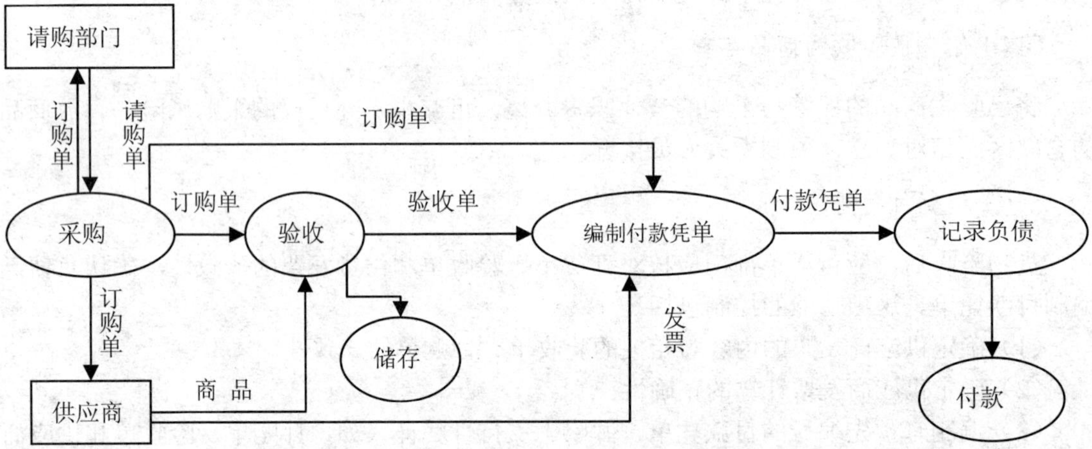


图 8-1 采购与付款主要业务流程图

## 二、主要凭证和会计记录

与销货和收款业务一样，在内部控制比较健全的企业，处理采购与付款业务通常也需要使用很多凭证和会计记录。典型的采购与付款循环所涉及的主要凭证和会计记录有以下几种：

（一）请购单

请购单是由商品制造、资产使用等部门的有关人员填写，送交采购部门，申请购买商品、劳务或其他资产的书面凭证。

（二）订购单

订购单是由采购部门填写，向另一企业购买订购单上所指定商品、劳务或其他资产的书面凭证。

（三）验收单

验收单是收到商品、资产时所编制的凭证，列示从供应商处收到的商品、资产的种类和数量等内容。

（四）卖方发票

卖方发票是供应商开具的，交给买方以载明发运的货物或提供的劳务、应付款金额和付款条件等事项的凭证。

（五）付款凭单

付款凭单是采购方企业的应付凭单部门编制的，载明已收到商品、资产或接受劳务的厂商、应付款金额和付款日期的凭证。付款凭单是企业内部记录和支付负债的授权证明文件。

（六）转账凭证

（七）付款凭证

（八）应付账款明细账

（九）现金日记账和银行存款日记账

（十）卖方对账单

供货方按月编制的，标明期初余额、本期购买、本期应支付给卖方的款项和期末余额的凭证。通常情况下，其期末余额应与采购方相应的应付账款期末余额一致。

采购与付款循环的主要凭证与记录的关系如表 8-1 所示。

表 8-1　销售与收款循环的主要凭证与记录

| 业　务 | 原始凭证与记录 | 记账凭证与账簿 | 会计分录 |
| --- | --- | --- | --- |
| 填写请购单 | 请购单 | | |
| 采购 | 订购单、购货合同、购货发票 | 记账凭证、材料采购明细账与总账、应交税费明细账与总账、应付账款明细账与总账 | 借：材料采购<br>应交税费<br>贷：应付账款 |
| 验收入库 | 验收单 | 记账凭证、材料采购明细账与总账、原材料明细账与总账 | 借：原材料<br>贷：材料采购 |
| 支付货款 | 付款凭单、支票等 | 付款凭证、现金、银行存款日记账与总账、应付账款明细账与总账 | 借：应付账款<br>贷：银行存款 |

## 第二节　采购与付款循环的内部控制及其测试

### 一、采购与付款循环的内部控制

采购与付款循环的关键内部控制主要包括以下几个方面。

（一）职责分离控制

购货业务环节中所需处理的主要业务有采购、验收、保管、付款，记录等。为保证采购确为企业生产经营所需并符合企业利益、收到商品的安全完整、价款及时准确地支付给供应商，采购和付款要有明确的分工。采购与付款业务不相容岗位至少有：请购与审批；采购合同的订立与审批；采购与验收；采购、验收与相关会计记录；付款审批与付款执行。这些都是对单位提出的、有关采购与付款业务相关职责适当分离的基本要求，以确保办理采购与付款业务的不相容岗位相互分离、制约和监督。

（二）授权审批控制

企业应当对采购与付款业务建立严格的授权批准制度，明确审批人对采购与付款业务的授权批准方式、权限、程序、责任和相关控制措施，规定经办人办理采购与付款业务的职责范围和工作要求。审批人应当根据采购与付款业务授权批准制度的规定，在授权范围内进行审批，不得超越审批权限。经办人应当在职责范围内，按照审批人的批准意见办理采购与付款业务。

（三）请购控制

企业应当建立采购申请制度，依据购置物品或劳务等类型，确定归口管理部门，授予相应的请购权，并确定相关部门或人员的职责权限及相应的请购程序。

（四）订货控制

无论何种需要的请购，采购部门在收到请购单后，最终发出购货订单之前，都应明确订购多少、向谁订购、何时购货等问题。在订购多少的控制方面，采购部门首先审查每一份请购单请购数量是否在控制限额的范围内，其次是检查使用物品和获得劳务的部门主管是否在请购单上签字同意；在向谁订购的问题上，采购部门应充分了解和掌握供应商的信誉、供货能力等有关情况，比较不同供应商所提供的资料，选择最有利于企业生产和成本最低的供应商，与供应商签订合同；关于何时订货的问题，主要由存货管理部门运用经济批量法和分析最低存货点来进行，当请购单已提出，采购部门应对这些请购单的处理结果及时告知仓储和生产部门。

在上述三个方面的决定做出之后，购货部门应及时填制购货订单，并对其进行控制，主要是预先应对每份订单进行编号；在购货订单向供应商发出前，必须由专人检查该订单是否得到授权人的签字；由专人复查购货订单的编制过程和内容；购货订单的副本应递交给请购、保管与会计部门等。

（五）验收控制

企业应根据规定的验收制度和经批准的订单、合同等采购文件，由独立的验收部门或指定专人对所购物品或劳务等的品种、规格、数量、质量和其他相关内容进行验收，出具验收证明。对验收过程中发现的异常情况，负责验收的部门或人员应当立即向有关部门报告；有关部门应查明原因，及时处理。

（六）会计记录控制

在保证采购业务正常运行的同时，内部控制制度还应通过对会计记录的控制来保证会计记录所反映的经济活动信息的全面性、及时性和可靠性。在凭证记录的管理上，企业应做到请购单、订货单、验收单和卖方发票一应俱全，并附在付款凭单后；注销凭证以防止重复使用；订货单、验收单、卖方发票均经事先编号并已及时入账；采用适当的会计科目进行正确的会计核算。

（七）付款的控制

《内部会计控制规范－采购与付款（试行）》中规定的以下与付款业务相关的内部控制

内容是应当共同遵循的。

1. 单位应当按照《现金管理暂行条例》、《支付结算办法》和《内部会计控制规范－货币资金（试行）》等规定办理采购付款业务

2. 单位财会部门在办理付款业务时，应当对采购发票、结算凭证、验收证明等相关凭证的真实性、完整性、合法性及合规性进行严格审核

3. 单位应当建立预付款项和定金的授权批准制度，加强预付款项和定金的管理

4. 单位应当加强应付账款和应付票据的管理，由专人按照约定的付款日期、折扣条件等管理应付款项；已到期的应付款项须经有关授权人员审批后方可办理结算与支付

5. 单位应当建立退货管理制度，对退货条件、退货手续、货物出库、退货货款回收等做出明确规定，及时收回退货款

6. 单位应当定期与供应商核对应付账款、应付票据、预付款项等往来款项。如有不符，应查明原因，及时处理

（八）内部监督检查

企业应当建立对采购与付款内部控制的监督检查制度，明确监督检查机构或人员的职责权限，定期或不定期地进行检查。对监督检查过程中发现的采购与付款内部控制中的薄弱环节，企业应当采取措施，及时加以纠正和完善。采购与付款内部控制监督检查的主要内容，包括以下几个方面。

1. 采购与付款业务相关岗位及人员的设置情况

重点检查是否存在采购与付款业务不相容职务混岗的现象。

2. 采购与付款业务授权批准制度的执行情况

重点检查大宗采购与付款业务的授权批准手续是否健全，是否存在越权审批的行为。

3. 应付账款和预付款项的管理

重点审查应付账款和预付款项支付的正确性、时效性和合法性。

4. 有关单据、凭证和文件的使用和保管情况

重点检查凭证的登记、领用、传递、保管、注销手续是否健全，使用和保管制度是否存在漏洞。

## 二、采购与付款循环的控制测试

（一）了解并描述采购与付款循环的内部控制制度

审计人员可以凭借以往与客户交往的经验，并通过运用询问、观察和检查凭证等审计

程序来取得对被审计单位采购与付款业务的了解，并将了解的情况用文字表述、调查表或流程图的方式记录与审计工作底稿中。采购交易内部控制问卷调查表格式见表 8-2 所示。

表 8-2　采购交易内部控制调查表

被审计单位名称：　　　　　　　　　　　　　　　　　　　　20××年×月×日

| 问　题 | 回　答 | | | 备　注 |
|---|---|---|---|---|
| | 是 | 否 | 不适用 | |
| 一、请购商品和劳务 | | | | |
| 1. 是否已建立请购的一般和特殊授权批准程序 | | | | |
| 2. 是否对所有请购的商品和劳务编制请购单 | | | | |
| 二、订购商品或劳务 | | | | |
| 1. 每笔采购业务是否都具有经过批准的订购单 | | | | |
| 2. 是否使用预先编号的订购单并加以控制 | | | | |
| 三、验收商品 | | | | |
| 1. 验收部门接受货物之前是否必须取得订购单 | | | | |
| 2. 是否清点、检验货物，并与订购单相核对 | | | | |
| 3. 验收单是否预先编号，并附有验收人员的签字 | | | | |
| 4. 验收部门将商品送交仓库或其他订购部门，是否取得对方签章的收据 | | | | |
| 5. 送交验收部门的订购单副联是否已涂改采购数量 | | | | |
| 四、存储已验收的商品 | | | | |
| 1. 商品是否存放在安全地点，并限制接近 | | | | |
| 2. 是否设有保安人员守卫仓库 | | | | |
| 五、编制付款凭单 | | | | |
| 1. 编制付款凭单时，是否将凭单同订购单、验收单和供应商发票相配合 | | | | |
| 2. 是否独立检查供应商发票和凭单计算的正确性 | | | | |
| 3. 凭单是否经过授权人员的批准 | | | | |
| 六、记录负债 | | | | |
| 1. 是否编制每日凭单汇总表并将其与有关记账凭证的记录金额比较 | | | | |
| 2. 是否对有关记账凭证的会计记录进行独立检查，以确定账户分类的恰当性和入账的及时性 | | | | |
| 3. 是否定期独立检查未付凭单档案内凭单总和与应付账款总账的一致性 | | | | |

审计人员：　　　　　　　　审计日期：

复核人员：　　　　　　　　复核日期：

（二）对内部控制制度进行测试

测试采购与付款内部控制是在了解与描述的基础上，对其在实际业务中的执行与实施情况和过程进行检查和观察，以确定制定的内部控制与实际执行的是否相符与一致。

1. 关于请购商品或劳务内部控制的测试

审计人员应关注对请购单的提出和核准的控制程序，对其进行控制测试时，应选择若干张请购单，检查摘要、数量及日期和相应文件的完整性，审核核准的证据手续是否完整，有无核准人签字等。

2. 关于订购商品或劳务内部控制的测试

审计人员应注意对订货单的填制和处理的控制，关注订货单是否准确处理和全部有效。进行测试时，应注意审查订货单内容的完整性，审查订货单是否附有请购单或其他授权文件。

3. 关于货物验收内部控制的测试

审计人员应确定购货发票是否与验收单一致，验收部门是否独立行使职责，并编制正确的验收单，查询并观察验收部门在收货时对货物的检查情况，检查按编号顺序处理的验收单的完整性，即验收单的内容填写是否完整，查阅货物质量检验单的内容和处理程序。

4. 关于应付账款核算内部控制的测试

审计人员应检查购货业务的原始凭证，包括每一张记录负债增加的记账凭证是否均附有订货单、验收单、购货发票，审核这些原始凭证的数量、单价、金额是否一致，原始凭证上的各项手续是否齐全。应注意现金折扣的处理是否由经授权的经办人按规定处理，测试中可抽查部分购货发票，注意有关人员是否在现金折扣期限内按原发票价格支付货款，然后从供货方取得退款支票或现金，有无丧失了本应获得的折扣的问题。审计人员还应根据付款凭证记录的内容，分别追查应付账款和存货明细账与总账是否进行平行登记，金额是否一致。

5. 关于付款业务内部控制的测试

审计人员可通过查询、观察、检查以及重复执行内部控制等措施对资金支出进行测试，其步骤与方法是：检查支票样本，审核付款是否经过批准，支票是否与应付凭单一致，付款后是否注销凭单，支票是否由经过授权批准的人员签发；检查支票登记簿的编号次序，与相应的应付账款明细账以及银行存款日记账核对，审查其金额是否一致；观察编制凭证和签发支票、签发支票与保管支票的职责分配是否符合内部控制原则；检查付款支票样本，确定资金支付是否完整地记录在适当的会计期间。

（三）评价内部控制制度

对采购与付款内部控制进行评价是为了对采购与付款业务进行实质性程序前对采购与付款内部控制确定可依赖程度。审计人员应确定内部控制是否符合各项要求，有无薄弱环节和失控点，评价控制风险，明确账户余额、发生额审查的范围和重点。在评价时应注意分析采购与付款业务中认定可能发生哪些潜在的错报，哪些控制可以防止或者发现并更正这些错报。通过比较必要的控制和现有控制，评价计划依赖的采购与付款业务内部控制的健全性与有效性。

**【例 8-1】** 注册会计师黄平于 2008 年 12 月 20 日对甲公司采购与付款循环的内部控制进行了解，发现如下一些情况：

（1）甲公司的材料采购由采购部门负责，根据自己编制的采购单采购，货物进厂后由隶属于采购部门的验收部门负责验收；

（2）如果货物验收合格，验收部门就在“采购单”上盖“货已验讫”的印章，交给会计部门付款；

（3）验收不合格的货物由验收部门直接退给供货商，验收部门不负责开验收单；

（4）验收后的货物直接堆放在机器旁准备加工。

**【要求】** 根据上述情况 ,针对该企业采购与付款循环内部控制提出改进建议。

**【解答】** 甲公司采购与付款循环内部控制方面应改进的有：

（1）采购部门的采购应根据存储或其他授权部门填制的请购单采购，验收部门应独立于采购、存储部门；

（2）验收部门应在验收完毕后填制一式多联的验收报告单，在报告单上预留空格，注明完全合格或拒收数量及原因；验收单分送采购、存储及会计等部门；应由应付凭单部门编制付款凭单通过会计部门开票付款；

（3）验收部门应在验收报告单中注明退回数量，并请供应商签名后方可退货；

（4）货物先经存储部门点验和检查后签收，再凭完善的发货控制系统，进行领料加工。

## 三、固定资产的内部控制和控制测试

商品存货与固定资产同属一个交易循环，在内部控制和控制测试上有许多共性的地方，但由于固定资产还存在不少特殊性，有必要对其单独加以说明。固定资产在资产总额中占的比重大，而且固定资产的折旧、维修等费用是影响损益的重要因素。因此，固定资产管理一旦失控，其损失将远远超过一般的商品存货。为了确保固定资产的真实、完整、安全和有效利用，被审计单位应当建立和健全固定资产的内部控制制度。下面结合企业常用的固定资产内部控制，介绍固定资产控制测试应予以关注的地方。

（一）固定资产的预算制度

预算制度是固定资产内部控制中最重要的部分。审计人员应注意检查固定资产的取得和处置是否均依据预算，对实际支出与预算之间的差异以及未列入预算的特殊事项，应检查其是否履行特别的审批手续。如果固定资产增减均能处于良好的经批准的预算控制之下，审计人员可适当减少针对固定资产增加、减少的实质性程序的样本量。

（二）授权批准制度

完善的授权批准制度包括：企业的资本性预算只有通过董事会等高层管理机构批准方可生效；所有固定资产的取得和处置均需经企业管理层的书面认可。审计人员不仅要检查被审计单位固定资产批准制度本身是否完善，还要关注批准制度是否得到切实执行。

（三）账簿记录制度

除固定资产总账外，被审计单位还需设置固定资产明细账和固定资产登记卡，按固定资产类别、使用部门和每项固定资产进行明细核算。固定资产的增减变化均应有充分的原始凭证。一套设置完善的固定资产明细分类账和登记卡，将为审计人员分析固定资产的取得和处置、复核折旧费用和修理支出的列支带来帮助。

（四）职责分工制度

对固定资产的取得、记录、保管、使用、维修、处置等，均应明确划分责任，由专门部门和专人负责。明确的职责分工制度，有利于防止舞弊，降低审计人员风险。

（五）资本性支出和收益性支出的区分制度

企业应制定区分资本性支出和收益性支出的书面标准。通常需明确资本性支出的范围和最低金额，凡不属于资本性支出的范围、金额低于下限的任何支出，均应列作费用并抵减当期收益。

（六）固定资产的处置制度

固定资产的处置，包括投资转出、报废、出售等，均要有一定的申请报批程序。

（七）固定资产的定期盘点制度

对固定资产的定期盘点，是验证账面各项固定资产是否真实存在、了解固定资产放置地点和使用状况以及发现是否存在未入账固定资产的必要手段。审计人员应了解和评价企业固定资产盘点制度，并注意查询盘盈、盘亏固定资产的处理情况。

（八）固定资产的维护保养制度

固定资产应有严密的维护保养制度，以防止其因各种自然和人为的因素而遭受损失，并应建立日常维护和定期检修制度，以延长其使用寿命。

## 第三节 应付账款的审计

应付账款是企业在正常经营过程中，因购买材料、商品或接受劳务供应等而应付给供应单位的款项。可以看出，应付账款业务是随着企业赊购交易的发生而发生的，审计人员应结合购货业务进行应付账款的审计。

### 一、应付账款的审计目标

应付账款的审计目标一般包括：确定期末应付账款是否存在；确定期末应付账款是否为被审计单位应履行的偿还义务；确定应付账款的发生和偿还记录是否完整；确定应付账款期末余额是否正确；确定应付账款在财务报表上的披露是否恰当。

### 二、应付账款的实质性程序

（一）获取或编制应付账款明细表，复核加计正确，并与报表数、总账数和明细账合计数核对是否相符

（二）对应付账款进行分析程序

1. 对本期期末应付账款余额与上期期末余额进行比较，分析其波动原因

2. 计算应付账款对存货的比率、应付账款对流动负债的比率，并与以前期间对比分析，评价应付款整体的合理性

3. 根据存货、主营业务收入和主营业务成本的增减变动幅度，判断应付账款增减变动的合理性

（三）函证应付账款

一般情况下，应付账款不需要函证，这是因为函证不能保证查出未记录的应付账款，况且审计人员能够取得购货发票等外部凭证来证实应付账款的余额。但如果控制风险较高，某些应付账款明细账户金额较大或被审计单位处于财务困难阶段，则应进行应付账款的函证。

进行函证时，审计人员应选择较大金额的债权人，以及那些在资产负债表日金额不大、甚至为零、但为企业重要供货人的债权人，作为函证对象。函证最好采用肯定形式，并具体说明应付金额。同应收账款的函证一样，审计人员必须对函证的过程进行控制，要求债权人直接回函，并根据回函情况编制并分析函证结果汇总表；对未回函的，应考虑是否再次函证。

如果存在未回函的重大项目，审计人员应采用替代程序。比如，可以检查决算日后应付账款明细账及现金和银行存款日记账，核实是否已支付，同时检查该笔债务的相关凭证资料，核实交易事项的真实性。

（四）查找未入账的应付账款

为了防止企业低估负债，审计人员应检查被审计单位有无故意漏记应付账款的行为。为此，审计人员可以结合存货监盘，检查被审计单位在资产负债表日是否存在材料入库但未收到购货发票的经济业务；检查资产负债表日后收到的采购发票，关注采购发票的日期，确认其入账时间是否正确；检查资产负债表日后应付账款明细账贷方发生额的相应凭证，确认其入账时间是否正确；检查资产负债表日后若干天的付款事项，询问被审计单位内部或外部的知情人员，确定有无未及时入账的应付账款，检查相关记录或文件。审计人员还可以通过询问被审计单位的会计和采购人员，查阅资本预算、工作通知单和基建合同来进行检查。

如果审计人员通过这些审计程序发现某些未入账的应付账款，应将有关情况详细记入审计工作底稿，然后根据其重要性确定是否需建议被审计单位进行相应的调整。

（五）检查应付账款是否存在借方余额

如有应查明原因，必要时建议被审计单位作重分类调整。

（六）检查应付账款分类的正确性

结合预付款项的明细余额，查明是否有应付账款和预付款项同时挂账的项目；结合其他应付款的明细余额，查明有无属于应付账款的其他应付款。

（七）检查长期挂账的应付账款

审计过程中，如发现长期挂账的应付账款，应询问被审计单位长期挂账的原因，做出记录，注意其是否可能发生呆账收益。还要注意判断被审计单位是否缺乏偿债能力或利用应付账款隐瞒利润。

（八）检查带有现金折扣的应付账款是否按发票上记载的全部应付金额入账，待实际获得现金折扣时再冲减财务费用项目

（九）关注是否存在应付关联方账款

如有，应通过了解关联交易事项的内容、价格和条件，检查采购合同等方法确认该应付账款的合法性和合理性；通过向关联方等查询及函证等方法，以确认交易的真实性。

（十）用非记账本位币结算的应付账款，检查其采用的折算汇率是否正确

（十一）查明应付账款在资产负债表上的披露是否恰当

一般来说，“应付账款”项目应根据“应付账款”和“预付款项”科目所属明细科目的期末贷方余额的合计数填列。

**【例 8-2】** 2009 年 1 月，审计人员审计某公司应付账款明细账时发现应付账款—A 公司的贷方余额为 100 000 元，经审查是 2005 年向 A 公司购买原料的货款。

**【要求】** 分析可能存在的问题；说明应采取何种审计程序审计，提出何种审计意见。

**【解答】** 该应付账款挂账时间较长，可能存在的问题是：该公司与 A 公司在业务上存在纠纷，如产品质量、规格或相互拖欠等，所以拒付货款；或该公司故意拖欠货款，占用 A 公司的资金；也可能是该公司记账错误。

应采取的审计程序是：采用面询或函询的方法，对 A 公司进行调查。针对不同情况，做出不同的处理：如果是业务纠纷，双方应协商解决；如果是故意拖欠，应尽快偿还；如果是记账错误，应及时更正。

**【例 8-3】** 审计人员在审查某公司 2008 年 12 月“应付账款”明细账时发现下列分录：

借：银行存款　　117 000

　　贷：应付账款——甲公司　　11 7000

该笔业务所附原始凭证为银行进账单和向甲公司开出的发票。发票注明货款 100 000 元，增值税 17 000 元。审计人员审查该年度“主营业务收入”明细账，发现该企业下半年销售收入下滑幅度较大。

**【要求】** 指出该企业存在的问题，提出处理意见。

**【解答】** 从该笔业务所附的原始凭证，并结合对销售收入的分析来看，该企业利用应付账款隐瞒业务收入，人为调节了利润，少交了税金。应建议该企业按国家规定调整有关账簿记录，并补交相关税金。

调整分录为：借：应付账款—甲公司　　117 000

　　贷：应交税费—应交增值税（销项税额）　　17 000

　　　　以前年度损益调整　　100 000

假设该批货物的成本为 80 000 元： 借：以前年度损益调整 80 000

贷：库存商品 80 000

补交所得税（所得税率 25%）：借：以前年度损益调整 5 000

贷：应交税费—应交所得税 5 000

借：以前年度损益调整 15 000

贷：利润分配——未分配利润 15 000

## 第四节 固定资产和累计折旧审计

固定资产是指同时具有以下两个特征的有形资产：（1）为生产商品、提供劳务、出租或经营管理而持有的。（2）使用寿命超过一个会计年度。固定资产属于长期资产，随着使用和磨损，通过计提折旧方式逐渐减少账面价值。

对于固定资产的审计而言，由于固定资产使用期长、增减变化发生的频率较之流动资产来说要小得多，发生数量上的差错或弊端也较少。因此，审计人员在制订整个审计计划时，通常安排用于固定资产审计的时间较少，审计程序与方法也比较简单。但另一方面由于固定资产单位价值高，且其价值总额在资产总额中一般都占有较大比重，固定资产的安全与完整对企业的生产经营影响极大，所以，对固定资产审计的重要性又必须予以重视。

固定资产审计的范围很广。固定资产项目反映企业所有固定资产的原价，累计折旧项目反映企业固定资产的累计折旧数额，固定资产减值准备项目反映企业对固定资产计提的减值准备数额，这三项无疑属于固定资产的审计范围。除此之外，由于固定资产的增加包括购置、自行建造、投资者投入、融资租入、更新改造、接受捐赠和盘盈等多种途径，相应涉及银行存款、应付账款、预付款项、在建工程、股本、资本公积、长期应付款等项目；企业的固定资产又因出售、报废、投资转出、捐赠转出、抵债转出、毁损和盘亏等原因而减少，与固定资产清理、其他应收款、营业外收入和营业外支出等项目有关；另外，企业按月计提固定资产折旧，又与制造费用、销售费用、管理费用等项目联系在一起。因此，在进行固定资产审计时，应当关注这些相关项目。本节重点讨论固定资产和累计折旧项目的审计。

### 一、固定资产审计

#### （一）固定资产的审计目标

固定资产的审计目标一般包括：确定固定资产是否存在；确定固定资产是否归被审计单位所有；确定固定资产、累计折旧和固定资产减值准备增减变动的记录是否完整；确定固定资产的计价和折旧政策是否恰当；确定折旧费用的分摊是否合理、一贯；确定固定资产减值准备的计提是否充分、完整，方法是否恰当；确定固定资产的期末余额是否正确；确定固定资产在财务报表上的披露是否恰当。

（二）固定资产的实质性程序

1. 索取或编制固定资产及累计折旧分类汇总表，检查固定资产的分类是否正确并与总账数和明细账合计数核对相符

固定资产及其累计折旧分类汇总表，是分析固定资产账户余额变动情况的重要依据，其内容包括固定资产的增减变动情况，固定资产折旧的计提情况等，是固定资产审计的重要工作底稿。其格式详见表 8-3。

表 8-3　固定资产及累计折旧分类汇总表

年　月　日

被审计单位：　　编制人：　　日期：　年　月　日

单位：万元　　复核人：　　日期：　年　月　日

| 固定资产类别 | 固定资产 | | | | 累计折旧 | | | | | |
|---|---|---|---|---|---|---|---|---|---|---|
| | 期初余额 | 本期增加 | 本期减少 | 期末余额 | 折旧方法 | 折旧率 | 期初余额 | 本期增加 | 本期减少 | 期末余额 |
| | | | | | | | | | | |
| 合计 | | | | | | | | | | |

2. 对固定资产实施分析程序

根据被审计单位业务的性质，选择以下方法对固定资产实施分析性程序：

（1）计算固定资产原值与本期产品产量的比率，并与以前期间比较，分析其变动原因，可能发现闲置固定资产或已减少固定资产未在账户上注销的问题。

（2）计算本期计提折旧额与固定资产总成本的比率，将此比率与上期比较，旨在发现本期折旧额计算上的错误。

（3）计算累计折旧与固定资产总成本的比率，将此比率与上期比较，旨在发现累计折旧核算上的错误。

（4）比较本期各月之间、本期与以前各期之间的修理及维护费用，旨在发现资本性支出和收益性支出区分以上可能存在的错误。

（5）比较本期与以前各期固定资产的增加和减少。由于被审计单位的生产经营情况在不断变化，各期之间固定资产增加和减少的数额可能有很大差异。审计人员应当深入分析

其差异，并根据被审计单位以往和今后的生产经营趋势，判断差异产生的原因是否合理。

（6）分析固定资产的构成及其增减变动情况，与在建工程、现金流量表、生产能力等相关信息交叉复核，检查固定资产相关金额的合理性和准确性。

3. 对固定资产进行实地观察

实施实地观察审计程序时，审计人员可以以固定资产明细分类账为起点，进行实地追查，以证明会计记录中所列固定资产确实存在，并了解其目前的使用状况；也可以以实地为起点，追查至固定资产明细分类账，以获取实际存在的固定资产均已入账的证据。实地观察时除确认数量是否相符外，审计人员还应注意固定资产的质量状况、使用情况及保管情况。审计人员实地观察的重点是本期新增加的重要固定资产。

4. 检查固定资产的所有权

对各类固定资产，审计人员应收集不同的证据以确定其是否确实归被审计单位所有：

（1）外购的机器设备等，审核采购发票、采购合同等予以确定；

（2）房地产类固定资产，可以查阅有关的合同、产权证明、财产税单、抵押借款的还款凭据、保修单等书面文件；

（3）对融资租入的固定资产，应验证有关融资租赁合同，证实其并非经营租赁；

（4）对汽车等运输设备，应验证有关运营证件等。

5. 固定资产增加的审查

被审计单位如果不能正确核算固定资产的增加，将对资产负债表和利润表产生长期的影响。因此，审计固定资产的增加，是固定资产实质性程序中的重要内容。固定资产的增加有购置、自制自建、投资者投入、更新改造增加、债务人抵债增加等多种途径。审计要点如下：

（1）审查固定资产增加是否列入计划、是否合法，会计处理是否符合规定。

① 对于外购固定资产，通过核对采购合同、发票、保险单、发运凭证等资料，抽查入账价值是否正确，授权批准手续是否完备，会计处理是否正确。

② 对于在建工程转入的固定资产，应检查竣工决算、验收和移交报告是否完备，与在建工程的相关记录是否相符，借款费用的处理是否恰当。

③ 对于以投资形式转入的固定资产，应重点查明固定资产的投入是否有相应的审批手续和合同，是否经过了资产评估；投入的固定资产品名、型号、规格、数量是否与合同规定的一致；投入固定资产是否为企业所需，有无以次充好的现象。

④ 对于更新改造增加的固定资产，检查通过更新改造而增加的固定资产，增加的原值是否符合资本化条件，是否真实，会计处理是否正确；重新确定的剩余折旧年限是否恰当。

⑤ 对于企业合并、债务重组和非货币性资产交换增加的固定资产，检查产权过户手续是否齐备，检查固定资产入账价值及确认的损益和负债是否符合规定。

（2）审查固定资产的计价是否符合规定。

固定资产计价的正确与否，影响折旧的提取、成本的计算，所以要认真审查。固定资产计价一般以历史成本为标准，即企业为取得某项固定资产，按其全新状态所应支付的全部货币金额。但固定资产增加的途径不同，其原始价值计算方法也不同。如投资转入的固定资产可按评估或合同、协议约定的价格入账，捐赠固定资产可按市价入账，盘盈固定资产可按重置完全价值入账等。审计人员在审核固定资产计价时，应区别固定资产增加的途径，逐项仔细审查。

6. 固定资产减少的审查

企业固定资产的减少，大致有以下去向：出售、报废、毁损、向其他单位投资转出、盘亏等。为了保护固定资产的安全和完整，必须对固定资产的减少进行严格的审查，从而确定固定资产减少的合理性、合法性。固定资产减少审计的主要目的在于查明已减少的固定资产是否已作适当的会计处理。审计重点如下：

（1）审查减少固定资产是否经授权批准；

（2）审查减少固定资产是否进行技术检验或评估；

（3）结合固定资产清理科目，抽查固定资产账面转销额是否正确；

（4）审查减少固定资产的会计账务处理是否正确，累计折旧是否冲销；

（5）审查减少固定资产的净损益，验证其正确性与合法性，并与银行存款、营业外收支等有关账户进行核对。

7. 固定资产租赁的审查

租赁一般分为经营性租赁和融资性租赁两种。审查经营性租赁时，应查明以下几个方面。

（1）固定资产租赁是否签订了合同、租约，手续是否完备，合同内容是否符合国家规定，是否经有关管理部门的审批。

（2）租入的固定资产是否确属企业必需，或出租的固定资产是否确属企业多余、闲置不用，双方是否认真履行合约，其中是否存在不正当交易。

（3）租金收取是否签有合同，有无多收、少收现象。

（4）租入固定资产有无久占不用、浪费损坏的现象；租出的固定资产有无长期不收租金、无人过问或变相馈赠、转让等情况。

（5）租入固定资产是否已登记备查簿；对于租赁固定资产的改良工作，在租赁合同中双方是否有约定等。

在融资租赁中，租入固定资产的租金，包括了固定资产的价值和利息，并且这种租赁的结果是固定资产所有权归租入单位，所以企业在租赁期间，对融资租入固定资产应按企业的固定资产一样管理，并计提折旧，进行维修。在审查融资租赁时，除可以参照经营租赁固定资产审查的要点以外，还要注意融资租赁偿付的利息，同时还要确定融资租入固定资产的计价是否正确，是否进行了正确的会计处理。

8. 检查固定资产后续支出的核算

固定资产的后续支出主要指的是固定资产的保养、维修和改良支出。固定资产日常保养、维修支出应当直接计入当期费用；固定资产改良支出应计入固定资产价值。审计人员应注意审查被审计单位的收益性支出与资本性支出的划分标准是否符合公认会计原则和有关法规制度；抽查固定资产及有关期间费用明细账，并与企业原始凭证核对，确定保养、维修或改良支出是否经过适当批准，金额是否正确，会计处理是否恰当。

9. 调查未使用和不需用的固定资产

审计人员应调查被审计单位有无已完工或已购建但尚未交付使用的新增固定资产，因改扩建等原因暂停使用的固定资产，以及多余或不适用的需要进行处理的固定资产，如有则应作彻底调查，以确定其是否真实。同时，还应调查未使用、不需用固定资产的购建启用及停用时点，并进行记录。

10. 检查固定资产的抵押、担保情况

结合对银行借款等的检查，了解固定资产是否存在抵押、担保情况。如存在，应取证、记录，并提请被审计单位作必要披露。

11. 检查固定资产是否已在资产负债表上恰当披露

财务报表附注通常应说明固定资产的标准、分类、计价方法和折旧方法，各类固定资产的预计使用年限、预计净残值和折旧率，分类别披露固定资产在本期的增减变动情况，并应披露用作抵押、担保和本期从在建工程转入数、本期出售固定资产数、本期置换固定资产数等情况。

**【例 8-4】** 审计人员审计某企业当年财务决算时发现，该企业本年度 6 月份购入空调 10 台，每台 3 000 元，当日即投入使用，其会计处理为：

借：管理费用　　　　3 0000

　　贷：银行存款　　　　3 0000

经查，该类空调的年折旧率为 12%，购买手续齐备。

**【要求】** 指出该企业处理当中存在的问题，提出处理意见。

**【解答】** 该空调机应作为固定资产核算，该企业将购买空调的支出记入管理费用，形成了账外资产，并影响了利润的正确性。

由于审计人员当年发现错误，可作如下调整分录：

借：固定资产　　　　　　　　　30 000

　　贷：累计折旧　　　　　　　　　1 800（30 000×12%×6/12）

　　　　管理费用　　　　　　　　28 200

## 二、累计折旧审计

### （一）累计折旧的审计目标

固定资产可以长期参加生产经营而保持其原有实物形态，但其价值将随着固定资产的使用而逐渐转移到生产的产品中，企业计提固定资产折旧，是为了把固定资产的成本分配于各个受益期，实现期间收入与费用的正确配比，折旧核算是一个成本分配过程。折旧计提和核算的正确性、合规性是固定资产审计中的一项重要的内容。由于影响折旧的因素（包括折旧的基数、残值、折旧年限、固定资产减值准备等）大多出于估计而得出，具有一定的主观性；因此，固定资产折旧主要取决于企业的折旧政策。

固定资产折旧审查的主要目标在于：确定折旧政策和方法是否符合企业会计准则，是否一贯遵循；确定累计折旧增减变动的记录是否完整；确定折旧费用的计算、分摊是否正确、合理和一贯；确定累计折旧的期末余额是否正确；确定累计折旧在财务报表上的披露是否恰当。

### （二）累计折旧的实质性程序

1. 编制或索取固定资产及累计折旧分类汇总表，概括了解被审计单位固定资产的折旧计提情况，并对表内有关数字进行加计复核，与报表数、总账和明细账进行核对

2. 对固定资产累计折旧进行分析程序

（1）审计人员首先应对本期增加和减少固定资产、使用年限长短不一和折旧方法不同的固定资产作适当调整，然后，用应计提折旧的固定资产乘以本期的折旧率，如果总的计算结果和被审计单位的折旧总额相近，且固定资产及累计折旧内部控制较健全时，则可以适当减少累计折旧和折旧费用的其他实质性程序工作量。

（2）审计人员还应计算本期计提折旧额占固定资产原值的比率并与上期比较，分析本期折旧计提额的合理性和准确性。

（3）计算累计折旧占固定资产原值的比率，评估固定资产的老化率，并估计因闲置、报废等原因可能发生的固定资产损失。

3. 审查被审计单位固定资产折旧政策的执行情况

主要应检查折旧范围、折旧方法是否符合企业会计准则规定，如有无扩大或缩小固定资产折旧范围、随意变更折旧方法的问题。

（1）固定资产准则中规定，企业应对所有的固定资产计提折旧。

但是，已提足折旧仍继续使用的固定资产和单独计价入账的土地除外。固定资产提足折旧后，无论是否继续使用，均不再计提折旧，提前报废固定资产不再补提折旧；已达到预定可使用状态但尚未办理竣工决算的固定资产，应按估计价值确定成本，计提折旧。

（2）企业可选用的固定资产折旧方法包括年限平均法、工作量法、双倍余额递减法和年数综合法等；除非由于与固定资产有关的经济利益的预期实现方式有重大改变，折旧方法一经选定，不得随便调整。

4. 固定资产折旧费用计算的审查

审计人员应审阅、复核固定资产折旧计算表，并对照记账凭证、固定资产卡片和固定资产分类表，通过核实月初固定资产原值、分类或个别折旧率，结合固定资产当期增加及减少的情况，复算折旧额的计算是否正确。审查时注意：计提减值准备的固定资产，计提的折旧是否正确；因更新改造而停止使用的固定资产是否停止计提折旧，因大修理停用的固定资产是否照提折旧；固定资产装修费用的处理是否正确；经营租赁方式租入的固定资产发生改良支出，是否采用合理方法单独计提折旧；未使用、不需用的和暂时闲置的固定资产是否按规定计提折旧。

5. 固定资产折旧费用分配的审查

将“累计折旧”账户的本期发生额与相应成本费用中的折旧费用明细账户相核对，以确定所计提折旧金额是否全部摊入本期产品成本费用，折旧费用的分配是否合理，分配方法与上期是否一致。

6. 检查累计折旧的披露是否恰当

**【例 8-5】** 审计人员在审查东方股份有限公司 2008 年度固定资产折旧时，发现上年末新增已投入生产使用的机床一台，原价为 100 000 元，预计净残值为 10 000 元，预计使用年限为 5 年，从 2008 年 1 月起开始计提折旧。使用年数总和法对该项固定资产进行折旧，其余各类固定资产均用直线法折旧，且该公司对这一事项在财务报表附注中未作揭示。

**【要求】** 根据上述情况，确定这一事项对被审计单位资产负债表和损益表的影响，并提请被审计单位在财务报表附注中作充分揭示。

**【解答】** 该公司的固定资产折旧方法本期出现不一致，且未充分揭示，这是违反现行会计制度的。由此计算的该事项对资产负债表和损益表影响如下：

用年数总和法计算的年折旧额=(100 000−10 000)×5/15=30 000（元）

用直线法计算的年折旧额=(100 000−10 000)×1/5=18 000（元）

所以，由于折旧方法的改变，使得本年度多提折旧额 12 000 元，致使资产负债表中的“累计折旧”项目增加 12 000 元，损益表中的利润总额减少 12 000 元。

对此，审计人员要求被审计单位在财务报表附注中作这样的提示“本公司由于对原值为 100 000 元，预计净残值为 10 000 元，预计使用年限为 5 年的机床采用年数总和法进行折旧，与采用直线法相比，使本年度的折旧额增加 12 000 元，利润总额减少 12 000 元，特予以揭示。”

**【例 8-6】** 审计人员审查甲股份有限公司 2008 年度“固定资产”和“累计折旧”项目时发现下列情况：

（1）对所有的空调机按其实际使用的时间（5 月至 9 月）计提折旧。

（2）公司有融资租入的设备 4 台，租赁期为 5 年，未列入计提折旧固定资产范围。

（3）对已提足折旧继续使用的某设备，仍计提折旧。

（4）8 月初购入吊车 2 辆，价值 650 万元，当月已投入使用并同时开始计提折旧。

（5）该公司采用平均年限法计提折旧，但于本年度 9 月改为工作量法，这一改变已经董事会批准，未在财务报表附注中予以说明。

**【要求】** 请指出上述各项中存在的问题，并提出改进建议。

**【解答】** 对此应提出以下问题和建议：

（1）作为一种具有特殊性质的固定资产，空调其性质属于“季节性使用的固定资产”，按照制度规定停用期间应照常计提折旧。

（2）融资租入固定资产应由承租方计提折旧，因此，该企业应将融资租入的 4 台设备列入计提折旧固定资产范围内。

（3）根据企业会计准则规定，已提足折旧继续使用的固定资产，不再计提折旧。该公司对其继续计提，造成多提折旧，应对多提的折旧进行冲回。

（4）根据企业会计准则规定，当月增加的固定资产从下月开始计提折旧。该公司的 650 万元的吊车应从 9 月份开始计提折旧，而不是 8 月份。

（5）企业会计准则规定，固定资产折旧方法一经确定，不得随意变更；如需要变更，应经董事会批准，并应在财务报表附注中予以披露。该公司变更折旧方法后，未按规定程序披露，应加以纠正。

# 第五节　其他相关账户审计

在采购与付款循环中，除以上介绍的财务报表项目以外，还有预付款项、应付票据、固定资产减值准备、工程物资、在建工程和固定资产清理等项目。对这些项目审计的阐述，只简单介绍其相应的实质性程序。

## 一、预付款项审计

预付款项是企业按购货合同的规定，预先支付给供货单位的货款，会计上通过“预付款项”或“应付账款”科目（借方）进行核算。预付款项是企业在购货环节中产生的一种流动资产，因此，预付款项的审计应结合采购与付款循环的审计进行。

预付款项的实质性测试程序主要有以下几个方面。

（一）获取或编制预付款项明细表，复核加计正确，并与报表数、总账数和明细账合计数核对相符；同时请被审计单位协助，在预付款项明细表上标出截至审计日已收到货物并冲销预付款项的项目

（二）实施分析性复核程序

1. 将期末预付款项余额与上期期末余额进行比较，分析其波动原因

2. 了解预付款项惯例及收回货物的平均天数，并分析预付款项的账龄是否合理

3. 计算预付购货款借方发生额与主营业务成本比率，与以前各期比较，分析异常变动的原因

4. 将预付购货款余额的增减幅度与主营业务成本的增减幅度比较，分析异常变动的原因

（三）选择大额或异常的预付款项重要项目（包括零账户），函证其余额是否正确，并根据回函情况编制函证结果汇总表；对回函金额不相符的，要查明原因，做出记录或建议进行适当调整；对未回函的，可再次函证，也可采用替代方法进行检查，如检查该笔债权的相关凭证资料，或抽查报表日后预付款项明细账及存货明细账，核实是否已收到货物并转销，并根据替代程序检查结果判断其债权的真实性或出现坏账的可能性。对未发询证函的预付款项，应抽查有关原始凭证

（四）分析预付款项明细账余额，对于出现贷方余额的项目，应查明原因，必要时建议作重分类调整

（五）结合应付账款明细账，查核有无重复付款或将同一笔已付清的账款在预付款项和应付账款这两个账户同时挂账的情况

（六）检查预付款项长期挂账的原因。确定是否存在无法收回的预付款项，或者因供货

单位破产、撤销等原因无法再收到所购货物的预付款项。如果是，应提请被审计作必要调整

（七）对于非记账本位币结算的预付款项，检查其采用的折算汇率是否正确

（八）确定预付款项是否已在资产负债表上恰当披露

## 二、应付票据审计

应付票据是企业购买材料、商品和接受劳务供应等而开出、承兑的商业汇票，包括银行承兑汇票和商业承兑汇票。对应付票据的审计，主要应采取以下实质性测试程序。

（一）获取或编制应付票据明细表，复核加计正确，并与应付票据备查簿、报表数、总账数和明细账核对相符

（二）函证应付票据

选择重要项目（包括零账户），函证其余额是否正确，并根据回函情况，编制与分析函证结果汇总表。对未回函的，可再次函证，或采用其他替代审计程序确定应付票据的真实性。进行函证时，函证内容应包括出票日、到期日、票面金额、未付金额、已付息期间、利息率以及票据的抵押担保品等项内容。

（三）实施分析性程序，以证实应付票据的完整性和合理性及发现需要加以特别关注的方面

（四）检查应付票据备查簿，抽查若干重要原始凭证，确定其是否真实，会计处理是否正确

（五）复核带息应付票据利息是否足额计提，会计处理是否正确

（六）检查逾期未付票据

审计人员应审查有关会计记录和原始凭证，检查被审计单位有关到期仍未偿付的应付票据。如有逾期未付票据，应查明原因，如系有抵押的票据，应做出记录，并提请被审计单位进行必要的披露。

（七）对于用非记账本位币结算的应付票据，检查其采用的折算汇率是否正确

（八）检查应付票据是否已在资产负债表上恰当披露

## 三、管理费用的审计

管理费用反映的是企业为组织和管理生产经营发生的相关费用。对该项目的审计要注意确定积累的管理费用是否已发生、记录是否完整、有关的金额及其他数据是否已恰当记录、是否记录于正确的会计期间以及在报表上的披露是否正确等问题。管理费用的实质性程序基本程序包括以下几个方面。

（一）取得或编制管理费用明细表，复核加计是否正确，与报表数、总账数及明细账合计数核对相符

（二）检查其设置的明细项目核算内容及核算范围是否符合规定

（三）将本期、上期的管理费用项目进行比较分析，并对比本期各月份的管理费用，对有重大波动和异常情况的项目应查明原因，必要时提请被审计单位调整

（四）将管理费用中列支的职工薪酬、研究费用、折旧费及无形资产摊销等项目与相关科目进行交叉核对，并做出相应记录

（五）选择管理费用中数额较大以及本期与上期比较有异常变化的项目追查至原始凭证

（六）抽取资产负债表日前后一定数量的凭证，实施截至测试，对于重大跨期项目，应建议作必要调整

（七）检查管理费用在报表上的披露是否恰当

## 复习思考题

### 一、单项选择题

1．下列各项措施中，预防员工在购货中舞弊的最有力的措施是（　　）。

A．定期与供应商对账　　B．记录应付账款明细账的人员不得兼任出纳

C．收到货物必须由专人验收　　D．将款项直接汇到供应商指定的银行账户

2．对应付账款进行函证时，审计人员最好应（　　）。

A．采用消极函证，并不具体说明应付金额

B．采用积极函证，并具体说明应付金额

C．采用积极函证，并不具体说明应付金额

D．采用消极函证，并具体说明应付金额

3．审计人员实地观察的重点是（　　）的重要固定资产。

A．本期增加　　B．本期减少

C．本期报废　　D．本期正在使用

4．下列凭证中，不属于采购与付款循环审计范围的是（　　）。

A．购货发票　　B．支票　　C．订货单　　D．发货单

5．审计人员为审查被审计单位未入账负债而实施的下列审计程序中，最有效的是（　　）。

A．审查资产负债表日后货币资金支出情况

B．审查资产负债表日前后几天的发票

C．审查应付账款、应付票据的函证回函

D．审查购货发票与债权人名单

6．固定资产折旧审计的目标不应包括（　　）。

A．确定固定资产的增加、减少是否符合预算和经过授权批准
B．确定折旧政策和方法是否符合国家有关财会法规的规定
C．确定适当的折旧政策和方法是否得到一贯遵守
D．确定折旧额的计算是否正确

7．审计人员应进行应付账款函证的情况不包括（　　）。
A．控制风险较高
B．应付账款明细账户金额较大
C．应付账款在全部负债中所占比重较大
D．被审计单位处于财务困难阶段

8．审查报废的固定资产是，应注意报废固定资产的净损失按规定应计入下列（　　）科目。
A．投资收益　　B．营业外支出　C．制造费用　　D．管理费用

9．审计人员为了获取实际存在的固定资产均已入账的证据，应当采用的最佳程序是（　　）。
A．以固定资产明细账为起点，进行实地追查
B．以实地为起点，追查固定资产明细账
C．先从实地追查至明细账，再从明细账追查至实地
D．先从明细账追查至实地，再从实地追查至明细账

10．审计人员认为被审计单位固定资产折旧计提不足的迹象是（　　）。
A．经常发生大额的固定资产清理损失
B．累计折旧与固定资产原值比率较大
C．提取折旧的固定资产账面价值庞大
D．固定资产保险大于其账面价值

## 二、多项选择题

1．固定资产的审计目标一般包括（　　）。
A．确定固定资产是否归被审计单位所有
B．确定固定资产的计价和折旧政策是否恰当
C．确定固定资产的期末余额是否正确
D．确定固定资产及其累计折旧增减变动的记录是否完整

2．对于被审计单位经营租入的固定资产，审计人员不应专门审查的有（　　）。
A．固定资产的租赁合同、协议
B．固定资产账户的核算情况

C．租入固定资产提取的折旧额是否正确

D．租入固定资产有无变相馈赠情况

3．审计人员证实被审计单位应付账款是否在报表上充分披露时应当考虑的情况包括（　　）。

A．应付账款明细账的期末贷方余额是否并入应付账款项目

B．应付账款明细账的期末借方余额是否并入预付款项项目

C．以担保资产换取的应付账款是否在会计报表附注中予以揭示

D．应付账款的分类是否恰当

4．下列固定资产中不应计提折旧的是（　　）。

A．季节性停用和修理停用的设备　　B．以经营租赁方式租出的设备

C．以融资租赁方式租出的设备　　D．已提足折旧继续使用的固定资产

5．采购和付款循环一般要包括的主要过程是（　　）。

A．批准赊销　　B．发运商品　　C．确认债务　　D．验收商品和劳务

## 三、判断题

1．对大规模企业而言，企业内部各个部门都可填制请购单。为了加强控制，企业的请购单必须连续编号。（　　）

2．应付账款通常不需函证，如函证，最后采用否定式函证。（　　）

3．应付账款函证时，应选择的函证对象是较大金额的债权人，那些在资产负债表日金额为零的债权人不必函证。（　　）

4．审查固定资产减少的主要目的在于查明已减少的固定资产是否已作适当的会计处理。（　　）

5．固定资产采购、付款、保管、记账应由不同人员分别负责，实行必要的职务分离。（　　）

6．通常由采购部门提出请购，并由其办理采购业务。（　　）

7．审计人员审查应付账款时，应结合采购业务进行审计。（　　）

8．对于预收款项的审查，审计人员可将其并入采购业务一并进行。（　　）

9．对于更新改造增加的固定资产，审计人员应审查被审计单位是否对折旧进行了重新计算。（　　）

10．审计人员实地观察固定资产的重点是价值比较大的重要固定资产。（　　）

## 四、简答题

1．采购与付款循环的内部控制制度要点有哪些？

2．固定资产内部控制制度要点有哪些？

3．应付账款的实质性测试程序有哪些？

4．如何查找未入账的应付账款？

5．应收账款函证与应付账款函证有何异同？

## 五、业务分析题

1．某审计人员对甲公司应付账款进行审计，其应付账款明细账资料如表 8-4 所示。

**表 8-4　应付账款——甲公司**　　单位：万元

| 供　货　商 | 应付账款年末余额 | 本年度进货总额 |
| --- | --- | --- |
| A 公司 | 0 | 100 |
| B 公司 | 3 | 6 |
| X 公司 | 9 | 11 |
| Y 公司 | 20 | 220 |

**【要求】**（1）若审计人员决定对其中两家供货商进行函证，应如何选择？为什么？

（2）假设上述四家公司是甲公司的顾客，表中后两栏分别为应收账款年末余额和本年度销货总额，审计人员应选择哪两家公司进行函证？为什么？

2．2009 年 1 月，审计人员审查了某企业上年 12 月基本生产车间设备计提折旧情况，发现如下记录：

（1）11 月末该车间设备计提折旧额为 15 000 元，年折旧率为 6%；

（2）11 月购入设备一台，原值 30 000 元，已安装完工交付使用；

（3）11 月报废设备一台，原值 48 000 元；

（4）11 月交外单位大修理设备一台，原值 50 000 元；

（5）11 月进行技术改造设备一台，当月交付使用，该设备原值为 200 000 元，技改支出 50 000 元，变价收入 20 000 元；

（6）12 月该车间设备计提折旧 25 000 元。

**【要求】** 假设该企业 2008 年 11 月计提折旧正确，核实该企业 12 月计提折旧数是否正确。如不正确，请做出调整分录。

3．审计人员对 A 厂某年财务决算进行审计，在审查固定资产增减业务时，发现下列问题。

（1）上年 9 月购入专用设备一台，买价 300 000 元，共发生运杂费 2 000 元和设备安装费 2 500 元，后两笔费用都计入管理费用。专用设备于该年 9 月份投入使用（预计净残值为 0，采用直线法折旧，折旧率为 10%）。

（2）发现上年度经批准出售车床一台，原价 57200 元，已累计提取折旧 12 840 元，净值 44 360 元，出售所得价款 35 560 元，该厂会计处理为：

借：银行存款　　　　　　　35 560

　　贷：营业外收入　　　　　　35 560

借：累计折旧　　　　　　　12 840

　　营业外支出　　　　　　　　44 360

　　贷：固定资产　　　　　　　57 200

**【要求】** 根据上述资料，分析指出所存在问题，并提出处理意见。

# 第九章　存货与仓储循环审计

**本章学习要点**

1. 了解存货与仓储循环的主要业务活动和审计目标。
2. 理解存货与仓储循环的内部控制测试。
3. 掌握存货的监盘、计价测试及截止测试等重要的工作程序。
4. 掌握存货及应付职工薪酬的实质性程序。

## 第一节　存货与仓储循环概述

存货与仓储循环同其他业务循环的联系非常密切，原材料经过采购与付款环节进入存货与仓储循环，存货与仓储循环又随销售与收款循环中商品的销售环节而结束。存货与仓储循环涉及的内容主要是存货的管理及费用归集和生产成本的计算等。

该循环所涉及的资产负债表项目主要是存货、应付职工薪酬等；所涉及的利润表项目主要是营业成本等项目。其中存货又包括：材料采购、原材料、低值易耗品、材料成本差异、库存商品、委托加工物资、委托代销商品、生产成本等项目。

### 一、存货与仓储循环所涉及的主要业务活动

首先，我们以制造业为例，介绍存货与仓储循环所涉及的主要业务活动。

（一）计划和安排生产

生产计划部门的职责是根据顾客订单或者对销售预测和存货需求的分析来决定生产授权。如决定授权生产，即签发预先编号的生产通知单。该部门通常应将发出的所有生产通知单编号并加以记录控制。

（二）发出原材料

生产部门由专人负责根据生产的需要填制生产领料单，向仓库领取材料。仓库部门的

责任是根据从生产部门收到的领料单发出原材料。领料单上必须列示所需的材料数量和种类，以及领料部门的名称。领料单可以一料一单，也可以一单多料，通常需一式三联。仓库发料后，其中一联连同材料交还领料部门，其余两联经仓库登记材料明细账后，送会计部门进行材料收发核算和成本核算。

（三）生产产品

生产部门在收到生产通知单及领取原材料后，便将生产任务分解到每一个生产工人，并将所领取原材料交给生产工人，据以执行生产任务。生产工人在完成生产任务后，将完成的产品交生产部门查点，然后转交检验员验收并办理入库手续；或是将所完成的产品移交下一个部门，以进一步加工。

（四）核算产品成本

为了正确地核算产品成本并对在产品进行有效控制，必须建立健全成本会计制度，将生产控制和成本核算有机结合在一起。一方面，生产过程中的各种记录、生产通知单、领料单、计工单、入库单等文件资料都要汇集到会计部门，由会计部门对其进行检查和核对，了解和控制生产过程中对存货的实物流转；另一方面，会计部门要设置相应的会计账户，会同有关部门对生产过程中的成本进行核算和控制。成本会计制度可以非常简单，只在期末记录存货余额；也可以是完善的标准成本制度，它可以提供原材料转为在产品，在产品转为产成品，以及按成本中心、分批生产任务通知单或生产周期所消耗的材料、人工和间接费用的分配与归集的详细资料。

（五）储存产成品

产成品入库，须由仓库部门先行点验和检查，然后签收。签收后，将实际入库数量通知会计部门。据此，仓库部门确立了本身应承担的责任，并对验收部门的工作进行验证。

（六）发出产成品

产成品的发出须由独立的发运部门进行。装运产成品时必须持有经有关部门核准的发运通知单，并据此编制出库单。出库单至少一式四联，一联交仓库部门；一联发运部门留存；一联送交顾客；一联作为给顾客开发票的依据。

存货与仓储的主要业务流程可见图 9-1。

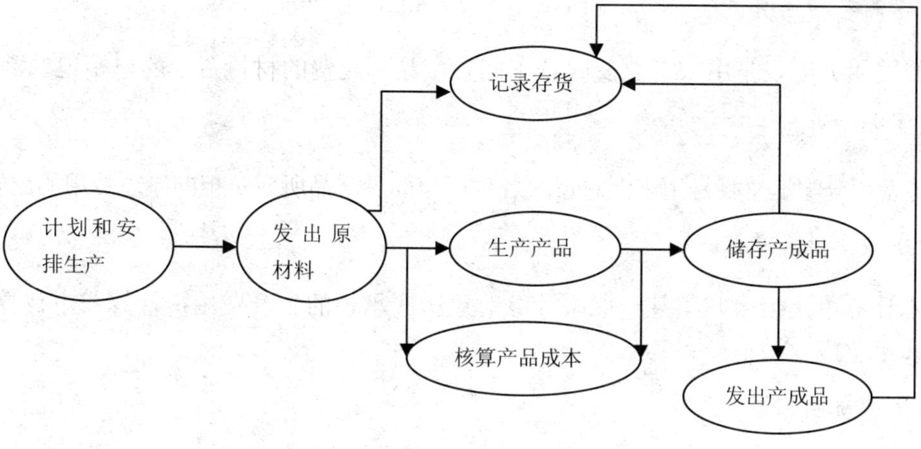


图 9-1 存货与仓储循环业务流程图

## 二、主要凭证和会计记录

存货与仓储循环所涉及的凭证和记录主要包括以下几个方面。

### （一）生产指令

生产指令又称“生产任务通知单”，是企业下达制造产品等生产任务的书面文件，用以通知生产车间组织产品制造，供应部门组织材料发放，会计部门组织费用归集和成本计算。

### （二）领发料凭证

领发料凭证是企业为控制材料发出所采用的各种凭证，如材料发出汇总表、领料单、限额领料单、领料登记簿、退料单等。

### （三）产量和工时记录

产量和工时记录是登记工人或生产班组在出勤内完成产品数量、质量和生产这些产品所耗费工时数量的原始记录。常见的产量和工时记录主要有工作通知单、工序进程单、工作班产量报告、产量通知单、产量明细表、废品通知单等。

### （四）工薪汇总表及工薪费用分配表

工薪汇总表是为了反映企业全部工薪的结算情况，并据以进行工资结算的总分类核算和汇总整个企业工资费用而编制的，它是企业进行工薪费用分配的依据。工薪费用分配表反映了各生产车间各产品应负担的生产工人工资及福利费。

（五）材料费用分配表

材料费用分配表是用来汇总反映各车间各产品所耗费的材料费用的原始记录。

（六）制造费用分配汇总表

制造费用分配汇总表是用来汇总反映各生产车间各产品所应负担的制造费用的原始记录。

（七）成本计算单

成本计算单是用来归集某一成本计算对象所应承担的生产费用，计算成本计算对象的总成本和单位成本的记录。

（八）存货明细账

存货明细账是用来反映各种存货增减变动情况和期末库存数量及相关成本信息的会计记录。

存货与仓储循环的业务活动与主要凭证记录的关系如表 9-1 所示。

表 9-1　存货与仓储循环业务与主要记录

| 业　务 | 原始凭证与记录 | 记账凭证与账簿 | 会计分录 |
|---|---|---|---|
| 计划和安排生产 | 生产通知单 | | |
| 发出原材料 | 领料单 | 记账凭证、生产成本明细账与总账、制造费用明细账与总账 | 借：生产成本<br>制造费用<br>贷：原材料 |
| 生产产品 | 工薪费用分配表、制造费用分配表、产品成本计算单等 | 记账凭证、生产成本明细账与总账、制造费用明细账与总账 | 借：生产成本<br>制造费用<br>贷：应付职工薪酬<br>借：制造费用<br>贷：累计折旧<br>银行存款等<br>借：生产成本<br>贷：制造费用 |
| 产品完工 | 入库单 | 记账凭证、生产成本明细账与总账、库存商品明细账与总账 | 借：库存商品<br>贷：生产成本 |
| 存货发出对外销售 | 出库单（或提货单） | 记账凭证、主营业务成本明细账与总账、库存商品明细账与总账 | 借：主营业务成本<br>贷：库存商品 |

# 第二节 存货与仓储循环的内部控制及其测试

存货与仓储循环的内部控制主要包括存货的内部控制、成本会计制度的内部控制及工薪的内部控制三项内容。

## 一、存货的内部控制

### （一）存货内部控制的要点

与存货相关的内部控制涉及被审计单位供、产、销各个环节，包括采购、验收、仓储、领用、加工、装运出库等方面。由于存货与其他业务循环的内在联系，存货的内部控制及审计程序，与其他相关业务循环结合将更为有效。尽管不同的企业对其存货可能采取不同的内部控制，但从根本上说，均可概括为存货的数量和计价两个关键因素的控制。

1. 采购

与采购相关的内部控制的总体目标是所有交易都已获得适当的授权与批准。使用购货订单是一项基本的内部控制措施。购货订单应当预先连续编号，事先确定采购价格并获得批准。此外，还应当定期清点购货订单。

2. 验收

与存货验收相关的内部控制的总体目标是所有收到的货物都已得到记录。使用验收报告单是一项基本的内部控制措施。被审计单位应当设置独立的部门负责验收货物，该部门具有验收存货实物、确定存货数量、编制验收报告、将验收报告传送至会计核算部门以及运送货物至仓库等一系列职能。

3. 仓储

与仓储相关的内部控制的总体目标是确保与存货实物的接触必须得到管理层的指示和批准。被审计单位应当采取实物控制措施，使用适当的存储设施，以使存货免受意外损毁、盗窃或破坏。

4. 领用

与领用相关的内部控制的总体目标是所有存货的领用均应得到批准和记录。使用存货领用单是一项基本的内部控制措施。对存货领用单应当定期进行清点。

5. 加工（生产）

与加工（生产）相关的内部控制的总体目标是对所有的生产过程做出适当的记录。使用生产报告是一项基本的内部控制措施。在生产报告中，应当对产品质量缺陷和零部件使用及报废情况及时做出说明。

6. 装运出库

与装运出库相关的内部控制的总体目标是所有的装运都得到了记录。使用发运凭证是一项基本的内部控制措施。发运凭证应当预先编号，定期进行清点，并作为日后开具收款账单的依据。

7. 存货的盘存制度

存货数量的盘存制度一般分为实地盘存制和永续盘存制。存货盘存制度不同，对存货数量的控制程度的影响也不同。但即使采用永续盘存制，也并不意味着无须对存货实物进行盘点。为了核对存货账面记录。加强对存货的管理，被审计单位每年至少应对存货进行一次全面盘点。

（二）存货内部控制的测试

在对存货的内部控制了解并描述的基础上，存货控制测试的主要程序有以下几点。

1. 检查存货的领用是否有授权批准手续，是否严格按照授权批准手续发货；检查存货入库是否有严格的验收手续，是否就名称、规格、型号、数量和价格与合同、原始单证进行核对；检查存货的发出是否按规定办理，有无不按规定发出存货的情况

2. 询问和观察存货的盘点过程

3. 询问和观察存货的保管程序，观察是否只有经过授权批准人员才能接近原材料和产成品等存货

4. 抽查记账凭证所附的原始凭证是否齐备，是否顺序编号

5. 检查已经发生的存货购进、领用、发出是否全部入账，有无未入账的原始凭证

## 二、成本会计制度的内部控制

（一）成本会计制度内部控制的要点

1. 在成本会计制度控制中，生产指令的授权批准、领料单的授权批准及工薪的授权批准等是关键控制环节，应履行恰当的手续，经过特别审批或一般审批方可进行

2. 成本会计制度中审批、执行、记录等各岗位人员职责应分离

3. 为保证成本核算的真实性，成本的核算是以经过审核的生产通知单、领发料凭证、

产量和工时记录、工薪费用分配表、材料费用分配表、制造费用分配表等为依据进行的

4. 建立和健全与材料消耗、人工消耗、费用支出、在产品转移、产成品完工入库等业务相关的原始凭证，并及时进行记录。相关的原始凭证必须事先编号并及时登记入账

健全的成本会计制度还要求要采用适当的成本核算方法、费用分配方法、成本核算流程和账务处理流程，并要求前后各期保持一致。

（二）成本会计制度的控制测试

1. 检查在相应凭证中是否包括三个关键点恰当的审批

2. 询问和观察成本会计制度中审批、执行、记录等各岗位人员分工情况

3. 检查有关成本的记账凭证是否附有生产通知单、领发料凭证、产量和工时记录、工薪费用分配表、材料费用分配表、制造费用分配表等原始凭证

4. 检查生产通知单、领发料凭证，产量和工时记录、工薪费用分配表、材料费用分配表、制造费用分配表的顺序编号是否完整

5. 选取样本测试各种费用的归集和分配以及成本的计算；测试是否按照规定的成本核算流程和账务处理流程进行核算和账务处理

## 三、工薪的内部控制

（一）工薪内部控制的要点

1. 企业聘用职工、工作时间、工资、代扣款项、工资结算等关键控制点，均应经正确授权批准

2. 企业的人事、考勤、工薪发放、记录等职务应相应分离

一般来说，人事部门负责职工的聘用、离职和职务升降，劳资部门负责职工的工资标准、工时记录，出纳部门负责向职工发放工资，会计部门负责分配工薪费用并登记应付职工薪酬及有关账户。

3. 企业应建立工资卡或人事档案、工时记录、出勤记录、产量记录，为记录和核算工资提供原始证件，从根本上控制差错和舞弊的发生

4. 记录实际发生的工薪支出，做到计算、分配的正确性

当职工的工薪资料发生变动时，人事部门应及时更改工薪登记簿。各部门应及时查明预算与实际之间产生的重大差异和原因，采取措施控制人工成本。

（二）工薪的控制测试

审计人员应在了解工薪内部控制的基础上进行下列测试，在测试的基础上进行评价。

1. 工资标准的制定及变动是否经过授权，有无办理相关手续

2. 计时、计件工薪的原始记录是否齐全

3. 检查工薪汇总表的计算是否正确，应付工薪总额与人工费用汇总表合计数是否相符，代扣款项的账务处理是否正确，检查实发工资总额与银行存款对账单是否相符，并正确过入相关账户

4. 抽查工资单，检查职工工资卡或人事档案，确定工资发放的依据；职工实际发放工资的计算是否正确；实际工时记录是否正确，加班加点记录是否有主管人员签字，并与月度加班汇总表相符

## 第三节　存 货 审 计

存货往往是企业流动资产中所占比重最大的一个项目，品种多，存放地点分散，而且计价方法多样。存货的这些特点决定了存货成为审计中最复杂也最费时的部分，这就要求审计人员对存货项目的审计应当特别关注，分配较多的审计工时，运用多种有针对性的审计程序。

### 一、存货的审计目标

存货的审计目标一般包括：(1) 确定存货是否真实发生；(2) 确定存货是否归企业所有；(3) 确定存货增加变动的记录是否完整；(4) 确定存货的品质状况，存货跌价准备的计提是否合理；(5) 确定存货的计价方法是否恰当；(6) 确定存货期末余额是否正确；(7) 确定存货在财务报表上的披露是否恰当。

### 二、对存货实施分析程序

分析程序在存货成本审计中普遍采用，在实施存货与仓储循环的分析程序中，审计人员通常运用的方法有简单比较法和比率比较法两种。

(一) 简单比较法

简单比较法主要进行以下几方面分析。

1. 比较前后各期及本年度各个月份存货余额及其构成、存货成本差异率、生产成本总额及单位生产成本、直接材料成本、工资费用的发生额、制造费用、待摊费用、预提费用、主营业务成本总额及单位销售成本等，以评价其总体合理性

2. 将存货余额与现有的订单、资产负债表日后各期的销售额和下一年度的预测销售额进行比较，以评估存货滞销和跌价的可能性

3. 将存货跌价损失准备与本年度存货处理损失的金额进行比较，判断被审计单位是否计提足额的跌价损失准备

4. 将与关联企业发生存货交易的频率、规模、价格和账款结算条件，与非关联企业对比，判断被审计单位是否利用关联企业的存货交易虚构业务、调节利润

（二）比率分析法

在实施存货与仓储循环的分析程序中，审计人员通常运用的比率主要是存货周转率和毛利率。

1. 存货周转率是用以衡量销售能力和存货是否积压的指标

其计算公式为：

存货周转率=主营业务成本/平均存货×100%

利用存货周转率进行纵向比较或与其他同行企业进行横向比较时，要求存货计价持续一致。存货周转率的异常波动可能意味着被审计单位存在有意或无意地减少存货储备；存货管理或控制程序发生变动；存货成本项目或核算方法发生变动以及存货跌价准备计提基础或冲销政策发生变动等情况。

2. 毛利率是反映盈利能力的主要指标，用以衡量成本控制及销售价格的变化

计算公式为：

成本毛利率=(销售收入−销售成本)/销售成本×100%

毛利率的异常变动可能意味着被审计单位存在销售价格发生变动、销售产品总体结构发生变动、单位产品成本发生变动及固定制造费用比重较大时生产和销售数量发生变动等情况。

## 三、存货监盘

存货监盘是指审计人员现场观察被审计单位存货的盘点，并对已盘点存货进行适当检查。可见，存货监盘有两层含义：一是审计人员应亲临现场观察被审计单位存货的盘点；二是在此基础上，审计人员应根据需要适当抽查已盘点存货。

审计人员监盘存货的目的在于获取有关存货数量和状况的审计证据，以确定被审计单位记录的所有存货确实存在，已经反映了被审计单位拥有的全部存货，并属于被审计单位的合法财产。存货监盘作为存货审计的一项核心审计程序，通常可同时实现上述多项审计目标。在绝大多数情况下，审计人员必须亲自观察存货盘点过程，实施存货监盘程序。

具体来讲，为了达到比较好的效果，存货监盘应做好盘点前的计划工作、盘点过程的监督工作以及盘点工作结束后的记录工作。存货盘点的要点有以下几个方面。

（一）存货监盘计划

存货监盘不同于货币资金的突击盘点，有效的存货监盘工作必须建立在事前周密计划的基础上。审计人员应当根据被审计单位存货的特点、盘存制度和存货内部控制的有效性等情况，在评价被审计单位存货盘点计划的基础上，编制存货监盘计划，对存货监盘做出合理安排。一般来讲，存货监盘计划应包括以下内容：

1. 监盘的目标、范围及时间安排

存货监盘的目标是获取被审计单位资产负债表有关存货数量和状况的审计证据，检查存货的数量是否真实完整，是否归属被审计单位，存货有无毁损、陈旧、过时、残次或短缺等状况。

存货监盘的范围的大小取决于存货的内容、性质以及与存货相关的内部控制的完善程度和重大错报风险的评估结果。

存货监盘的时间，包括实地察看盘点现场的时间、观察存货盘点的时间和对已盘点存货实施检查的时间等，应当与被审计单位实施存货盘点的时间协调。监盘时间以会计期末以前为优，如果企业的盘点在会计期末以后的时间进行，那么就必须编制从盘点日到期末的存货余额调节表，但尽量使盘点时间靠近会计期末。

2. 存货监盘的要点及关注事项

监盘的要点主要包括审计人员实施存货监盘程序的方法、步骤，各个环节应注意的问题及所要解决的问题。

3. 参加存货监盘人员的分工

审计人员应当根据被审计单位参加存货盘点人员分工、分组情况、存货监盘工作量的大小和人员素质情况，确定参加存货监盘的人员组成，各组成员的职责和具体的分工情况，并加强督导。

4. 检查存货的范围

审计人员应当根据对被审计单位存货盘点和对被审计单位内部控制的评价结果确定检查存货的范围。在实施观察程序后，如果认为被审计单位内部控制设计良好且得到有效实施，存货盘点组织良好，可以相应缩小实施检查程序的范围。

在编制存货盘点计划时，审计人员应实施下列程序：

（1）了解存货的内容、性质及各存货项目的重要性和存放场所；

（2）了解存货会计系统及其他相关的内部控制；

（3）评估与存货相关的固有风险、控制风险和检查风险及重要性；

（4）查阅以前年度的存货监盘工作底稿；

（5）实地察看金额较大或性质特殊的存货的存放场所；

（6）考虑是否需要利用专家的工作或其他审计人员的工作；

（7）复核或与管理层讨论其存货盘点计划。

（二）存货监盘程序

1．盘点问卷调查

审计人员在实施监盘前，应对企业的盘点组织及参与人员的准备工作情况进行调查，以确定企业是否按照盘点计划的要求进行盘点准备工作。若认为企业的盘点准备工作达不到事前规划的要求，审计人员可以拒绝实施监盘，并要求企业另定时间、重新准备。盘点问卷的主要内容包括：

（1）所有参与盘点的人员，是否都熟悉盘点计划与指令，是否熟悉盘点的一般程序和基本要求；

（2）所有存货是否都分类有序，存货是否停止流动；

（3）盘点标签或盘点清单是否编制妥当，是否有遗漏的存货或者外单位寄存的存货，对于外单位寄存的存货，是否将其分开摆放并排除在盘点范围之外，废品与毁损物品是否分开摆放并且分开列示；

（4）各种计数、计量器具是否符合国家标准并准备齐全。

2．实地观察

在被审计单位进行存货盘点前，审计人员应当观察盘点现场，观察的目的是为了确定应纳入盘点范围的存货是否已经适当整理和排列，并附有盘点标识，防止遗漏或重复盘点。对未纳入盘点范围的存货，应当查明原因。审计人员应当观察被审计单位盘点人员是否遵守盘点计划，并准确地记录存货的数量和状况，特别应关注存货的状况，观察被审计单位是否已经恰当地区分所有毁损、陈旧、过时及残次的存货，同时还要注意存货的移动情况，防止遗漏或重复盘点。如果在观察的过程中发现问题，审计人员应当及时指出，并督促企业纠正； 如果认为盘点程序和过程有问题，导致盘点结果严重失实，应要求企业组织人员重新盘点。

3．抽查

企业盘点人员盘点之后，审计人员应根据观察的情况，在盘点标签尚未取下之前，进行复盘抽查。检查的范围通常包括每个盘点小组盘点的存货以及难以盘点或隐蔽性较强的存货。在抽查时，审计人员应当从存货盘点记录中选取项目追查至存货实物，以测试盘点记录的准确性；审计人员还应当从存货实物中选取项目追查至存货盘点记录，以测试存货盘点记录的完整性。在比较抽查结果与盘点单上的记录时，不仅要核对数量，还应关注对其完工程度的估计是否恰当。抽查如发现差异，除应督促企业更改外，还应扩大抽查范围；如发现差错过大，则应要求企业重新盘点。存货抽查情况表见表 9-2。

表 9-2　存货抽查情况表

被审计单位：　　　　抽查人员：　　　　日期：

所属时期：　　　　复核人员：　　　　日期：

| 存货规格 | 单位 | 单价 | 盘点前账面记录 | | 盘点表记录 | | 抽查结果 | | 抽查结果差异 | |
|---|---|---|---|---|---|---|---|---|---|---|
| | | | 数量 | 金额 | 数量 | 金额 | 数量 | 金额 | 数量 | 金额 |
| A101 | 公斤 | 50 | 1 000 | 50 000 | 1 000 | 50 000 | 1 000 | 50 000 | --- | --- |
| A102 | 公斤 | 60 | 2 000 | 120 000 | 2 000 | 120 000 | 1 980 | 118 800 | 20 | 1 200 |
| | | | …… | | …… | | …… | | | |

在盘点和抽查过程中，审计人员还应查询有无外单位存货放于本企业库房内，并通过审阅合同与信函、向对方函证等方式，对这部分存货所有权予以证实。这些存货应该单独记录，分开存放并予盘点。

4. 存货监盘结束时的工作

盘点结束前，审计人员应当再次观察盘点现场，其目的有二：一是确定所有应纳入盘点范围的存货是否均已盘点；二是取得并检查已填用、作废及未使用盘点表单的号码记录，确定其是否连续编号，查明已发放的表单是否均已收回，并与存货盘点的汇总记录进行核对。

如果出现以下情况，审计人员应该酌情处理。

（1）存货盘点日不是资产负债表日，审计人员应当实施适当的审计程序，确定盘点日和资产负债表日之间存货的变动是否已作正确的记录。

（2）在永续盘存制下，如果永续盘存记录与存货盘点结果之间出现重大差异，审计人员应当追加审计程序，查明原因，并检查永续盘存记录是否已作适当的调整。

（3）如果认为被审计单位的盘点方式及其结果无效，审计人员应当提请被审计单位重新盘点。

（三）特殊情况的处理

1. 如果由于被审计单位存货的性质或位置等原因导致无法实施存货监盘，审计人员应当考虑能否实施替代审计程序，获取有关期末存货数量和状况的充分、适当的审计证据

审计人员应实施的替代审计程序主要包括：检查进货交易凭证或生产记录以及其他相关资料；检查资产负债表日后发生的销货交易凭证；向顾客或供应商函证。

2. 如果因不可预见的因素导致无法在预定日期实施存货监盘或接受委托时被审计单位的期末存货盘点已经完成，审计人员应当评估相应的审计风险，提请被审计单位另择日期重新盘点，并实施存货监盘，同时测试在该期间发生的存货交易，以获取有关期末存货数量和状况的充分、适当的审计证据

3. 对由被审计单位委托其他单位保管的或已作质押的存货，审计人员应当向保管人或债权人函证。

如果此类存货的金额占流动资产或总资产的比例较大，审计人员还应当考虑实施存货监盘或利用其他审计人员的工作。

4. 当审计人员首次接受委托未能对上期期末存货实施监盘，且该存货对本期财务报表存在重大影响时，如果已获取有关本期期末存货余额的充分、适当的审计证据，审计人员应当实施以下一项或多项审计程序，以获取有关本期期初存货余额的充分、适当的审计证据：查阅前任审计人员的工作底稿；审阅上期存货盘点记录及文件；抽查上期存货交易记录；运用毛利百分比法等进行分析、比较

**【例 9-1】** 审计人员在观察被审计单位存货实地盘点时，发现了下列特殊项目。

（1）产成品仓库中有数箱产品未挂盘点单，经询问，属于被审计单位的已售出产品。

（2）一间小仓库中有三种沾满灰尘的原材料，每种材料都挂有盘点标签，并且数额与实物相符。

（3）材料明细账上有一批存货记录，存货盘点表上没有，经询问，得知该批材料存放在外地。

**【要求】** 对这些项目应当进一步采取何种审计程序？

**【解答】**（1）查阅有关购销协议，结算凭证等，以确定该批产品的所有权。如果该批产品的销售尚未实现，应将其列入被审计单位的存货中。

（2）向有关生产主管查询该批材料是否还能用于生产，如果不能用于生产，属于报废或毁损的材料，则不应当列入被审计单位的存货中。

（3）派人前往存放地进行盘点，在存货量不大时，也可向寄存放的单位函证。

## 四、存货计价测试

监盘程序主要对存货的结存数量予以确认。为验证财务报表上存货余额的真实性，还必须对存货的计价进行审计。存货计价审计表如表9-3所示。

表9-3 存货计价审计表

| 日期 | 品名及规格 | 购入 | | | 发出 | | | 余额 | | |
|---|---|---|---|---|---|---|---|---|---|---|
| | | 数量 | 单价 | 金额 | 数量 | 单价 | 金额 | 数量 | 单价 | 金额 |
| | | | | | | | | | | |
| | | | | | | | | | | |
| | | | | | | | | | | |
| | | | | | | | | | | |
| | | | | | | | | | | |
| 1．计价方法说明： | | | | | | | | | | |
| 2．情况说明及审计结论： | | | | | | | | | | |

### （一）存货计价测试的一般要求

1．选择测试样本

用于计价测试的样本，应从存货数量已经盘点、单价和总金额已经记入存货汇总表的结存存货中选择。选择时应着重结存余额较大，且价格变化较频繁的项目，同时考虑所选样本的代表性。抽样方法一般采用分层抽样法，抽样规模应足以推断总体的情况。

2．计价方法的确认

存货计价方法多种多样，企业可以结合国家法规要求选择适合自身特点的方法。审计人员除应了解掌握企业的存货计价方法外，还应对这种计价方法的合理性与一贯性予以关注，没有足够理由，计价方法在同一会计年度内不得变动。对于已变动的计价方法，审计人员应审查其变动是否在财务报表上予以充分披露。

3．计价测试

（1）对存货价值的组成内容予以检查。

存货价值通常由买价、运输及仓储成本、直接加工成本和制造费用等组成。不同企业在成本及费用的界定上可能不尽相同，审计人员在开始计价测试前就有必要确认存货的合理合法价值构成。

（2）按照所了解的计价方法对所选择的存货样本进行计价测试。

测试时，审计人员应排除企业已有计算方法和结果的影响，独立地进行测试。测试结果出来后，应与企业账面价值对比，编制对比分析表，分析形成差异的原因。如果差异过大，应扩大范围继续测试，并根据测试结果做出审计调整。

4. 期末存货计价审计

在存货计价审计中，由于被审计单位期末存货采用成本与可变现净值孰低的方法计价，所以审计人员应充分关注其对存货可变现净值的确定及存货跌价准备的计提。

可变现净值是指企业在日常活动中，存货的估计售价减去至完工时估计将要发生的成本、估计的销售费用以及相关税费后的金额。企业确定存货的可变现净值，应当以取得的确凿证据为基础。并且考虑持有存货的目的、资产负债表日后事项的影响等因素。

当存在下列情况之一时，应当计提存货跌价准备：

（1）市价持续下跌，并且在可预见的未来无回升的希望；

（2）企业使用该项原材料生产的产品的成本大于产品的销售价格；

（3）企业因产品更新换代，原有库存原材料已不适应新产品的需要，而该原材料的市场价格又低于其账面成本；

（4）因企业所提供的商品或劳务过时或消费者偏好改变而使市场的需求发生变化，导致市场价格逐渐下跌；

（5）其他足以证明该项存货实质上已经发生减值的情形。

（二）存货成本的计价测试

存货成本审计主要包括直接材料的审计、直接人工成本的审计、制造费用的审计等内容。

1. 直接材料成本的审计

直接材料成本的实质性程序一般应从审阅材料和生产成本明细账入手，抽查有关的费用凭证，验证企业产品直接耗用材料的数量、计价和材料费用分配是否真实、合理。

（1）抽查产品成本计算单，检查直接材料成本的计算是否正确，材料费用的分配标准与计算方法是否合理和适当，是否与材料费用分配汇总表中该产品分摊的直接材料费用相符。

（2）检查直接材料耗用数量的真实性，有无将非生产用材料计入直接材料费用。

（3）分析比较同一产品前后各年度的直接材料成本，如有重大波动应查明原因。

（4）抽查材料发出及领用的原始凭证，检查领料单的签发是否经过授权，材料发出汇总表是否经过适当的人员复核，材料单位成本计价方法是否适当，是否正确及时入账。

（5）对采用定额成本或标准成本的企业，应检查直接材料成本差异的计算、分配与会计处理是否正确，并查明直接材料的定额成本、标准成本在本年度内有无重大变更。

**【例 9-2】** 审计人员在审查乙企业 2008 年度材料发出业务时发现，12 月份该企业车间生产领用 A 材料的计划成本 8 000 000 元，车间一般耗用领用 A 材料 4 000 000 元，本月份材料成本差异率-2%。

有关账务处理如下：

结转发出材料计划成本时：

借：生产成本　　　　8 000 000

　　制造费用　　　　4 000 000

　　贷：原材料　　　　12 000 000

　　结转发出材料成本差异时：

借：生产成本　　　　240 000

　　贷：材料成本差异　　24 0000

**【要求】** （1）指出上述记录存在的问题；（2）做出当期账项调整建议。

**【解答】** 材料成本差异应是节约差，该企业按超支差结转使成本虚增；另外，成本差异的结转未按材料的领用去向结转。审计人员应建议被审计单位作如下账务调整：

借：制造费用　　　　-80 000

　　生产成本　　　　-40 0000

　　贷：材料成本差异　　-480 000

**【例 9-3】** 审计人员审查甲公司存货项目时，发现甲公司结转发出产品成本计价采用先进先出法，库存商品明细账记录如表 9-4 所示。

**【要求】** 根据账面资料，检查甲公司存货的计价方法使用是否正确；分析存货计价方法对企业利润计算的影响。

**表 9-4　库存商品明细账**

| 2007 | | 摘要 | 入库 | | | 发出 | | | 结存 | | |
|---|---|---|---|---|---|---|---|---|---|---|---|
| 月 | 日 | | 数量 | 单价 | 金额 | 数量 | 单价 | 金额 | 数量 | 单价 | 金额 |
| 12 | 1 | 期初结存 | | | | | | | 500 | 20 | 10 000 |
| | 1 | 发出 | | | | 300 | 20 | 6 000 | 200 | 20 | 4 000 |
| | 5 | 购入 | 1 000 | 22 | 22 000 | | | | 1 200 | | 26 000 |
| | 10 | 发出 | | | | 800 | 22 | 17 600 | 400 | | 8 400 |
| | 20 | 购入 | 1 200 | 24 | 28 800 | | | | 1 600 | | 37 200 |

（续表）

| 2007 | | 摘要 | 入库 | | | 发出 | | | 结存 | | |
|---|---|---|---|---|---|---|---|---|---|---|---|
| 月 | 日 | | 数量 | 单价 | 金额 | 数量 | 单价 | 金额 | 数量 | 单价 | 金额 |
| | 23 | 发出 | | | | 900 | 24 | 21 600 | 700 | | 15 600 |
| | 31 | 本月合计 | 2 200 | | 50 800 | 2 000 | | 45 200 | 700 | | 15 600 |

**【解答】** 审计人员应采用先进先出法对发出产品进行复核，经复核发现发出产品计价存在错误。在先进先出法下，本期该存货发出成本应为 44 000 元，月末结存应为 16 800 元；而该企业发出成本为 45 200 元，期末结存为 15 600 元。企业计价方法应用的错误，虚增了发出产品成本，虚减利润，导致少交所得税，同时使库存产品计价偏低。对此审计人员应建议被审计单位加以调整。

2. 直接人工成本的审计

直接人工成本实质性程序的内容主要包括以下几个方面。

（1）抽查产品成本计算单，检查直接人工成本的计算是否正确，人工费用的分配标准与计算方法是否合理和适当，是否与人工费用分配汇总表中该产品分摊的直接人工费用相符。

（2）将本年度直接人工成本与前期进行比较，查明异常波动的原因。

（3）分析比较本年度各个月份的人工费用发生额，如有异常波动，应查明原因。

（4）结合应付职工薪酬的检查，抽查人工费用会计记录及会计处理是否正确。

（5）对采用标准成本法的企业，应抽查直接人工成本差异的计算、分配与会计处理是否正确，并查明直接人工的标准成本在本年度内有无重大变更。

**【例 9-4】** 表 9-5 是某公司 2008 年 7 月的工资分配表。

**表 9-5 2008 年 7 月工资分配表**

| 部　门 | 人员类别 | 生产成本 | 制造费用 | 管理费用 | 销售费用 | 合　计 |
|---|---|---|---|---|---|---|
| 生产车间 | 生产工人 | 67 210 | | | | 67 210 |
| | 管理人员 | | 6 435 | | | 6 435 |
| 机修车间 | 全体人员 | 3 575 | | | | 3 575 |
| 销售部门 | 销售人员 | | | | 2 431 | 2 431 |
| 厂部 | 管理人员 | | | 11 440 | | 11 440 |
| 其他 | 固定资产清理 | 572 | | | | 572 |
| 其他 | 基建工程人员 | 1 759 | | | | 1 759 |
| 医务室 | 医务人员 | | | 787 | | 787 |
| 合　计 | | 73 116 | 6 435 | 12 227 | 2 431 | 94 209 |

**【要求】** 审查上述工资分配表，如有错误，指出错误所在。

**【解答】** 该公司在工资分配时存在错误：固定资产清理人员工资应计入“固定资产清理”；基建人员工资应计入“在建工程”；医务室人员工资应计入“应付职工薪酬—职工福利”。该公司工资核算的错误会使当期的人工成本费用虚增，从而利润减少。

3. 制造费用的审计

制造费用是企业为生产产品或提供劳务而发生的间接费用，即生产单位为组织和管理生产而发生的费用，包括分厂和车间管理人员的工薪、折旧费、修理费、办公费、水电费、取暖费、租赁费、机物料消耗、低值易耗品摊销、劳动保护费、保险费、设计制图费、实验检验费、季节性和修理期间的停工损失以及其他制造费用。

制造费用实质性程序的基本要点包括以下几个方面。

（1）获取或编制制造费用汇总表，并与明细账、总账核对相符，抽查制造费用中的重大数额项目及例外项目是否合理。

（2）审阅制造费用明细账，检查其核算内容及范围是否正确，并应注意是否存在异常会计事项，如有，则应追查至记账凭证及原始凭证，重点查明被审计单位有无将不应列入成本费用的支出（如投资支出、被没收的财物、支付的罚款、违约金、技术改造支出等）计入制造费用。

（3）必要时，对制造费用实施截止测试，即检查资产负债表日前后若干天的制造费用明细账及其凭证，确定有无跨期入账的情况。

（4）检查制造费用的分配是否合理。

重点查明制造费用的分配方法是否符合被审计位自身的生产技术条件，是否体现受益原则；分配方法一经确定，是否在相当期间内保持稳定，有无随意变更的情况；分配率和分配额的计算是否正确，有无以人为估计数代替分配数的情况。对按预定分配率分配费用的被审计单位，还应查明计划与实际差异是否及时调整。

（5）对于采用标准成本法的被审计单位，应抽查标准制造费用的确定是否合理，计入成本计算单的数额是否正确，制造费用的计算、分配与会计处理是否正确，并查明标准制造费用在本年度内有无重大变动。

**【例 9-5】** 审计人员审查某厂 2008 年 12 月成本计算单时，发现下列问题：

（1）12 月 31 日材料退库 18 000 元，经查并无材料退库。

（2）制造费用中修理费用 5 000 元，经查大修理工程所用。

（3）待摊费用 1 000 元，应摊入本月成本，漏记未转账。

月末完工产品 800 件，在产品 400 件，材料在生产开始时一次投料，在产品加工程度为 50%。该单位自编成本计算表如表 9-6 所示。

表 9-6 产品成本计算表

| 成 本 项 目 | 生产费用合计 | 完工产品成本 | 在产品成本 |
|---|---|---|---|
| 直接材料 | 15 0000 | 100 000 | 50 000 |
| 直接人工 | 18 000 | 14 400 | 3600 |
| 制造费用 | 22 000 | 17 600 | 4400 |
| 合　计 | 190 000 | 132 000 | 58 000 |

经查完工产品入库为 1 000 件，并非 800 件，在产品数量、投料程度和加工程度正确。

**【要求】**（1）根据上述资料纠正存在的错误，重编成本计算表。

（2）分析企业这样做的目的。

**【解答】** 重新编制产品成本计算表如表 9-7 所示。

表 9-7 产品成本计算表

| 成 本 项 目 | 生产费用合计 | 完工产品成本 | 在产品成本 |
|---|---|---|---|
| 直接材料 | 168 000 | 120 000 | 48 000 |
| 直接人工 | 18 000 | 15 000 | 3 000 |
| 制造费用 | 18 000 | 15 000 | 3 000 |
| 合　计 | 204 000 | 150 000 | 54 000 |

该企业通过虚构材料退库、虚增制造费用、漏摊待摊费用、缩小产成品数量等手法，达到调节成本进而调节利润的目的。

## 五、存货截止测试

所谓存货截止测试，就是检查已经记录为企业所有，并包括在 12 月 31 日存货盘点范围内的存货中，是否含有截止到该日尚未购入或已经售出的部分。存货正确截止的关键在于存货实物纳入盘点范围的时间与存货的会计入账时间都处于同一会计期间，如果当年 12 月 31 日购入货物，并已包括在当年 12 月 31 日的实物盘点范围内，而购货发票是次年 1 月 2 日才收到，并记入次年 1 月份账内，当年 12 月份账上并无进货和对应的负债记录，这就少记了账面存货和应付账款，虚增了本年利润。相反，如果在当年 12 月 31 日收到一张购货发票，并记入当年 12 月份账内，而这张发票所对应的存货实物却在次年 1 月 2 日才收到，未包括在当年年度的盘点范围内，这就会虚减本年的存货和利润。

存货截止测试的主要方法是检查存货盘点日前后的购货（销售）发票与验收报告、入库单（或出库单）。在一般情况下，档案中的每张发票均附有验收报告和入库单（或出库单），如果 12 月底入账的发票附有 12 月 31 日或之前日期的验收报告与入库单，则货物肯定已经入库，并包括在本年的实地盘点存货范围内；如果验收报告日期为 1 月份的日期，则货物不会列入年底实地盘点的存货中；反之，如果仅有验收报告与入库单而并无购货发票，则应认真审核每一验收报告单上面是否加盖暂估入库印章，并以暂估价计入当年存货账内，待次年初以红字冲销。

存货截止测试的另一审核方法是查阅验收部门的业务记录，凡是接近年底（包括次年年初）购入或销售的货物，均必须查明其相应的购货或销售发票是否在同期入账。对于未收到购货发票的入库存货，应查明是否将入库单分开存放并暂估入账，对已填制出库单而未发出的商品，应查明是否将其单独保管。

对于测试完成后发现的截止期处理不当的情况，审计人员应提请被审计单位做必要的会计账务调整。

**【例 9-6】** 在对乙公司 2008 年会计报表审计过程中，发现下列业务：

（1）2009 年 1 月 3 日，公司收到了金额为 15 000 元的一张购货发票，这笔购货业务在 1 月 5 日入账。入库单显示该批货物于 2008 年 12 月 29 日收到。

（2）2008 年 12 月 28 日，公司收到价值 32500 元的商品，相关发票没有入账。该发票由销售部门保管，发票上注明“受托代销”。

（3）2008 年 12 月 31 日营业结束后，发货区域有价值 18600 元的产品，贴有“即将发货”的标签。当日存货盘点范围中没有包括该批存货。通过调查，该批产品与 2009 年 1 月 2 日发出，销售发票日期为 1 月 3 日。

**【要求】** 判断这些商品是否应包括在被审计单位 2008 年 12 月 31 日的存货中，并说明理由。

**【解答】**（1）2008 年 12 月 31 日该笔业务的发票未到，而货物已到，应办理暂估入库手续，应包括在 2008 年末的存货中。

（2）受托代销的商品所有权不属于代销单位，因此不包括在 2008 年末的存货中。

（3）该批销售货物的发货日期和开票日期均在 2009 年 1 月，因此应包括在 2008 年末的存货中。

## 六、确定存货是否在资产负债表上恰当披露

根据会计准则的规定，资产负债表上的存货项目应根据“材料采购”、“原材料”、“低值易耗品”、“库存商品”、“委托加工物资”、“委托代销商品”、“生产成本”等

项目的期末余额合计，减去“存货跌价准备”、“受托代销商品款”科目期末余额后填列。材料采用计划成本核算，以及库存商品采用计划成本核算或售价核算的企业，还应按加或减“材料成本差异”、“商品进销差价”后的金额填列。

## 第四节 应付职工薪酬审计

职工薪酬是企业支付给员工的劳动报酬，其主要核算方式有计时制和计件制两种。在一般企业中，工资费用在成本费用中所占比重较大。如果工资计算错误，就会影响到成本费用和利润的正确性。所以，审计人员应重视对职工薪酬业务的审计。职工薪酬业务的审计，主要涉及“应付职工薪酬”项目。

### 一、审计目标

一般来说，应付职工薪酬的审计目标主要有：确定应付职工薪酬计提和支出的记录是否存在；确定期末应付职工薪酬是否被审计单位应履行的支付义务；确定应付职工薪酬计提和支出依据是否合理、记录是否完整；确定应付职工薪酬期末余额是否正确；确定应付职工薪酬的披露是否恰当。

### 二、应付职工薪酬的实质性程序

应付职工薪酬的实质性程序通常包括以下几个方面。

（一）获取或编制应付职工薪酬明细表，复核加计正确，并与报表数、总账数和明细账合计数核对是否相符

（二）对本期职工薪酬的发生情况实施分析程序

1. 检查各月职工薪酬的发生额是否有异常波动，若有，则要求被审计单位予以解释

2. 将本期工薪费用总额与上期进行比较，要求被审计单位解释其减增变动原因，或取得公司管理当局关于员工工资水平的决议

3. 了解被审计单位本期平均职工人数，计算人均薪酬水平，与上期或同行业水平进行比较

（三）检查本项目的核算内容是否包括工资、职工福利、社会保险费、住房公积金、工会经费、职工教育经费、解除职工劳动关系补偿、股份支付等明细项目

（四）检查职工薪酬的计提是否正确，分配方法是否合理并与上期一致 ，并将职工薪酬计提数与相关的成本、费用项目核对一致

（五）检查应付职工薪酬的计量和确认

1. 国家有规定计提基础和计提比例的，应按国家规定的标准计提，如医疗保险费、养老保险费、失业保险费、工伤保险费、生育保险费、住房公积金、工会经费以及职工教育经费等；国家没有规定计提基础和计提比例的，如职工福利费等，应按实列支

2. 被审计单位以其自产产品或外购商品作为非货币性福利发放给职工的，应根据受益对象，将该产品或商品的公允价值，计入相关的资产成本或当期损益，同时确认应付职工薪酬

3. 被审计单位将其拥有的房屋等资产无偿提供给职工使用的，应当根据受益对象，将该住房每期应计提的折旧计入相关资产成本或当期损益，同时确认应付职工薪酬

4. 被审计单位租赁住房等资产供职工无偿使用的，应当根据受益对象，将每期应付的租金计入相关资产成本或当期损益，同时确认应付职工薪酬

5. 对于外商投资企业，按税后利润提取的职工奖励及福利基金应以董事会决议为依据，并符合有关规定

（六）审阅应付职工薪酬明细账，抽查应付职工薪酬各明细项目的支付和使用情况，检查是否符合有关规定，是否履行审批程序

（七）检查被审计单位实行的工薪制度

1. 如果被审计单位实行工效挂钩，应取得有关主管部门确认的效益工资发放额的认定证明，并符合有关合同文件和实际完成的指标，检查其计提额是否正确

2. 如果被审计单位实行计税工资制，应取得被审计单位平均人数证明，并进行复核，计算可准予税前列支的费用额，对超支部分的工资及附加费作纳税调整，对计缴的工会经费，未能提供《工会经费拨缴款专用收据》的，应提出纳税调整建议

（八）检查应付职工薪酬期末余额中是否存在拖欠性质的职工薪酬，了解拖欠的原因

（九）检查被审计单位的辞退福利核算是否符合有关规定

（十）检查应付职工薪酬的披露是否恰当

## 第五节　营业成本审计

营业成本指企业从事对外销售商品、提供劳务等主营业务活动和销售材料、出租固定资产、出租无形资产、出租包装物等其他经营活动所发生的实际成本。对制造业而言，它是由期初库存产品成本加上本期入库产品成本，再减去期末库存产品成本求得的。

## 一、审计目标

营业成本的审计目标一般包括：（1）确定记录的营业成本是否已发生；（2）确定营业成本记录是否完整；（3）确定与营业成本有关的金额及其他数据是否以恰当记录；（4）确定营业成本是否已记录于正确的会计期间；（5）确定营业成本的内容是否正确；（6）确定营业成本与营业收入是否配比；（7）确定营业成本的披露是否恰当。

## 二、主营业务成本的审计

主营业务成本是指企业对外销售商品、产品或对外提供劳务等发生的实际成本。对主营业务成本的实质性程序，应通过审阅主营业务收入明细账、产成品明细账等记录并核对有关原始凭证和记账凭证进行。其实质性测试程序包括以下几个方面。

### （一）获取或编制主营业务成本明细表，复核加计是否正确，与明细账和总账核对相符

### （二）编制生产成本及主营业务成本倒轧表，与总账核对相符

生产成本及主营业务成本倒轧表格式见表 9-9 所示。

### （三）进行分析性程序，分析比较本年度与上年度主营业务成本总额，以及本年度各月份的主营业务成本金额，如有重大波动和异常情况，查明原因

### （四）结合生产成本的审计，抽查主营业务成本结转数额的正确性，并检查其是否与主营业务收入配比

### （五）检查主营业务成本账户中的重大调整事项（如销售退回等）是否有其充分理由

### （六）在采用计划成本、定额成本、标准成本或售价核算存货的情况下，检查产品成本差异或商品进销差价的计算、分配和会计处理是否正确

### （七）确定主营业务成本在利润表中是否已恰当披露

**【例 9-7】** 审计人员对三利公司的主营业务成本进行审计，通过审查该公司的主营业务成本明细表，并与有关明细账、总账核对，发现账表之间数字完全相符。有关数字如下：

| | | | |
|---|---|---|---|
| 材料期初余额 | 80 000 元 | 本期购入材料 | 150 000 元 |
| 材料期末余额 | 60 000 元 | 本期销售材料 | 10 000 元 |
| 直接人工成本 | 15 000 元 | 制造费用 | 42 000 元 |
| 在产品期初余额 | 23 000 元 | 在产品期末余额 | 30 000 元 |
| 产成品期初余额 | 40 000 元 | 产成品期末余额 | 50 000 元 |

该审计人员通过对有关记账凭证和原始凭证的审计，发现如下问题：

（1）本期已入库，但尚未收到结算凭证的材料 5 000 元未作暂估处理。

（2）已领未用的材料 1 000 元，未作假退料处理。

（3）为在建工程发生的工人工资计入生产成本 2 000 元。

（4）本期发生的大修理费用 6 000 元全部计入当期制造费用（按规定应分三期摊销）。

（5）经对期末在产品盘点发现，在产品实际金额为 38 000 元。

**【要求】** 根据上述资料填制“生产成本与主营业务成本倒轧表”，计算并得出审计结论。

**【解答】** 生产成本与主营业务成本倒轧表如表 9-8 所示。

表 9-8　生产成本及主营业务成本倒轧表

| 项　　目 | 未　审　数 | 调整或重分类金额借（贷） | 审　定　数 |
|---|---|---|---|
| 原材料期初余额 | 80 000 | | 80 000 |
| 加：本期购进 | 150 000 | 借 5 000 | 155 000 |
| 减：原材料期末余额 | 60 000 | 借 1 000 | 61 000 |
| 其他发生额 | 10 000 | | 10 000 |
| 直接材料成本 | 160 000 | | 164 000 |
| 加：直接人工成本 | 15 000 | 贷 2 000 | 13 000 |
| 制造费用 | 42 000 | 贷 4 000 | 38 000 |
| 生产成本 | 217 000 | | 215 000 |
| 加：在产品期初余额 | 23 000 | | 23 000 |
| 减：在产品期末余额 | 30 000 | 借 8 000 | 38 000 |
| 产品生产成本 | 210 000 | | 200 000 |
| 加：产成本期初余额 | 40 000 | | 40 000 |
| 减：产成品期末余额 | 50 000 | | 50 000 |
| 主营业务成本 | 200 000 | | 190 000 |
| 审计结论：由于多计产品生产成本 10 000 元，导致主营业务成本多计 10 000 元，将影响营业利润少计 10 000 元。 | | | |

## 三、其他业务成本的审计

（一）获取或编制其他业务收入、其他业务成本明细表，复核加计正确，与总账和明细账合计数核对相符；并注意其他业务成本是否有相应的收入

（二）与上期其他业务收入、其他业务成本比较，检查是否有重大波动，如有，应查明原因

（三）检查其他业务成本内容是否真实，计算是否正确，配比是否恰当，并抽查原始凭证予以核实

（四）对异常项目，应追查入账依据及有关法律文件是否充分

（五）确定其他业务成本的披露是否恰当

## 复习思考题

### 一、单项选择题

1．审计人员审查存货时，需要（　　）。

A．亲自盘点存货

B．亲自指挥客户进行盘点工作

C．了解客户是否定期进行存货盘点，但不必参与盘点过程

D．观察客户的盘点过程并适当抽查

2．存货监盘程序所得到的是（　　）。

A．书面证据　　B．口头证据　　C．环境证据　　D．实物证据

3．存货审计的内容不包括（　　）。

A．制造费用的审计　　B．主营营业成本的审计

C．直接材料成本、人工成本的审计　　D．销售费用的审计

4．下列各项中，属于工薪审计实质性程序的是（　　）。

A．询问和观察人事、考勤、工薪发放、记录等职责执行情况

B．复核人事政策、组织机构图

C．对本期工资费用进行分析性程序

D．检查工资分配表、工资汇总表、工资结算表，并核对员工工资手册等

5．存货与仓储循环的控制测试不包括（　　）。

A．对客户的内部控制制度进行简易抽查

B．工薪业务的控制测试

C．抽查成本会计制度

D．存货监盘

6．资产负债表中的“存货”项目不包括（　　）账户的期末余额。

A．原材料　　B．库存商品

C．存货跌价准备　　D．待摊费用

7．审计人员观察存货盘点的主要目的是为了（　　）。

A．查明被审计单位是否漏盘某些重要的存货项目

B．鉴定存货的质量

C．了解盘点过程是否遵循了有关规定

D．获得存货是否实际存在的证据

8．一般来说，（　　）与存货与仓储循环有关，而与其他任何循环无关。

A．采购材料和储存材料　　B．购置加工设备和维护加工设备

C．预付保险费和理赔　　D．加工产品和储存完工产品

9．在各个账户审计中，审计人员运用最为普遍的审计程序是（　　）。

A．分析程序　B．函证　C．监盘　D．观察

10．毛利率的波动可能意味着（　　）的变动。

A．存货成本项目发生变动　　B．销售额逾销售成本同比上升

C．销售额与销售成本同比下降　　D．销售价格发生变动

## 二、多项选择题

1．存货与仓储循环的内部控制主要包括（　　）。

A．成本会计制度　　B．存货的内部控制

C．存货的盘点　　D．工薪的内部控制

2．对被审计单位存货的审计较复杂、费时的原因是（　　）。

A．存货占资产的比重大　　B．存货项目的多样性

C．存货股价方法的多样性　　D．存货放置地点不同，实物控制不便

3．存货监盘程序包括（　　）。

A．抽点　B．实地观察　C．盘点　D．编制审计工作底稿

4．审计人员对被审计单位购货业务进行年底截止测试的方法有（　　）。

A．实地观察与抽查购货

B．抽查存货盘点日前后的购货发票与验收报告

C．查阅验收部门的业务记录

D．了解购货的保险情况和存货保护措施

5．审计人员测试被审计单位应付职工薪酬要实现的主要目标是（　　）。

A．应付职工薪酬的计提是否正确

B．应付职工薪酬是否记录在正确的会计期间

C．确保不发生多计或虚构应付职工薪酬额

D．测试是否发生少报或漏报应付职工薪酬额

三、判断题

1. 审计人员进行存货监盘的主要目的是确定被审计单位对存货的监盘程序和方法是否符合盘点计划和指令的要求。（　）

2. 因为不存在满意的替代程序来观察和计量期末存货，所以审计人员必须对被审计单位的存货进行监盘。（　）

3. 监盘程序所得到的证据可以保证被审计单位对存货拥有所有权，但不能对存货的价值提供审计证据。（　）

4. 监盘的时间以会计期末以后为优。（　）

5. 存货正确截止的要求是，12 月 31 日前购入的存货，即使未验收入库，也必须纳入存货盘点的范围。（　）

6. 被审计单位有责任确定适当程序，进行准确的盘点并正确记录盘点数。（　）

7. 存货周转率的波动可能意味着被审计单位存在“销售产品总体结构发生变动”的情况。（　）

8. 制造费用不需要作截止测试。（　）

9. 对于企业存放或寄销在外地的存货，也应纳入盘点范围，可以由审计人员亲自前往监盘，也可以向寄存寄销单位函证。（　）

10. 存货截止审计的主要方法是抽查存货盘点日期前后的购货发票与验收报告（或入库单），档案中每张发票均附有验收报告（或入库单）。（　）

四、简答题

1. 存货与仓储循环的内部控制包括哪些内容？

2. 应从哪几方面审查存货业务？

3. 存货正确截止的关键是什么？如何进行存货的截止测试？

4. 应付职工薪酬实质性程序的要点有哪些？

5. 试述存货监盘的要点。

五、业务分析题

1. 审计人员在 2009 年 2 月审查某工业企业 2008 年 12 月业务时发现，当月“制造费用”发生额与以前月份相比增加数额较大。进一步审查“制造费用”明细账，其中一笔业务摘要注明“固定资产安装费”字样，调阅记账凭证发现会计分录为：

借：制造费用——固定资产修理费　　16 000

　　贷：银行存款　　16 000

该记账凭证所附原始凭证是一张发票和一张转账支票存根，发票注明是车间设备安装费，支付给某施工队。

【要求】 指出该笔业务存在的问题，并提出处理意见。

2．审计人员审查某企业 2008 年 12 月的成本资料，发现甲产品已完工 600 件，月末在产品 300 件，原材料在生产开始时一次投入，月末完工产品与在产品按约当产量法进行分配，在产品完工程度平均 50%计算。甲产品成本资料如表 9-9 所示。

表 9-9

| 项　目 | 月初在产品 | 本 期 费 用 | 完工产品成本 | 月末在产品 |
|---|---|---|---|---|
| 直接材料 | 16 000 | 119 000 | 108 000 | 27 000 |
| 直接人工 | 5 800 | 48 200 | 43 200 | 10 800 |
| 制造费用 | 2 350 | 16 400 | 15 000 | 3 750 |
| 合　计 | 24 150 | 183 600 | 166 200 | 41 550 |

【要求】 验算该企业成本计算的正确性；针对发现的情况指出存在的问题及处理方法。

# 第十章　筹资与投资循环审计

## 本章学习要点

1. 了解筹资与投资循环的基本特征及主要业务活动。
2. 掌握短期借款、长期借款、应付债券等负债类项目的实质性程序。
3. 掌握所有者权益项目的实质性程序。
4. 理解投资相关业务的实质性程序。

## 第一节　筹资与投资循环概述

筹资与投资循环由筹资活动和投资活动的交易事项构成。筹资活动是指企业为满足生存和发展的需要，通过改变企业资本、债务规模和构成而筹集资金的活动。筹资活动主要由借款和股东投资组成。投资活动是指企业为享有被投资单位分配的利润，或为谋求其他利益，将资产让渡给其他单位而获得另一项资产的活动。

筹资与投资循环具有如下特征：（1）审计年度内筹资与投资循环的交易数量较少，而每笔交易的金额通常较大；（2）漏记或不恰当地对一笔业务进行会计处理，将会导致重大错报，从而对企业财务报表的公允反映产生较大的影响；（3）筹资与投资循环交易必须遵守国家法律、法规和相关契约的规定。

筹资与投资循环中所涉及的资产负债表项目主要包括：交易性金融资产、应收利息、应收股利、可供出售金融资产、持有至到期投资、长期股权投资、投资性房地产、短期借款、交易性金融负债、应付利息、应付股利、长期借款、应付债券、实收资本（或股本）、资本公积、盈余公积、未分配利润等；筹资与投资循环中所涉及的利润表项目主要包括：财务费用、投资收益、营业外收入、营业外支出等。

### 一、筹资与投资循环所涉及的主要业务活动

#### （一）筹资所涉及的主要业务活动

企业所需的资金是企业生存与发展的重要环节。企业拥有的大部分资产源于债权人和

股东提供的资金，企业的筹资业务由取得和偿还资金有关的交易组成，分为负债筹资交易和所有者权益交易两部分。具体来说，筹资活动的业务主要有以下环节。

1. 审批授权

企业通过借款筹集资金需经管理当局的审批，其中债券的发行每次均要由董事会授权；企业发行股票必须依据国家有关法规或企业章程的规定，报经企业最高权力机构（如董事会）及国家有关管理部门批准。

2. 签订合同或协议

向银行或其他金融机构融资须签订借款合同，发行债券须签订债券契约和债券承销或包销合同。

3. 取得资金

企业实际取得银行或金融机构划入的款项或债券、股票的融入资金。

4. 计算利息或股利

企业应按有关合同或协议的规定，及时计算利息或股利。

5. 偿还本息或发放股利

银行借款或发行债券应按有关合同或协议的规定偿还本息，融入的股本根据股东大会的决定发放股利。

（二）投资所涉及的主要业务活动

企业在经营过程中为了保持资产的流动性和盈利性，将资产投放于证券市场或其他企业，即形成投资业务。企业投资的形式包括：债券、股票、基金等。具体说来，投资业务主要有以下环节。

1. 审批授权

技资业务应由企业的高层管理机构进行审批。

2. 取得证券或其他投资

企业可以通过购买股票或债券进行投资，也可以通过与其他单位联合形成投资。

3. 取得投资收益

企业可以取得股权投资的股利收入、债券投资的利息收入和其他投资收益。

4. 转让证券或收回投资

企业可以通过转让证券实现投资的收回；其他投资已经投出，除联营合同期满，或由于其他特殊原因联营企业解散外，一般不得抽回投资。

## 二、主要凭证与会计记录

（一）筹资活动的凭证和会计记录

1. 债券或股票

债券或股票是被审计单位在融资过程中给予投资者或债权人的权利凭证。

2. 债券契约

它是一张明确债券持有人与发行企业双方所拥有的权利与义务的法律性文件。

3. 股东名册

股东名册对于记名股票和无记名股票记载的内容不同。发行记名股票应记载的内容一般包括：①股东姓名或名称及住所；②各股东所持股份数；③各股东所持股票的编号；④各股东取得其股份的日期。发行无记名股票，公司应记载其股票数量、编号及发行日期。

4. 公司债券存根簿

发行记名公司债券的公司应记载的内容一般包括：债券持有人的姓名或名称及住所；债券持有人取得债券的日期及债券的编号；债券总额、债券的票面金额、债券的利率、债券还本付息的期限和方式；债券的发行日期。发行无记名债券，公司应记载债券总额、利率、偿还期限和方式、发行日期和债券编号。

5. 承销或包销协议

公司向社会公开发行股票或债券时，应由依法设立的证券公司承销或包销，公司应与证券公司签订承销或包销协议。

6. 借款合同或协议

公司在向银行或其他非银行金融机构借入款项时，与其签订的合同或协议。

7. 有关记账凭证、有关会计科目的明细账和总账

（二）投资活动的凭证和会计记录

1. 股票或债券

2. 经纪人通知书

当投资是通过经纪人代理进行的，对经纪人通知书的审查可证实企业投资业务的合理性、投资账务处理的正确性。

3. 债券契约

4. 被投资企业的章程及有关的协议

5. 投资协议

6. 与投资有关的记账凭证、有关会计科目的明细账和总账

## 第二节　筹资与投资循环的内部控制及其测试

### 一、筹资活动的内部控制及其测试

（一）筹资活动的内部控制

筹资活动的内部控制制度一般包括下列内容。

1. 筹资的授权审批控制

适当授权及审批可明显提高筹资活动效率，降低筹资风险， 防止由于缺乏授权、审批而出现的舞弊现象。重大的筹资活动，如大额银行贷款、发行债券、发行股票等，应由董事会做出决议或由最高管理层决策，然后由财务人员执行；小规模的筹资活动，如短期借款等，则可由财务部门负责人作出决定。

2. 筹资循环的职务分离控制

职责分工、明确责任是筹资循环内部控制的重要手段，筹资业务中应分离的职务包括以下几个方面。

（1）筹资计划编制人与审批人适当分离，以利于审批人独立地评价计划的优劣。

（2）经办人员不能接触会计记录。

（3）会计记录人员与负责收、付款的人员分离，有条件的应聘请独立的机构负责支付业务。

（4）证券保管人员与会计记录人员分离。

3. 款项收付的控制

款项收付是指筹资发行债券、股票收入的款项以及定期分出利息、红利和利润等付出款项的业务。筹资业务收付的金额一般都比较大，为了防止以筹资业务为名进行不正当活

动或者以伪造会计记录来掩盖不正当活动的事项发生，企业最好委托独立的代理机构代为发行。筹资当中，利息的支付应安排专门人员负责，并在有关人员签字确认后，才对外偿付；企业也可委托有关代理机构代为偿付利息，降低舞弊可能。股利发放要以董事会或股东大会有关发放股利的决议文件为依据，可以由企业自行完成或委托代理机构完成。

4. 实物保管的控制

企业发行的债券和股票可以由独立的专门机构代为保管，也可以由企业自行保管。债券和股票都应设立相应的登记簿，并由专人进行登记，同时要进行定期盘点。

5. 会计记录的控制

筹资业务的会计处理较为复杂，因此会计记录的控制尤为重要。企业应建立严密完善的账簿体系和记录制度；核算方法应符合会计准则和会计制度的规定。企业应及时地按正确的金额、合理的方法，在适当的账户和合理的会计期间予以正确记录，并定期进行账账、账表、账实的核对，如有不符，要及时查明原因。

（二）筹资活动的控制测试

1. 了解筹资业务的内部控制

针对重要的内部控制要点，审计人员通过观察、询问相关人员、审阅和检查筹资业务内部控制的文件和记录等方法对筹资业务的内部控制加以了解。并结合企业的实际情况采用调查表、文字表述或流程图及时适当地记录了解到的筹资业务内部控制情况。

2. 筹资业务的内部控制测试

具体说来，测试时应确定以下事项。

（1）筹资活动是否经过授权批准。

测试授权审批控制，可以直接向管理当局询问，并查看筹资业务的法律性文件，检查企业筹资活动是否经董事会授权，是否履行了适当的审批手续，是否符合法律的规定。

（2）筹资活动的授权、执行、记录和实物保管等是否严格分工。

对职务分离控制的控制测试可以采取跟踪业务的方法，实施调查各有关岗位分工的情况。

（3）检查企业发行债券的收入是否立即存入银行。

（4）取得债券契约，检查企业是否根据企业的规定支付利息。

（5）检查筹资活动是否建立了严密的账簿体系和记录制度，并定期检查。

3. 评价筹资业务的内部控制

审计人员在对筹资活动的内部控制实施控制测试的基础上对其进行分析、评价，以确定控制的强弱点及其可依赖程度，据以确定实质性程序的性质、时间和范围，并针对控制的薄弱环节提出改进建议。

## 二、投资活动的内部控制及其测试

### （一）投资活动的内部控制

投资活动的内部控制应该包括以下几个方面：

1. 投资计划的审批授权制度

投资必须编制投资计划，详细说明投资的对象、投资目的、影响投资收益的风险。投资计划在执行前必须严格审核，审批人应当根据对外投资授权批准制度的规定，不得超越审批权限。经办人应当在职责范围内，按照审批人的意思办理对外投资业务。大规模的投资活动，由董事会决定；小规模的投资活动，也应由财务主管授权。

2. 投资业务的职责分工制度

合法的投资业务应在业务的授权、执行、会计记录以及资产的保管方面等都有明确的分工，任何一项投资业务的全过程或过程中的某一重要环节不得由一人或一个机构独立负责。这种合理的职责分工所形成的相互牵制机制，有利于避免或减少投资业务中发生错误或舞弊的可能性，并且一旦发生，也能及时发现，从而将企业的损失控制到最低限度。

3. 投资资产的安全保护制度

企业对投资资产（ 股票和债券 ）一般有两种保管方式：一种方式是由独立的专门机构保管。这些机构拥有专门的保存和防护措施，可以防止各种证券及单据的失窃或毁损，并且由于它们与投资业务的会计记录工作是完全分离的，可以大大降低舞弊的可能性。另一种方式是由企业自行保管，在这种方式下，必须建立严格的相互牵制制度，即至少要由两名以上人员共同控制，不得一人单独接触证券。对于任何证券的存入和取出，要将证券名称、数量、价值及存取的日期、数量等详细记录于证券登记簿内，并由在场的经手人员签名。

4. 投资业务会计记录制度

对于股票或债券类投资，无论是企业自行保管的还是由他人保管的，都要进行完整的会计记录，并对其增减变动及投资收益的实现情况进行相关会计核算。具体而言，应对每一种股票或债券分别设立明细分类账，并详细记录其名称、面值、证书编号、数量、取得日期、经纪人（或证券商）名称、购入成本、收取的股息或利息等。对于联营投资类的其他投资也应设置明细账，核算其他投资的投出及其投资收益和投资收回等业务，并对投资的形式、投向、投资的计价以及投资收益等作出详细的记录。

5. 记名登记制度

除无记名证券外，企业在购入股票或债券时应在购入的当日尽快登记于企业名下，切忌登记于经办人员名下，防止冒名转移或借其他名义谋取私利的舞弊行为发生。

6. 定期盘点制度

对于企业所拥有的投资资产，应由内部审计人员或不参与投资业务的其他人员进行定期盘点，检查是否确为企业所拥有，并将盘点记录与账面记录相互核对以确认账实的一致性。

（二）投资活动的控制测试

1. 了解投资业务的内部控制

审计人员应通过询问被审计单位有关人员和查阅有关的内部控制文件，了解被审计单位内部控制的情况，也可以采用问卷形式，了解企业是否存在投资内部控制，弄清其内容。对了解的内容，应及时记录，并用恰当的方法描述投资业务内部控制的全貌。

2. 投资业务内部控制测试

投资活动内部控制的控制测试内容包括：

（1）投资项目是否经授权批准。

对于技资计划的审批授权控制，主要通过查阅有关计划资料、文件或直接向管理当局询问进行审查。如通过查阅企业最高管理机构的会议纪要、证券投资的各类权益证明文书、联营投资中的投资协议、合同和章程等来了解投资循环授权批准制度的执行情况。

（2）投资项目的授权、执行、保管和记录是否严格分工。

对于职务分离控制的测试，审计人员可以采取实地调查、跟踪业务的方法进行。

（3）有无健全的有价证券保管制度。

了解证券资产的保管制度，检查被审计单位自行保管时，存取证券是否进行详细的记录并由所有经手人员签字。

（4）投资活动的核算方式是否符合有关财务制度的规定，相关投资收益的会计处理是否正确。

审计人员可从各类投资业务的明细账中抽取部分会计分录，按“原始凭证→明细账→总账”顺序核对有关数据和情况，判断其会计处理过程是否合规完整，并据以核实上述了解的有关内部控制是否健全，是否得到有效的执行。

（5）审计人员应审阅内部相关人员对有价证券进行定期盘点的报告，重点审阅盘点方法是否适当，盘点结果与会计记录进行核对的情况，以及出现差异的处理是否合规等。

如果各期盘点报告的结果未发现账实间存在差异（或差异不大），说明投资活动的内部控制比较健全有效。

3. 投资业务内部控制的评价

审计人员在完成上述工作后，取得了有关内部控制是否健全、有效的证据，并在工作底稿中标明投资活动的内部控制的强弱点，对投资业务内部控制进行总体评价，确认对投资业务内部控制的可依赖程度，进而确定实质性程序的重点。

## 第三节　借款的审计

借款是企业承担的一项经济义务，是企业的负债项目。在一般情况下，被审计单位不会高估负债，因为这样于自身不利，且难以与债权人的会计记录相互印证。因此，审计人员对于负债项目的审计，主要是防止企业低估债务。低估债务经常伴随着低估成本费用，从而达到高估利润的目的。因此，低估债务不仅影响财务状况的反映，而且还会极大地影响企业财务成果的反映。所以，审计人员在执行借款业务审计时，应将被审计单位是否低估借款作为一个关注的要点。

### 一、短期借款的审计

（一）短期借款的审计目标

短期借款的审计目标一般包括：（1）确定期末短期借款是否存在；（2）确定期末短期借款是否为被审计单位应履行的偿还义务；（3）确定短期借款的借入、偿还及计息的记录是否完整；（4）确定短期借款的期末余额是否正确；（5）确定短期借款的披露是否恰当。

（二）短期借款的实质性程序

短期借款一般是企业维持正常的生产经营所需的流动资金而借入的或者为抵偿其他债务而向银行借入的偿还期不超过一年的各种借款。一般而言，审计人员对于短期借款的实质性程序应包括以下内容。

1. 获取或编制短期借款明细表

审计人员应首先获取或编制短期借款明细表，复核其加计数是否正确，并与明细账和总账核对相符。

2. 函证短期借款的实有数

审计人员应在期末短期借款余额较大或认为必要时向银行或其他债权人函证短期借款。

3. 检查短期借款的增减

对年度内增加的短期借款，审计人员应检查借款合同和授权批准，了解借款数额、借款条件、借款日期、还款期限、借款利率，并与相关会计记录进行核对。对年度内减少的短期借款，审计人员应检查相关记录和原始凭证，核实还款数额。

4. 检查有无到期未偿还的短期借款

审计人员应检查相关记录和原始凭证，检查被审计单位有无到期未偿还的短期借款，如有则应查明是否已向银行提出申请并经同意后办理延期手续，还要注意查明企业的持续经营能力。

5. 复核短期借款利息

审计人员应根据短期借款的利率和期限，复核被审计单位短期借款的利息计算是否正确，有无多算或少算利息的情况，如有未计利息和多计利息，应做出记录，必要时提出调整建议。

6. 检查外币借款的折算

审计人员应审查外币短期借款的增减变动是否按业务发生时的市场汇率或期初汇率折合为记账本位币；期末是否按市场汇率将外币短期借款余额折合为记账本位币，折算方法是否前后期一致，折算差额是否按规定进行会计处理。

7. 检查短期借款在资产负债表上的反映是否恰当

企业的短期借款在资产负债表上通常设“短期借款”项目单独列示，对于因抵押而取得的短期借款，应在资产负债表附注中揭示，审计人员应注意被审计单位对短期借款项目的反映是否充分。

## 二、长期借款的审计

### （一）长期借款的审计目标

长期借款的审计目标一般包括：（1）确定期末长期借款是否存在；（2）确定期末长期借款是否为被审计单位应履行的偿还义务；（3）确定长期借款的借入、偿还及计息的记录是否完整；（4）确定长期借款的期末余额是否正确；（5）确定长期借款的披露是否恰当。

### （二）长期借款的实质性程序

长期借款的实质性程序与短期借款的实质性程序较为相似。审计人员在进行长期借款的实质性程序时，一般需要执行的程序包括以下几个方面。

1. 获取或编制长期借款明细表，复核其加计数是否正确，并与明细账和总账核对相符

2. 了解金融机构对被审计单位的授信情况以及被审计单位的信用等级评估情况，了解被审计单位获得长期借款的抵押和担保情况，评估被审计单位的信誉和融资能力

3. 向银行或其他债权人函证重大的长期借款

4. 对年度内增加的长期借款，应检查借款合同和授权批准，了解借款数额、借款条件、借款日期、还款期限、借款利率，并与相关会计记录进行核对

5. 对年度内减少的长期借款，审计人员应检查相关记录和原始凭证，核实还款数额

6. 检查长期借款的使用是否符合借款合同的规定，重点检查长期借款使用的合理性

7. 检查有无到期未偿还的借款

审计人员应检查相关记录和原始凭证，检查被审计单位有无到期未偿还的长期借款，如有则应查明是否已向银行提出申请并经同意后办理延期手续，分析计算逾期借款的金额、利率和期限，判断被审计单位的资信程度和偿债能力。

8. 检查一年内到期的长期借款是否已转列为流动负债

9. 检查借款费用的会计处理是否正确

借款费用，指企业因借款而发生的利息及其他相关成本。按企业会计准则规定，企业发生的借款费用，可直接归属于符合资本化条件的资产的购建或生产的，应当予以资本化，计入相关资产成本；其他借款费用，应当在发生时根据其发生额确认费用，计入当期损益。

10. 检查非记账本位币折合记账本位币时采用的折算汇率，折算差额是否按规定进行会计处理

11. 检查长期借款是否已在资产负债表上充分披露

长期借款在资产负债表上列示于长期负债类下，该项目应根据“长期借款”科目的期末余额扣减将于一年内到期的长期借款后的数额填列，该项扣除数应当填列在流动负债类下的“一年内到期的长期负债”项目单独反映。审计人员应根据审计结果，确定被审计单位长期借款在资产负债表上的列示是否充分，并注意长期借款的抵押和担保是否已在财务报表注释中作了充分的说明。

**【例 10-1】** 审计人员接受委托对美丰造纸厂的短期借款项目进行审计。本年度美丰造纸厂从工商银行取得生产周转借款 180 000 元，用于采购原材料。审计人员调阅“材料采购”明细账并与凭证核对，发现在借款期内没有采购原材料。调阅“银行存款日记账”发现，当月用银行存款支付生产车间房屋改建费 180 000 元，作为修理费用处理。审计人员到车间调查，车间管理人员证实房屋改建属实。审计人员进而召开有关人员座谈会，要求

美丰造纸厂财务科就生产周转借款一事进行详细说明。被审计单位承认套取银行信用改变借款用途。

**【要求】** 根据上述资料，提出审计意见。

**【解答】** 美丰造纸厂编造理由套取银行信用计划 180 000 元，挪用流动资金搞基建工程，并将有关费用计入成本。建议该单位调整有关账目，冲减成本费用，补交税款，并对有关责任人进行处罚。

**【例 10-2】** 某公司 2008 年 5 月申请长期借款 192 000 元购置一台设备，计划三个月内安装调试结束投入生产。预计每月增加产值 40 000 元，增加利润 8 000 元，两年还清。该设备 2008 年 10 月完工投产。审计人员于 2009 年 1 月对长期借款审计得到以下资料：

10 月，增产 20 000 元，收入 14 000 元，利润 3 400 元；

11 月，增产 30 000 元，收入 24 000 元，利润 5 300 元；

12 月，增产 40 000 元，收入 30 000 元，利润 6 400 元；

共增产值 90 000 元，收入 68 000 元，利润 15100 元。12 月用利润还长期借款 18 000 元，利息 5 400 元。

**【要求】** 对长期借款使用偿还做出恰当评价。

**【解答】** 该公司利用长期借款购置设备一台，按原计划应于 8 月安装调试结束，投入生产。但实际延期两个月，致使 10 月份才完成投产，12 月才达到预计每月增加产值 40 000 元的目标，但仍未完成每月增加利润 8 000 元的目标。按目前情况，可以预计该公司两年内难以还清借款。且该公司还款金额大于项目投产后新增的利润，这也是不合理的，可能会加剧流动资金紧张的情况。

## 三、应付债券的审计

### （一）应付债券的审计目标

应付债券的审计目标一般包括：（1）确定期末应付债券是否存在；（2）确定期末应付债券是否为被审计单位应履行的偿还义务；（3）确定应付债券的发行、偿还及计息的记录是否完整；（4）确定应付债券的期末余额是否正确；（5）确定应付债券的披露是否恰当。

### （二）应付债券的实质性程序

应付债券是债务人依法定程序发行，承诺在一定期间内还本付息的一种债务凭证。被审计单位应付债券业务不多，但每笔业务却可能都是重要的，因此审计人员应重视此项负债的测试工作。应付债券的实质性程序一般包括以下工作。

1. 审计人员应索取或编制应付债券明细表并与明细账、总账及备查簿核对相符

2. 审查被审计单位债券业务是否真实与合法

审计人员应着重审查被审计单位发行债券是否经过董事会授权及有关部门的批准，发行债券所形成的负债是否及时记录等。

3. 审查“应付债券”的账户记录

检查企业发行债券副本、收入现金的收据、汇款通知单、送款登记簿及相关的银行对账单等，确定各项内容是否同相关的会计记录相一致。

4. 函证“应付债券”账户期末余额

为了确定“应付债券”账户期末余额的真实性，审计人员认为必要时，可以直接向债务人及债券的承销人或包销人进行函证。函证内容应包括应付债券的名称、发行日、到期日、利率、已付利息期间、年内偿还的债券、资产负债表日尚未偿还的债权及其他重要事项。审计人员应对函证结果与账面记录进行比较，如有差异，应进一步查明原因。

5. 检查应计利息、债券折（溢）价摊销及其会计处理是否正确

审查被审计单位债券是否按期计提利息，溢价或折价发行债券，其实际收到的金额与债券票面金额的差额，是否在债券存续期间分期摊销。

6. 检查到期债券的偿还

对到期债券的偿还，审计人员应检查相关会计记录，检查其会计处理是否正确。

7. 检查利息费用的会计处理是否正确

8. 检查应付债券是否已在资产负债表上充分披露

应付债券在资产负债表中列示于长期负债类下，该项目应根据“应付债券”科目的期末余额扣除将于一年内到期的应付债券后的数额填列，该扣除数应当填列在流动负债类下的“一年内到期的长期负债”项目单独反映。审计人员应根据审计结果，确定被审计单位应付债券在财务报表上的反映是否充分，应注意有关应付债券的类别是否已在财务报表注释中作了充分的说明。

## 四、财务费用的审计

### （一）财务费用审计的目标

财务费用的审计目标一般包括：（1）确定记录的财务费用是否已发生，且与被审计单位有关；（2）确定财务费用的记录是否完整；（3）确定与财务费用有关的金额及其他数据

是否已恰当记录；（4）确定财务费用是否记录于正确地会计期间；（5）确定财务费用的内容是否正确；（6）确定财务费用的披露是否恰当。

（二）财务费用的实质性程序

财务费用的实质性程序一般包括以下工作。

1. 获取或编制财务费用明细表，复核加计正确，与报表数、总账数及明细账合计数核对是否相符

2. 将本期、上期财务费用各明细项目作比较分析，必要时比较本期各月份财务费用，如有重大波动和异常情况应追查原因，扩大审计范围或增加测试量

3. 检查利息支出明细账，确认利息收支的真实性及正确性。检查各项借款期末应计利息有无预计入账

4. 检查汇兑损失明细账，检查汇兑损益计算方法是否正确，核对所用汇率是否正确，前后期是否一致

5. 检查“财务费用—其他”明细账，注意检查大额金融机构手续费的真实性与正确性

6. 审阅下期期初的财务费用明细账，检查财务费用各项目有无跨期入账的现象，对于重大跨期项目，应作必要的调整建议

7. 检查从其他企业或非银行金融机构取得的利息收入是否按规定计缴营业税

8. 检查财务费用的披露是否恰当

## 第四节 所有者权益审计

所有者权益，是企业投资者对企业净资产的所有权，包括投资者对企业的投入资本以及企业存续过程中形成的资本公积、盈余公积和未分配利润。所有者权益在数量上等于企业的全部资产减去全部负债后的余额，根据这一平衡原理，如果审计人员能够对企业的资产和负债进行充分的审计，证明两者的期初余额、期末余额和本期变动都是正确的，这便从侧面为所有者权益的期末余额和本期变动的正确性提供了有力的证据。因此，审计人员在审计了企业的资产和负债之后，往往只花费相对较少的时间对所有者权益进行审计。根据所有者权益增减变动的业务较少、金额较大的特点，审计人员一般不需要对其内部控制制度进行控制测试，可以直接进行项目和金额的实质性程序。

### 一、所有者权益的审计目标

所有者权益的审计目标主要包括以下几个方面。

1. 确定被审计单位有关所有者权益是否存在

2. 确定所有者权益形成和增减变动的合法性、真实性

3. 确定所有者权益业务记录的完整性

4. 确定所有者权益各项目期末余额是否正确

5. 确定财务报表上所有者权益的披露是否恰当

## 二、所有者权益的实质性程序

### （一）股本（或实收资本）的实质性程序

股本是股份有限公司按照公司章程、合同和投资协议的规定向股东募集的资本，代表股东对公司净资产的所有权。通常股本不发生变化，只有在股份有限公司设立、增资扩股和减资时发生变化。

除股份有限公司的投入资本在“股本”科目中核算外，其他组织形式的企业，其投入资本集中在“实收资本”科目中核算。实收资本与股本的实质性程序基本相同。

股本的实质性程序一般包括以下几个方面。

1. 获取或编制股本增减变动情况明细表，复核加计正确，与报表数、总账数和明细账合计数核对相符

2. 审阅公司章程、实施细则和股东大会、董事会会议记录中有关股本的规定

审计人员应了解的内容包括：核定股份和已发行股份的份数、股票面值、股票收回、股票分割及认股权证等。通过这些资料，审计人员应进一步确定被审计单位股本的交易是否符合有关法规规定及股东大会或董事会的决议。

3. 检查股东是否按照公司章程、合同、协议规定的出资方式、出资比例、出资期限出资

审计时，应当了解企业章程、合同、协议中的出资方式、出资比例，确定其内容的合法性。然后具体分析企业实际募股时，是否存在与公司章程、合同、协议内容存在差异的情况，了解形成差异的原因，将有关问题与公司有关人员协商，对审计过程及有关问题的处理，以适当的方式记录于工作底稿中。

4. 检查股票的发行、收回等交易活动

检查与股票发行、收回有关的原始凭证和会计记录，是验证股票发行、收回是否确实存在的重要步骤。应检查的原始凭证包括已发行股票的登记簿、向外界收回的股票、募股清单、银行对账单等。会计记录则主要包括银行存款日记账与总账、股本明细账与总账等。

5. 函证发行在外的股票

审计人员应检查已发行的股票数量是否真实，是否均已收到股款或资产。故在审计时

可采取与证券交易所和金融机构函证及查阅的方法来验证发行股份的数量，并与股本账面数额进行核对，确定是否相符。对个别自己发行股票并进行有关股票发行数量、金额及股东情况登记的企业，可在检查股票登记簿和股东名单的基础上，抽查其记录是否真实有据，核对发行的股票存根，看其数额是否与股本账面数额相符。

6. 审查股本（实收资本）增减变动的合法性

检查股本（或实收资本）增减变动的原因，查阅其是否与董事会纪要、协议及有关法律性文件的规定是否一致。还要注意审查：企业增资扩股时，新投资者缴纳出资额核算是否正确；资本公积、盈余公积转增资本应经过批准，并符合有关规定；比原注册资本增加或减少 20%时，是否持资金证明或验资证明向原登记机关申请变更登记。减少资本时是否符合减资的有关条件：通知所有债权人，未有人提出异议；股东大会决定，有关部门批准，修改公司章程，办理变更登记手续；减资后不能低于注册资本最低限额。

7. 以非记账本位币出资的，检查其折算汇率是否符合规定

8. 检查股本（或实收资本）是否已在资产负债表上恰当披露

股本应在资产负债表中单项列示，审计人员应核对被审计单位资产负债表中股本项目的数字是否与审定数相符，并检查是否在财务报表附注中披露与股本有关的重要事项，如股本的种类、各类股本金额及股票发行的数额、每股股票的面值、本会计期间发行的股票等。

（二）资本公积的实质性程序

资本公积是因非经营性因素形成的不能计入实收资本的所有者权益，主要包括投资者实际缴付的出资额超过其资本份额的差额（如股本溢价、资本溢价）和其他资本公积等。

审计人员对资本公积进行实质性程序，其测试内容应包括以下几个方面。

1. 获取或编制资本公积明细表，复核加计正确，并与报表数、总账数和明细账合计数核对相符

2. 检查资本公积形成的合法性

审计人员应首先检查资本公积形成的内容及其依据，并查阅相关的会计记录和原始凭证，确认资本公积形成是否符合相关法规的规定，是否经过相应的授权批准。

3. 根据资本公积明细账，对各明细账的发生额逐项审查

（1）审查资本溢价或股本溢价。对资本溢价应检查是否在企业吸收新投资时形成，应取得董事会会议纪要、股东大会决议、有关合同、政府批文，追查至银行收款等原始凭证，结合相关科目审计，检查会计处理是否正确，注意发行股票溢价收入的计算是否已扣除股

票发行费用。

（2）检查以权益法核算的被投资单位除净损益以外所有者权益的变动，被审计单位是否已按其享有的份额入账，会计处理是否正确；处置该项投资时，应注意是否已转销与其相关的资本公积。

（3）对拨款转入，审阅有关的拨款批文，检查拨款项目的完成情况，结合专项应付款的审计，检查会计处理是否正确。

（4）以权益结算的股份支付，取得相关资料，检查在权益工具授予日期和行权日的会计处理是否正确。

（5）对可供出售金融资产形成的资本公积，结合相关科目检查金额和相关会计处理是否正确。

（6）若有同一控制下企业合并，应结合长期股权投资科目，检查被审计单位（合并方）取得的被合并方所有者权益账面价值的份额与支付的合并对价账面价值的差额计算是否正确。是否依次调整本科目、盈余公积和未分配利润。

（7）被审计单位将回购的本单位股票予以注销、用于奖励职工或转让，其会计处理是否正确。

4. 审查资本公积运用的合法性

审查资本公积是否挪作他用；对于资本公积转增资本，应审查转增资本是否经董事会决定并报经工商行政管理机关批准，并依法办理增资手续。获得批准后，资本公积运用的账务处理是否及时正确。

5. 确定资本公积是否在资产负债表上恰当反映

（三）盈余公积的实质性程序

盈余公积是企业按照规定从税后利润中提取的积累资金，是具有特定用途的留存收益，主要用于弥补亏损和转增资本，也可以按规定用于分配股利。盈余公积包括法定盈余公积、任意盈余公积。

审计人员对盈余公积进行实质性程序，其一般程序包括以下几点。

1. 获取或编制盈余公积明细表，复核加计正确，并与报表数、总账数和明细账合计数核对相符

2. 检查盈余公积的提取

对盈余公积的提取，应主要检查盈余公积的提取是否符合规定并经过批准，提取手续是否完备，提取的依据是否真实、正确，提取项目是否完整，提取比例是否合法，有无多提或少提。

3. 检查盈余公积的使用

对盈余公积的使用，应主要检查盈余公积的使用是否符合规定用途并经过批准。按规定盈余公积的使用必须经过一定的授权批准手续，法定盈余公积和任意盈余公积用于弥补亏损、转增资本，但必须符合国家规定的条件；转增资本还必须经批准，依法办理增资手续，取得合法的增资文件；弥补亏损也必须按批准数额转账。

4. 检查盈余公积是否已在资产负债表上恰当披露

（四）未分配利润的实质性程序

未分配利润是指没有分配给投资者，也未指定用途的净利润。未分配利润是企业当年税后利润在弥补以前年度亏损、提取公积金以后加上上年末未分配利润，再扣除向所有者分配的利润后的结余额，是企业历年积存的利润分配后的余额，也是所有者权益的一个重要组成部分。企业的未分配利润通过“利润分配——未分配利润”明细科目核算，其年末余额反映历年积存的未分配利润（或未弥补亏损）。

未分配利润实质性程序的程序一般包括以下几点。

1. 获取或编制利润分配明细表，复核加计正确，与报表数、总账数及明细账合计数核对相符

2. 检查未分配利润期初数与上期审定数是否相符，涉及损益的上期审计调整是否正确入账

3. 检查与利润分配有关的董事会会议纪要、股东大会决议、政府批文及有关合同、协议、公司章程等文件资料，对照有关规定确定利润分配的合法性

4. 检查本期未分配利润变动除净利润转入以外的全部相关凭证，结合所获取的文件资料，确定其会计处理是否正确

5. 了解本年利润弥补以前年度亏损的情况，如果已超过弥补期限，且已因为抵扣亏损而确认递延所得税资产的，应当进行调整

6. 根据审计结果调整本年损益数，直接增加或减少未分配利润，确定调整后的未分配利润数

7. 检查未分配利润是否已在资产负债表上恰当披露

**【例 10-3】** 某股份有限公司 2008 年利润分配前的股本结构为：

| | | |
|---|---|---|
| 普通股股本 10 000 万股 | 每股面值 1 元 | 10 000 万元 |
| 资本公积——股本溢价 | 每股溢价 2 元 | 20 000 万元 |
| 盈余公积 | | 2 000 万元 |
| 未分配利润 | | 3 000 万元 |

本年度实现税后利润 3 000 万元，所得税率 25%，法定公积金提取比例 10%。经董事会研究决定，每 10 股发放 1 股作为股票股利，并已按规定办妥增资手续。分配后股本结构为：

| | | |
|---|---|---|
| 普通股股本 10 000 万股 | 每股面值 1 元 | 11 000 万元 |
| 资本公积——股本溢价 | 每股溢价 2 元 | 20 000 万元 |
| 盈余公积 | | 2 301.5 万元 |
| 未分配利润 | | 3 708.5 万元 |

**【要求】** 指出该企业存在的问题，并加以改正。

**【解答】**

提取盈余公积为：3 000×10%＝300（万元）

分配股票股利应从未分配利润中转出：1 000×(1＋2)=3 000（万元）

分配后股本结构为：

| | | |
|---|---|---|
| 普通股股本 10 000 万股 | 每股面值 1 元 | 11 000 万元 |
| 资本公积——股本溢价 | 每股溢价 2 元 | 22 000 万元 |
| 盈余公积 | | 2 300 万元 |
| 未分配利润 | （3 000+3 000−300−3 000） | 2 700 万元 |

## 第五节　投资相关项目的审计

投资是指企业为通过分配来增加财富，或为谋求其他利益，而将资产让渡给其他单位所获得的另一项资产。与投资相关项目包括：交易性金融资产、可供出售金融资产、持有至到期投资、长期股权投资、投资性房地产、应收利息、投资收益、应收股利等。

### 一、投资相关项目的审计目标

投资相关项目的审计目标可以概括为：确定投资是否存在；确定投资是否归被审计单位所有；确定投资的增减变动及其损益的记录是否完整；确定投资的计价是否正确；确定投资的期末余额是否正确；确定投资在财务报表上的披露是否恰当。

### 二、投资相关项目的实质性程序

（一）交易性金融资产的审计

交易性金融资产，是指为了近期出售而持有的金融资产。交易性金融资产的实质性程序通常包括以下几点。

1. 获取或编制交易性金融资产明细表，复核加计正确，并与报表数、总账数和明细账合计数核对相符

2. 对期末结存的相关交易性金融资产，向被审计单位核实其持有目的，检查本科目核算范围是否恰当

3. 获取股票、债券及基金等交易流水单及被审计单位证券投资部门的交易记录，与明细账核对，检查会计记录是否完整、会计处理是否正确

4. 监盘库存交易性金融资产，并与相关账户余额进行核对，如有差异，应查明原因，并做出记录或进行适当调整

5. 向相关金融机构发函询证交易性金融资产期末数量以及是否存在变现限制（与存出投资款一并函证），并记录函证过程，取得回函时应检查相关签章是否符合要求

6. 抽取交易性金融资产增减变动的相关凭证，检查其原始凭证是否完整合法，会计处理是否正确

7. 复核与交易性金融资产相关的损益计算是否准确，并与公允价值变动损益及投资收益等有关数据核对

8. 复核股票、债券及基金等交易性金融资产的期末公允价值是否合理，相关会计处理是否正确

9. 确定交易性金融资产的披露是否恰当

（二）可供出售金融资产审计

对于公允价值能够可靠计量的金融资产，企业可以将其直接指定为可供出售金融资产。例如，在活跃市场上有报价的股票投资、债券投资等。如企业没有将其划分为其他类型金融资产，则应将其作为可供出售金融资产处理。

可供出售金融资产的实质性程序通常包括以下几点。

1. 获取或编制可供出售金融资产明细表，复核加计正确，并与总账数和明细账合计数核对相符

2. 获取可供出售金融资产对账单，与明细账核对，并检查其会计处理是否正确

3. 检查库存可供出售金融资产，并与相关账户余额进行核对，如有差异，查明原因，并做出记录或进行适当调整

4. 向相关金融机构发函询证可供出售金融资产期末数量，并记录函证过程，取得回函时应检查相关签章是否符合要求

5. 对期末结存的可供出售金融资产，向被审计单位核实其持有目的，检查本科目核对范围是否恰当

6. 抽取可供出售金融资产增减变动的相关凭证，检查其原始凭证是否完整合法，会计

处理是否正确

7. 复核可供出售金融资产的期末公允价值是否合理，检查会计处理是否正确

8. 如果可供出售金融资产的公允价值发生较大幅度下降，并且预期这种下降趋势属于非暂时性的，应当检查被审计单位是否计提资产减值准备，计提金额和相关会计处理是否正确

9. 检查可供出售金融资产出售时，其相关损益计算及会计处理是否正确，已计入资本公积的公允价值累计变动额是否转入投资收益科目

10. 复核可供出售金融资产划转为持有至到期投资的依据是否充分，会计处理是否正确

11. 检查债券投资计入损益的利息收入计算所采用的利率是否正确

12. 结合银行借款等科目，了解是否存在已用于债务担保的可供出售金融资产

如有，则应取证并作相应的记录，同时提请被审计单位作恰当披露。

13. 确定可供出售金融资产的披露是否恰当

（三）持有至到期投资审计

持有至到期投资，是指到期日固定、回收金额固定或可确定，且企业有明确意图和能力持有至到期的非衍生企融资产。

持有至到期投资的实质性程序通常包括以下几点。

1. 获取或编制持有至到期投资明细表，复核加计正确，并与总账数和明细账合计数核对相符

2. 获取持有至到期投资对账单，与明细账核对，并检查其会计处理是否正确

3. 检查库存持有至到期投资，并与账面余额进行核对，如有差异，应查明原因，并做出记录或进行适当调整

4. 向相关金融机构发函询证持有至到期投资期末数量，并记录函证过程。取得回函时应检查相关签章是否符合要求

5. 对期末结存的持有至到期投资资产，核实被审计单位持有的目的和能力，检查本科目核算范围是否恰当

6. 抽取持有至到期投资增加的记账凭证，注意其原始凭证是否完整合法，成本、交易费用和相关利息的会计处理是否符合规定

7. 抽取持有至到期投资减少的记账凭证，检查其原始凭证是否完整合法，会计处理是否正确

8. 根据相关资料，确定债券投资的计息类型，结合投资收益科目，复核计算利息采用的利率是否恰当，相关会计处理是否正确，检查持有至到期投资持有期间收到的利息会计处理是否正确

9. 结合投资收益科目，复核处置持有至到期投资的损益计算是否准确，已计提的减值准备是否同时结转

10. 检查当持有目的改变时，持有至到期投资划转为可供出售金融资产的会计处理是否正确

11. 结合银行借款等科目，了解是否存在已用于债务担保的持有至到期投资

如有，则应取证并作相应的记录，同时提请被审计单位作恰当披露。

12. 当有客观证据表明持有至到期投资发生减值的，应当复核相关资产项目的预计未来现金流量现值，并与其账面价值进行比较，检查相关准备计提是否充分

13. 确定持有至到期投资的披露是否恰当，注意一年内到期的持有至到期投资是否已重分类至一年内到期的非流动资产

（四）长期股权投资审计

长期股权投资核算企业持有的采用权益法或成本法核算的长期股权投资，具体包括：（1）企业持有的能够对被投资单位实施控制的权益性投资，即对子公司的投资；（2）企业持有的能够与其他合营方一同对被投资单位实施共同控制的权益性投资，即对合营企业的投资；（3）企业持有的能够对被投资单位施加重大影响的权益性投资，即对联营企业的投资；（4）企业对被投资单位不具有控制、共同控制或重大影响，且在活跃市场中没有报价、公允价值不能可靠计量的权益性投资。

长期股权投资的实质性程序通常包括以下几点。

1. 获取或编制长期股权投资明细表，复核加计正确，并与总账数和明细账合计数核对相符；结合长期股权投资减值准备科目与报表数核对相符

2. 根据有关合同和文件，确认股权投资的股权比例和持有时间，检查股权投资核算方法是否正确

3. 对于重大的投资，向被投资单位函证被审计单位的投资额、持股比例及被投资单位发放股利等情况

4. 对于应采用权益法核算的长期股权投资，获取被投资单位已经审计的年度财务报表如果未经审计，则应考虑对被投资单位的财务报表实施适当的审计或审阅程序

（1）复核投资收益时，应以取得投资时被投资单位各项可辨认资产等的公允价值为基础，对被投资单位的净利润进行调整后加以确认；被投资单位采用的会计政策及会计期间与被审计单位不一致的，应当按照被审计单位的会计政策及会计期间对被投资单位的财务报表进行调整，据以确认投资损益。

（2）将重新计算的投资收益与被审计单位所计算的投资收益相核对，如有重大差异，则查明原因，并做适当调整。

（3）检查被审计单位按权益法核算长期股权投资，在确认应分担被投资单位发生的净亏损时，应首先冲减长期股权投资的账面价值，其次冲减其他实质上构成对被投资单位净投资的长期权益账面价值（如长期应收款等）；如果按照投资合同和协议约定被审计单位仍需承担额外损失义务的，应按预计承担的义务确认预计负债，并与预计负债中的相应数字核对无误；被投资单位以后期间实现盈利的，被审计单位在其收益分享额弥补未确认的亏损分担额后，恢复确认收益分享额。审计时，应检查被审计单位会计处理是否正确。

（4）检查除净损益以外被投资单位所有者权益的其他变动，是否调整计入所有者权益。

5. 对于采用成本法核算的长期股权投资，检查股利分配的原始凭证及分配决议等资料，确定会计处理是否正确；对被审计单位实施控制而采用成本法核算的长期股权投资，比照权益法编制变动明细表，以备合并报表使用

6. 对于成本法和权益法相互转换的，检查其投资成本的确定是否正确

7. 确定长期股权投资的增减变动的记录是否完整

（1）检查本期增加的长期股权投资，追查至原始凭证及相关的文件或决议及被投资单位验资报告或财务资料等，确认长期股权投资是否符合投资合同、协议的规定，并已确实投资，会计处理是否正确。

（2）检查本期减少的长期股权投资，追查至原始凭证，确认长期股权投资的收回有合理的理由及授权批准手续，并已确实收回投资，会计处理是否正确。

8. 期末对长期股权投资进行逐项检查，以确定长期股权投资减值准备计提的正确性

9. 结合银行借款等的检查，了解长期股权投资是否存在质押、担保情况

如有，则应详细记录，并提请被审计单位进行充分披露。

10. 确定长期股权投资在资产负债表上已恰当列报

（五）投资收益的审计

投资收益的实质性程序通常包括以下几点。

1. 获取或编制投资收益明细表，复核加计正确，并与总账数、明细账合计数及报表数核对相符

2. 与以前年度投资收益比较，结合投资本期的变动情况，分析本期投资收益是否存在异常现象

如有，应查明原因，并做出适当的调整。

3. 与长期股权投资、交易性金融资产、可供出售金融资产、持有至到期投资等相关项目的审计结合，验证确定投资收益的记录是否正确，确定投资收益被计入正确的会计期间

4. 确定投资收益已恰当列报

**【例 10-4】** 审计人员在对宏大公司的长期股权投资审计时发现以下会计分录：

（1）借：长期股权投资——甲公司　　　　110 000
　　　　贷：银行存款　　　　　　　　　　　110 000
（2）借：银行存款　　　　　　　　　　200 000
　　　　贷：投资收益　　　　　　　　　　　200 000

审计人员通过向企业有关人员调查询问及查阅有关资料，了解到如下情况：

（1）宏大公司是甲公司的重要股东之一，当年宏大公司又购入该公司面值为 10 万元的股票，新购入的股票含有已宣布但未发放的股利 1 万元，至此，宏大公司已控股达 40%。

（2）甲公司当年实现净利润为 80 万元，股份公司拿出 50 万元分配利润，宏大公司应得 20 万元。

**【要求】** 指出宏大公司账务处理中存在的问题；做出相应的调整。

**【解答】** 宏大公司账务处理中存在的问题包括：

（1）购入股票已宣告发放的股利不应计入“长期股权投资”项目。

（2）宏大公司已达 40%的控股比例，对甲公司具有重大影响，因此应按权益法对长期股权投资进行核算，不应按实际分得的股利反映投资收益，取得现金股利时应冲减长期股权投资的账面价值。

应作如下账务调整：

（1）借：应收股利　　　　　　　　　　10 000
　　　　贷：长期股权投资——甲公司　　　　10 000
（2）借：长期股权投资——甲公司　　　　320 000
　　　　贷：投资收益　　　　　　　　　　　320 000
（3）借：投资收益　　　　　　　　　　200 000
　　　　贷：长期股权投资——甲公司　　　　200 000

# 复习思考题

## 一、单项选择题

1. 下列关于筹资与投资循环的观点不正确的是（　　）。

A. 该循环的总目标，是评价该循环各项目余额是否公允表达

B. 该循环的交易数量较多，而每笔交易的金额通常较小

C. 该循环中，漏记或不恰当地对一笔业务进行会计处理，将会导致重大错误，从而对企业会计报表的公允反映产生较大的影响

D. 该循环的交易必须遵守国家法律、法规和相关契约的规定

2. 筹资活动的凭证和会计记录不包括（　　）。

A. 股票　　B. 债券　　C. 债券契约　　D. 经纪人通知书

3. 投资的内部控制制度一般不包括（　　）。

A. 内部核查程序　　B. 健全的资产保管制度

C. 详尽的会计核算制度　　D. 完善的定期盘点制度

4. 审计人员审查股票发行费用的会计处理时，应查实被审计单位在股票溢价时是否按规定将之（　　）。

A. 作为当期费用　　B. 冲减股本

C. 作为长期待摊费用　　D. 先从溢价中抵消

5. 对所有者权益审计时，采用的审计方法主要是（　　）。

A. 详查法　　B. 抽查法　　C. 分析法　　D. 顺查法

6. 审计人员为确定"长期借款"账户余额的真实性，可以进行函证。函证的对象应当是（　　）。

A. 公司的律师　　B. 金融监管机构

C. 银行或其他有关债权人　　D. 公司的主要股东

7. 当发现记录的债券利息费用大大超过相应的应付债券账户余额与票面利率乘积时，注册会计师应当怀疑（　　）。

A. 应付债券的折价被低估　　B. 应付债券被高估

C. 应付债券被低估　　D. 应付债券的溢价被高估

8. 计算投资收益占利润总额的比例，并将其与各年比较，可以看出被审计单位（　　）。

A. 投资的真实性　　B. 投资的完整性

C. 盈利能力的稳定性　　D. 投资收益正确性

9. 在对于长期应付债券进行实质性程序时，注册会计师应当（　　）。

A. 审查应付债券原始凭证保管人同会计记录人员是否职责分离

B. 审查管理费用明细账

C. 审查债券持有人明细账是否由专人保管

D. 审查应付债券是否已在资产负债表或其附注中分类反映

10. 审查长期借款在会计报表上披露的适当性，对一年内到期的长期借款应填列的项目是（　　）。

A. 短期借款

B. 长期借款

C. 流动负债下“一年内到期的长期负债”项目

D. 其他负债

## 二、多项选择题

1. 为检查被审计单位长期借款是否已在资产负债表上充分披露，注册会计师应当检查（　　）。

A. 长期借款已计利息是否正确，会计处理是否正确

B. “长期借款”的期末余额是否已扣除一年内到期的长期借款数额

C. 一年内到期的长期借款是否已作为流动负债单独反映

D. 长期借款的抵押和担保是否已在会计报表注释中作了充分说明

2. 投入资本审计具有的特征是（　　）。

A. 测试内部控制并据此确定实质性程序

B. 用详细审计程序进行实质性程序

C. 审查出资方式和期限是否合法

D. 通常在资产负债表审计的基础上花费较少的时间

3. 注册会计师对资本公积进行实质性程序的内容包括（　　）。

A. 检查拨款转入　　B. 检查公益金的使用

C. 检查资本溢价　　D. 检查股权投资准备

4. 属于筹资活动所涉及的主要凭证和会计记录有（　　）。

A. 股东名册　　B. 企业的章程　　C. 承销或包销协议　　D. 投资协议

5. 下列对交易性金融资产实施的实质性程序恰当的有（　　）。

A. 对期末结存的相关交易性金融资产，向被审计单位核实其持有目的，检查本科目核算范围是否恰当

B. 监盘库存交易性金融资产，并与相关账户余额进行核对，如有差异，应查明原因，并做出记录或进行适当调整

C. 向相关金融机构发函询证交易性金融资产期末数量以及是否存在变现限制，并记录函证过程

D. 复核与交易性金融资产相关的损益计算是否准确，并与公允价值变动损益及投资收益等有关数据核对

6. 注册会计师对持有至到期投资实施实质性程序时，以下恰当的是（　　）。

A. 检查库存持有至到期投资，并与账面余额进行核对，如有差异，应查明原因，并做出记录或进行适当调整

B. 结合投资收益科目，复核处置持有至到期投资的损益计算是否准确，已计提的减值准备是否同时结转

C. 结合银行借款等科目，了解是否存在已用于债务担保的持有至到期投资

D. 向相关金融机构发函询证持有至到期投资期末数量，并记录函证过程

## 三、判断题

1. 如果能够对被审计单位的资产和负债进行充分审计，且能证实两者的期初余额、期末余额和本期发生额，审计人员可不必对所有者权益进行单独审计。（ ）

2. 审计人员在审查公开发行股票的公司已发行的股票是否真实、是否已收到股款时，应向主要股东函证。（ ）

3. 向银行或其他债权人函证短期借款，是审查短期借款的一个必要的、不可替代的程序。（ ）

4. 如果企业的长期投资证券是委托某些专门机构代为保管，审计人员应向这些保管机构进行函证，以证实投资证券的存在性和金额的准确性。（ ）

5. 为了解投资证券的真实性，无论其是由被审计单位保管，还是由某些专门机构代为保管，在审计实施阶段，审计人员都应参与对这些证券的盘点。（ ）

6. 借款经办人员与记录人员相互独立是确保借款业务控制有效的重要措施。（ ）

7. 审计人员对于负债项目的审计，主要是防止企业高估债务。（ ）

8. 对于短期借款，审计人员应在期末短期借款余额较大或认为必要时向银行或其他债权人函证短期借款；对于长期借款，审计人员应向银行或其他债权人函证所有的长期借款。（ ）

9. 长期借款的实质性程序同短期借款的实质性程序较为相似。（ ）

10. 发生长期借款的利息支出和有关费用，应计入当期损益。（ ）

## 四、简答题

1. 试述筹资与投资循环的特征。

2. 借款与应付债券的实质性程序包括哪些内容？

3. 所有者权益的实质性程序包括哪些内容？

4. 投资审计的目标与实质性程序包括哪些内容？

## 五、业务分析题

1. 审计人员对长兴公司 2008 年的资本公积明细账进行审计发现：

（1）该公司发行股票溢价收入 100 万元。支付给代理发行的证券公司手续费 5 万元，记入“财务费用”账户。

（2）发行债券溢价收入 5 万元。

（3）公益性捐赠支出 8 万元。

（4）用于职工福利支出 4 万元。

**【要求】** 对以上事项，指出该企业资本公积核算中存在的问题。

2. 审计人员对大华公司 2008 年交易性金融资产业务进行审计时发现：该公司于 2008 年 10 月购入甲公司股票 30 000 股，每股面值 10 元，买价 20 元，另外包含已宣告发放但未支付的股利 15 000 元，打算近期抛售获利。大华公司还支付了 5 000 元手续费，实际支付价款为 620 000 元。大华公司账务处理为：

借：交易性金融资产　　600 000
　　投资收益　　15 000
　　财务费用　　5 000
　　贷：银行存款　　620 000

**【要求】** 指出存在的问题，做出账务调整。

# 第十一章　货币资金审计

**本章学习要点**

1. 理解货币资金的内部控制要求及控制测试内容。
2. 掌握现金、银行存款的实质性程序。
3. 了解其他货币资金的实质性程序。

## 第一节　货币资金概述

货币资金是以货币形态存在的资金，主要包括现金、银行存款及其他货币资金。货币资金是企业流动性最强的资产，是企业进行生产经营必不可少的物质条件。企业的生产经营过程，实质上就是货币资金的垫支、支付过程和货币资金的回收、分配过程的结合。因此，企业的全部经营活动都可以通过货币资金表现出来，同时货币资金也是不法分子盗窃、贪污、挪用的重要对象。货币资金业务的特点决定了其审计的风险较高，所以审计人员应重视货币资金的审计。

### 一、货币资金与业务循环

货币资金与各业务循环中的业务活动存在着密切的关系。一方面，现销收入与应收款项的收回会使企业货币资金增加，发行股票、取得借款的筹资行为也会使货币资金增加；另一方面，采购、支付工资及对外投资会导致货币资金的减少。货币资金是各循环的枢纽，必须联系其他业务循环进行审计。货币资金与各业务循环的关系如图 11-1 所示。

### 二、货币资金涉及的凭证和会计记录

货币资金涉及的凭证和会计记录主要包括以下几个方面。

（一）原始凭证

指货币资金支出授权和货币资金收支审核的记录，包括：收款单据、收款结算凭证和

票据、支出和报销单据、付款结算凭证和票据、交款单、库存现金日报表、银行对账单、银行存款余额调节表、现金盘点表等。

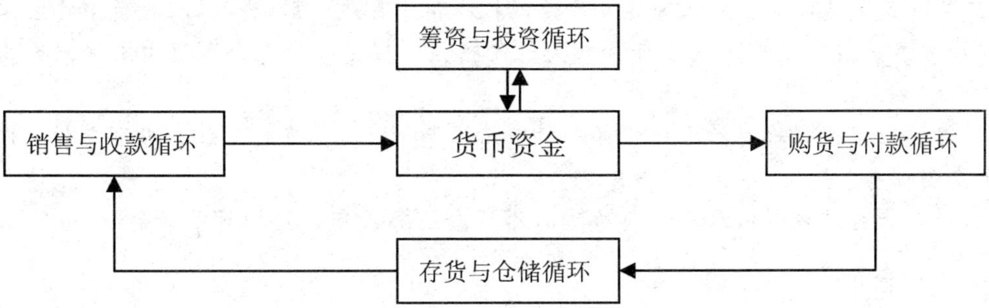


图 11-1　货币资金与各循环关系图

（二）现金、银行存款日记账

对现金、银行存款业务进行日常登记的账簿，也是该业务循环中的主要账簿。由出纳根据审核后的原始凭证逐日逐笔登记。

（三）现金、银行存款总账

用于汇总登记现金和银行存款收付金额和余额的账簿。

（四）其他有关账簿

由于货币资金循环涉及面广，因此，在实施审计时除涉及以上主要记录外，还有涉及其他一些与审计有关的重要账目。

## 第二节　货币资金的内部控制及其测试

### 一、货币资金的内部控制

为了保证货币资金的安全完整，保证货币资金核算与管理的正确性、合规性，企业必须建立健全各项内部控制。一般而言，一个良好的货币资金内部控制应该达到以下几点。

（一）岗位分工及授权批准

1. 单位应当建立货币资金业务的岗位责任制，明确相关部门和岗位的职责权限，确保办理货币资金业务的不相容岗位相互分离、相互制约和监督。出纳人员不得兼任稽核、会计档案保管和收入、支出、费用、债权债务账目的登记工作。单位不得由一人办理货币资

金业务的全过程

2. 单位办理货币资金业务，应当配备合格的人员，并根据单位具体情况进行岗位轮换

3. 单位应当对货币资金业务建立严格的授权批准制度，明确审批人对货币资金业务的授权批准方式、权限、程序、责任和相关控制措施，规定经办人办理货币资金业务的职责范围和工作要求

4. 单位应当按照规定的程序（如支付申请、支付审批、支付复核、办理支付）办理货币资金支付业务

5. 严禁未经授权的机构或人员办理货币资金业务或直接接触货币资金

（二）现金和银行存款的管理

1. 单位应当加强现金库存限额的管理，超过库存限额的现金应及时存入银行

2. 单位必须根据《现金管理暂行条例》的规定，结合本单位的实际情况，确定本单位现金的开支范围。不属于现金开支范围的业务应当通过银行办理转账结算

3. 单位现金收入应当及时存入银行，不得用于直接支付单位自身的支出。因特殊情况需坐支现金的，应事先报经开户银行审查批准

4. 单位取得的货币资金收入必须及时入账，不得私设“小金库”，不得账外设账，严禁收款不入账

5. 单位应当严格按照《支付结算办法》等国家有关规定，加强银行账户的管理，严格按照规定开立账户，办理存款、取款和结算

6. 单位应当严格遵守银行结算纪律，不准签发没有资金保证的票据和远期支票，套取银行信用；不准签发、取得和转让没有真实交易和债权债务的票据，套取银行和他人资金；不准无理拒绝付款，任意占用他人资金；不准违反规定开立和使用银行账户

7. 单位应当指定专人定期核对银行账户，每月至少核对一次，编制银行存款余额调节表，使银行存款账面余额与银行对账单调节相符。如调节不符，应查明原因，及时处理

8. 单位应当定期和不定期地进行现金盘点，确保现金账面余额与实际库存相符。发现不符，及时查明原因，做出处理

（三）票据及有关印章的管理

1. 单位应当加强与货币资金相关的票据的管理，明确各种票据的购买、保管、领用、背书转让、注销等环节的职责权限和程序，并专设登记簿进行记录，防止空白票据的遗失和被盗用

2. 单位应当加强银行预留印鉴的管理。财务专用章应由专人保管，个人名章必须由本人或其授权人员保管。严禁一人保管支付款项所需的全部印章

（四）监督检查

单位应当建立对货币资金业务的监督检查制度，明确监督检查机构或人员的职责权限，定期和不定期地进行检查。对监督检查过程中发现的货币资金内部控制中的薄弱环节，应当及时采取措施，加以纠正和完善。

## 二、货币资金内部控制的控制测试

（一）了解并描述货币资金内部控制

审计人员在进行控制测试时，首先要通过查阅被审计单位的有关规章制度等重要文件、现场观察被审计单位的有关业务活动、询问被审计单位有关人员等方法了解被审计单位有关货币资金的内部控制情况，并采用文字叙述或流程图等方法对了解的内部控制制度进行记录或描述。

（二）货币资金的控制测试

1. 检查货币资金内部控制是否建立并严格执行

（1）货币资金收支是否按规定的程序和权限办理；
（2）是否存在与本单位无关的货币资金收支；
（3）出纳与会计的职责是否严格分离；
（4）现金是否得到妥善保管，是否定期盘点、核对；
（5）支票是否得到妥善保管，是否定期与银行对账单核对相符。

2. 抽取并检查收款凭证

如果货币资金收款的内部控制不强，很可能发生贪污舞弊或挪用等情况。审计人员应选取一定数量的收款凭证，做如下的检查：
（1）核对收款凭证与存入银行账户的日期和金额是否相符；
（2）核对货币资金、银行存款日记账的收入金额是否正确；
（3）核对收款凭证与银行对账单是否相符；
（4）核对收款凭证与应收账款等相关明细账的有关记录是否相符；
（5）核对实收金额与销货发票等相关凭据是否一致。

3. 抽取并检查付款凭证

为测试货币资金付款的内部控制，审计人员应选取一定数量的货币资金付款凭证，做如下检查：

（1）检查付款的授权批准手续是否符合规定；

（2）核对货币资金、银行存款日记账的付出金额是否正确；

（3）核对付款凭证与银行对账单是否相符；

（4）核对付款凭证与应付账款等相关明细账的记录是否一致；

（5）核对实付金额与购货发票等相关凭据是否相符。

4. 抽取一定期间的现金、银行存款日记账与总账核对

首先，审计人员应抽取一定期间的现金、银行存款日记账，检查其有无计算错误，加总是否正确无误。如果检查中发现问题较多，说明被审计单位货币资金的会计记录不够可靠。其次，审计人员应根据日记账提供的线索，核对总账中的现金、银行存款、应收账款、应付账款等有关账户的记录。

5. 抽取一定期间银行存款余额调节表，查验其是否按月正确编制并经复核

为证实银行存款记录的正确性，审计人员必须抽取一定期间的银行存款余额调节表，将其与银行对账单、银行存款日记账及总账进行核对，确定被审计单位是否按月正确编制并复核银行存款余额调节表。

6. 检查其他货币资金的内部控制

检查其他货币资金设立的适当性和必要性，是否经过适当审批；抽取部分其他货币资金业务，检查其他货币资金是否按规定用途使用；是否及时收回结余款项，是否及时入账。

（三）评价货币资金的内部控制

审计人员在完成了上述程序之后，即可对货币资金的内部控制进行评价。评价时，应首先确定货币资金的内部控制可依赖的程度以及存在的薄弱环节和缺点，然后据以确定在货币资金实质性程序中对哪些环节可以适当减少审计程序，哪些环节应增加审计程序，以减少审计风险。

## 第三节　库存现金审计

企业的库存现金是企业根据现金管理制度规定留用的现款。现金虽然在资产总额中所占比重不大，但却是企业流动性最强的资产，且收付业务繁多，容易被不法分子所侵吞，因此，审计人员必须把现金作为审计的重点。

## 一、库存现金的审计目标

库存现金的审计目标一般包括：(1) 确定被审计单位资产负债表中的现金在财务报表日是否确实存在，是否为被审计单位所拥有；(2) 确定被审计单位在特定期间内发生的现金收支业务是否均已记录完毕，有无遗漏；(3) 确定现金余额是否正确；(3) 确定现金在财务报表上的披露是否恰当。

## 二、库存现金的实质性程序

现金的实质性程序一般包括以下几点。

### (一) 核对现金日记账与总账的余额是否相符

如果不相符，应查明原因，并建议做出适当调整。

### (二) 盘点库存现金

盘点库存现金是证实资产负债表所列现金是否存在的一项重要程序。审计人员通过对现金进行监督盘点，可以确定库存现金余额的真实存在性和现金管理的有效性。盘点库存现金的步骤和方法如下:

1. 制订库存现金盘点计划，实施突击性的检查

盘点时间最好选择在上午上班前或下午下班后进行，盘点的范围一般包括企业各部门存放的现金，包括已收到但未存入银行的现金、零用金、找换金等。盘点时，必须有出纳员和被审计单位会计主管人员参加。在进行现金盘点前，应由出纳员将现金集中起来存入保险柜。必要时可加以封存，然后由出纳员把已办妥现金收付手续的收付款凭证登入库存现金日记账。如企业现金存放部门有两处或两处以上者，应同时进行盘点。

2. 审阅库存现金日记账并同时与现金收付凭证相核对

一方面检查库存现金日记账的记录与凭证的内容和金额是否相符；另一方面了解凭证日期与库存现金日记账日期是否相符或接近。

3. 由出纳员根据库存现金日记账加计累计数额，结出现金结余

4. 盘点保险柜的现金实存数，同时由审计人员编制“库存现金盘点表”(格式参见表 11-1)，分币种、面值列示盘点金额

5. 将盘点金额与库存现金日记账余额进行核对，如有差异，应查明原因，并做出记录或适当调整

6. 一般而言，库存现金盘点日在结账日后，审计人员应根据结账日至盘点日所有现金收支倒推计算出结账日金额

7. 若有冲抵库存现金的借条、未提现支票、未作报销的原始凭证、应在“库存现金盘点表”中注明或做出必要的调整

8. 最后，由出纳人员、会计主管和审计人员在盘点表上签章确认

（三）抽查大额现金收支

审计人员应抽查大额现金收支的原始凭证内容是否完整，有无授权批准，并核对相关账户的进账情况，如有与被审计单位生产经营业务无关的收支事项，应查明原因，并作相应的记录。

（四）检查现金收支的正确截止

被审计单位资产负债表上的现金数额，应以结账日实有数额为准。因此，审计人员必须验证现金收支的正确截止日期。通常，审计人员可以对结账日前后一段时期内现金收支凭证进行审计，以确定是否存在跨期事项。

（五）检查外币现金的折算是否正确

对于有外币现金的被审计单位，审计人员应检查被审计单位对外币现金的收支是否按所规定的汇率折合为记账本位币金额；外币现金期末余额是否按期末市场汇率折合为记账本位币金额；外币折合差额是否按规定记入相关账户。

（六）检查现金是否在资产负债表上恰当披露

根据规定，现金在资产负债表上“货币资金”项下反映，审计人员应在实施上述审计程序后，确定现金账户的期末余额是否恰当，据以确定货币资金是否在资产负债表上恰当披露。

**【例 11-1】** 2009 年 1 月 20 日，审计人员王英、李强在对某企业 2008 年 12 月 31 日资产负债表审计中查得“货币资金”项目中的库存现金为 1 062.10 元。1 月 21 日上午 8 时，王英、李强对该企业出纳员张华所经管的现金进行了清点。该企 1 月 20 日现金日记账余额是 832.10 元，清点结果如下：

（1）现金实有数 627.34 元。

（2）在保险柜中有下列单据己收、付款但未入账。

① 职工刘阳 6 月 4 日预借差旅费 200 元，已经领导批准。

② 职工刘钢借据一张，金额 140 元，未经批准，也没有说明用途。

③ 在保险柜中，有已收款但未记账的凭证共 4 张，金额 135.24 元。

（3）银行核定该企业现金限额为 800 元。

（4）经核对 1 月 1 日至 20 日的收付款凭证和现金日记账，核实 1 月 1 日至 20 日收入现金数为 2 350 元、支出现金数为 2 580 元正确无误。

**【要求】** 根据以上资料，编制库存现金盘点表，核实库存现金实有数，并核实 2008 年 12 月 31 日资产负债表所列数字是否正确，对现金收支、留存管理的合法性提出审计意见。

**【解答】** 该企业的库存现金盘点表详见表 11-1。

**表 11-1　库存现金盘点表**

被审计单位名称：XX 企业　　　　编制：王英　　　　日期：2009.01.21

币别：人民币　　　　复核：李强　　　　日期：2009.01.22

<table>
<tr><th colspan="4">检查盘点记录</th><th colspan="3">实有现金盘点记录</th></tr>
<tr><th colspan="2">项　目</th><th>项　次</th><th>金　额</th><th>面　额</th><th>张</th><th>金　额</th></tr>
<tr><td colspan="2">库存现金账面余额</td><td>1</td><td>832.1</td><td>100 元</td><td>2</td><td></td></tr>
<tr><td colspan="2">盘点日未记账传票收入金额</td><td>2</td><td>135.24</td><td>50 元</td><td>5</td><td></td></tr>
<tr><td colspan="2">盘点日未记账传票支出金额</td><td>3</td><td>200</td><td>20 元</td><td>3</td><td></td></tr>
<tr><td colspan="2">盘点日账面应有金额</td><td>4=1+2-3</td><td>767.34</td><td>10 元</td><td>8</td><td></td></tr>
<tr><td colspan="2">盘点实有现金数额</td><td>5</td><td>627.34</td><td>5 元</td><td>5</td><td></td></tr>
<tr><td colspan="2">盘点日应有与实有差异</td><td>6=4-5</td><td>140</td><td>2 元</td><td>3</td><td></td></tr>
<tr><td rowspan="6">差异原因分析</td><td>白条抵库（张）</td><td></td><td>140</td><td>1 元</td><td>6</td><td></td></tr>
<tr><td></td><td></td><td></td><td>5 角</td><td>0</td><td></td></tr>
<tr><td></td><td></td><td></td><td>1 角</td><td>3</td><td></td></tr>
<tr><td></td><td></td><td></td><td>5 分</td><td>0</td><td></td></tr>
<tr><td></td><td></td><td></td><td>1 分</td><td>4</td><td></td></tr>
<tr><td></td><td></td><td></td><td>合计</td><td>627.34</td><td></td></tr>
<tr><td rowspan="4">追溯调整</td><td colspan="2">报表日至审计日现金付出总额</td><td>2 580</td><td colspan="3" rowspan="5">情况说明及审计结论：</td></tr>
<tr><td colspan="2">报表日至审计日现金收入总额</td><td>2 350</td></tr>
<tr><td colspan="2">报表日库存现金应有金额</td><td>997.34</td></tr>
<tr><td colspan="2"></td><td></td></tr>
<tr><td colspan="3">本位币合计</td><td>997.34</td></tr>
</table>

根据表 11-1 的资料可知：

（1）该企业库存现金没有发生短缺。

账面余额应为 767.34 元（即 832.10+135.24−200)；现金实有数为 627.34 元，加上白条抵库数（应由出纳员退回）140 元，与账面余额相符。

（2）2008 年 12 月 31 日库存现金应有数为 997.34 元（即 767.34−2 350+2 580)，与 2008 年度资产负债表中“货币资金”项目的库存现金数 1 062.10 元不相符，说明该库存现金数 1 062.10 元是不正确的，建议调整为 997.34 元。

（3）该企业库存现金收支、留存中存在不合法现象：一是有白条抵库数 140 元，违反现金管理制度；二是超现金限额留存现金，2008 年 12 月 31 日超限额 197.34 元，违反现金限额的有关规定。

## 第四节　银行存款审计

银行存款是企业存入银行或其他金融机构的各种款项。按照国家有关规定，凡是独立核算的企业都必须在当地银行开设账户。企业在银行开设账户后，除按核定的限额保留库存现金外，超过限额的现金必须存入银行；除了在规定的范围内可以用现金直接支付的款项外，在经营过程中发生的一切货币收支业务，都必须通过银行存款账户进行结算。

银行存款较之现金，其业务涉及面广，内容复杂，金额较大，收付款凭证数量较多，因而是货币资金审计的重点部分。

### 一、银行存款的审计目标

银行存款的审计目标主要包括：（1）确定被审计单位资产负债表中的银行存款在财务报表日是否确实存在，是否为被审计单位所拥有；（2）确定被审计单位在特定期间内发生的银行存款收支业务是否均以记录完毕，有无遗漏；（3）确定银行存款的余额是否正确；（4）确定银行存款在财务报表上的披露是否恰当。

### 二、银行存款的实质性程序

银行存款的实质性程序一般包括如下几个方面。

#### （一）核对银行存款日记账余额与总账余额是否相符

审计人员在审查银行存款余额时，首先应做的是核对银行存款日记账余额与总账余额两者是否相符。如果不相符，审计人员应查明原因，将其作为继续审查银行存款余额的基础。

（二）实施分析程序

审计人员应计算银行存款中定期存款所占的比例，以确定企业是否存在高息资金拆借。如存在高息资金拆借，应进一步分析拆出资金的安全性，检查高额利差的入账情况；计算存放于非金融机构的存款占银行存款的比例，分析这些资金的安全性。

（三）取得并审查银行存款余额调节表

审查结算日银行存款余额调节表是证实资产负债表所列货币资金中银行存款是否存在的一个重要方法。一般而言，银行存款余额调节表应由被审计单位根据不同的银行账户及货币种类分别编制，并向审计人员提供，但在某些情况下（如被审计单位内部控制比较薄弱)，审计人员也可亲自编制银行存款余额调节表。常见的银行存款余额调节表格式见表 11-2 所示。

审计人员对银行存款余额调节表的审计主要包括以下几个方面。

1. 核实调节表数据计算的正确性

审计人员对银行存款余额调节表数据计算正确性的核实，主要应从以下几个方面来进行：

（1）核对银行对账单、银行存款日记账和总账上的结账日余额与银行存款余额调节表上调节前的相应余额核对，验证调节表上列示是否正确；

（2）将银行对账单记录与银行日记账逐笔核对，核实银行存款调节表上各调节项目的列示是否真实完整，任何漏记、多记调节项目的现象都应引起审计人员的高度警惕；

（3）在银行存款日记账账面余额和银行对账单余额的基础上，复核上述未达账项及其加减调节情况，并验证调节后两者的余额计算是否正确、是否相符。如不相符，说明其中一方或双方存在记账差错，要进一步追查原因、扩大测试范围。

2. 调查未达账项的真实性

未达账项的真实性调查主要包括以下几个方面：

（1）列示未兑现支票清单，注明开票日期和收款人姓名或单位，并调查金额较大的未兑现支票、可提现的未兑现支票以及审计人员认为较为重要的未兑现支票；

（2）追查截止日银行对账单上的在途存款，并在银行存款余额调节表上注明存款日期；

（3）审查至截止日银行已收、被审计单位未收的款项的性质及其款项来源；

（4）审查至截止日银行已付、被审计单位未付款项的性质及其款项来源。

对于未达账项，尤其是长期未达账项，要逐笔查明原因，并检查是否于下月自动调整。特别要注意的是，银行存款余额调节表上与现金有关的往来业务和银行对账单有一收一付，企业日记账上却没有记载的情况。

（四）函证银行存款余额

函证是指审计人员在执行审计业务过程中，需要以被审计单位名义向有关单位发函询证，以验证被审计单位的银行存款是否真实、合法、完整。函证银行存款余额是证实资产负债表所列银行存款是否存在的重要程序。通过向往来银行的函证，审计人员不仅可以了解企业资产的存在，同时还可以了解欠银行的债务。函证还可用于发现企业未登记的银行借款和未披露的或有负债。

函证时，审计人员应向被审计单位在本年存过款（含外埠存款、银行汇票存款、银行本票存款、信用证存款）的所有银行发函，其中包括企业存款账户已结清的银行，因为有可能存款账户已结清，但仍有银行借款或其他负债存在。并且，即使审计人员已直接从某一银行取得了银行对账单和所有已付支票，仍应向这一银行进行函证。

（五）检查一年以上定期存款或限定用途存款

一年以上的定期存款或限定用途的银行存款，不属于企业的流动资产，应列于其他资产类下。对此，审计人员应查明情况，做出相应的记录。

（六）抽查大额现金和银行存款的收支

审计人员应抽查大额银行存款（含外埠存款、银行汇票存款、银行本票存款、信用证存款）收支的原始凭证内容是否完整，有无授权批准，并核对相关账户的进账情况。如有与被审计单位生产经营业务无关的收支事项，应查明原因并作相应的记录。

（七）检查银行存款收支的正确截止

选取资产负债表日前后若干天的银行存款收支凭证实施截止测试，关注业务内容及对应项目，如有跨期收支事项，应考虑是否应提出调整建议。为了确保银行存款收付的正确截止，审计人员应当在清点支票及支票存根时，确定各银行账户最后一张支票的号码，同时查实该号码之前的所有支票是否均已开出。在结账日未开出的支票及其后开出的支票，均不得作为结账日的存款收付入账。

（八）检查外币银行存款的折算是否正确

对于有外币银行存款的被审计单位，审计人员应检查被审计单位对外币银行存款的收支是否按规定的汇率折合为记账本位币金额；外币银行存款期末余额是否按期末市场汇率折合为记账本位币金额；外币折合差额是否按规定记入相关账户。

（九）检查银行存款是否在资产负债表上恰当披露

根据规定，企业的银行存款在资产负债表上“货币资金”项目下反映。所以，审计人员应在实施上述审计程序后，确定银行存款账户的期末余额是否恰当，从而确定资产负债表上“货币资金”项目中的数字是否恰当披露。

**【例 11-2】** 审计人员对华达纺织股份有限公司 2008 年 12 月 31 日的资产负债表进行审计。在审查资产负债表“货币资金”项目时，发现该公司 2008 年 12 月 31 日的银行存款账面余额为 49 800 元，向开户银行取得对账单一张，2008 年 12 月 31 日的银行存款余额为 65 000 元。另外，查有下列未达账款和记账差错：

（1）12 月 23 日，银行将一笔委托收款 5 800 元收到入账，但企业尚未收到收款通知，尚未记账。

（2）12 月 24 日，银行代企业支付电话费 1 800 元，银行已登记企业银行存款减少，但企业尚未收到付款通知，尚未记账。

（3）12 月 25 日企业送存转账一张，金额 3 000 元，并已登记入账，但银行尚未记账。

（4）12 月 30 日开出一张转账支票，支付购货款 14 000 元，但持票单位尚未到银行办理转账，银行尚未记账。

（5）12 月 15 日收到银行收款通知单金额 12 200 元，公司入账时将银行存款增加数错记成 12 000 元。

**【要求】** 根据上述资料，编制银行存款余额调节表，核实 2008 年 12 月 31 日资产负债表上“货币资金”项目中银行存款数额的正确性。

**【解答】**

**表 11-2　银行存款余额调节表**

2008 年 12　月 31 日

编制人：李华　　　　日期：　　　　索引号：

复核人：黄明　　　　日期：　　　　页次：

户别：　　　　币别：人民币

| 项　目 |
| --- |
| 银行对账单余额（2008 年 12 月 31 日）　65 000 元 |

加：企业已收，银行尚未入账金额

其中：1. ___3 000_________元

2. ___________________元

减：企业已付，银行尚未入账金额

其中：1. ＿＿14 000＿＿＿＿元

2. ＿＿＿＿＿＿＿＿＿元

调整后银行对账单金额　54 000 元

企业银行存款日记账金额（2008 年 12 月 31 日）49 800 元

加：银行已收，企业尚未入账金额

其中：1. ＿＿5 800＿＿＿＿元

2. ＿＿＿＿＿＿＿＿元

减：银行已付，企业尚未入账金额

其中：1. ＿＿1 800＿＿＿＿＿元

2. ＿＿＿＿＿＿＿＿＿元

加：记账错误　　200 元

调整后企业银行存款日记账金额　　54 000 元

---

经办会计人员：（签字）熊瑛　　　　　　　　会计主管：（签字）张小平

---

根据上述资料，编制该企业的银行存款余额调节表，内容详见表 11-2。从银行存款余额调节表可以看出，华达纺织股份有限公司 2008 年 12 月 31 日银行存款的数额调节后双方都为 54 000 元，从而证明公司除了记录错误外，无其他问题，银行存款账面余额 49 800 元基本属实。

## 第五节　其他货币资金审计

其他货币资金包括企业到外地进行临时或零星采购而汇往采购地银行开立采购专户的款项所形成的外埠存款、企业为取得银行汇票按照规定存入银行的款项所形成的银行汇票存款、企业为取得银行本票按照规定存入银行的款项而形成的银行本票存款、信用卡存款和信用证保证金存款等。

### 一、其他货币资金的审计目标

其他货币资金的审计目标主要包括：（1）确定被审计单位资产负债表中的其他货币资金在财务报表日是否确实存在，是否为被审计单位所拥有；（2）确定被审计单位在特定期间内发生的其他货币资金收支业务是否均已记录完毕，有无遗漏；（3）确定其他货币资金的余额是否正确；（4）确定其他货币资金在财务报表上的披露是否恰当。

## 二、其他货币资金的实质性程序

其他货币资金的实质性程序主要包括以下几点。

（一）核对外埠存款、银行汇票存款、银行本票存款、信用卡存款、信用证保证金存款和存出投资款等各明细账期末合计数与总账数是否相符

（二）获取所有其他货币资金明细的对账单，与账面记录核对，如果存在差异应查明原因，必要时应提出调整建议

（三）函证其他货币资金期末余额，并记录函证过程

（四）对于非记账本位币的其他货币资金，检查其折算汇率是否正确

（五）检查期末余额中有无较长时间未结清的款项

（六）抽查若干大额的或有疑问的原始凭证进行测试，检查其经济内容是否完整，有无适当的审批授权，并核对相关账户的进账情况

（七）抽取资产负债表日后的大额收支凭证进行截止测试，如有跨期收支事项，应作适当调整

（八）检查其他货币资金的披露是否恰当

# 复习思考题

## 一、单项选择题

1. 货币资金内部控制的以下关键控制环节中，存在重大缺陷的是（　　）。
   A. 财务专用章由专人保管，个人名章由本人或其授权人员保管
   B. 对重要货币资金支付业务，实行集体决策
   C. 现金收入及时存入银行，特殊情况下，经主管领导审查批准方可坐支现金
   D. 指定专人定期核对银行账户，每月核对一次，编制银行存款余额调节表，使银行存款账面余额与银行对账单调节相符

2. 盘点库存现金是审计人员证实被审计单位资产负债表所列现金是否存在的一项重要程序，被审计单位必须参加盘点的人员是（　　）。
   A. 会计主管人员和内部审计人员
   B. 出纳员和会计主管人员
   C. 现金出纳员和银行出纳员
   D. 出纳员和内部审计人员

3. 2007年3月5日对N公司全部现金进行监盘后，确认实有现金数额为1 000元。N公司3月4日账面库存现金余额为2 000元，3月5日发生的现金收支全部未登记入账，其中收入金额为3 000元、支出金额为4 000元，2007年1月1日至3月4日现金收入总额为165 200元、现金支出总额为165 500元，则推断2006年12月31日库存现金余额应为（　　）元。

A. 1300　　B. 2300　　C. 700　　D. 2700

4. 对于货币资金盘点属于（　　）。

A. 突击审计　　B. 预告审计　　C. 监督审计　　D. 报送审计

5. 银行存款截止测试的关键在于（　　）。

A. 确定被审计单位各银行账户最后一张支票的号码

B. 检查大额银行存款的收支

C. 确定被审计单位当年记录的最后一笔银行存款业务

D. 取得并检查银行存款余额调节表

6. 会计人员编制的银行存款调节表的内容，只包括（　　）。

A. 记账错误　　B. 应予纠正的差错

C. 未达账项　　D. 发生的舞弊

7. 审查银行对账单和银行存款余额调节表，可以查明银行存款（　　）。

A. 是否真实存在、账单是否一致

B. 内部控制是否健全、有效且一贯遵守

C. 收支业务是否合法

D. 在会计报表上的披露是否恰当

8. 相关业务发生后，只借记货币资金，不贷记货币资金项目的循环是（　　）。

A. 筹资与投资　　B. 购货与付款

C. 生产　　D. 销售与收款循环

9. 审计人员要证实被审计单位在临近12月31日签发的支票未予入账，最有效的审计程序是（　　）。

A. 审查12月的支票存根及银行存款日记账

B. 审查12月31日银行存款余额调节表

C. 函证12月31日的银行存款余额

D. 审查12月31日的银行对账单

10. 注册会计师审计现金余额的起点是（　　）。

A. 检查所有现金支出凭证和已开出支票

B. 核对现金、银行存款日记账的余额是否与总账相符

C. 检查所有的收款凭证，包括现金收款凭证及银行存款收款通知

D. 核对现金、银行存款账户的有关凭证与现金、银行存款日记账是否相符

## 二、多项选择题

1. 良好的货币资金内部控制要求是（　　）。

A. 控制现金坐支,当日收入现金应及时送存银行

B. 货币资金收支与记账的岗位分离

C. 全部收支及时准确入账，并且支出要有核准手续

D. 按月盘点现金，编制银行存款余额调节表，以做到账实相符

2. 其他货币资金审计包括对（　　）的审计。

A. 外埠存款　　B. 银行汇票存款　C. 银行本票存款　　D.信用证存款

3. 在对库存现金进行盘点时，参与盘点的人员必须包括（　　）。

A. 审计人员　　B. 被审计单位出纳员

C. 被审计单位会计主管人员　　D. 被审计单位管理当局

4. 函证银行存款余额，可以证实（　　）。

A. 银行存款是否存在　　B. 银行贷款金额

C. 是否存在未入账的负债　　D. 是否存在或有损失项目

5. 被审计单位银行存款通常应列示于资产负债表的流动资产项目内，除非其为（　　）。

A. 一年以上的定期存款　　B. 外埠存款

C. 限定用途的存款　　D. 投资者缴入的投资款

## 三、判断题

1. 通过向往来银行的函证，审计人员不仅可了解企业银行存款的存在，同时，还可了解企业欠银行的债务。（　　）

2. 审计人员在函证银行存款余额时，不必向企业存款账户已结清的银行发函。（　　）

3. 计算存放于非银行金融机构的存款占银行存款的比例，有助于分析被审计单位是否存在高息资金拆借。（　　）

4. 盘点库存现金必须有出纳员和被审计单位会计主管人员参加，并由审计人员进行盘点。（　　）

5. 在途货币资金不属于企业货币资金构成项目。（　　）

6. 由于库存现金金额较小，小于审计风险指数，审计人员可以不进行实质性程序。（　　）

7. 由于现金盘点往往是在资产负债表日后进行的，审计人员需要根据资产负债表日至

审计报告日之间所有现金收支数倒推计算资产负债表日的现金数额。（　　）

8. 即使银行存款账户余额为零，但只要存在本期发生额，审计人员就应进行函证。（　　）

## 四、简答题

1. 货币资金业务应建立那些内部控制？

2. 现金的审计目标是什么？如何进行现金的实质性程序？

3. 银行存款的审计目标是什么？如何进行银行存款的实质性程序？

4. 为什么即使资产负债表日余额为零的银行存款户，注册会计师也需进行函证？

5. 现金盘点与存货盘点的主要区别是什么？

6. 甲审计人员在对 P 公司 2007 年度会计报表进行审计时，对 P 公司的银行存款实施的部分审计程序为：

（1）取得 2007 年 12 月 31 日银行存款余额调节表；

（2）取得开户银行 2008 年 1 月 31 日的银行对账单。

**【要求】**（1）请问取得银行存款余额调节表后，应检查哪些内容？

（2）请问索取开户银行 2008 年 1 月 31 日的银行对账单，能证实 2007 年 12 月 31 日银行存款余额调节表的哪些内容？

## 五、业务分析题

1. 2009 年 1 月 21 日，审计人员对某企业进行会计报表审计，查得资产负债表中“货币资金”项目中库存现金余额为 859.8 元。1 月 21 日下午下班前，对出纳经管的现金进行了清点，该企业 1 月 21 日现金账面余额为 759.8 元，清点结果如下：

（1）现金实存数 478.3 元。

（2）保险柜中有下列单据已收、付款，但未入账。①某职工报销医药费单据金额 110 元，现金已付，日期为 2008 年 12 月 29 日。②某部门经理借条一张，金额为 200 元，日期是 2008 年 12 月 20 日，未经批准。③出售废旧物资收款凭证金额 263 元，尚未入账。④现金购买办公用品 234.5 元，尚未入账。

（3）核对 2009 年 1 月 1 日—21 日的收付款凭证和现金日记账，核实 1—21 日的现金收入 2350 元，现金支出 2 470 元，正确无误。

（4）银行核定该企业库存现金限额为 600 元。

**【要求】** 根据以上资料，编制库存现金盘点表，核实库存现金实有数；并调整核实 2008 年 12 月 31 日资产负债表所列的数字是否公允，对现金收支、管理的合法性提出审计意见。

2. 审计人员对某企业 2008 年 12 月 31 日的银行存款进行审查，查得银行存款日记账余额 58 000 元，银行对账单余额为 60 540 元，并发现以下情况：

（1）银行从企业中扣除借款利息 980 元，企业未入账；

（2）企业 12 月 28 日开出转账支票一张 4 280 元，银行未入账；

（3）银行 12 月 29 日收到企业的外地汇款 2 500 元，企业未入账；

（4）企业 12 月 29 日存入转账支票一张 3 260 元，银行未入账；

（5）银行对账单上发现 12 月 20 日收入和 23 日付出支票各一张，金额均为 12 000 元，企业银行存款日记账上无记录。

**【要求】** 编制银行存款余额调节表；分析其中可能存在的问题；提出进一步审查的方法。

# 第十二章　特殊项目审计

本章学习要点

1. 了解期初余额、期后事项及或有事项的含义。
2. 理解期后事项的种类。
3. 掌握期后事项及或有事项的审计程序。

## 第一节　期初余额审计

期初余额审计既包括注册会计师首次接受委托对被审计单位的财务报表进行审计时所涉及的如何审计财务报表期初余额问题，也包括注册会计师执行连续审计业务时所涉及的如何审计财务报表期初余额问题。对于后者，注册会计师在当期审计中通常只需要关注被审计单位经过审计的上期期末余额是否已正确结转至本期，或在适当的情况下已做出重新表述，很少再实施其他专门的审计程序。因此，本节主要阐述注册会计师首次接受委托对被审计单位的财务报表进行审计时所涉及的如何审计财务报表期初余额问题。

注册会计师首次接受委托对被审计单位的财务报表进行审计时，如何审计财务报表期初余额问题应当注意把握两个方面：一方面，期初余额是本期财务报表的编制基础，往往对本期财务报表产生重要的影响，注册会计师应当保持足够的职业谨慎，充分考虑期初余额对审计财务报表的影响；另一方面，注册会计师对期初余额审计应把握适度原则，注册会计师接受委托审计的毕竟是被审计单位本期的财务报表，如果对期初余额审计过于详细，势必会增加审计成本，延长审计时间，并且给被审计单位带来审计费用过重等负担。

### 一、期初余额的含义

期初余额是指期初已存在的账户余额。期初余额以上期期末余额为基础，反映了以前期间的交易和上期采用的会计政策的结果。期初余额与注册会计师首次接受委托相联系。所谓首次接受委托，是指注册会计师在被审计单位财务报表首次接受审计，或上期财务报表由前任注册会计师审计的情况下接受的审计委托。通常情况下，期初余额是上期账户结转至本期账户的余额，在数额上与相应账户的上期期末余额相等。但是，由于受上期期后事项、会计政策变更、前期会计差错更正等诸多因素影响，上期期末余额结转至本期时，有时需要进行调整。

注册会计师对财务报表进行审计时，是对被审计单位所审期间财务报表发表审计意见，一般无须专门对期初余额发表审计意见。但是由于期初余额是本期财务报表的基础，所以注册会计师应当根据期初余额对所审财务报表的影响程度，确定期初余额的审计范围，对期初余额实施适当的审计程序。

## 二、期初余额的审计程序

### （一）审计目标

注册会计师在首次接受委托业务时，应当获取充分、适当的审计证据以确定以下审计目标。

1. 期初余额不存在对本期财务报表产生重大影响的错报

2. 上期期末余额已正确结转至本期，或在适当的情况下已做出重新表述

3. 被审计单位一贯运用恰当的会计政策，或对会计政策的变更作出正确的会计处理和恰当的列报

### （二）审计程序

为了完成期初余额的审计目标，注册会计师对期初余额的审计程序通常包括以下几点。

1. 分析被审计单位上期运用的会计政策是否恰当

注册会计师应当考虑期初余额是否反映上期运用恰当会计政策的结果，以及这些会计政策是否在本期财务报表中得到一贯运用。当会计政策发生变更时，注册会计师应当考虑这些变更是否恰当、会计处理是否正确、列报是否恰当。

2. 了解上期财务报表是否经过审计

如果上期财务报表由前任注册会计师审计，注册会计师应当考虑通过查阅前任注册会计师的工作底稿获取有关期初余额的充分、适当的审计证据，并考虑前任注册会计师的独立性和专业胜任能力。如果经过审计，审计报告是否为非标准审计报告。如果前任注册会计师对上期财务报表出具了非标准审计报告，注册会计师应当考虑该审计报告对本期财务报表的影响，查清影响前注册会计师审计意见的原因。

3. 如果上期财务报表未经审计，或在实施审计程序后对期初余额不能得出满意结论，注册会计师应当实施下列审计程序

对流动资产和流动负债，注册会计师通常可以通过本期实施的审计程序获取部分审计证据；对非流动资产和非流动负债，注册会计师通常检查形成期初余额的会计记录和其他信息。在某些情况下，注册会计师可向第三方函证期初余额，或实施追加的审计程序。

此外，在确定有关期初余额的审计证据是否充分、适当时，还应考虑账户的性质和本期财务报表中的重大错报风险以及期初余额对于本期财务报表的重要程度等因素。

### 三、期初余额审计结论的处理

注册会计师应当根据已经获得审计证据形成对期初余额的审计结论，在此基础上确定其对本期财务报表审计意见的影响。

（一）如果实施相关审计程序后无法获取有关期初余额的充分、适当的审计证据，注册会计师应当出具保留意见或无法表示意见的审计报告

（二）如果期初余额存在对本期财务报表产生重大影响的错报，注册会计师应当告知管理层，提请被审计单位进行调整

如果上期财务报表由前任注册会计师审计，注册会计师还应当考虑提请管理层告知前任注册会计师。如果被审计单位不接受注册会计师的建议，错报的影响未能得到正确的会计处理和恰当的列报，注册会计师应当出具保留意见或否定意见的审计报告。

（三）如果与期初余额相关的会计政策未能在本期得到一贯运用，并且会计政策的变更未能得到正确的会计处理和恰当的列报，注册会计师应当出具保留意见或否定意见的审计报告

（四）如果前任注册会计师对上期财务报表出具了非标准审计报告，注册会计师应当考虑该审计报告对本期财务报表的影响

如果导致出具非标准审计报告的事项对本期财务报表仍然相关和重大，注册会计师应当对本期财务报表出具非标准审计报告，即保留意见、否定意见或无法表示意见的审计报告。

## 第二节　期后事项的审计

### 一、期后事项含义和种类

（一）期后事项的含义

期后事项，是指资产负债表日至审计报告日之间发生的事项以及审计报告日后发现的

事实。其中，资产负债表日是指被审计年度的 12 月 31 日，审计报告日是指注册会计师完成审计工作的日期。

根据期后事项的定义，期后事项可以按时段划分为三个阶段，如图 12-1 所示，第一个时段是资产负债表日后至审计报告日；第二时段是审计报告日后至财务报表报出日；第三时段是财务报表报出日后。

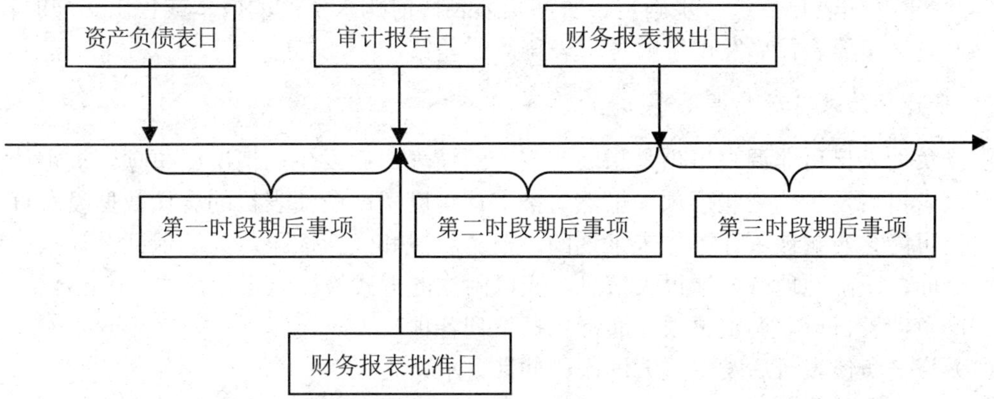


**图 12-1　期后事项分段示意图**

如上图所示，期后事项分为三个时段，但注册会计师对这三个时段的期后事项负有不同的责任。对于第一时段资产负债表日后至审计报告日之间发生的期后事项，注册会计师应实施必要的审计程序，获取充分、适当的审计证据以确认期后事项是否发生。如期后事项确已发生，注册会计师应在实施必要的审计程序后，确定期后事项的类型及其对会计报表的影响，并形成审计结论；对于第二时段审计报告日后至财务报表报出日之间发生的期后事项，注册会计师则没有责任实施审计程序或进行专门询问。被审计单位有责任及时向注册会计师告知可能影响会计报表的期后事项，注册会计师应对其已知悉的期后事项予以关注并实施相应的审计程序；对于第三时段财务报表报出日之后发生的期后事项，注册会计师没有义务关注。但是，如果知悉在审计报告日已存在的、可能导致修改审计报告的事实，注册会计师应当考虑是否需要修改财务报表并与管理层讨论，同时根据具体情况采取适当的审计程序。

（二）期后事项的种类

根据期后事项对财务报表和审计报告产生的影响，可将期后事项分为下列两类：

1. 资产负债表日后调整事项

资产负债表日后调整事项是指对资产负债表日已经存在的情况提供了新的或进一步证

据的事项。被审计单位发生的资产负债表日后调整事项，通常包括下列各项。

（1）资产负债表日后诉讼案件结案，法院判决证实了企业在资产负债表日已经存在现时义务，需要调整原先确认的与该诉讼案件相关的预计负债，或确认一项新负债。

（2）资产负债表日后取得确凿证据，表明某项资产在资产负债表日发生了减值或者需要调整该项资产原先确认的减值金额。

（3）资产负债表日后进一步确定了资产负债表日前购入资产的成本或售出资产的收入。

（4）资产负债表日后发现了财务报表舞弊或差错。

2. 资产负债表日后非调整事项

资产负债表日后非调整事项是指表明资产负债表日后发生的情况的事项。被审计单位资产负债表日后发生的某些事项，虽然对被审计年度资产负债表日的会计数据没有直接的影响，但可能会影响被审计单位未来期间的财务状况和经营成果，为了保证会计报表使用者能够全面、正确地理解会计报表信息，应以附注的形式披露这类信息。

资产负债表日后非调整事项，通常包括下列各项。

（1）资产负债表日后发生重大诉讼、仲裁、承诺。

（2）资产负债表日后资产价格、税收政策、外汇汇率发生重大变化。

（3）资产负债表日后因自然灾害导致资产发生重大损失。

（4）资产负债表日后发行股票和债券以及其他巨额举债。

（5）资产负债表日后资本公积转增资本。

（6）资产负债表日后发生巨额亏损。

（7）资产负债表日后发生企业合并或处置子公司。

区分两类期后事项主要是根据事项发生的时间。如果某一事项在资产负债表日之前已经存在，资产负债表日后发生的事项仅是补充说明该事项，那么这类期后事项属于第一类；如果某一事项是在资产负债表日之后才发生的，那么这类期后事项属于第二类。

## 二、期后事项的审计

### （一）截至审计报告日发生的期后事项

注册会计师应当实施必要的审计程序，获取充分、适当的审计证据，以确定截至审计报告日发生的、需要在财务报表中调整或披露的事项是否均已得到识别。资产负债表日后至审计报告日之间发生的期后事项属于第一时段期后事项。对于这一时段的期后事项，注册会计师负有主动识别的义务，应设计专门的审计程序来进行审查，并根据这些事项的性质判断其对财务报表的影响程度，进而确定是进行调整还是披露。

注册会计师应当尽量在接近审计报告日时，实施旨在识别需要在财务报表中调整或披露事项的审计程序。这些程序包括以下几点。

1. 复核被审计单位管理层建立的用于确保识别期后事项的程序

2. 查阅股东会、董事会及其专门委员会在资产负债表日后举行的会议的纪要，并在不能获取会议纪要时询问会议讨论的事项

3. 查阅最近的中期财务报表；如认为必要和适当，还应当查阅预算、现金流量预测及其他相关管理报告

4. 向被审计单位律师或法律顾问询问有关诉讼和索赔事项

5. 向管理层询问是否发生可能影响财务报表的期后事项

在向管理层询问可能影响财务报表的期后事项时，注册会计师询问的内容主要包括:

（1）根据初步或尚无定论的数据作出会计处理的项目的现状；

（2）是否发生新的担保、借款或承诺；

（3）是否出售或购进资产，或者计划出售或购进资产；

（4）是否已发行或计划发行新的股票或债券，是否已签订或计划签订合并或清算协议；

（5）资产是否被政府征用或因不可抗力而遭受损失；

（6）在风险领域和或有事项方面是否有新进展；

（7）是否已作出或考虑做出异常的会计调整；

（8）是否已发生或可能发生影响会计政策适当性的事项。

此外，如果被审计单位的分支机构、子公司等组成部分的财务信息由其他注册会计师审计，注册会计师应当考虑其他注册会计师对资产负债表日后事项所实施的审计程序，并考虑是否需要向其告知计划的审计报告日。如果知悉对财务报表有重大影响的期后事项，注册会计师应当考虑这些事项在财务报表中是否得到恰当的会计处理并予以充分披露。

如果被审计单位拒绝在财务报表中调整或披露重要的期后事项，注册会计师应根据事项的重要程度出具保留意见或否定意见的审计报告。

### （二）审计报告日后至财务报表报出日前发生的期后事项

在审计报告日后，注册会计师没有责任针对财务报表实施审计程序或进行专门查询。审计报告日后至财务报表报出日前发现的期后事项属于第二时段期后事项。注册会计师针对被审计单位的审计业务已经结束，要识别可能存在的期后事项比较困难，因而无法主动识别第二时段期后事项。但是，在这一阶段，被审计单位的财务报表并未报出，被审计单位管理层有责任将发现的可能影响财务报表的事实告知注册会计师。

在审计报告日后至财务报表报出日前，如果知悉可能对财务报表产生重大影响的事实，注册会计师应当考虑是否需要修改财务报表，并与管理层讨论，同时根据具体情况采取适当措施。

1. 管理层修改财务报表时的审计处理程序

如果管理层修改了财务报表，注册会计师应当根据具体情况实施必要的审计程序，重新获取充分、适当的审计证据，以验证管理层根据期后事项所做出的财务报表调整或披露是否符合企业会计准则和相关会计制度的规定，并针对修改后的财务报表出具新的审计报告。新的审计报告日期不应早于董事会或类似机构批准修改后的财务报表的日期。注册会计师应当将对期后事项的审计程序延伸至新的审计报告日。

2. 管理层未修改财务报表且审计报告尚未提交时的审计处理程序

如果注册会计师认为应当修改财务报表而管理层没有修改，并且审计报告尚未提交给被审计单位，注册会计师应当出具保留意见或否定意见的审计报告。

3. 管理层未修改财务报表且审计报告已提交时的审计处理程序

如果注册会计师认为应当修改财务报表而管理层没有修改，并且审计报告已提交给被审计单位，注册会计师应当通知治理层不要将财务报表和审计报告向第三方报出。如果财务报表仍被报出，注册会计师应当采取措施防止财务报表使用者信赖该审计报告。例如，通过新闻媒体发表必要的声明，防止使用者信赖审计报告。注册会计师采取的措施取决于自身的权利和义务以及征询的法律意见。

（三）财务报表报出后发生的期后事项

在财务报表报出后，注册会计师没有义务针对财务报表做出查询。财务报表报出后发生的期后事项属于第三时段的期后事项。注册会计师虽没有义务针对财务报表做出查询，但并不排除注册会计师通过媒体等其他途径获悉可能对财务报表产生重大影响的期后事项的可能性。在财务报表报出后，如果知悉在审计报告日已存在的、可能导致修改审计报告的事实，注册会计师应当考虑是否需要修改财务报表，并与管理层讨论，同时根据具体情况采取适当措施。

1. 管理层修改财务报表时的审计处理程序

如果管理层修改了财务报表，注册会计师应当根据具体情况实施必要的审计程序，复核管理层采取的措施能否确保所有收到原财务报表和审计报告的人士了解这一情况，并针对修改后的财务报表出具新的审计报告。新的审计报告应当增加强调事项段，提请财务报表使用者注意财务报表附注中对修改原财务报表原因的详细说明，以及注册会计师出具的原审计报告。新的审计报告日期不应早于董事会或类似机构批准修改后的财务报表的日期。相应的，注册会计师应当将期后事项的审计程序延伸至新的审计报告日。

2. 管理层未采取任何行动时的审计处理程序

如果管理层既没有采取必要措施确保所有收到原财务报表和审计报告的人士了解这一情况，又没有在注册会计师认为需要修改的情况下修改财务报表，注册会计师应当采取措施防止财务报表使用者信赖该审计报告，并将拟采取的措施通知治理层。采取的措施取决于自身的权利和义务以及征询的法律意见。

3. 临近公布下一期财务报表时的审计处理程序

如果临近公布下一期财务报表，且能够在下一期财务报表中进行充分披露，注册会计师应当根据法律法规的规定确定是否仍有必要提请被审计单位修改财务报表，并出具新的审计报告。

## 第三节 或有事项的审计

### 一、或有事项的含义

或有事项，是指过去的交易或者事项形成的，其结果须由某些未来事项的发生或不发生才能决定的不确定事项。常见的或有事项主要包括：未决诉讼或仲裁、债务担保、产品质量保证（含产品安全保证）、承诺、亏损合同、重组义务等。

在企业经营活动中，或有事项这一特殊的经济现象已经越来越多地存在，并且对企业的财务状况和经营成果产生较大的影响。或有事项对企业潜在的财务影响以及企业因此需要承担的风险都，有必要通过企业的财务报表或财务报表附注予以反映，使财务报表使用者能够获取真实、充分、详细的信息，帮助其进行正确的分析、判断。所以，注册会计师对被审计单位发生的或有事项应当给予必要的关注，并且需要注册会计师具备相当程度的专业判断能力。

### 二、或有事项的审计

（一）审计目标

注册会计师对或有事项进行审计所要达到的审计目标一般包括以下几点。

1. 确定或有事项是否存在或完整
2. 确定或有事项的确认和计量是否符合企业会计准则的规定
3. 确定或有事项的列报是否恰当

（二）或有事项的审计程序

由于或有事项的发生存在不确定性，在会计报表和会计账簿中没有全面披露，因此注册会计师应当采取特定的审计程序以确定或有事项的确认、计量、记录是否恰当。或有事项的审计程序包括以下几点。

1. 向被审计单位管理层和有关人员进行询问

询问的主要内容有：被审计单位确定、评价或有事项的方针政策和工作程序、或有事项的具体内容、或有事项的会计披露等。

2. 查阅被审计单位相关资料

注册会计师应审阅的相关资料包括：被审计单位有关或有事项的全部文件和凭证；被审计单位管理层有关或有事项的书面证明；被审计单位与银行之间的往来信函；被审计单位的债务说明书等。

3. 向被审计单位的法律顾问、律师和与被审计单位有业务往来的银行函证

通过函证可以确定被审计单位或有事项的内容及其是否存在。

4. 复核现存的审计工作底稿，寻找任何可以说明或有事项的资料

5. 向被审计单位管理层获取书面声明，保证其已按照企业会计准则的规定对其全部或有事项作了恰当反映

6. 确定或有事项在会计报表的披露是否恰当

按照《企业会计准则第 13 号——或有事项》规定，要求企业应当在附注中披露与或有事项有关的下列信息：

（1）预计负债。

主要包括：

① 预计负债的种类、形成原因以及经济利益流出不确定性的说明。

② 各类预计负债的期初、期末余额和本期变动情况。

③ 与预计负债有关的预期补偿金额和本期已确认的预期补偿金额。

（2）或有负债（不包括极小可能导致经济利益流出企业的或有负债）。

主要包括：

① 或有负债的种类及其形成原因，包括已贴现商业承兑汇票、未决诉讼、未决仲裁、对外提供担保等形成的或有负债。

② 经济利益流出不确定性的说明。

③ 或有负债预计产生的财务影响，以及获得补偿的可能性；无法预计的，应当说明原因。

(3) 企业通常不应当披露或有资产。

但或有资产很可能会给企业带来经济利益的，应当披露其形成的原因、预计产生的财务影响等。

(三) 或有事项对审计报告的影响

如果注册会计师认为被审计单位管理层对或有事项做出的估计是合理的，并且进行了适当的披露，应当出具无保留意见的审计报告，并视具体情况可在意见段之后增加强调事项段，以强调重大或有事项。

如果注册会计师认为被审计单位管理层对或有事项做出的估计是不合理的，或披露不适当，注册会计师应当出具保留意见或否定意见的审计报告。

如果注册会计师审计范围受到被审计单位或客观条件的限制，无法就或有事项获取充分、适当的审计证据，应当出具保留意见或无法表示意见审计报告。

## 第四节 案例分析——长春好运食品股份有限公司审计案

### 一、背景介绍

(一) 长春好运食品股份有限公司审计案的始末

2006 年 1 月，长税会计师事务所接受委托审计长春好运食品股份有限公司 2005 年度的会计报表。2006 年 3 月 12 日，注册会计师张吉林、王晓在审计完成阶段发现长春好运食品股份有限公司应收账款中有一笔应收大华公司金额 800 万元的货款，因 2006 年 3 月 10 日大华公司发生了火灾，将无法收回。而在 2005 年 12 月 31 日，大华公司经营状况良好，并无明显财务困难的迹象。另外，长春好运食品股份有限公司在 2005 年 5 月由于未能履行供货合同，致使永生公司遭受 3 000 万元损失。永生公司已在 2005 年 10 月通过法律途径索赔。

长税会计师事务所的注册会计师张吉林、王晓在 2006 年 3 月 15 日出具了无保留意见审计报告，预计会计报表公布日为 2006 年 3 月 20 日。3 月 17 日，注册会计师得知，就在 3 月 16 日，经法院一审判决，长春好运食品股份有限公司需要赔偿永生公司经济损失 3 000 万元，长春好运食品股份有限公司决定不再上诉。

(二) 长春好运食品股份有限公司审计案的审计与查处

注册会计师从消防部门、公安局等处获得了火灾证明，证实大华公司火灾确实为 2006 年 3 月 10 日发生的，这属于在资产负债表日后、审计报告日之前发生的，不影响 2005 年度会计报表的金额，但可能影响会计报表使用者对会计报表的理解。因此，提请被审计单位在会计报表中进行披露，被审计单位同意该建议。

注册会计师在2006年3月17日获知长春好运食品股份有限公司须赔偿永生公司经济损失后，于3月18日实施了追加的审计程序。最后，注册会计师签署了双重报告日期，即保留原定的审计报告日期2006年3月15日，并就该赔偿的期后事项注明了新的审计报告日期2006年3月18日。

## 二、审计分析与思考

注册会计师对期后事项的不同种类进行适当的处理，才能发表恰当的审计意见。谨慎的执业态度，严格按照审计准则的要求执行审计程序，有利于维护会计师事务所的声誉以及质量管理。对于审计中的期后事项，注册会计师要给予充分的关注，并且采用适当的审计程序以确定期后事项的发生时间和影响，这样才能在保证审计质量的同时降低审计风险。

# 复习思考题

## 一、单项选择题

1. 在对20×8年的财务报表出具审计报告之前，注册会计师需要考虑（　　）。

A. 20×8年1月1日至20×8年12月31日之间被审计单位发生的、与财务报表有关的所有事项

B. 20×8年1月1日至审计报告日之间被审计单位发生的、与财务报表有关的所有事项

C. 20×8年1月1日至审计外勤工作结束日之间被审计单位发生的、与财务报表有关的所有事项

D. 20×8年1月1日至财务报表报出日之间被审计单位发生的、与财务报表有关的所有事项

2. 在审核或有负债时，下列审计程序中可能最无效果的是（　　）。

A. 审核应收账款函证回函　　B. 审核律师声明书

C. 审核银行存款函证回函　　D. 审核应付票据函证回函

3. 如果审计范围受到被审计单位或客观条件的限制，注册会计师无法就或有事项获取充分、适当的审计证据，应当出具（　　）的审计报告。

A. 无保留意见并增加强调事项段　　B. 保留意见或无法表示意见

C. 保留意见或否定意见　　D. 保留意见并增加强调事项段

4. 下列事项中属于资产负债表日后调整事项的有（　　）。

A. 资产负债表日后发生重大诉讼、仲裁、承诺

B. 资产负债表日后因自然灾害导致资产发生重大损失

C. 资产负债表日后发现了财务报表舞弊或差错

D. 资产负债表日后发生巨额亏损

5. 如果与期初余额相关的会计政策未能在本期得到一贯运用，并且会计政策的变更未能得到正确的会计处理和恰当的列报，注册会计师应当出具（　　）的审计报告。

A. 无保留意见并增加强调事项段　　B. 保留意见或无法表示意见

C. 保留意见或否定意见　　D. 保留意见并增加强调事项段

6. 注册会计师审计或有事项的首要目标是（　　）。

A. 核实或有事项记录的正确性　　B. 确认并区分不同类别的或有事项

C. 确定或有事项是否存在　　D. 确定或有事项的披露是否恰当

7. 下列事项若发生在资产负债表日后，被审计单位应调整会计报表中的金额的是（　　）。

A. 发行大量的债券或权益性证券

B. 接到关于上年被起诉案件的终审判决，责令赔偿

C. 所持有价证券市价严重下跌

D. 下期会计处理方法将有所改变

8. 以下与期初存货余额相关的论述中，正确的是（　　）。

A. 对于未能对期初存货余额实施监盘这一事项，应直接视为审计范围受到限制

B. 上年度会计报表已由前任注册会计师发表无保留意见，可直接确认期初存货余额

C. 根据已经确认期末存货余额，倒推期初存货余额并予以确认

D. 无须专门对期初存货余额发表意见

9. 某注册会计师于 3 月 15 日，完成了对被审计单位的年度审计外勤工作并开始编写审计报告，3 月 20 日当其尚未完成审计报告时，得知被审计单位于 3 月 18 日购买了另一家公司，注册会计师于 3 月 30 日完成了对这一事项的审核，则审计报告的日期应为(　　)。

A. 3 月 15 日　　B. 3 月 18 日　　C. 3 月 30 日　　D. 注明双重日期

**二、多项选择题**

1. 根据期后事项对财务报表和审计报告产生的影响，可将期后事项分为（　　）。

A. 资产负债表日后调整事项　　B. 资产负债表日后非调整事项

C. 不确定事项　　D. 重大事项

2. 资产负债表日后非调整事项包括下列（　　）。

A. 资产负债表日后诉讼案件结案，法院判决证实了企业在资产负债表日已经存在现时义务，需要调整原先确认的与该诉讼案件相关的预计负债，或确认一项新负债

B. 资产负债表日后取得确凿证据，表明某项资产在资产负债表日发生了减值或者需要调整该项资产原先确认的减值金额

C. 资产负债表日后发行股票和债券以及其他巨额举债

D. 资产负债表日后资本公积转增资本

3. 如果被审计单位拒绝在财务报表中调整或披露重要的期后事项，注册会计师应根据事项的重要程度出具（　　）的审计报告。

A. 无保留意见并增加强调事项段　　B. 保留意见

C. 否定意见　　D. 无法表示意见

4. 常见的或有事项主要有（　　）。

A. 未决诉讼或仲裁　　B. 产品质量保证（含产品安全保证）

C. 债务担保　　D. 亏损合同

5. 如果注册会计师审计范围受到被审计单位或客观条件的限制，无法就或有事项获取充分、适当的审计证据，应当出具（　　）审计报告。

A. 无保留意见并增加强调事项段　　B. 保留意见

C. 否定意见　　D. 无法表示意见

## 三、判断题

1. 如果前任注册会计师对上期财务报表出具了非标准审计报告并且导致出具非标准审计报告的事项对本期财务报表仍然相关和重大，注册会计师应当对本期财务报表出具非标准审计报告，即保留意见、否定意见或无法表示意见的审计报告。（　）

2. 被审计单位资产负债表日后发生的重要事项，均要在会计报表的附注中进行反映。（　）

3. 在审计报告日后，注册会计师没有责任针对财务报表实施审计程序或进行专门查询，不需要对任何期后事项实施相应的审计程序。（　）

4. 如果与期初余额相关的会计政策未能在本期得到一贯运用，并且会计政策的变更未能得到正确的会计处理和恰当的列报，注册会计师应当出具保留意见的审计报告。（　）

5. 资产负债表日后因自然灾害导致资产发生重大损失，此事项为资产负债表日后非调整事项。（　）

## 四、简答题

1. 期后事项的审计程序包括哪些内容？

2. 或有事项的审计程序包括哪些内容？

# 第十三章　审 计 报 告

本章学习要点

1. 了解审计报告的含义、内容结构及种类。
2. 理解发表不同类型审计意见的条件和方式。
3. 掌握审计报告的编写步骤和方法。

## 第一节　审计报告编制前工作

### 一、复核审计工作

审计结束时，签发审计报告前必须要由专业知识与丰富经验的注册会计师认真复核所有的审计工作底稿，目的是为了确保所实施的审计程序充分恰当，所取得的审计证据充分适当以及审计结论客观公正。

在外勤工作阶段，注册会计师所收集的审计工作底稿一般是分散的、不系统的，因此编制审计报告之前，注册会计师应根据审计计划中拟定的内容、范围和要求，对审计工作底稿进行整理和复核。审计工作底稿的复核主要分为两个层次：第一个层次是项目组内部人员对审计工作底稿的复核；第二个层次是在注册会计师执行上市公司财务报表审计项目或者其他需要实施项目质量控制复核的业务时，由项目组外部的项目质量控制复核人员对被审计单位的财务报表或其他业务对象信息及报告、与项目组做出重大判断及形成结论有关的工作底稿等内容进行的复核。这两个层次的复核都需要在出具审计报告之前完成。

### 二、取得管理层声明书和律师声明书

（一）取得管理层声明书

注册会计师应当获得审计证据，以确定管理层认可其按照适用的会计准则和相关会计制度的规定编制财务报表的责任，并且已经批准财务报表。在获取此类审计证据时，注册会计师应当考虑查阅治理层相关会议记录、向管理层获取书面声明或已签署的财务报表

副本。

如果管理层拒绝提供注册会计师认为必要的声明，注册会计师应当将其视为审计范围受到限制，出具保留意见或无法表示意见的审计报告。在这种情况下，注册会计师应当评价审计过程中获得的管理层其他声明的可靠性，并考虑管理层拒绝提供声明是否可能对审计报告产生其他影响。

（二）取得律师声明书

注册会计师往往需要向被审计单位的法律顾问和律师函证被审计单位的期后事项和或有事项等事项。被审计单位律师对函证问题的答复和说明称为律师声明书。律师询证函通常由被审计单位向所有曾经为其提供法律咨询或代理服务的所有律师寄发，其内容包括与该律师业务相关的期后事项和或有事项、律师费用结算等情况。

如果律师声明书表明律师拒绝提供或隐瞒信息，注册会计师一般会认为审计范围受到限制，并根据相关事项的重要程度确定是否有必要调整审计意见类型。

### 三、与治理层的沟通

为了借助公司内部之间的权力平衡和制约关系，保证财务信息的质量，现代公司治理结构往往要求治理层对管理层编制财务报表的过程实施有效的监督。可见，公司治理层和注册会计师在健全完善公司治理结构中扮演重要的角色。为了促进注册会计师和治理层的良性互动，审计准则规定了注册会计师与治理层沟通的要求。沟通的主要内容包括：注册会计师的责任；计划的审计范围和时间；审计工作中发现的问题；注册会计师的独立性等。

### 四、对财务报表总体合理性实施分析程序

在审计结束或临近结束时，注册会计师运用分析程序的目的是确定审计调整后的财务报表整体是否与其对被审计单位的了解一致，注册会计师应当围绕这一目的运用分析程序。这时运用分析程序是强制要求，注册会计师在这个阶段应当运用分析程序。在运用分析程序进行总体复核时，如果识别出以前未识别的重大错报风险，注册会计师应当重新考虑对全部或部分各类交易、账户余额、列报评估的风险是否恰当，并在此基础上重新评价之前计划的审计程序是否充分，是否有必要追加审计程序。

### 五、评价审计结果，形成审计意见

注册会计师评价审计结果主要为了确定将要发表的审计意见的类型以及在整个审计工作中是否遵循了审计准则。为此，注册会计师必须完成两项工作：一是对重要性和审计风

险进行最终评价；二是对被审计单位已审计财务报表形成审计意见并草拟审计报告。

在评价审计结果时，注册会计师需要将审计过程中发现并且被审计单位尚未调整的错漏报累计数与重要性水平进行比较。同时，应当汇总已发现但被审计单位尚未调整的错漏报，以考虑其金额与性质是否对会计报表的反映产生重大影响。在汇总尚未调整的错漏报时，应当包括已发现的和推断的错漏报，并考虑期后事项和或有事项是否已进行适当处理。

完成审计实质性程序之后应由审计项目经理汇总所有审计工作人员的审计结果，撰写审计总结，形成审计结论，最终出具审计报告。

## 第二节　审计报告概述

### 一、审计报告的含义

审计报告是审计人员根据审计授权者或委托者的要求，将审计的过程和结果向审计授权者或委托者进行报告的书面文件。审计报告是审计人员在完成审计工作后向授权者或委托者提供的最终产品，是评价被审计单位财务情况合法性和公允性的重要工具，也表明审计人员完成了审计任务并愿意承担审计责任的证明文件。因此审计人员必须慎重对待审计报告，对审计报告的真实性、合法性负责，如实反映审计的范围、审计的依据、实施的审计程序和应发表的审计意见。编写审计报告是审计过程中极为重要的一个环节。审计报告的编写和出具对于反映审计意见，证明审计事项，体现审计质量和效果等均具有重要的意义。

### 二、审计报告的作用

（一）编写审计报告是为了全面总结审计过程和结果

审计人员的工作都是按照一定的规范和要求进行的。在审计的准备阶段，通过了解被审计单位的情况制定出审计计划；在审计的实施阶段，运用审计方法收集充分适当的审计证据，编制审计工作底稿；当进入审计的终结阶段，对审计工作底稿进行分析、整理、综合、归纳，写出审计报告，从而对整个审计工作过程和结果进行高度总结。

（二）编写审计报告便于揭露被审计单位的错误与舞弊行为

查错纠弊是现代审计的一个比较重要的目的。审计人员有责任将审计过程中所发现的重要错弊通过审计报告向财产所有者披露，向社会公众报告。这在一定程度上对被审计单位的财产、经济利害关系人的利益起到保护作用。

（三）审计报告对社会各界发挥着经济鉴证作用

审计报告具有法定证明效力。审计报告的编写一方面向审计授权者或委托者证明审计人员在审计过程中依法独立地完成了审计任务，履行了审计职责；另一方面向被审计单位证明审计人员依照审计准则客观公正地进行审计活动，维护了被审计单位的正当权益。

## 三、审计报告的种类

审计报告根据审计主体、审计目的和要求不同，具有不同的内容和表达方式。审计报告可按照不同的标准进行分类。认识审计报告的分类有助于掌握各类审计报告的特点，更好地编写审计报告。下面介绍审计报告地几种主要分类。

（一）按审计报告的签发主体进行分类

1. 国家审计机关的审计报告

国家审计机关的审计报告一般包括审计机关领导审定地审计报告和根据审计报告做出的审计结论和决定通知书两部分。审计机关的审计报告除发送被审计单位外，还应上报本级人民政府和上级审计机关，同时抄送被审计单位的上级主管部门、财政、税务和银行等机构。国家审计报告的编写要求内容详细、具体，篇幅也较长。

2. 社会审计组织的审计报告

社会审计组织的审计报告也称注册会计师审计报告或民间审计报告。社会审计组织的审计报告直接提交给审计委托人。关于社会审计报告的具体分类后面内容将详细阐述。

以上两种审计报告都是外部审计报告。

3. 部门和单位内部审计机构的审计报告

单位内部审计机构对本单位及其内部各层次进行审计所编写的审计报告，除上报本单位领导外，还应上报上级部门内部审计机构。部门和单位内部审计所编写的审计报告，由于对情况了解深入，涉及面广，多采用详式审计报告的格式。

（二）按审计报告的详略程度进行分类

1. 简式审计报告

简式审计报告亦称短式审计报告，社会审计组织所编写的公证性审计报告多属于此类。它一般用于公布目的，报告具有语言精练、内容简洁明了、从形式到内容比较规范的特点。所以，审计人员在出具审计报告时，其内容的编排，语言的表达，文字的挑选一定要慎重。

2. 详式审计报告

详式审计报告亦称长式审计报告，国家审计机关、内部审计机构所编写的综合性或专项审计报告多属于此类。它一般用于非公布目的，报告具有范围广、内容丰富详细的特点。

## 第三节 审计报告的内容和意见类型

### 一、审计报告的内容

审计报告可视不同的审计主体、审计目的、审计对象和审计报告的读者等，其内容有所不同。一般来说，审计报告主要包括文字、报表和其他三部分内容。文字部分主要说明审计过程、审计结论、审计建议等，这是审计报告的主体部分。报表部分主要包括已审的会计报表或其他能对审计事项进行说明的附表。其他部分是对文字部分的补充和说明。下面主要以标准社会审计报告为例进行说明。

社会审计报告是指注册会计师根据中国注册会计师审计准则的规定，在实施审计工作的基础之上对被审计单位财务报表发表审计意见的书面文件。标准社会审计报告包括下列要素：

（一）标题

审计报告的标题应当统一规范为“审计报告”。

（二）收件人

审计报告的收件人是指注册会计师按照业务约定书的要求致送审计报告的对象，一般是指审计业务的委托人。审计报告的收件人应当载明收件人的全称。对于股份有限公司，审计报告的收件人一般可用“××股份有限公司全体股东”；对于有限责任公司，收件人可用“××有限责任公司董事会”。

（三）引言段

审计报告的引言段应当说明被审计单位的名称和财务报表已经过审计并包括下列内容：（1）指出构成整套财务报表的每张财务报表的名称，其名称分别为资产负债表、利润表、所有者（股东）权益变动表和现金流量表；（2）提及财务报表附注；（3）指明财务报表的日期和涵盖的期间，财务报表有反映时点的，也有反映期间的。

（四）管理层对财务报表的责任段

管理层对财务报表的责任段应当说明，按照适用的会计准则和相关会计制度的规定编制财务报表是管理层的责任，这种责任包括：（1）设计、实施和维护与财务报表编制相关的内部控制，以使财务报表不存在由于舞弊或错误而导致的重大错报；（2）选择和运用恰当的会计政策；（3）做出合理的会计估计。

在审计报告中指出管理层的责任有利于区分管理层和注册会计师的责任，降低财务报表使用者误解注册会计师责任的可能性。

（五）注册会计师的责任段

注册会计师的责任应当说明下列内容：（1）注册会计师的责任是在实施审计工作的基础上对财务报表发表审计意见。注册会计师按照中国注册会计师审计准则的规定执行审计工作。审计准则要求注册会计师遵守职业道德规范，计划和实施审计工作以对财务报表是否不存在重大错报获得合理保证。（2）审计工作涉及实施审计程序，以获取有关财务报表金额和披露的审计证据。选择的审计程序取决于注册会计师的判断，包括对舞弊或错误导致的财务报表重大错报风险的评估。在进行风险评估时，注册会计师考虑与财务报表编制相关的内部控制，以设计恰当的审计程序，但目的并非对内部控制的有效性发表审计意见。如果接受委托，结合财务报表审计对内部控制有效性发表审计意见，注册会计师应当省略“但目的并非对内部控制的有效性发表审计意见”的术语。审计工作还包括评价管理层选择会计政策的恰当性和做出会计估计的合理性以及评价会计报表的总体列报。（3）注册会计师相信已获得的审计证据是充分、适当的，为其发表审计意见提供了基础。

（六）审计意见段

财务报表审计的目的是注册会计师通过执行审计工作，对财务报表的下列方面发表审计意见：（1）财务报表是否按照适用的会计准则和相关会计制度的规定编制；（2）财务报表是否在所有重大方面公允反映了被审计单位的财务状况、经营成果和现金流量。因此，注册会计师完成审计工作，获取了充分、适当的审计证据，应当就上述内容对财务报表发表审计意见。

（七）注册会计师的签名和盖章

审计报告应当由两名具备相关业务资格的注册会计师签名盖章并经会计师事务所盖章方为有效，这样有利于明确法律责任。合伙会计师事务所出具的审计报告应当由一名对审计项目负最终复核责任的合伙人和一名负责该项目的注册会计师签名盖章。有限责任会计师事务所出具的审计报告应当由会计师事务所主任会计师或其授权的副主任会计师和一名负责该项目的注册会计师签名盖章。

（八）会计师事务所的名称、地址及盖章

根据《中华人民共和国注册会计师法》的规定，注册会计师承办业务应当有其所在会计师事务所统一受理并与委托人签订委托合同。因此，审计报告除了应由注册会计师签名盖章外，还应载明会计师事务所的名称和地址，并加盖会计师事务所公章。

（九）报告日期

审计报告应当注明报告日期。审计报告的日期不应早于注册会计师获取充分、适当的审计证据（包括管理层认可对财务报表的责任且已批准财务报表的证据），并在此基础上对财务报表形成审计意见的日期。注册会计师在确定审计报告日期时应当考虑：（1）应当实施的审计程序已经完成；（2）应当提请被审计单位调整的事项已经提出，被审计单位已经做出调整或拒绝做出调整；（3）管理层已经正式签署财务报表。

此外，在出具保留意见、否定意见或无法表示意见的审计报告时，注册会计师应当在注册会计师的责任段之后、意见段之前增加说明段。审计报告的说明段是指审计报告中位于审计意见段之前用于描述注册会计师对财务报表发表保留意见、否定意见或无法表示意见理由的段落。说明段应当清楚地说明导致所发表审计意见或无法发表意见的所有原因，并在可能情况下指出其对会计报表的影响程度。另外在出具审计意见时，如果注册会计师认为有必要，还可以在意见段之后增加强调事项段说明审计准则允许强调的某些事项，提醒会计报表使用者关注。

## 二、审计报告意见的基本类型

社会审计报告审计意见的基本类型包括：无保留意见、保留意见、否定意见、无法表示意见。审计意见也可以分为无保留意见和非无保留意见，或标准无保留意见和非标准审计意见。这几种审计意见类型之间的关系如图 13-1 所示。

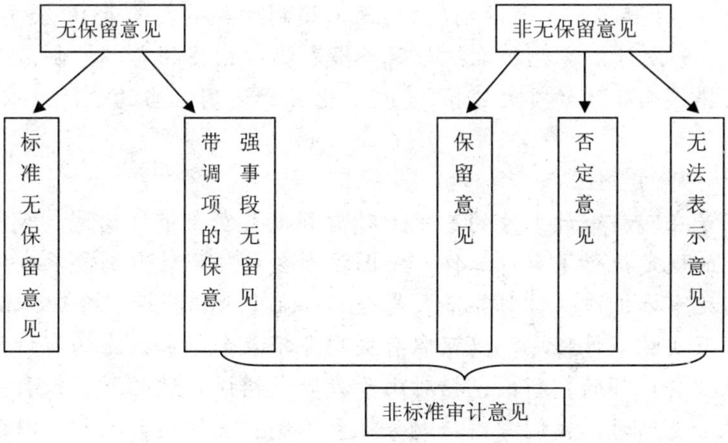


**图 13-1　审计意见的基本类型**

（一）无保留意见

无保留意见审计报告分为标准无保留意见审计报告和带强调事项段的无保留意见审计报告。

1. 标准无保留意见

如果注册会计师认为财务报表符合下列所有条件，应当出具无保留意见的审计报告:

（1）财务报表已经按照适用的会计准则和相关会计制度的规定编制，在所有重大方面公允反映了被审计单位的财务状况、经营成果和现金流量。

（2）注册会计师已经按照中国注册会计师审计准则的规定计划和实施审计工作，在审计过程中未受到限制。

当出具无保留意见的审计报告时，注册会计师应当以“我们认为”作为意见段的开头，并使用“在所有重大方面”、“公允反映”等术语。当注册会计师出具的无保留意见的审计报告不附加说明段、强调事项段或任何修饰性用语时，该报告称为标准审计报告。标准审计报告的参考格式如下：

**审 计 报 告**

ABC 股份有限公司全体股东:

我们审计了后附的 ABC 股份有限公司（以下简称 ABC 公司）财务报表，包括 20×8 年 12 月 31 日的资产负债表，20×8 年度的利润表、股东权益变动表和现金流量表以及财务报表附注。

一、管理层对财务报表的责任

按照企业会计准则和《××会计制度》的规定编制财务报表是 ABC 公司管理层的责任。这种责任包括:（1）设计、实施和维护与财务报表编制相关的内部控制，以使财务报表不存在由于舞弊或错误而导致的重大错报；（2）选择和运用恰当的会计政策；（3）做出合理的会计估计。

二、注册会计师的责任

我们的责任是在实施审计工作的基础上对财务报表发表审计意见。我们按照中国注册会计师审计准则的规定执行了审计工作。中国注册会计师审计准则要求我们遵守职业道德规范，计划和实施审计工作以对财务报表是否不存在重大错报获取合理保证。

审计工作涉及实施审计程序，以获取有关财务报表金额和披露的审计证据。选择的审计程序取决于注册会计师的判断，包括对由于舞弊或错误导致的财务报表重大错报风险的评估。在进行风险评估时，我们考虑与财务报表编制相关的内部控制，以设计恰当的审计程序，但目的并非对内部控制的有效性发表意见。审计工作还包括评价管理层选用会计政策的恰当性和做出会计估计的合理性，以及评价财务报表的总体列报。

我们相信，我们获取的审计证据是充分、适当的，为发表审计意见提供了基础。

三、审计意见

我们认为，ABC公司财务报表已经按照企业会计准则和《××会计制度》的规定编制，在所有重大方面公允反映了ABC公司20×8年12月31日的财务状况以及20×8年度的经营成果和现金流量。

××会计师事务所 中国注册会计师：×××
（盖章） （签名并盖章）
中国注册会计师：×××
（签名并盖章）
中国××市 二○×九年×月×日

2. 带强调事项段的无保留意见

审计报告的强调事项段是指注册会计师在审计意见段之后增加的对重大事项予以强调的段落。强调事项应当同时符合下列条件：

（1）可能对财务报表产生重大影响，但被审计单位进行了恰当的会计处理，且在财务报表中做出充分披露；

（2）不影响注册会计师发表的审计意见。

从审计理论上讲，注册会计师在审计意见段之前增加说段用来说明发表保留意见、否定意见和无法表示意见的理由。而在审计意见段之后增加的强调事项段只是增加审计报告的信息含量，提高审计报告的有用性，提醒财务报表使用者关注某些事项，并不影响发表的审计意见。因此，注册会计师应当在强调事项段中指明，该段内容仅用于提醒财务报表使用者关注，并不影响已发表的审计意见。强调事项段也可以出现在保留意见、否定意见和无法表示意见的审计报告意见段之后。注册会计师在审计意见段之后增加强调事项段的情况一般包括：

（1）当存在可能导致对持续经营能力产生重大疑虑的事项或情况、但不影响已发表的审计意见时，注册会计师应当在审计意见段之后增加强调事项段对此予以强调。

（2）当存在可能对财务报表产生重大影响的不确定事项（持续经营问题除外）、但不影响已发表的审计意见时，注册会计师应当考虑在审计意见段之后增加强调事项段对此予以强调。

不确定事项是指其结果依赖于未来行动或事项，不受被审计单位的直接控制，但可能影响财务报表的事项。例如，在审计报告日之前存在的尚未做出最终判决的诉讼案。如果被审计单位已在被审计单位财务报表中适当披露这些重要的不确定事项，注册会计师应当考虑在审计意见段之后增加强调事项段对此予以强调。

（3）其他审计准则规定增加强调事项段的情形。有关增加强调事项段的其他审计准则主要包括：《中国注册会计师审计准则第 1324 号——持续经营》、《中国注册会计师审计准则第 1332 号——期后事项》、《中国注册会计师审计准则第 1511 号——比较数据》、《中国注册会计师审计准则第 1521 号——含有已审计财务报表的文件中的其他信息》。

除上述（1）、（2）两种情形以及其他审计准则规定的增加强调事项段的情形外，注册会计师不应在审计报告的审计意见段之后增加强调事项段或任何解释性段落，以免财务报表使用者产生误解。

当出具带强调事项段的审计报告时，由于强调事项段是为了提醒财务报表使用者关注某些事项，注册会计师应当以“我们提醒财务报表使用者关注”为强调事项段开头，由于强调事项段并不影响注册会计师的审计意见，注册会计师应当在强调事项段最后指出“本段内容不影响已发表的审计意见”。强调事项段的参考格式如下：

我们提醒财务报表使用者关注，如财务报表附注×所述，ABC 公司在 20×8 年发生亏损×万元，在 20×8 年 12 月 31 日，流动负债高于资产总额×万元。ABC 公司已在财务报表附注中充分披露了拟采取的改善措施，但其持续经营能力仍然存在重大不确定性。本段内容不影响已发表的审计意见。

（二）保留意见

如果认为财务报表整体是公允的，但还存在下列情形之一，注册会计师应当出具保留意见的审计报告。

1. 会计政策的选用、会计估计的做出或财务报表的披露不符合适用的会计准则和相关会计制度的规定，虽影响重大，但不至于出具否定意见的审计报告

2. 因审计范围受到限制，不能获取充分、适当的审计证据，虽影响重大，但不至于出具无法表示意见的审计报告

当出具保留意见的审计报告时，注册会计师应当在审计意见段中使用“除……的影响外”等术语。如果因审计范围受到限制，注册会计师还应当在注册会计师的责任段中提及这一情况。保留意见审计报告（审计范围受到限制）的参考格式如下：

**审 计 报 告**

ABC 股份有限公司全体股东：

我们审计了后附的 ABC 股份有限公司（以下简称 ABC 公司）财务报表，包括 20×8 年 12 月 31 日的资产负债表，20×8 年度的利润表、股东权益变动表和现金流量表以及财务报表附注。

一、管理层对财务报表的责任

按照企业会计准则和《× ×会计制度》的规定编制财务报表是ABC公司管理层的责任。这种责任包括:（1）设计、实施和维护与财务报表编制相关的内部控制，以使财务报表不存在由于舞弊或错误而导致的重大错报；（2）选择和运用恰当的会计政策；（3）做出合理的会计估计。

二、注册会计师的责任

我们的责任是在实施审计工作的基础上对财务报表发表审计意见。除本报告“三、导致保留意见的事项”所述事项外，我们按照中国注册会计师审计准则的规定执行了审计工作。中国注册会计师审计准则要求我们遵守职业道德规范，计划和实施审计工作以对财务报表是否不存在重大错报获取合理保证。

审计工作涉及实施审计程序，以获取有关财务报表金额和披露的审计证据。选择的审计程序取决于注册会计师的判断，包括对由于舞弊或错误导致的财务报表重大错报风险的评估。在进行风险评估时，我们考虑与财务报表编制相关的内部控制，以设计恰当的审计程序，但目的并非对内部控制的有效性发表意见。审计工作还包括评价管理层选用会计政策的恰当性和作出会计估计的合理性，以及评价财务报表的总体列报。

我们相信，我们获取的审计证据是充分、适当的，为发表审计意见提供了基础。

三、导致保留意见的事项

ABC公司20×8年12月31日的应收账款余额9000万元，占资产总额的12%。由于ABC公司未能提供债务人地址，我们无法实施函证以及其他审计程序，以获取充分、适当的审计证据。

四、审计意见

我们认为，除了前段所述未能实施函证可能产生的影响外，ABC公司财务报表已经按照企业会计准则和《× ×会计制度》的规定编制，在所有重大方面公允反映了ABC公司20×8年12月31日的财务状况以及20×8年度的经营成果和现金流量。

× ×会计师事务所　　　　中国注册会计师：× × ×
（盖章）　　　　（签名并盖章）
中国注册会计师：× × ×
（签名并盖章）
中国× ×市　　　　二〇×九年×月×日

（三）否定意见

如果认为财务报表没有按照适用的会计准则和相关会计制度的规定编制，未能在所有重大方面公允反映被审计单位的财务状况、经营成果和现金流量，注册会计师应当出具否定意见的审计报告。

当出具否定意见的审计报告时，注册会计师应当在审计意见段中使用“由于上述问题造成的重大影响”、“由于受到前段所述事项的重大影响”等术语。否定意见审计报告的参考格式如下：

**审 计 报 告**

ABC股份有限公司全体股东：

我们审计了后附的ABC股份有限公司（以下简称ABC公司）财务报表，包括20×8年12月31日的资产负债表，20×8年度的利润表、股东权益变动表和现金流量表以及财务报表附注。

一、管理层对财务报表的责任

按照企业会计准则和《××会计制度》的规定编制财务报表是ABC公司管理层的责任。这种责任包括：（1）设计、实施和维护与财务报表编制相关的内部控制，以使财务报表不存在由于舞弊或错误而导致的重大错报；（2）选择和运用恰当的会计政策；（3）做出合理的会计估计。

二、注册会计师的责任

我们的责任是在实施审计工作的基础上对财务报表发表审计意见。我们按照中国注册会计师审计准则的规定执行了审计工作。中国注册会计师审计准则要求我们遵守职业道德规范，计划和实施审计工作以对财务报表是否不存在重大错报获取合理保证。

审计工作涉及实施审计程序，以获取有关财务报表金额和披露的审计证据。选择的审计程序取决于注册会计师的判断，包括对由于舞弊或错误导致的财务报表重大错报风险的评估。在进行风险评估时，我们考虑与财务报表编制相关的内部控制，以设计恰当的审计程序，但目的并非对内部控制的有效性发表意见。审计工作还包括评价管理层选用会计政策的恰当性和作出会计估计的合理性，以及评价财务报表的总体列报。

我们相信，我们获取的审计证据是充分、适当的，为发表审计意见提供了基础。

三、导致否定意见的事项

如财务报表附注×所述，ABC公司的长期股权投资未按企业会计准则的规定采用权益法核算。如果按权益法核算，ABC公司的长期投资账面价值将减少×万元，净利润将减少×万元，从而导致ABC公司由盈利×万元变为亏损×万元。

四、审计意见

我们认为，由于受到前段所述事项的重大影响，ABC公司财务报表没有按照企业会计准则和《××会计制度》的规定编制，未能在所有重大方面公允反映ABC公司20×8年12月31日的财务状况以及20×8年度的经营成果和现金流量。

××会计师事务所　　中国注册会计师：×××

（盖章）　　（签名并盖章）

中国注册会计师：×××
（签名并盖章）

中国××市 二〇×九年×月×日

（四）无法表示意见

如果审计范围受到限制可能产生的影响非常重大和广泛，不能获取充分、适当的审计证据，以至于无法对财务报表发表审计意见，注册会计师应当出具无法表示意见的审计报告。

当出具无法表示意见的审计报告时，注册会计师应当删除注册会计师的责任段，并在审计意见段中使用“由于审计范围受到限制可能产生的影响非常重大和广泛”、“我们无法对上述财务报表发表意见”等术语。无法表示意见审计报告的参考格式如下：

**审计报告**

ABC股份有限公司全体股东：

我们接受委托，审计后附的ABC股份有限公司（以下简称ABC公司）财务报表，包括20×8年12月31日的资产负债表，20×8年度的利润表、股东权益变动表和现金流量表以及财务报表附注。

一、管理层对财务报表的责任

按照企业会计准则和《××会计制度》的规定编制财务报表是ABC公司管理层的责任。这种责任包括：（1）设计、实施和维护与财务报表编制相关的内部控制，以使财务报表不存在由于舞弊或错误而导致的重大错报；（2）选择和运用恰当的会计政策；（3）作出合理的会计估计。

二、导致无法表示意见的事项

ABC公司未对20×8年12月31日的存货进行盘点，金额为×万元，占期末资产总额的40%。我们无法实施存货监盘，也无法实施替代审计程序，以对期末存货的数量和状况获取充分、适当的审计证据。

三、审计意见

由于上述审计范围受到限制可能产生的影响非常重大和广泛，我们无法对ABC公司财务报表发表意见。

××会计师事务所 中国注册会计师：×××
（盖章） （签名并盖章）

中国注册会计师：×××
（签名并盖章）

中国××市 二〇×九年×月×日

# 第四节 编制审计报告的步骤和要求

## 一、编制审计报告的步骤

编制审计报告是一项细致而慎重的工作，一般按照以下步骤进行：

（一）复核审计过程

审计人员在编写审计报告之前要对审计过程进行复核检查，应着重整理复核审计工作底稿的内容，核实、分类、归纳原始资料和分析问题性质。审计工作底稿是否完备，其内容是否详细、准确无误等，都必须经有关人员反复核实，如果审计工作不符合要求，可以重新取证审查。

（二）拟定提纲编写初稿

经过复核后，如果审计人员认为发表审计意见的条件已经具备，便可以着手编写审计报告初稿。对需要写入审计报告的问题经过进一步分析定性后，便可以由主审人召集审计组会议，集体拟定审计报告编写提纲。随后编写审计报告时，只需在提纲的基础上对所搜集资料进行筛选提炼，确定审计报告所需的资料，然后考虑审计报告的内容、结构安排及其格式，最后形成审计报告初稿。

（三）与被审计单位沟通

为了保证审计工作的客观性和公正性，审计报告初稿完成之后，在正式签发之前，应当充分讨论，反复推敲，修改完善，然后根据审计工作程序的规定和要求与被审计单位进行沟通。被审计单位正确的意见应予采纳，不正确的意见应让其写出说明。

（四）正式签发审计报告

经过最终复核，审计报告可以正式签发。社会审计组织所编写的社会审计报告直接签发给审计委托人。国家审计机关在审定审计报告的基础上，还应做出审计决定，对被审计单位的重大违纪事项，根据不同情况做出审计处理决定，或给予一定的经济处罚，或给予行政纪律处分，或提请司法机关依法惩处。

## 二、编写审计报告的要求

编写审计报告是一项十分严肃的工作，它要求审计人员必须具备较强的业务能力、较好的理论修养和文字水平。为了保证审计报告的质量，准确地表达审计人员的意见，审计报告的编写应当符合下列基本要求：

（一）保持独立公正的态度

审计人员编写审计报告时，必须实事求是，一切以事实为依据，以法律、规定为准绳，保持不偏不倚的独立态度，不能凭个人习惯或主观臆断进行随意推测。审计报告揭示的问题必须要有充分、适当的审计证据支持，既不能忽视、隐匿一些证据确凿的问题，也不能无中生有，随意扩大问题。审计报告的内容以及发表的审计意见能够经得起实践的检验，以提高审计报告的可信性。

（二）发表公允的审计意见

审计人员对审计报告中列举的资料要认真复核，做到审计证据既充分可靠又具备有效的证明力，为发表审计意见提供合理基础。审计人员对被审计事项做出的评语一定要态度明确，公允地表示自己的意见，使审计报告使用者得到一个明确的概念，令人信服。

（三）揭露突出的重点问题

审计人员编写审计报告时要坚持重要性原则，紧紧抓住关键性问题，充分披露重点问题，提出明确而具体的审计意见。审计人员应选择与审计目标有关的问题作为审计报告的内容，不能面面俱到。对某些重点重大问题应当详细阐述；对次要影响不大的问题，可以一笔带过或略而不提，这样审计报告才能内容重点突出、层次分明。

（四）措辞简练得体

整个审计报告的内容一定要条例清楚，层次分明，语言文字要简明扼要，语言表达要准确无误，尽量选用专业术语，避免使用不负责任的语句和华丽的辞藻，不能出现类似“可能”、“大概”、“也许”、“应该是”等模糊词语使报告使用者产生误解。审计报告做出的结论既关系到被审计单位的利益，又关系到会计报表使用者的正确决策，还关系到审计人员的声誉。因此，审计报告的措辞一定要得体，以免结论失实或难以明确责任。

## 第五节 管理建议书

随着经济的发展，审计会更多地为社会提供各种服务，为被审计单位提供管理咨询服务已被人们所广泛接受，一般通过签发管理建议书来实现。

### 一、管理建议书的含义和作用

所谓管理建议书是指审计人员在完成财务报表审计工作后，根据委托人的要求就被审计单位内部控制制度、经营管理中存在的问题，以书面形式提出改进建议。其目的是为了向被审计单位管理部门提供进一步完善内部控制制度，改进工作方法，提高经营管理水平的参考意见。

## 二、管理建议书的结构和内容

管理建议书的基本结构一般包括下列要素。

（一）标题

标题一般为“管理建议书”。

（二）收件人

收件人部分应说明被审计单位管理部门和审计业务约定书约定的致送对象，以便准确致送管理建议书。

（三）前言

前言部分一般应包括下列内容：

1. 说明委托项目概况及被审计单位内部控制制度的检查范围与工作程序
2. 提出管理建议书的主要目的

（四）正文

正文部分应按照问题的分类进行排列，一般应包括：对内部控制制度中存在问题及缺陷的简要阐述；改进建议和理由。

（五）还需说明的问题

另外还需要明确说明以下问题：（1）管理建议书所提出的问题及建议应与控制测试相关，不可能揭示被审计单位内部控制制度的全部问题；（2）提供管理建议书不是法定的审计业务，而是审计人员接受被审计单位的委托进行的其他服务业务，因而不能作为审计报告的附件；（3）管理建议书的提供范围只是针对被审计单位内部，不需要对外公布。

（六）签发单位及签发日期

签发单位为接受委托对内部控制进行审查的审计组织。签发日期可以为管理建议书的最终完成日期，也可以与审计报告日期一致。

以下是以某公司为例，由会计师事务所出具的管理建议书。该管理建议书中列举了对一部分内部控制制度中所存在问题的分析和建议。

## 管理建议书

ABC 有限责任公司董事会:

我们接受委托对贵公司 20×8 年度会计报表进行审计。我们的责任是根据我们的审计对会计报表发表审计意见。我们出具的这份管理建议书，不在审计业务约定书约定项目之内，而是我们基于为贵公司服务的目的，为了适应贵公司进一步扩大经营和提高管理水平的需要，促进内部控制制度更加完善，将内部控制制度方面的某些问题及改进建议提供给你们。因为我们主要从事的是对贵公司年度会计报表的审计，所实施的审计范围是有限的，不可能全面了解贵公司所有的内部控制，所以，管理建议书中包括的内部控制重大缺陷仅是我们注意到的，不应被视为对内部控制发表的鉴证意见，所提建议不具有强制性和公正性。

（一）财务管理及会计核算制度

在审计中发现会计政策误用，缺乏谨慎性；对固定资产、营业收入的会计操作明显违背权责发生制；成本费用账务混乱，入账缺乏合理的附件；关联企业间往来频繁，无偿资金拆借，缺乏合理有效的说明附件；会业核对非常困难，难以对挂账的代收代付款项余额明细做出合理性判断。因此，需要从以下几个方面改进贵公司的财务管理和会计核算制度:

1. 规范会计处理政策

对审计发现问题的固定资产折旧、低值易耗品摊销、无形资产摊销、营业收入确认应按企业会计准则的要求做出会计政策调整，并进行公司内部的会计政策规范性自查，根据自查结果发文规范企业的会计处理政策。

2. 规范成本费用的入账管理制度

由于企业的性质特殊，在历年的年检或审计对成本费用都没有提出什么问题，但从审计过程看，成本费用成为本次审计发现问题的重灾区，面对混乱的成本费用凭证根本无法对经营成果做出结论性判断，对成本费用的入账管理制度迫切需要规范。

（1）规范各明细成本费用项目的入账口径。根据企业会计准则，对现有科目体系中的成本费用项目入账口径逐一做出文字规范，保证公司内部入账口径的一致，提高数据的可比性；对需要专业会计判断的个别科目，明确入账的口径，避免出现模棱两可的情况。

（2）规范成本费用列支的要求，强调严谨性。应明文规定各项成本费用列支的附件要求，除支付证明单外应有能体现不相容职责分离与审批授权的附件；规范发票的类型与开具要求。

（二）内部会计控制

在做好会计核算的基础上，应逐步加强公司的财务机构和财务人员在公司内部管理中的作用，财务机构及人员有义务根据《会计法》及《企业内部会计控制制度》的原则和要求，联系本公司的实际，会同组织内部其他部门，建立健全本公司的内部会计控制制度，并对其执行效果进行评估、修改和补充。

1. 货币资金的内部会计控制

货币资金的内部会计控制未能有效的执行，存在一定的资金风险和舞弊风险。货币资金的内部会计控制制度的设计应围绕“岗位分工及授权批准”、“现金和银行存款的管理”、“票据及有关印章的管理”、“监督及检查”几个方面进行，尤其对监督及检查要建立明确的制度予以保证。

2. 成本费用的内部会计控制

审计过程中发现单据复核人与主办会计的职责分工不清晰，在一个环节实现了两个有前后顺序的控制工作且缺少后续检查控制，因而导致凭证抽查出现明显的会计差错，基本所有的凭证除发票外都无有效的附件能证明凭证事项。因此，应对职责定义不清晰的财务内部控制进行明确，提高单据审核的质量，保证凭证附件的完整性与合理性。

3. 采购与付款的内部会计控制

审计中采购与付款环主要内控点缺失，没有建立比价、招标等内控制度，一个部门独立承办，缺乏内部职责分离机制，不能有效防止供应商偏好与保证价格合理性，容易产生采购人员舞弊。因此需要尽快建立起相关的比价、招标的内部控制制度，对组织职能未定义的控制职能予以明确，并在企业中推行。

4. 固定资产的内部控制

对固定资产的购置控制应同采购与付款控制制度的建立相结合，并注意建立固定资产购置的可行性分析制度，同年度预算结合起来。对固定资产的减损与盘点，新的固定资产管理制度应注重对业务部门的实际易操作性。

我们提供的管理建议书是我们基于为企业服务的目的，我们认为从事会计报表审计的范围有限，不可能彻底了解所有的内部控制制度弱点。对于上述内部控制制度问题，我们已经与有关管理部门或人员交换过意见，他们已确认上述问题的真实性。

本管理建议书只是提供给贵公司，另外，我们是接受贵公司董事会的委托进行审计的，根据他们的要求，请将管理建议书传达给他们。

××会计师事务所（印章）

20×9年×月×日

## 三、管理建议书的基本要求

为了保证管理建议书的质量，审计人员应按照下列要求编制和提交管理建议书。

（一）在编制管理建议书之前，审计人员应了解并分析有关内部控制的具体情况，取得与所提问题及建议相关的完整资料。同时咨询参与审查工作的其他有关专家的意见，与被审计单位有关人员就相关问题进行商讨

（二）审计人员在起草管理建议书时，应仔细审核工作底稿中有关内部控制出现问题及提供管理建议的详细资料

通过分析，确定管理建议书的具体内容。对于在审查过程中向被审计单位提出的需改进问题，如果被审计单位已经进行调整或改进，该问题只需作简要说明，如果提出的问题没有改进则应将审计人员的意见充分反映在管理建议书中并作详细的说明。

（三）审计人员在草拟管理建议书后，应当向委托人提供一份管理建议书草稿，经被审计单位有关人员确认内容的真实性以后，提交审计单位负责人审核

（四）对于常年连续的审计业务，审计单位一般应提供管理建议书

但对于普通客户是否提供管理建议书，审计人员可以根据委托人的服务要求来处理。如果委托人明确要求审计程序中需检查内部控制内容并从中发现问题提出整改建议，审计人员就应在审计结束后出具管理建议书。

## 第六节　案例分析——海南恒泰芒果股份公司审计案

### 一、背景介绍

（一）海南恒泰芒果股份公司案的始末

恒泰芒果股份有限公司（简称恒泰芒果）成立于1997年6月10日，其股票于1997年6月19日开始在上海证券交易所上市流通。公司从事多种经营，主营业务是芒果、西番莲鲜果、原浆、饮料及其制品的生产与销售。“园之梦”是该公司主要产品的品牌，所有权归属于其母公司海南恒泰集团有限公司。

为扩大市场影响，恒泰芒果在1998年投入大量资金宣传。当年公司为“园之梦”品牌及其产品的推销所支付的广告费高达12175.63万元，按有关合同约定，其中的5751.08万元由母公司承担。但是，母公司并不向上市公司直接支付这笔由上市公司垫付的款项，而是作为上市公司支付母公司商标使用费的抵扣，在5年内冲抵完毕。

1998年，受市场及环境恶化的不良影响，恒泰芒果经营业绩大幅下滑，公司将其应负担的6424.55万元巨款广告费列为长期待摊费用，分5年摊销，且摊销期限不是从合同约

定的1998年开始，而是从次年即1999年开始。公司的这种做法，使本应由1998年全部承担的费用分期转入以后年度，公司1998年没有出现巨额亏损。

（二）海南恒泰芒果股份公司案的审计与分析

恒泰芒果将其承担的6424.55万元巨额广告费用列为长期待摊费用，分5年摊销，且摊销期是从次年即1999年开始。由于公司对广告费的会计处理同相关的会计准则与惯例不一致，符合出具保留意见审计报告的条件。

北京京都会计师事务所的两位注册会计师在1999年3月完成了对恒泰芒果股份有限公司1998年度会计报表的实地审计工作后，认为恒泰芒果由于受市场及环境恶化的不良影响，经营业绩大幅下滑，在此背景下，如果广告费在1998年全部费用化，公司将出现巨额亏损。因此，广告费用的摊销是否合理，就成为判断该公司年报是否公允表达、客观反映的关键。从重要性角度来判断，影响收益趋势的错报或漏报使亏损变为盈利，有盈余操纵之嫌，性质亦很重要，所以注册会计师对此发表保留意见。

## 二、审计分析与思考

恒泰芒果公司1998年广告费6424.55万元不计入当期营业费用，虚增了资产、多计利润各为6424.55万元，其年度会计报表被注册会计师发表保留意见。通过恒泰芒果公司的审计案例，我们看出建立以注册会计师公正审计为核心的会计信息披露检查监督制度体系、防范股份公司盈余包装行为的发生很有必要。

我国实行市场经济体制的时间还不长，企业改制上市和发展证券市场还是一个新生事物，很多问题层出不穷，也给了“利润操纵者”可乘之机。因此，规范市场中介机构行为、强化中介机构对股份公司的约束机制、建立健全法规制度迫在眉睫。

# 复习思考题

## 一、单项选择题

1. 注册会计师出具保留意见的审计报告时，需要在（　　）增加说明段解释出具该意见类型的理由。

A. 意见段之后　　B. 财务报表附注中

C. 在范围段之前　　D. 在意见段之前

2. 如果实施相关审计程序后无法获取有关期初余额的充分、适当的审计证据，注册会计师应当出具（　　）的审计报告。

A. 无保留意见加强调事项段　　B. 保留意见

C. 无法表示意见　　D. 保留意见或无法表示意见

3. 审计报告的引言段应当包括下列内容（　　）。

A. 已审会计报表的名称、反映的日期或期间

B. 注册会计师的审计责任

C. 管理层对财务报表的会计责任

D. 审计程序

4. 注册会计师对被审计单位以下（　　）项目进行审计时往往要向被审计单位的法律顾问和律师进行函证，以获取其对资产负债表日已存在的以及资产负债表日至他们复函日这一时期内存在的确认证据。

A. 关联方交易　　B. 持续经营能力

C. 期初余额和期后事项　　D. 期后事项和或有事项

5. 下列（　　）情况下，注册会计师应该出具带有强调事项段的无保留意见审计报告。

A. 注册会计师认为被审计单位编制会计报表所依据的持续经营假设是合理的，但存在可能导致对其持续经营能力产生重大疑虑的事项或情况，管理层已经在会计报表中作了适当披露

B. 重要报表项目的披露不符合国家颁布的企业会计准则和相关会计制度的规定

C. 重要会计政策的选用不符合国家颁布的企业会计准则和相关会计制度的规定

D. 审计范围受到严重限制，无法取得充分适当的审计证据

6. （　　）是指审计人员在完成财务报表审计工作后，根据委托人的要求就被审计单位内部控制制度、经营管理中存在的问题，以书面形式提出改进建议。

A. 管理建议书　　B. 管理层声明书

C. 审计报告　　D. 律师声明书

7. 审计报告应当注明报告日期，审计报告日期一般为（　　）。

A. 资产负债表日　　B. 外勤工作结束日

C. 审计报告报出日　　D. 财务报表报出日

8. 无法表示意见和保留意见的区别在于被审计单位（　　）。

A. 拒绝进行调整的金额的大小

B. 误用会计政策的严重程度

C. 会计估计的不合理程度

D. 使注册会计师审计范围受到限制的严重程度

9. 关于审计报告的强调事项段，下列说法正确的是（　　）。

A. 只在无保留意见的审计报告中出现

B. 强调事项段的内容可能会影响已发表的审计意见

C. 强调事项段的内容仅用于引起会计报表使用者的关注

D. 强调事项段一般在意见段之后，有时也可以在意见段之前

10. 下列属于标准审计报告的是（　　）。

A. 无保留意见审计报告

B. 保留意见审计报告但不带强调事项段

C. 无保留意见审计报告但不带强调事项段

D. 保留意见审计报告

## 二、多项选择题

1. 按审计报告的签发主体进行分类，审计报告分为（　　）。

A. 国家审计报告　　B. 民间审计报告

C. 内部审计报告　　D. 简式审计报告

2. 下列属于非标准审计报告的有（　　）。

A. 带强调事项段的无保留意见审计报告

B. 保留意见审计报告但不带强调事项段

C. 无保留意见审计报告但不带强调事项段

D. 带强调事项段的保留意见审计报告

3. 关于审计报告的作用，下列说法正确的是（　　）。

A. 经济鉴证作用　　B. 经济评价作用

C. 证明作用　　D. 保护作用

4. 审计意见的基本类型包括（　　）。

A. 无保留意见　　B. 保留意见　　C. 否定意见　　D. 无法表示意见

5. 注册会计师应当出具保留意见审计报告的情况有（　　）。

A. 财务报表没有按照适用的会计准则和相关会计制度的规定编制，虽影响重大，但不至于出具否定意见的审计报告。

B. 审计范围受到限制，虽影响重大，但不至于出具无法表示意见的审计报告。

C. 财务报表没有按照适用的会计准则和相关会计制度的规定编制

D. 审计范围受到限制

## 三、判断题

1. 如果被审计单位管理当局拒绝在管理层声明书上签名，注册会计师应当考虑签发保留意见或无法表示意见的审计报告。（　　）

2. 审计报告的收件人是指注册会计师按照业务约定书的要求致送审计报告的对象，可

以用全称也可以用简称。（ ）

3. 审计报告的语言表达要准确无误，不能出现类似“可能”、“大概”、“也许”、“应该是”等模糊词语使报告使用者产生误解。（ ）

4. 注册会计师结束审计外勤工作后，应当就被审计单位的内部控制审查情况发表审计意见。（ ）

5. 如果审计范围受到严重限制，无法取得充分适当的审计证据，注册会计师应当考虑出具否定意见的审计报告。（ ）

6. 如果认为财务报表整体是公允的，但因审计范围受到限制不能获取充分、适当的审计证据，虽影响重大但不至于出具无法表示意见的审计报告，则应发表保留意见。（ ）

7. 管理建议书是指审计人员在完成财务报表审计工作后，根据委托人的要求就被审计单位内部控制制度、经营管理中存在的问题，以书面形式提出改进建议，因此审计工作结束都应该出具管理建议书。（ ）

8. 当存在可能对财务报表产生重大影响的不确定事项时，注册会计师应当考虑在审计意见段之后增加强调事项段对此予以强调。（ ）

9. 在审计意见段之后增加的强调事项段是提醒财务报表使用者关注某些事项，如果强调事项非常重要则会影响发表的审计意见。（ ）

10. 在出具保留意见、否定意见或无法表示意见的审计报告时，注册会计师必须在注册会计师的责任段之后、意见段之前增加说明段。（ ）

## 四、简答题

1. 审计报告的基本内容包括哪些？

2. 什么情形下增加强调事项段？

3. 注册会计师的责任和管理层的责任分别是什么？

4. 审计报告中发表的审计意见有哪几种类型？审计人员在发表不同审计意见时应分别满足的条件是什么？

5. 审计报告与管理建议书有哪些异同点？

## 五、业务分析题

1. 在下列情况下，审计人员通常应发表何种类型的审计意见？为什么？

（1）审计人员未能对被审计单位的应收账款实施函证程序，也无法对此采用其他替代程序。

（2）被审计单位将固定资产折旧方法由直线法改为年数总和法，但拒绝在会计报表附注中予以说明。

（3）审计外勤工作结束后，由于股市大幅下跌，注册会计师发现被审计单位所持有的短期投资股票如果转让，将导致240万元投资损失。

2. 华中会计师事务所注册会计师王亮和张力于2009年2月20日完成对新华股份有限公司2008年度会计报表的外勤审计工作。在审查过程中，注册会计师将会计报表层次的重要性水平定为50万元。经审计发现，新华股份有限公司除存货中有金额为17万元的错误未作调整外，其他需调整事项均已作调整。另外，在2009年1月20日，新华股份有限公司仓库发生严重火灾，因火灾造成部分原材料毁损200万元，公司于当月按规定进行了相应的会计处理。2009年2月25日注册会计师完成了审计报告初稿，内容如下：

新华股份有限公司：

本注册会计师接受贵公司的委托，对贵公司2008年度会计报表进行了审查。我们的审计是依据《企业会计制度》进行的。在审计过程中，按照贵公司指示，我们实施了检查内部控制制度遵守情况和数据真实情况等必要的审计程序。

我们确认，贵公司上述会计报表符合《企业会计制度》的规定，全面反映了贵公司2008年度的财务状况和经营成果。

注册会计师：王亮　张力

2009年2月25日

**【要求】**

根据上述材料，指出审计报告中存在的问题，并根据材料进行必要的修改。

# 第十四章　与审计相关的其他业务

## 本章学习要点

1. 了解审阅业务的目标、审阅范围和保证程度。
2. 理解验资、程序及验资报告的编制。
3. 理解审阅结论和审阅报告的主要内容。

## 第一节　财务报表审阅业务

对历史财务信息进行鉴证，除了审计外，还有审阅。相对审计而言，审阅的成本较低。为了降低成本，小企业可能聘请注册会计师对年度财务报表进行审阅。此外，有些国家的证券监管机构可能要求上市公司聘请注册会计师对中期财务报表进行审阅，以提高季报中披露的信息可信度，或者提高年报中披露的季度信息的可靠性。

### 一、财务报表审阅的目标

财务报表审阅的目标，是注册会计师在实施审阅程序的基础上，说明是否注意到某些事项，使其相信财务报表没有按照适用的会计准则和相关会计制度的规定编制，未能在所有重大方面公允反映被审阅单位的财务状况、经营成果和现金流量。

在财务报表审阅业务中，要求注册会计师将审阅风险降至该业务环境下可接受的水平（高于财务报表审计中可接受的低水平），对审阅后的财务报表提供低于高水平的保证（即有限保证），在审阅报告中对财务报表采用消极方式提出结论。

### 二、审阅范围和保证程度

（一）审阅范围

审阅范围是指为实现财务报表审阅目标，注册会计师根据《中国注册会计师审阅准则第 2101 号——财务报表审阅》准则和职业判断实施的恰当的审阅程序的总和。必要时，还应当考虑业务约定条款的要求。

（二）保证程度

在财务报表审阅业务中，注册会计师提供的保证水平低于在财务报表审计业务中提供的保证水平。与审计相比，审阅在证据收集程序的性质、时间、范围等方面是有意识地加以限制的。注册会计师通常无须执行在审计业务中执行的某些程序，例如对内部控制进行测试，对存货进行监盘，对应收款项实施函证等，注册会计师只是对财务报表实施以询问和分析程序为主的程序。只有在有理由相信财务报表可能存在重大错报的情况下，注册会计师才会实施追加的或更为广泛的程序。

由于审阅程序有限，注册会计师通过实施审阅程序通常不能获取足以支持较高程度保证（即合理保证）的证据，而只能获取支持有限保证的证据。但注册会计师实施的证据收集程序至少应当足以获取有意义的保证水平，作为以消极方式提出结论的基础。

## 三、审阅程序

财务报表审阅程序通常包括以下几点。

（一）了解被审阅单位及其环境

（二）询问被审阅单位采用的会计准则和相关会计制度、行业惯例

（三）询问被审阅单位对交易和事项的确认、计量、记录和报告的程序

（四）询问财务报表中所有重要的认定

（五）实施分析程序，以识别异常关系和异常项目

（六）询问股东会、董事会以及其他类似机构决定采取的可能对财务报表产生影响的措施

（七）阅读财务报表，以考虑是否遵循指明的编制基础

（八）获取其他注册会计师对被审阅单位组成部分财务报表出具的审计报告或审阅报告

注册会计师还应当向被审计单位特别询问下列事项。

1. 所有交易是否均已记录

2. 财务报表是否按照指明的编制基础编制

3. 被审阅单位业务活动、会计政策和行业惯例的变化

4. 在实施审阅程序时所发现的问题

注册会计师应当询问在资产负债表日后发生的、可能需要在财务报表中调整或披露的期后事项。注册会计师没有责任实施程序以识别审阅报告日后发生的事项。必要时，注册会计师应当获取管理层书面声明。

## 四、审阅结论和审阅报告

### （一）审阅报告的要素

1. 标题

审阅报告的标题应当统一规范为“审阅报告”。

2. 收件人

收件人是审阅报告的致送对象。审阅报告的收件人应当为审阅业务的委托人。审阅报告应当载明收件人的全称。

3. 引言段

审阅报告的引言段应当说明，所审阅财务报表的名称以及管理层和注册会计师的责任。需要注意的是，如果无法对所审阅财务报表提供任何保证，则应当删除本段中对注册会计师责任的表述。

4. 范围段

审阅报告的范围段应当说明审阅的性质，包括下列内容：（1）审阅业务所依据的准则；（2）审阅主要限于询问和实施分析程序，提供的保证程度低于审计；（3）没有实施审计，因而不发表审计意见。需要注意的是，如果无法对财务报表提供任何保证，在审阅报告中应当删除本段内容。

5. 结论段

审阅报告的结论段是表述注册会计师所形成的审阅结论的段落。结论段中应当说明：根据注册会计师的审阅，是否注意到某些事项，使注册会计师相信财务报表没有按照适用的会计准则和相关会计制度的规定编制，未能在所有重大方面公允反映被审阅单位的财务状况、经营成果和现金流量。这与审阅业务的目标相对应。

6. 注册会计师的签名和盖章

审阅报告应当由注册会计师签名并盖章。

7. 会计师事务所的名称、地址及盖章

8. 报告日期

审阅报告的日期是指注册会计师完成审阅工作的日期，不应早于管理层批准财务报表的日期。

（二）审阅结论的类型及其适用条件

注册会计师应当根据实施审阅程序的情况，在审阅报告的结论段中提出下列之一的结论。

1. 无保留结论

注册会计师对所审阅财务报表提出无保留结论，应当同时满足以下条件：

（1）注册会计师没有注意到任何事项使其相信财务报表没有按照适用的会计准则和相关会计制度的规定编制，未能在所有重大方面公允反映被审阅单位的财务状况、经营成果和现金流量。

（2）注册会计师已经按照审阅准则的规定计划和实施审阅工作，在审阅过程中未受到限制。

2. 保留结论

注册会计师对所审阅财务报表提出保留结论适用于以下两种情况。

（1）注册会计师注意到某些事项使其相信财务报表没有按照适用的会计准则和相关会计制度的规定编制，未能在所有重大方面公允反映被审阅单位的财务状况、经营成果和现金流量。这些事项虽然影响重大，但其影响尚未达到“非常重大和广泛”的程度，尚不足以导致注册会计师提出否定结论。

（2）注册会计师的审阅存在重大的范围限制。该范围限制虽然影响重大，但其影响尚未达到“非常重大和广泛”的程度，尚不足以导致注册会计师无法提供任何保证。

3. 否定结论

如果注册会计师注意到某些事项使其相信财务报表没有按照适用的会计准则和相关会计制度的规定编制，未能在所有重大方面公允反映被审阅单位的财务状况、经营成果和现金流量，且这些事项对财务报表的影响非常重大和广泛，注册会计师应当对财务报告提否定结论。

4. 无法提供任何保证

如果存在重大的范围限制且该范围限制的影响非常重大和广泛，以至于注册会计师认为不能提供任何程度的保证时，不应提供任何保证。

**附件：无保留结论的审阅报告参考格式**

**审　阅　报　告**

ABC 股份有限公司全体股东：

我们审阅了后附的 ABC 股份有限公司（以下简称 ABC 公司）财务报表，包括 20×1

年 12 月 31 日的资产负债表，20×1 年度的利润表、股东权益变动表和现金流量表以及财务报表附注。这些财务报表的编制是 ABC 公司管理层的责任，我们的责任是在实施审阅工作的基础上对这些财务报表出具审阅报告。

我们按照《中国注册会计师审阅准则第 2101 号——财务报表审阅》的规定执行了审阅业务。该准则要求我们计划和实施审阅工作，以对财务报表是否不存在重大错报获取有限保证。审阅主要限于询问公司有关人员和对财务数据实施分析程序，提供的保证程度低于审计。我们没有实施审计，因而不发表审计意见。

根据我们的审阅，我们没有注意到任何事项使我们相信财务报表没有按照企业会计准则和《××会计制度》的规定编制，未能在所有重大方面公允反映被审阅单位的财务状况、经营成果和现金流量。

××会计师事务所　　中国注册会计师：×××
（签名并盖章）
（盖章）　中国注册会计师：×××
（签名并盖章）
中国××市　二〇×二年×月×日

## 第二节　验　　资

验资是指注册会师依法接受委托，对被审验单位注册资本的实收情况或注册资本及实收资本的变更情况进行审验，并出具验资报告。

### 一、验资的种类和作用

（一）验资的种类

在审计实务中，根据验资的对象、范围及目标，可将验资分为设立验资、变更验资两种。

1. 设立验资

设立验资是指注册会计师对被审验单位申请设立登记时的注册资本实收情况进行的审验。

需要注册会计师进行设立验资的情况主要包括：（1）被审验单位向公司登记机关申请设立登记时全体股东的一次性全部出资和分次出资的首次出资；（2）公司新设合并、分立，新设立的公司向公司登记机关申请设立登记。

2. 变更验资

变更验资是指注册会计师对被审验单位申请变更登记时的注册资本及实收资本的变更情况进行的审验。

需要注册会计师进行变更验资的情况主要包括：（1）被审验单位出资者（包括原出资者和新出资者）新投入资本，增加注册资本及实收资本；（2）分次出资的非首次出资，增加实收资本，但注册资本不变；（3）被审验单位以资本公积、盈余公积、未分配利润转增注册资本及实收资本；（4）被审验单位因吸收合并变更注册资本及实收资本；（5）被审验单位因派生分立、注销股份或依法收购股东的股权等减少注册资本及实收资本；（6）被审验单位整体改制，包括由非公司制企业变更为公司制企业或由有限责任公司变更为股份有限公司时，以净资产折合实收资本。

需要指出的是，公司因出资者、出资比例等发生变化，注册资本及实收资本金额不变，需要按照有关规定向公司登记机关申请办理变更登记，但不需要进行变更验资。

（二）验资的作用

验资是注册会计师独立审计的重要领域，其作用主要有两个方面。

1. 验资关系到企业产权关系的界定

验资不仅要验证企业资本金的真实性和合法性，而且要验证资本由谁投入，归谁所有。我国目前多元化的投资主体使企业产权关系日趋复杂，而投资主体对企业产权的持有比例，又是企业经营决策权、收益分配权的基础。注册会计师在验证企业资本数额的同时、也验证了企业的产权关系。

2. 验资关系到社会经济秩序的好坏

企业是社会经济活动的基本单位，社会经济秩序的好坏，在很大程度上取决于企业的经济行为。对于初次成立的新企业来说，验资是对企业经营行为的首次检验；对经营中的企业来说，验资有利于保护所有者的权益，杜绝损害投资者利益的行为。注册会计师执行验资业务，应当恪守独立、客观、公正的原则。严格遵循独立审计准则的有关要求，以高度的责任感认真、谨慎地出具验资报告。

## 二、验资的程序

（一）接受业务委托

注册会计师应当在了解被审验单位基本情况，考虑自身胜任能力和能否保持独立性，初步评估验资风险后，确定是否接受委托。如接受委托，合计师事务所应当与委托人签订验资业务约定书。

1. 了解被审验单位的基本情况

了解的内容主要包括：被审验单位的设立审批、变更审批、名称预先核准、经营范围、经营规模、组织机构和人员、申请设立或变更登记的注册资本、全体出资者指定代表或委托代理人等基本情况。对于设立验资中的非首期验资或变更验资，还应了解被审验单位以往的验资和审计情况。

2. 考虑自身胜任能力和独立性

注册会计师应当根据所了解的被审验单位基本情况和验资的类型、委托目的、审验范围及时间要求等，经过分析、判断，确定是否有能力承接该项业务，并考虑能否保持独立性。

3. 初步评估验资风险

验资风险源自两个方面一是被审验单位管理层的诚实性、所提供验资资料的真实性与完整性；二是注册会计师的专业胜任能力和职业道德水平。

（二）签订验资业务约定书

如果接受委托，注册会计师应与委托人就验资类型、委托目的、审验范围、双方的责任、出具验资报告的时间、验资收费、验资报告的用途及使用责任、业务约定书的有效期间、约定事项的变更及违约责任等事项协商一致，并由会计师事务所与委托人签订验资业务约定书。签订验资业务约定书旨在明确以下四个问题：一是表示确认委托、受托关系成立；二是明确审验范围；三是明确双方的责任；四是明确验资报告的用途和使用责任。

（三）编制验资计划

注册会计师执行验资业务，应当编制验资计划，对验资工作作出合理安排。验资计划包括总体验资计划和具体验资计划。总体验资计划是注册会计师对验资业务作出的总体安排；具体验资计划是注册会计师对拟实施审验程序的性质、时间和范围作出的具体安排。

计划验资工作并非验资业务的一个孤立阶段，而是一个持续的、不断修正的过程，贯穿于整个验资业务的始终。由于未预期事项、条件的变化或在实施审验程序中获取的审验证据的变化等原因，注册会计师可以在验资过程中对总体验资计划和具体验资计划做出必要的更新和修改。

（四）实施验资

注册会计师应当关注出资者的出资金额、出资时间、出资方式、出资比例等内容是否符合法律法规以及协议、章程的规定。

1. 对于出资者投入的资本及其相关的资产、负债，注册会计师应当分别采用下列方法进行审验

（1）以货币出资的，应当在检查被审验单位开户银行出具的收款凭证、对账单及银行询证函回函等的基础上，审验出资者的实际出资金额，并关注全体股东的货币出资额占注册资本的比例是否符合法定要求。对于股份有限公司向社会公开募集的股本，还应当检查证券公司承销协议、募股清单和股票发行费用清单等。

（2）以实物出资的，应当观察、检查实物，审验其权属转移情况，并按照国家有关规定在资产评估的基础上审验其价值。如果被审验单位是外商投资企业，注册会计师应当按照国家有关外商投资企业的规定，审验实物出资的价值。

（3）以知识产权、土地使用权等无形资产出资的，应当审验其权属转移情况，并按照国家有关规定在资产评估的基础上审验其价值。如果被审验单位是外商投资企业，注册会计师应当按照国家有关外商投资企业的规定，审验无形资产出资的价值。

（4）以净资产折合实收资本的，或以资本公积、盈余公积、未分配利润转增注册资本及实收资本的，应当在审计的基础上按照国家有关规定审验其价值。

（5）以货币、实物、知识产权、土地使用权以外的其他财产出资的，注册会计师应当审验出资是否符合国家有关规定。

（6）外商投资企业的外方出资者以第 1 项至第 5 项所述方式出资的，注册会计师还应当关注其是否符合国家外汇管理有关规定，向企业注册地的外汇管理部门发出外方出资情况询证函，并根据外方出资者的出资方式附送银行询证函回函、资本项目外汇业务核准件及进口货物报关单等文件的复印件，以询证上述文件内容的真实性、合规性。

2. 对非货币财产作价出资的审验要求

对于出资者以实物、知识产权和土地使用权等非货币财产作价出资的，注册会计师应当在出资者依法办理财产权转移手续后予以审验。

这里需要注意，无论是设立验资还是变更验资，对出资者以实物、知识产权、土地使用权等非货币财产出资的，注册会计师都应当检查上述出资财产办理财产权转移手续的证明文件，验证其出资前是否归属于出资者，出资后是否归属于被审验单位。

3. 对于设立验资的首次验资注册会计师应当关注的事项

对于设立验资，如果出资者分次缴纳注册资本，注册会计师应当关注全体出资者的首次出资额和出资比例是否符合国家有关规定。

这里需要关注两种情形。一是关注有限责任公司全体股东的首次出资额是否不低于公

司注册资本的百分之二十，且不低于法定的注册资本最低限额。二是关注发起设立的股份有限公司全体发起人的首次出资额是否不低于公司注册资本的百分之二十。

4. 对于变更验资注册会计师应当关注的事项

对于变更验资，注册会计师应当关注被审验单位以前的注册资本实收情况，并关注出资者是否按照规定的期限缴纳注册资本。

关注被审验单位以前的注册资本实收情况，注册会计师主要是通过查阅前期验资报告；关注前期出资的非货币财产是否办理财产权转移手续；关注被审验单位与其关联方的有关往来款项有无明显异常情况；查阅近期财务报表和审计报告，关注被审验单位是否存在由于严重亏损而导致增资前的净资产小于实收资本的情况。

关注出资者是否按照规定的期限缴纳注册资本，主要是关注出资者首次出资后，其余部分是否由出资者自公司成立之日起两年内缴足，其中投资公司在5年内缴足。

（五）形成验资工作底稿

注册会计师应当对验资过程进行记录，形成验资工作底稿。注册会计师在验资工作中，从了解被审验单位基本情况、接受委托开始，到对各个项目的验证情况、遇到的问题、处理过程、形成的结论等，都应形成记录。连同有关审验证据及其文件资料，形成验资工作底稿。

## 三、验资报告

（一）验资报告要素

验资报告应当包括下列要素：标题；收件人；范围段；意见段；说明段；附件；注册会计师的签名和盖章；会计师事务所的名称、地址及盖章；报告日期。

1. 标题

验资报告的标题应当统一规范为“验资报告”。

2. 收件人

验资报告的收件人是指注册会计师按照业务约定书的要求致送验资报告的对象，一般是指验资业务的委托人。验资报告应当载明收件人的全称。对拟设立的公司，收件人通常是公司登记机关预先核准的名称并加“（筹）”。

3. 范围段

验资报告的范围段应当说明审验范围、出资者和被审验单位的责任、注册会计师的责任、审验依据和已实施的主要审验程序等。已实施的主要审验程序通常包括检查记录或文件、检查有形资产、观察、询问、函证、重新计算等。

（1）审验范围是指注册会计师所验证的被审验单位截至特定日期止的注册资本实收情况或注册资本及实收资本变更情况。

（2）出资者和被审验单位的责任是按照法律法规以及协议、合同、章程的要求出资，提供真实、合法、完整的验资资料，保护资产的安全、完整。

（3）注册会计师的责任是按照本准则的规定，对被审验单位注册资本的实收情况或注册资本及实收资本的变更情况进行审验，出具验资报告。

（4）审验依据是《中国注册会计师审计准则第 1602 号——验资》。

（5）注册会计师实施的主要审验程序通常包括检查记录或文件、检查有形资产、观察、询问、函证、重新计算等。

4. 意见段

验资报告的意见段应当说明已审验的被审验单位注册资本的实收情况或注册资本及实收资本的变更情况。

（1）对于设立验资，注册会计师在意见段中应当说明被审验单位申请登记的注册资本金额、约定的出资时间，并说明截至特定日期止，被审验单位已收到全体出资者缴纳的注册资本情况，包括实收注册资本金额（实收资本），各种出资方式的出资金额。

（2）对于变更验资，注册会计师在意见段中应当说明原注册资本及实收资本金额，增资或减资的依据，申请增加或减少注册资本及实收资本金额，约定的增资或减资的时间，变更后的注册资本金额。并说明截至特定日期止被审验单位注册资本及实收资本变更情况，包括实际收到或实际减少的注册资本及实收资本金额，各种出资方式的增资金额或减资方式的减资金额。

5. 说明段

验资报告的说明段应当说明验资报告的用途、使用责任及注册会计师认为应当说明的其他重要事项。对于变更验资，注册会计师还应当在验资报告说明段中说明对以前注册资本实收情况审验的会计师事务所名称及其审验情况，并说明变更后的累计注册资本实收金额。验资报告具有法定证明效力，供被审验单位申请设立登记或变更登记及据以向出资者签发出资证明时使用。验资报告不应被视为对被审验单位验资报告日后资本保全、偿债能力和持续经营能力等的保证。委托人、被审验单位及其他第三方因使用验资报告不当所造成的后果，与注册会计师及其所在的会计师事务所无关。

当出现以下情形时，注册会计师应当在说明段中予以反应。

（1）如果在注册资本及实收资本的确认方面与被审验单位存在异议，且无法协商一致，注册会计师应当在验资报告说明段中清晰地反映有关事项及其差异和理由。

（2）已设立公司尚未对注册资本的实收情况或注册资本及实收资本的变更情况做出相关会计处理。

（3）被审验单位由于严重亏损而导致增资前的净资产小于注册资本及实收资本。

（4）验资截止日至验资报告日期间注册会计师发现的影响审验结论的重大事项。

（5）注册会计师发现的前期出资不实的情况以及明显的抽逃出资迹象。

（6）其他事项。

6. 附件

验资报告的附件应当包括已审验的注册资本实收情况明细表或注册资本、实收资本变更情况明细表和验资事项说明等。

7. 注册会计师的签名和盖章

8. 会计师事务所的名称、地址及盖章

验资报告应当载明会计师事务所的名称和地址，并加盖会计师事务所公章。

9. 报告日期

验资报告日期是指注册会计师完成审验工作的日期。

（二）拒绝出具验资报告并解除业务约定情形

注册会计师在审验过程中，遇有下列情形之一时，应当拒绝出具验资报告并解除业务约定。

1. 被审验单位或出资者不提供真实、合法、完整的验资资料的

2. 被审验单位或出资者对注册会计师应当实施的审验程序不予合作，甚至阻挠审验的

3. 被审验单位或其出资者坚持要求注册会计师作不实证明的

（三）验资报告的使用责任

验资报告具有法定证明效力，供被审验单位申请设立登记或变更登记及据以向出资者签发出资证明时使用。验资报告仅在工商登记时具有证明效力，对被审验单位验资报告日后资本保全、偿债能力和持续经营能力没有保证效力。委托人、被审验单位及其他第三者因使用验资报告不当所造成的后果，与注册会计师及其所在的会计师事务所无关，所造成的后果应由使用人承担。

（四）验资报告参考格式

适用于拟设立有限责任公司股东一次全部出资。

**验 资 报 告**

××有限责任公司（筹）：

我们接受委托，审验了贵公司（筹）截至××年×月×日止申请设立登记的注册资本实收情况。按照法律法规以及协议、章程的要求出资，提供真实、合法、完整的验资资料，保护资产的安全、完整是全体股东及贵公司（筹）的责任。我们的责任是对贵公司（筹）注册资本的实收情况发表审验意见。我们的审验是依据《中国注册会计师审计准则第1602号——验资》进行的。在审验过程中，我们结合贵公司（筹）的实际情况，实施了检查等必要的审验程序。

根据协议、章程的规定，贵公司（筹）申请登记的注册资本为人民币××元，由全体股东于××年×月×日之前一次缴足。经我们审验，截至××年×月×日止，贵公司（筹）已收到全体股东缴纳的注册资本（实收资本），合计人民币××元（大写）。各股东以货币出资××元，实物出资××元。

[如果存在需要说明的重大事项增加说明段]

……

本验资报告供贵公司（筹）申请办理设立登记及据以向全体股东签发出资证明时使用，不应被视为是对贵公司（筹）验资报告日后资本保全、偿债能力和持续经营能力等的保证。因使用不当造成的后果，与执行本验资业务的注册会计师及本会计师事务所无关。

附件：1. 注册资本实收情况明细表

2. 验资事项说明

××会计师事务所　　　　中国注册会计师：×××

（盖章）　　（主任会计师/副主任会计师）

（签名并盖章）

中国××市　　　　中国注册会计师：×××

（签名并盖章）

年　月　日

附件：注册资本实收情况明细表

截至　年　月　日止

被审验单位名称:　　　　　　　　　　　　　　货币单位:

| 股东名称 | 认缴注册资本 | | 实际出资情况 | | | | | | | | | |
|---|---|---|---|---|---|---|---|---|---|---|---|---|
| | | | | | | | | | 实收资本 | | | |
| | | | | | | | | | | | 其中：货币出资 | |
| | 金额 | 出资比例 | 货币 | 实物 | 知识产权 | 土地使用权 | 其他 | 合计 | 金额 | 占注册资本总额比例 | 金额 | 占注册资本总额比例 |
| | | | | | | | | | | | | |
| | | | | | | | | | | | | |
| 合计 | | | | | | | | | | | | |

## 复习思考题

### 一、单项选择题

1. 验资报告的附件不应当包括（　　）。

A. 注册资本、实收资本变更情况明细表

B. 验资事项说明

C. 被审验单位填写的注册资本实收情况明细表

D. 已审验的注册资本实收情况明细表

2. 在编写验资报告时，对于验资报告的用途、使用责任及注册会计师认为应当说明的其他重要事项应该在（　　）段中说明。

A. 引言段　　B. 范围段　　C. 意见段　　D. 说明段

3. 出现下列情形时，注册会计师不应当拒绝出具验资报告并解除业务约定的是（　　）。

A. 注册会计师发现前期出资不实的情况以及明显抽逃资金迹象

B. 出资者投入的实物、知识产权、土地使用权等资产的价值难以确定

C. 首次出资额和出资比例不符合国家有关规定

D. 被审验单位减少注册资本，不按国家有关规定进行公告、债务清偿或提供债务担保

4. 按照验资业务约定书的概念，验资业务约定书应明确的问题不包括（　　）。

A. 验资计划、程序　　B. 委托、受托关系

C. 验资目的、范围　　D. 双方责任、义务

5. 在验证以货币资金投入时，最主要的验资依据来源于（　　）。

A. 被审验单位的管理当局　　B. 被审验单位的投资者

C. 被审验单位的客户银行　　D. 被审验单位的会计资料

6. 与审计相比，审阅在证据收集程序的性质、时间、范围等方面是有意识地加以限制的。注册会计师通常无须执行在审计业务中执行的某些程序，注册会计师只是对财务报表实施以下（　　）的程序。

A. 检查有形资产为主　　B. 风险评估程序为主

C. 询问和分析程序为主　　D. 函证和重新计算为主

7. 审阅报告的范围段应当说明审阅的性质，下列不属于范围段内容的是（　　）。

A. 审阅业务所依据的准则

B. 审阅主要限于询问和实施分析程序，提供的保证程度低于审计

C. 注册会计师对审阅的责任

D. 没有实施审计，因而不发表审计意见

8. 财务报表审阅业务是（　　）业务。

A. 有限保证　　B. 绝对保证　　C. 不提供任何保证　　D. 合理保证

9. 下列有关财务报表审计和审阅业务的表述中,不正确的是（　　）。

A. 审计对财务报表是否存在重大错报提供合理保证，审阅提供有限保证

B. 审计以积极方式表示结论，审阅以消极方式表示结论

C. 审计使用的程序比审阅要多

D. 函证和分析程序是审计和审阅中都应当使用的程序

## 二、多项选择题

1. 如果被审验单位或其出资者坚持要求注册会计师作不实证明，注册会计师应当采用以下措施（　　）。

A. 向股东大会陈述　　B. 发表拒绝表示意见

C. 拒绝出具验资报告　　D. 解除业务约定

2. 以下情形中，通常需要注册会计师进行变更验资的有（　　）。

A. 企业因合并增加实收资本

B. 企业将资本公积、盈余公积、未分配利润等转为实收资本

C. 企业注册资本金额虽保持不变，但出资人和出资比例等发生变化

D. 企业因吸收合并、派生分立、注销股份等减少实收资本

3. 需要注册会计师进行设立验资的情况主要包括（　　）。

A. 被审验单位向公司登记机关申请设立登记时全体股东的一次性全部出资

B. 被审验单位向公司登记机关申请设立登记时全体股东的分次出资的首次出资；

C. 公司新设合并、分立，新设立的公司向公司登记机关申请设立登记；

D. 被审验单位出资者（包括原出资者和新出资者）新投入资本，增加注册资本及实收资本

4. 对投资者所投入的各种资产的所有权进行审验时，注册会计师应当分别情况进行审验，以下说法正确的有（　　）。

A. 对于货币资金，以银行出具的收款通知上所列的款项用途为依据

B. 对于无形资产，应以各方办理的产权转移手续为依据

C. 对与机器设备，应以投资者出具的销货发票为依据

D. 对于土地使用权，应以土地部门出具的同意转让的批文为依据。

5. 财务报表审阅程序通常包括（　　）。

A. 询问被审阅单位采用的会计准则和相关会计制度、行业惯例

B. 询问被审阅单位对交易和事项的确认、计量、记录和报告的程序

C. 实施分析程序，以识别异常关系和异常项目

D. 询问股东会、董事会以及其他类似机构决定采取的可能对财务报表产生影响的措施

## 三、判断题

1. 注册会计师执行财务报表审阅其目标要求注册会计师将审阅风险降至该业务可接受的水平，在审阅报告中对财务报表采用消极方式提出结论，因此不要求注册会计师保持独立性。（　）

2. 由于审阅程序有限，注册会计师通过实施审阅程序，通常不能获取足以支持较高程度保证（即合理保证）的证据，而只能获取支持有限保证的证据。但注册会计师实施的证据收集程序至少应当足以获取有意义的保证水平，作为以消极方式提出结论的基础。（　）

3. 注册会计师应当在审阅报告中说明审阅范围，以便信息使用者更准确地理解所实施的审阅工作的性质，并着重指明注册会计师并未实施审计，因此不发表审计意见。（　）

4. 验资从性质上来看，是注册会计师的一项服务业务。（　）

5. 注册会计师应对验资报告的使用后果负责。（　）

## 四、简答题

1. 简要回答注册会计师在何种情形下拒绝出具验资报告并解除业务约定？

2. 设立验资和变更验资有何不同？

3. 如何审验货币资金出资？

4. 审阅报告的基本要素包括哪些？

# 参 考 文 献


[1] 中国注册会计师协会．审计[M]．北京：经济科学出版社，2008．

[2] 中国注册会计师协会．中国注册会计师执业准则[M]．北京：经济科学出版社，2006．

[3] 王拓，薛永刚．审计基础与实务[M]．北京：科学出版社，2008．

[4] 李晓慧．审计学．实务与案例[M]．北京：中国人民大学出版社，2008．

[5] 张蔚文．审计学[M]．广州：华南理工大学出版社，2008．

[6] 王建．审计学[M]．北京：石油工业出版社，2008．

[7] 王学龙．审计学[M]．兰州：兰州大学出版社，2007．

[8] 张彤彬．审计学[M]．北京：清华大学出版社，2007．

[9] 程思．审计基础知识[M]．海口：南海出版公司，2007．

[10] 刘静．审计案例与模拟实验[M]．北京：经济科学出版社，2007．

[11] 王英姿．审计学原理与实务[M]．上海：上海财经大学出版社，2007．

[12] 刘明辉．审计[M]．大连：东北财经大学出版社，2007．

[13] 马春静．新编审计原理与实务[M]．北京：大连理工大学出版社，2007．

[14] 耿建新，宋常．审计学[M]．北京：中国人民大学出版社，2007．

[15] 高建来．审计学[M]．北京：科学出版社，2007．

[16] 秦荣生，卢春泉．审计学[M]．北京：中国人民大学出版社，2006．

[17] 孙颖．审计基础与实务[M]．北京：机械工业出版社，2006．

[18] 刘华．审计理论与案例[M]．上海：复旦大学出版社，2005．

[19] 张军平，石峰．审计实务[M]．北京：清华大学出版社，2004．

[20] 陈建松．审计基础与实务[M]．北京：高等教育出版社，2002．